MAGIC EDITION

Band 7

In dieser Reihe bereits erschienen:

C. H. Guenter

DIE NORIS-BANDITEN

© 2005 by BLITZ-Verlag GmbH
Redaktion: Jörg Kaegelmann
Cover Artwork: Mark Freier
Lektorat: TTT, Mallorca
Satz: M. Freier, München
Druck und Bindung: Drogowiec, Polen
All rights reserved
www.BLITZ-Verlag.de
ISBN 3-89840-267-3
www.oerindur.at
ISBN 3-902291-18-4

INHALT

VORWORT

Dieser Roman ist reine Phantasie mit einer Spur Wahrheit. Oder Wahrheit mit einer Spur Phantasie. Menschen, Schauplätze und Ereignisse wurden verändert. Nicht verändert wurden im Grunde Menschen, Schauplätze und Ereignisse.

Den Dingen nachzugehen führt in die Irre. Aus der Irre führt, den Dingen nachzugehen. Wie immer ist das Gute böse und das Böse gut. Kommt nur darauf an, wo du stehst. Auf der Burgfreiung oder in Zerzabelshof. In Zerzabelshof oder auf der Burgfreiung.

Rote Lippen oder Lippenstift. Lippenstift oder rote Lippen. Schwarze Striche, die an braunen Beinen eine Strumpfnaht vortäuschen, oder Seidenstrümpfe mit Naht, die nackte braune Beine vortäuschen.

Ein Saurer Zipfel ist eine Bratwurst. Eine Bratwurst ist auch ein Saurer Zipfel. – Und doch nicht. Liebe ist irreal. Wenn es etwas Irreales gibt, ist es die Liebe. Sie ist nie von Dauer. – Von Dauer ist sowieso nichts. Merk dir das!

I. TEIL

DER SEBALDUS-CLUB

1.

Um sechzehn Uhr an diesem Donnerstag erblickten drei Primaner des Realgymnasiums zum ersten Mal eine lebende nackte Frau. Aus Doktorbüchern, von Fotos und Gemälden wußten sie, wie so etwas ungefähr auszusehen hatte. Aber jetzt, an diesem verhagelten Schulwandertag, fanden sie endlich die Bestätigung.

„Stimmt", sagte der lange Julius mit dem Pflaster auf der Nase, „alles so gut wie vorhanden."

Noch acht Stunden vorher hatte keiner im Traum damit gerechnet. Bei bedecktem Wetter war der Sonderzug am Nürnberger Hauptbahnhof losgedampft. In den vorderen Wagen saßen die Mädchen aus Nürnberger Lyzeen – kurz Frauen genannt – und hinten die Männer, siebzehnjährige Burschen, Schüler der Gymnasien.

Alle hockten sie muffelig herum. Ein Schulausflug war das Allerhinterletzte. Das kam noch weit nach eingeschlafenen Füßen. Rauchen war nicht möglich. Die Lehrer paßten auf. Studienrat Graß, der Musikerziehung gab, stimmte ein Lied an. Keiner sang mit. Nicht einmal die Streber.

Der Sonderzug brauchte ewig lange für die neunzig Kilometer. Immer wieder wurde er angehalten, um Schnellzüge und sogar Güterzüge vorbeizulassen. In Forchheim bog er nach Osten ins fränkische Kleingebirge, das irgendein Großkotz einmal Fränkische Schweiz getauft hatte, ab. Streitberg war Endstation. Die Wagen leerten sich.

In dünnen Heerwürmern, wie nach verlorener Schlacht, wanderten Männer und Frauen getrennt das Wiesenttal entlang. Dabei dröselten sich die Kolonnen auf wie die Enden von Hanfschnüren. Die einen wollten nach Behringersmühle zu den Höhlen, andere nach Hiltpoltstein zur Barockkirche. Die stets Fußkranken schlurften zu der alten Burgruine drüben zwischen den Bäumen auf den Berg.

„Abfahrt fünf Uhr!" rief ein beleibter Studienrat hinter ihnen her. „Daß mir niemand zu spät kommt. Am Ende will es wieder keiner gewesen sein."

Mit absoluter Lustlosigkeit schlenderten die Pennäler hinter ihrem Häuptling her. Der – ein jüngerer Mathelehrer – wanderte strammen Schrittes mit Spazierstock, Kamera und einem Lied auf den Lippen voran. In seiner Nähe sowohl jene Schüler, die stets den Dunstkreis der Lehrer suchten, als auch andere, die dies tun mußten, weil sie miserabel im Differentialrechnen waren.

Gegen dreizehn Uhr zog aus Westen eine dunkle Wolkenwand heran. Drei Pennäler der 8-Ga hielten Abstand zur Zugspitze und qualmten Zigaretten. Aktive Junos. Später im Wald kam plötzlich Wind auf. Er blies immer heftiger. Blitze zuckten, es donnerte und schon goß es wie aus Kübeln. Jeder suchte irgendwo Deckung. Sei es unter Bäumen oder überhängenden Felsen.

„Die Buche suche, die Eiche weiche", sagte der Schüler Curt Cramer. Er gehörte der Klasse erst seit wenigen Tagen an. Er kam vom Humanistischen Gymnasium, das er wegen einer Fünf in Griechisch verlassen hatte. „Falls du Buche von Eiche unterscheiden kannst."

„Klukscheißer!" sagte der, der sich wegen seiner eleganten Knickerbocker von ihnen abhob.

Er führte sogar einen Adelstitel, wenn auch einen sehr minimalen. Mit „Kestatten, Werner von Klett", hatte er sich bei dem Neuen vorgestellt. Im Nu waren sie naß bis auf die Haut. Weil es immer stärker schüttete, flohen sie in eine Höhle. Aber da waren schon hundert andere. Es stank wie in einem Fallklo. Also suchten die drei – Julius, Kurt und Werner – weiter.

Wegen der Orientierung machten sie sich keine Sorgen. Sie wußten, daß an der Nordseite der Bäume Moos wuchs. Auch hatten sie gelernt, ihre Armbanduhren als Kompaß zu benutzen. Nur brauchte man dazu die Sonne. Doch merkwürdigerweise wuchs hier kein Moos an der Nordseite der Bäume. So gerieten sie wie Hänsel und Gretel immer tiefer in den Wald und verloren die Generalrichtung.

„Jedes Gymnasium hat sein heiliges Recht auf eine Anzahl von Dummköpfen", sagte Cramer, der Neue. Er war mittelgroß und unsportlich, dafür dem Jazz um so mehr zugeneigt. „Diesmal trifft es eben auf uns zu."

Sie stapften durch nasses Laub, durch schlammige Wege. Sie wateten durch einen Bach. Plötzlich atmete Cramer tief.

„Da raucht einer getrocknete Salatblätter."

„Nein, es ist ein Kamin."

Sie erkletterten die Böschung und sahen die Hütte. Aus dem Schornstein dampfte es weiß. Die Stämme der Bäume waren rußgeschwärzt. Hier mußten Köhler einst ihre Meiler abgeschwelt haben. Sie schauten durch die Fenster der Hütte, doch die waren innen verrammelt. Dann stießen sie die Tür auf. Alle drei waren sie total verblüfft.

„Träume ich?" fragte von Klett. Affektiert verwendete er stets die harten Konsonanten. „Was sehen meine tränenden Augen! Ein Weip, wie Kott es keschaffen hat."

„Mit allem dran", bestätigte Jus Greiner. „Grüß dich, Elisabeth."

Erstaunlicherweise verlor das Mädchen, kaum älter als sie und ohne einen Faden Stoff am Körper, nicht den Überblick. Sie stand am Reisigfeuer, wärmte sich und trocknete ihre Sachen. Kleid, Höschen, Strümpfe. Sie hatte noch ein wenig Babyspeck, wirkte aber trotzdem schlank mit dunklen Spitzen an den Brüsten und dunklem Haar rundherum. Sie hatte ein Gesicht wie das von Edelfrauen auf Ölgemälden. Vielleicht ein wenig runder, mit forschend neugierigen Augen und mit was für einem spöttischen Mund.

Eines wußte Cramer: Wenn ihn eine Horde von Lyzeumsmädchen splitternackt in dieser Hütte überrascht hätte, er wäre gestorben.

Nicht so diese erstaunliche Elisabeth.

„Hallo Julius!" Sie warf das letzte Reisigbündel ins Feuer. Wie beiläufig fragte sie: „Geht mal einer von euch Holz suchen?"

Julius zog sein Wollhemd aus. Unter der Windjacke war es noch einigermaßen trocken. Er warf es ihr über. Der arrogante Klett fragte, ob sie seinen Sweater vielleicht als Hose benutzen wolle. Sie dankte. Das Hemd reichte ihr weit über den runden Popo.

Jus und Cramer gingen hinaus, sammelten Rindenstücke, dürre Äste und Reisig.

„Wer ist die Frau?" fragte Cramer.

„Ich kenne sie vom Tennis. Mein Alter hat wohl mit ihrem Alten geschäftlich zu tun. General Pestalozzo. Sie heißt aber Imhoff-Pestalozzo. Ihre Mutter ist eine Imhoff."

„War das nicht ein Patriziergeschlecht?"

„Kann schon sein."

Sie hatten genug Holz beisammen und trugen es hinein. Endlich wurde aus dem Feuer etwas. Es loderte und wärmte. Sie teilten, was sie hatten. Belegte Brote, Zitronentee, Schokolade und Zigaretten. Es regnete weiter. Cramer holte das Mundstück seiner Trompete, das er immer bei sich hatte, heraus und blies darauf herum... *Zehn Uhr zehn will ich vor deiner Haustür stehn... Regentropfen, die an dein Fenster klopfen...*

Es wurde dunkel. Der Regen ließ nach. Sie gingen los. Immer nach Nordwesten. Als sie spät in Streitberg ankamen, war der Schulsonderzug längst in Richtung Heimat abgedampft.

„Was jetzt?"

„Nach getaner Arbeit, sagt der Henker, ist gut ruhn."

„Ißt Gudrun was?" fragte Cramer. „Ich schiebe ziemlichen Kohldampf."

V. Klett war verschwunden. Sie hörten, wie er drinnen im Büro des Fahrdienstleiters telefonierte. Mit seinen harten Konsonanten hatte er einen Ton drauf wie ein Kompaniefeldwebel.

Nach knapp zwei Stunden, die sie schlotternd in ihren naßkalten Sachen verbrachten, brummte von der Reichsstraße her ein Auto in Richtung Streitberger Bahnhof. Zwei riesige Scheinwerfer blendeten sie. Der Wagen wendete. Erst jetzt erkannte man den langen Kühler einer Mercedes-770-K Pullman-Limousine. Rechts aus der Motorhaube krochen zwei armdicke silberne Kompressorschläuche hervor.

Der Chauffeur stieg aus, wetzte herum und riß den hinteren Schlag auf.

„Wen holt der denn ab", fragte Cramer, „die Königin von Saba?"

„Mich", sagte v. Klett und zu dem Fahrer: „Sie sind keine kute Zeit kefahren, Fritz."

„Zu Diensten, Herr Baron", antwortete der grauuniformierte Fahrer und nahm die Mütze ab. „Das Wetter."

V. Klett stieg ein und rief von innen generös: „Ihr türft mitkommen, Freunte. Aper Schuhe ausziehn! Hier ist pester Mohairteppich verlegt."

Elisabeth und Jus nahmen im Fond neben Klett Platz, Cramer auf dem vorgeklappten Notsitz. Fritz warf den Schlag zu und fuhr los.

Die Straße nach Forchheim war schmal und kurvig. Da ging nicht viel mit Tempo. Aber auf dem geraden Stück von Forchheim nach Baiersdorf, am Ludwigs-Kanal entlang, trat der Fahrer das Gas durch, daß der Motor aufheulte.

„Jetzt hat er den Kompressor zugeschaltet", bemerkte Jus fachkundig, „Schätze, wir machen hundertzehn. Wahnsinn!"

Klett rauchte gelassen eine Zigarette und nahm den Trichter des Sprechapparates ab, der ihn per Schlauch mit dem Fahrer verband.

„Wann sint wir ta, Fritz?"

„Bis neun Uhr wird Ihr Bad eingelassen, Herr Baron. Vierzig Grad."

Klett legte auf und sagte, indem er auf Jus und Elisabeth deutete: „Tich und tich kann ich zu Hause apliefern. Das liekt auf tem Weg. Wo wohnst tu, Cramer?"

„In Steinbühl."

„Ach, Steinpühl am Kalkenhof. Betaure, tas ist zu weit. Aper tu hast ja eine Straßenpahnkarte."

„Hab ich", sagte Cramer, obwohl er keine hatte, denn sie kostete vier Mark zwanzig im Monat.

Sie bretterten durch den Reichswald, durch das Knoblauchland, alles lag im Dunkel. Kaum Verkehr. Hin und wieder schimmerten die Lichter eines Gehöfts herüber. Bald kamen Häuser und die Straßenbahnendhaltestelle. Sie fuhren in die Stadt hinein. Am Maxfeld herrschte noch einiges Leben. Die Leute gingen unter schwarzen Schirmen. Es regnete wieder.

In der Pirkheimerstraße setzten sie Jus Greiner und am Egidienplatz Nr. 7A Elisabeth ab. Sie küßte flüchtig v. Kletts Wange. Cramer winkte sie verstohlen zu.

Weiter unten, am Laufer Tor, sagte v. Klett: „Muß tich jetzt rauswerfen, Cramer. Ich wohne in Erlensteken."

Cramer wußte, wo die Kletts residierten. Die Klett-Villa stand nicht weit entfernt von den Klettschen Eisen- und Stahlwerken.

Cramer tat so, als warte er auf die Linie 6. Als der schwarze

Mercedes Richtung Hindenburgplatz abgebogen war, stieß er die Hände in die Taschen und marschierte heimwärts. Es waren kaum noch fünf Kilometer. Klackssache für einen strammen Fußgänger. Nur der Wind war schon verdammt kühl.

Rechtschaffen müde stieg er die Treppen der Mietskaserne hoch. Der Schlüssel lag, wie immer, unter dem Abstreifer. Jeder im Haus wußte das. Aber bei den Cramers gab es nichts zu stehlen.

Curt sperrte auf. Keiner da. Der Vater hatte Nachtschicht im E-Motorenwerk bei Siemens-Schuckert. Die Mutter war auch arbeiten. Auf dem Wachstuch des Küchentisches der Zwei-Zimmer-Klo-Wohnung lag ein Zettel mit der klaren, etwas steilen Handschrift seiner Mutter. – Heute Nachtvorstellung. – Das bedeutete, sie mußte bis zweiundzwanzig Uhr dreißig im Ufa-Filmpalast am Bahnhof Plätze anweisen. – Darunter stand noch – Kartoffeln in der Kochkiste, Quark oben im Schrank. Die Kartoffeln waren geschält und noch warm, der Quark mit Kräutern und Zwiebeln gewürzt. Curt aß wenig davon. Später holte er aus dem Wohnzimmer, wo er auf dem Sofa schlief, seinen Nibelungenschatz. Seine Trompete, Erbstück eines Onkels, der ein Leben lang darauf gespielt hatte. Meist in der Kapelle der Freiwilligen Feuerwehr von Bayreuth, und einmal sogar als Verstärkung im Ring der Nibelungen bei den Wagnerfestspielen.

Es war eine C-Trompete mit drei Ventilen in Messing ziseliert. Durch ein umsteckbares Rohr konnte man auch eine A-Trompete daraus machen.

Cramer begann sie zu putzen. Erst rieb er sie mit Sidol ein, dann polierte er. Das machte er immer donnerstags, denn am Freitag spielte er. Freitag war Trompetertag. Irgendwo brauchte man ihn immer. In einer Tanzkapelle, bei einem Oratorium, auch schon mal, wenn im Opernorchester der Trompeter krank war. Morgen sollte er im Intimen Theater die Musik für das Singspiel „Im weißen Rössel am Wolfgangsee" mitblasen.

In der Klettschen Villa am Klettpark in Erlenstegen gab es für jedes Mitglied der Familie ein eigenes Badezimmer. Insgesamt vier. Eines davon blieb unbenutzt. Vorgesehen war es für Werners Schwester. Doch die hatte es nie gegeben. Seine Mutter war kurz nach der Geburt des Stammhalters in Davos an Tbc verstorben. Fünfzehn Jahre später hatte sein Vater, der Kommerzienrat, noch einmal geheiratet. Eine Dame aus Berlin.

Auf dem Weg über die breit geschwungene Marmortreppe nach oben zog sich Werner von Klett schon aus. Der Diener sammelte die Sachen ein. Das Bad betrat von Klett bereits nackt. Mit der Hand prüfte er das Schaumbad. Der Diener las das Thermometer ab.

„Nur neununddreißig Grad, Herr Baron."

„Lassen Sie noch warmes Wasser zulaufen."

Der Diener drehte am vergoldeten Hahn. „Und die nassen Sachen, Herr Baron. Zur Reinigung?"

„Nein, in ten Dampfheizungskessel tamit."

„Auch die neuen Knickerbocker und die Lederweste, Herr Baron?"

„Alles. Pist tu schwerhörik?"

Klett stieg in die Wanne und tauchte bis zum Hals ein. Da wurde geklopft. Eine Zofe erschien, ein niedliches rothaariges Ding mit kurzem schwarzem Rock und tief offener schwarzer Bluse. Sie knickste.

Wortlos begann sie mit dem Schwamm seinen Rücken einzuseifen und dann mit der Bürste zu schrubben. Wenn sie sich bückte, sah man ihre Brüste hüpfen. Der Rock war ihr bis zu den nackten Schenkeln, bis zum Baumwollschlüpfer, hochgerutscht. Sie war immer bereit, es mit ihm zu tun. Klett junior wußte das.

Einmal hatte er ein Gespräch zwischen den Eltern gehört. Sein Vater hatte das hübsche Mädchen eingestellt, damit sie seinen Sohn in das ABC der Liebe einweihe. Das war noch so üblich bei feinen Herrschaften. Doch Werner von Klett machte sich nichts aus ihr.

Trotzdem stellte die Zofe ihr Bemühen um ihn nicht ein. Sie stand da, schwitzend und gerötet.

„Kann ich sonst etwas für Sie tun, Herr Baron?"

„Du kannst mich abtuschen und tann vertuften."

Er stand auf. Sie spritzte ihn mit der Brause ab. Besonders innig vorn in der Gegend um seinen kleinen schrumpeligen Penis. Kühn packte sie ihn mit zwei spitzen Fingern und hob ihn hoch, um das Glockengeläute darunter zu erreichen. Von Klett schlug ihre Hand weg.

„Laß tas!" zischte er. „Tamit tas klar ist. Ich werte es nie mit einem Tienstmädchen machen."

Betreten lächelnd half sie ihm in den Hausmantel aus Seidenchenille.

In der Halle brannte Kaminfeuer. Es duftete würzig. Bei den Kletts wurden nur Buchenkloben aus eigenen Wäldern oder original italienische Weinstrünke aus der Toskana verfeuert. Im Speisesaal war am langen Klostertisch, wo gewöhnlich vierundzwanzig Personen in den hohen Stühlen Platz hatten, für eine Person gedeckt. Meißener Porzellan schimmerte auf cremefarbenem Damast. In Silberleuchtern brannten Bienenwachskerzen.

Das späte Diner wurde serviert. Schildkrötensuppe, Forelle blau, Tafelspitz mit Goethescher Sauce. Als Dessert Rotweincreme. – Von allem nahm von Klett nur einen Happen.

„Der Herr Kommerzienrat hat angerufen", sagte der Butler.

„Aus Lonton?"

„Die Frau Maman weilt bereits in Nizza."

Diese kleine Hure, dachte von Klett. Wo soll sie sonst schon weilen.

Sie war dreißig Jahre jünger als sein Vater und ganze drei Jahre älter als er.

„Und ich weile paldigst im Pette", bemerkte er spöttisch.

Wenig später, als er oben in den Seidenkissen fläzte, rauchte und ein Buch von Oscar Wilde im englischen Originaltext las, entstand plötzlich ein dröhnendes Brausen. Bald ging es in grellen Dampfsirenenton über. Es scholl vom Pegnitzgrund herauf. Von Klett schaute auf die Uhr. – Mitternacht – Schichtwechsel im Walzwerk III. – Tausend Mann legten den Hammer weg und andere tausend Mann nahmen ihn wieder auf. Werner von Klett hatte nicht unbedingt den Wunsch, zu ihnen zu gehören. Er löschte das Licht, drehte sich nach links, um zu schlafen. Das Kissen duftete ein wenig nach Moschus. Morgen wollte er anordnen, daß das zu ändern sei. Er schätzte Moschus wenig. Seine Geschmacksrichtung ging in Richtung Maiglöckchen.

Der neu in die Klasse 8-Ga gekommene Primaner Curt Cramer schlief schlecht in dieser Nacht. Er war in eine Dame namens Analyse ungeheuer verknallt gewesen. Sie war die Tochter eines Nürnberger Bar- und Nachtlokal-Herrschers. Sie hatten sich mit außerordentlicher Heftigkeit geliebt. Aber es war wie bei Romeo und Julia. Cramers Vater galt als Sozi, der Vater von Analyse als Nazi-Bonzen-Gönner. Der Traum war verstoben. Mit einer Kindesentführung. Analyse war in ein exklusives Mädcheninternat am Starnberger See deportiert worden. Anfangs schrieben sie sich heiße Briefe, dann nur noch lauwarme, bald gar keine mehr.

Als sie sich wieder einmal begegneten, es war in der King Street, schauten beide aneinander vorbei zur Seite. – Tempora mutantur.

2.

Es war kein besonderer Tag. Sieben Uhr dreißig. Curt Cramer begab sich aus der Wohnung seiner Eltern und schlug den Weg zur Innenstadt ein.

Er überquerte den Plärrer, gelangte mit einer Masse Leute durch das Frauentor in die Stadt, lief die Ludwigsstraße hinunter, dann die Karolinenstraße entlang, von der er jede Unebenheit im Pflaster kannte. An der Lorenzkirche bog er nach Norden ab, über den Markt, in das enge Gewinkel der Altstadt, jenseits der Pegnitz, auf der Sebalder Seite.

Da man unweit des Realgymnasiums ein Mädchenlyzeum eingerichtet hatte, wurde der Weg jetzt abwechslungsreicher. Damit näherte Cramer sich Meter um Meter der neuen Penne. Die Schule erzeugte auch bei dem abgebrühten Primaner leises Herzklopfen. Vor dem Denkmal Martin Behaims hätte Curt Cramer gerne den Hut gelüftet, wenn er einen besessen hätte.

Er mochte Martin Behaim, weil der irgendwann einmal in seinem Leben ausgestiegen und zur See gefahren war. Damals, als es noch hölzerne Schiffe gab, keinen Chronometer, Skorbut an den Zähnen und Maden im Speck. – Speck ist falsch, dachte Cramer, Pökelfleisch wäre richtig. Geräuchertes gibt es erst seit dem Dreißigjährigen Krieg. – Schon wegen der Erfindung des Geräucherten hätte er den Dreißigjährigen Krieg im Nachhinein gebilligt. – Der Krieg ist der Vater der elektrischen Bleistiftspitzmaschine, dachte er. Dann stand er vor dem altehrwürdigen Bau des ehemaligen Egidienklosters. Aus den geöffneten Fenstern der Zeichensäle lärmten unbeaufsichtigte Schüler.

Cramer nahm die letzten hundert Meter um die Egidienkirche herum und eilte in den Baumhof. Dort erwischte er einen Sekundaner am Kragen und fragte nach dem Chemiezimmer. Er erhielt keine verwertbare Auskunft und fragte sich weiter durch. Dabei stieß er mit einem dünnen älteren Herrn zusammen.

„Gäm Se bässer owacht", sächselte der Mann mit dem Zwicker. Gleich darauf erfuhr Cramer, daß dieser „Bubi" genannt wurde und versuchte, Chemie, Biologie und verwandte Fächer zu unterrichten.

≈≈≈❋≈≈≈

Es hatte geläutet. Wieselflink war der sächselnde Herr in das Klassenzimmer geeilt. Er knallte die Tür hinter sich so ins Schloß, daß sie wieder aufsprang.

„Gudn Morschen!" begrüßte er die Primaner.

„Morschen, Härr Profässa", antworteten sie, träge in den Bänken lehnend.

Bubi erklomm das Katheder, putzte den Goldrandzwicker und fixierte die Klasse wie eine Boa constrictor einen Grashüpfer, den es sich nicht zu fressen lohnte.

Sofort hatte Bubi etwas entdeckt. Er stieß die rechte Hand vor und winkelte den Zeigefinger mehrmals ab. Weil keiner wußte, wer gemeint war, sagte er zu Cramer gewandt: „Gomm Sä vor!"

Cramer hatte sich vorsichtshalber in eine der hintersten Reihen gesetzt. Dort war neben dem langen besenhaarigen Schüler Julius Greiner ein Platz frei gewesen. Er hatte mit Jus Greiner noch kein Wort gewechselt. Sie hatten einander nur mit schiefen Blicken gemustert. Greiner wirkte heute zurückhaltender als auf dem Schulwandertag. Das besagte wenig. Auch Cramer schloß keine schnellen Freundschaften.

Jus trug einen viel zu groß geratenen Binderknoten, der obendrein verrutscht war und den Adamsapfel freigab. Dazu hatte er noch das Heftpflaster über dem Nasenrücken.

Cramer wand sich mit höflicher Beschleunigung aus der Bank und eilte durch den Mittelgang an Bubis Seite. Dr. Dürschner grinste maliziös.

„Ich hatte Gelegenheit, Ihren Schielerboschen zu läsen. Sie gomm vom humanistschen Verein."

„Jawohl, Herr Professor. Vom Humanistischen Gymnasium." Dürschner nahm Cramer vertraulich am Ellbogen.

„In Schbrochn (Sprachen) sin Se ja mäß'sch bis saumäß'sch, aber in Bioloschie gähts. Bei mia zählt nur, wie Se in Bioloschie sind. Französ'sch is'n Zustand und geene Schbroche."

Cramer fragte sich, ob der Mann in der Lage sei, auch Hochdeutsch zu sprechen.

Nun folgte eine unverbindlich gemeinte Frage von Bubi, eine Frage, die weit über den Stoff der Oberprima hinausging.

„Nännen Se mir die Klassifikation der Gräbse."

Cramer tat, als denke er nach und spulte dann ab: „Die Crustacaen werden eingeteilt in die Endemostracen und die Malaconstracen. Sie haben mit den Insekten sechs Locomotionsorgane gemein, deren letztere die Pleopoden im Schwanzsegment verschmelzen können, und einen gemeinsamen Pleothorax..."

An dieser Stelle war Bubi bereits schwer erschüttert. Aber Cramer machte ungehemmt weiter: „Ein Crustacaenlocomotionsorgan besteht aus Coxa, Fermur, Tibia und den beiden Tarsen..."

Bubi strahlte wie die aufgehende Sonne. Sprachlos reichte er Cramer die Hand und legte sogar noch die andere darauf. Die dreiunddreißig Primaner brachten ihre Kinnladen wieder in Normalzustand.

„Se gönn bis Osdern schlofen. Diese Vollidioten gönn nich mal 'n Gräbs von 'ner Budderbemme unterscheiden. Sätzen! Wie war der Narme?"

„Cramer. Curt Cramer."

Bubi machte sich Notizen. „San Se verwandt mit dem Ethnologen gleichen Namens, Cramer?"

„Nein, Herr Professor."

„Macht och nischt."

„Radfahrer!" zischte von Klett.

Cramer schob sich auf seinen Platz. Julius kniff ein Auge zu. Plötzlich hatte der Neue Interesse erweckt.

„Streber!" zischte Jus mit dem Pflaster auf der Nase.

„War reiner Zufall", sagte Cramer. „Ich hab das mal auswendig gelernt, aus Langeweile, als ich mit Grippe im Bett lag. Ich kann kein Nagetier von einem Vogel unterscheiden."

Cramer hatte die Angewohnheit, weniger aus sich zu machen, als er wirklich draufhatte. Deshalb mochte er auch Leute nicht, die überheblich waren.

~~~❀~~~

Professor Bubi räumte das Feld. Nach dem Stundenplan sollte Latein folgen. Weil Studienprofessor Buhl in einer anderen Klasse Schulaufgabe hielt, wurde der Unterricht von einer Assessorin übernommen.

Sie gefiel Cramer nicht. Er führte sein Mißfallen darauf zurück, daß die Dame nicht sein Typ war, denn die anderen fanden sie überwältigend. Cramer fragte sich, warum er sie nicht so großartig fand. Dabei kam er zu der Erkenntnis, daß es an ihren Beinen lag. Etwas kniesteif dragonerhaft wanderte sie zwischen den Bankreihen auf und ab. Bei jedem Schritt zuckten ihre muskulösen Waden wie bei einem erschöpften Marathonläufer. Sie hat am Schienbein schwarze Haare, dachte Cramer. Jus, sein Banknachbar, schaute gelangweilt aus dem Fenster, doch der Rest der Klasse schlürfte ihre Hüftbewegungen wie Brausepulver. Nicht nur ihre Schenkel wölbten sich unter dem engen Homespun-

Rock, auch die Konturen ihres Schlüpfers und der Strapse zeichneten sich ab.

Schon erstaunlich, was man neuerdings den Oberklassen an Lehrkörpern bot. – Eines mußte Cramer zugeben, nämlich, daß sie ein hübsches Gesicht hatte, ein hübsches herrenfrisiertes Sportpuppengesicht mit kühlen Augen und einem sinnlichen Mund. – Was für ein Kontrast. Er regte die Phantasie an.

Cramer malte auf einem Zettel herum. Plötzlich standen die Worte darauf: Kalte Augen – heiße Küsse!

Er hielt Jus den Zettel hin. Der las und nickte zustimmend mit dem Kopf.

Cramer schrieb darunter: Süße Kirschen – Haselnüsse! Sein Nebenmann nickte wieder.

Cramer dichtete weiter. Dabei achtete er nicht auf den Unterricht, sondern grübelte nach einem passenden Reim. – Lilienarme, schwarze Haare – alles allerfeinste Ware. –

Sein Nebenmann hob zweifelnd die Schultern. Cramer bastelte am nächsten Vers, als sich ein Schatten zwischen ihn und die Sonne schob.

Die Assessorin stand wie eine textilbehangene Venusstatue vor ihm. Rasch legte Cramer seine Hand auf den Zettel und wartete.

Ihr linkes Ohr steht unter dem Haar leicht ab, stellte er fest, sie sollte es hinkleben. – Ob sie noch andere Fehler hat? – Kleine Fehler hat jede Frau. Die einen kommen zutage, wenn man die Haare hochsteckt, und die anderen in der Badewanne.

„Ich fragte Sie etwas. Laut Sitzspiegel sind Sie Cramer."

Cramer erhob sich. „Ich überhörte es leider, Fräulein Doktor."

Sie musterten sich abschätzig. Cramer überlegte, wie weit ihre Strenge nur aufgesetzt war.

Hinter ihren Zügen drohten Gewitter. Entweder Zorn brach los oder alles schlug zu einem Lächeln um.

Sie war höchstens fünf Jahre älter als Cramer. – Was sind fünf

Jahre, dachte er. Ich habe ihr mehr voraus als sie mir. Ich bin ein Mann, das habe ich ihr voraus. Sie hat nur acht Semester Philologie, Philosophie, Germanistik und Pädagogik voraus und einige Meter Bücher, die sie gelesen hat. Ich habe *andere* Bücher gelesen. –

Sie blieb ernst, denn das war ihre Waffe. „Wissen Sie überhaupt, wovon ich sprach, Cramer?"

„Ich habe leider unterlassen, Ihren Ausführungen zu folgen", erklärte er primanerhaft gedrechselt.

Sie kniff den sinnlichen Mund schmal zusammen. Es gelang ihr aber nicht, daraus einen Strich zu machen. Ihre Lippen blieben feuchtrot.

Unverschämt, dieser Mund. Sie war plötzlich nackt, völlig ausgezogen, für ihn.

„Ich habe gestern in der Parallelklasse insgesamt zwölf Stunden Arrest verhängt", sagte sie heiser. „Es kommt mir nicht darauf an."

„Mir auch nicht!" Doch dann fügte er hinzu: „Ich bitte um Entschuldigung. Es war eine kurzzeitige Unaufmerksamkeit, Fräulein Doktor."

Sie errötete, obwohl kein Grund dafür vorlag. Neugierig, wie sie sich aus der Situation retten würde, beschloß er, ihr eine Chance in die Hände zu spielen. Er schob seine Hand von dem Zettel, so daß er frei auf der Bank lag. Wenn sie unfair war, dann flog er schon in der ersten Woche von der neuen Penne. Gesehen hatte sie auf jeden Fall, daß er schrieb.

Sie nahm den Zettel. Erst hielt sie ihn verkehrt, dann drehte sie ihn um.

Wenn er das Gedicht herumzeigte, dann war sie unten durch. Deshalb würde sie kein Risiko eingehen und mit ihm zum Rex marschieren... Jetzt las sie... wenn die Strophen bloß nicht so idiotisch wären...

Kalte Augen – heiße Küsse

Süße Kirschen – Haselnüsse
Lilienarme, schwarze Haare –
alles allerfeinste Ware...

Sie zögerte erst. Dann gab sie ihm den Zettel zurück und blätterte in ihrem Cornelius Nepos eine Seite um.

„Ich teile die Vorliebe der Römer für Obst", bemerkte sie, „bin jedoch nicht Ihrer Meinung, Cramer. Vernichten Sie diesen Unsinn."

Bei dem Wort Unsinn zitterte ihr Mund eine Sekunde lang. Cramer zerriß den Zettel und stopfte ihn in das ausgetrocknete Tintenfaß.

Mühsam übersetzte er ein Kapitel. Mit Hilfe seines Nebenmannes bekam er es schließlich hin.

Als die Stunde zu Ende war, ging Dr. Linda Brausepulver – eigentlich hieß sie Brausewetter – grußlos. In den vorderen Reihen unterbrach ein blonder Perikleskopf die Stille mit einem gedehnten Stöhnen.

„Mensch, jetzt Sommerferien, eine Kiste Schnaps, Zigarren und dann dieses Weib dazu!"

In der Pause hielt sich Cramer in der Nähe seines Nebenmannes Jus Greiner. Sie redeten nicht viel.

„Ich nehme zurück, was ich über sie gedacht habe", sagte der mit dem Heftpflaster auf der Nase. „Im Allgemeinen und im Besonderen."

Cramer kaute sein Margarinebrot. „Nicht gesagt, daß sie immer so prima ist."

Darin waren sie einer Meinung...

Sie hatten einen in der Klasse, einen tollpatschigen Dicken mit X-Beinen. Er hieß Fleischmann und wohnte in einem feinen Haus am Plärrer. Fleischmann und Cramer hatten ein Stück gemeinsamen Heimweg. Einmal zeigte ihm Fleischmann seine riesige Märklin-Eisenbahn. Es gab auch Kuchen und Kakao.

„Was macht dein Vater?" fragte Cramer.

„Bankier in der Schweiz. Wir sind Itzige."

„Juden, na und?" Cramer war das egal.

„Du solltest dich vorsehen, Cramer, wenn du mit mir verkehrst."

„Warum? Wegen Gauleiter Streicher und seinem Stürmer-Drecksblatt?"

Die Antwort kam wenige Tage später. Fleischmann erschien nicht mehr zum Unterricht in der 8-Ga. Und das Namensschild an dem Haus am Plärrer war auch weg.

3.

Im Owin-Radio seiner Mutter hörte Curt Cramer Schlager. Der aktuellste war *Am Abend auf der Heide*. Er hatte ihn dreimal gehört und schon voll drauf. Noten konnte er sich nicht leisten. Aber mit seinem perfekten Gehör ging es. Leise blies er ihn auf der Trompete nach, als die Türglocke schrillte.

Seine Mutter öffnete. Draußen lehnte ein Langer, Pflaster auf der Nase, Zigarette im Mundwinkel, am Türstock. „Verzeihung, gnädige Frau, ist Cramer da?"

Kopfschüttelnd drehte sie sich um. „Cramer!" rief sie.

Cramer trottete aus der Küche. Jus hatte glasige Augen und stank nach Schnaps.

„Mitkommen!" lallte er. „Überraschung!"

Cramer nahm seine Jacke. Draußen vor der Mietskaserne des Arbeiterviertels stand eine moosgrüne Opel Super-6-Limousine, ziemlich fabrikneu.

„Schicke Kiste, was?"

Jus stieg ein, räumte die Brandyflasche vom Beifahrersitz und öffnete Cramer den rechten Schlag.

„Meine Alten sind bei einer Juristentagung in Baden-Baden. Der Zündschlüssel war versteckt. Aber Julius der Große hat eine Hundenase."

Er ließ an. Der gußeiserne Sechszylinder summte leise. Jus jubelte ihn hoch, ließ die Kupplung schnellen und ritt mit quietschenden Reifen ab.

„Festhalten!" schrie er begeistert.

Das Auto roch noch so wie ein neuer Schweinslederkoffer von innen.

Jus nahm scharf ein paar Ecken, raste die Gibitzenhofstraße hinein, am Zollhof vorbei, zum Ring. Er fuhr mindestens achtzig. Am Bahnhof riß er den weich gefederten Opel in die Königsstraße, die sie King-Street nannten. Rechts, aus dem hell beleuchteten Café, drang Musik. An der Stehgeige Bernhard Été, ein geborener Sommer. – Sie preschten die King-Street entlang. Nach der Lorenzkirche senkte der Super-6 die Schnauze hinunter zur Pegnitz. Auf der Museumsbrücke hupte Jus die Leute beiseite. Am Hauptmarkt, der jetzt Adolf-Hitler-Platz hieß, hielt er sich nach links und dann wieder links zur Fleischbrücke, von der es hieß, sie sei der Rialtobrücke in Venedig nachempfunden. Das mochte stimmen, zumindest was ihre dem Rücken eines buckelnden Katers ähnelnde Wölbung betraf. Sogar die städtischen Busse machten, wenn sie oben ankamen, einen Hüpfer. – Der Super-6 vollführte gar einen Satz.

Ganz außer sich schrie Jus: „Na, ist das was!"

„Wie auf der Achterbahn", meinte Cramer, nahm einen Schluck aus der Flasche und Jus auch einen.

Dreimal raste er über die Fleischbrücke und ließ den Opel springen. Dann hatte er ein anderes Ziel aufgefaßt, nämlich den im

Licht der Bogenlampen filigran glänzenden Schönen Brunnen. So spät war der Markt leergeräumt. Um diese Stunde war kein Gemüsestand mehr da.

Jus nahm den schönsten Brunnen der Welt ins Visier wie Jäger einen Zwölfender. Kurz vor dem Abschuß riß er den schweren Wagen herum und fuhr um den Brunnen. Immer rundherum, als ziehe er einen Spinnenfaden hinter sich her mit der Absicht, ihn einzuwickeln. Er war mindestens ein Dutzend Mal um den Brunnen gekurvt, als er genug hatte und ausscherte. Der Super-6 schwenkte Richtung Rathaus.

„Scheiße!" sagte Jus plötzlich.

„Was ist los?"

„Polente."

Jetzt hörte auch Cramer die Trillerpfeife, mit der sich Polizisten verständigten.

Sie bretterten vorbei an der Sebalduskirche. Oben bogen sie rechts in die Theresienstraße. Doch da war ein Polizeirevier. Mitten auf der Fahrbahn stand ein Schutzmann und sperrte mit ausgebreiteten Armen die Weiterfahrt.

„Teufel, jetzt haben sie mich", fluchte Jus.

„Halb so schlimm."

„Hast du eine Ahnung. Nicht wegen dem Schnaps. Schnaps ist gut gegen Cholera. Aber sie kriegen mich, weil ich keinen Führerschein habe. Und dann erst mein Alter! Ich darf gar nicht dran denken."

Jus trat auf die Bremse. Der Schupo stand noch ungefähr dreißig Meter entfernt. Die Scheinwerfer des Opels blendeten ihn.

„Mein Alter bringt mich um", bemerkte Jus tonlos.

„Dachte, er ist Jurist. Juristen töten in der Regel keine Kinder. Erst recht nicht ihre eigenen."

„Was heißt Jurist. Mein Alter ist Oberlandesgerichtspräsident. Mensch, das gibt einen Skandal bis Fürth und zurück."

Im selben Moment traf Cramer ohne nachzudenken eine spontane Entscheidung, eine Entscheidung gegen sich selbst. Er nahm noch einen Schluck, reichte Jus die Flasche. Dann packte er ihn, zog Jus über sich nach rechts und rutschte unter ihm auf die Fahrerseite.

„Ich habe auch keinen Führerschein", erklärte Cramer. „Aber mein Alter ist nicht Oberlandesgerichtspräsident, sondern nur Schichtarbeiter beim Schuckert."

Er würgte den Gang hinein und brachte den bockigen Super-6 bis zu dem Schupo. Dort stellte er den Motor ab und wartete mit klopfendem Herzen. Der Poli kam links heran.

„Sind Sie betrunken oder verrückt?"

„Beides", sagte Cramer.

„Frech auch noch!"

„Sie haben gefragt. Ich habe ordnungsgemäß geantwortet."

„Den Führerschein!"

„Den was?"

„Die Fahrerlaubnis."

Cramer zu Jus: „Was ist das? – Besitze ich nicht, Herr Wachtmeister."

Der Polizist leuchtete ihm mit der Stablampe ins Gesicht.

„Du bist ja noch ein Pimpf, Junge. Los, aussteigen! Habt ihr das Fahrzeug gestohlen?"

Endlich äußerte Jus etwas. „Er hat nichts damit zu tun. Das Auto gehört meinem Vater."

Sie mußten mit zur Wache und es gab ein ellenlanges Protokoll.

Am nächsten Morgen war Cramer Held des Gymnasiums. Irgendwie hatte sich die Geschichte vom Vorabend herumgesprochen. Sogar der dicke Ganninger, mit dem Cramer meist nur über Politik stritt, sprach seine Anerkennung aus.

„Das war schwer in Ordnung", sagte Ganninger, der nie, wohl auch nicht im Bett, seine Hitlerjugend-Uniform ablegte.

Cramer war das alles peinlich. Er versteckte sich hinter einer seiner Goebbels-Parodien. Hinkend ahmte er den klumpfüßigen Propagandaminister nach und sagte: „Auch uns hat man mit Blumen beworfen, vom Kaiserhof bis zur Reichskanzlei. Leider hatte man vergessen, vorher die Töpfe abzunehmen."

„So etwas Herabwürdigendes möchte ich nicht noch einmal gehört haben", reagierte Ganninger, „sonst muß ich das meinem Vater melden. Das ist üble Nachrede, Beleidigung und Defätismus. Also, halt's Maul, Cramer."

Ganningers Vater war Gauleiter. Deshalb gab Cramer noch extra einen drauf. „Ich habe gestern mit Berlin telefoniert", schwadronierte er, „mit Obersturmbannführer Heydrich von der Gestapo. Wir musizieren oft zusammen. Er spielt die Geige, ich die Trompete. Heydrich ist ein prima Jazzer."

„Noch so eine respektlose Behauptung, und du bist reif für Dachau!" erklärte Ganninger rot angeschwollen.

„Heydrich hat mir erzählt", fuhr Cramer fort, „daß ihm Rudolf Hitler etwas gestanden hat. Unter dem Siegel strengster Verschwiegenheit."

Ganninger spitzte die Ohren. Für Parteiklatsch war er immer zugänglich.

„Du spinnst ja, Cramer."

Cramer ungerührt: „Also Rudolf Hitler vertraute Heydrich Folgendes an: Ob du es glaubst oder nicht, sagte Hitler, eigentlich bin ich gar kein Nazi. Wenn ich jemanden nicht mag, dann sind es Nazis. Aber sag's keinem weiter, Heydrich."

Alle feixten.

Ganniger zog die Schulhefte aus der Mappe und bemerkte: „Unser heißgeliebter Führer heißt Adolf Hitler und nicht Rudolf Hitler. Aber wir kennen ja die infame Taktik von euch Kommunisten, nämlich Verunglimpfung einer Person durch falsche Aussprechung ihres Namens. So seid ihr feige Bande von der Roten Front."

Die Glocke schrillte und der Unterricht fing an.

Es war eine Stunde mit einem völlig normalen Geographielehrer. Da er nie Fehler machte, entbehrte er jeglicher Originalität. Bei ihm entstand keine Art von Auflehnung. Es kam nur eine große Müdigkeit auf. Sie kroch aus den Ecken unter die Bänke, von dort griff sie mit nervtötender Umarmung nach den Hirnen der Primaner, schläferte sie ein und lastete schwer auf den Augenlidern.

Studienrat Ludwig war nicht lang und nicht dick. Er trug korrekte Anzüge und stets ordentlich besohlte Schuhe. Er war kein Genie und kein Sonderling. Er hatte weder Humor noch eine Brille. Seine Stimme war so unpersönlich wie die eines Rundfunksprechers. Er war weder Fußballer, noch redete er Dialekt. Er führte die Klasse dadurch, daß er den Unterrichtsstoff beherrschte und ihn in einer so unsagbaren Monotonie von sich gab, daß man den Eindruck hatte, er lasse seinen Vortrag wie eine Schneckenspur hinter sich. Wenn einer bei ihm einschlief, rief er ihn auf. Dann wartete er genau zehn Sekunden auf die Beantwortung seiner Frage und gab, wenn der Schüler nicht erwacht war, gelassen eine runde Sechs. Nicht wegen Schlafens, Unaufmerksamkeit oder Unwissens, nein, er gab die Sechs wegen mangelhafter Geistesgegenwart.

Solche Vorfälle zählten nicht zu den besonderen Vorkommnissen. Dr. Ludwig hätte den besten Witz von sich geben können, man würde ihn kaum bemerkt haben. Mit jedem Satz verbreitete er eine Staubwolke, so trocken waren seine Worte. Wenn er behauptet hätte, in einer Stunde explodiere das Gaswerk der Stadt, hätte man zwar fest daran geglaubt, aber nichts dabei gefunden.

Das Pausenzeichen war wie eine erfrischende Dusche. Cramers Vordermann sagte, daß er davon überzeugt sei, Dr. Ludwig würde auch eine Klasse nackter Lyzeumsfrauen unterrichten, ohne seinen Pulsschlag zu ändern.

Ein Langer aus den vorderen Reihen wischte Ludwigs feinsäuberliche Malerei über das geographische Prinzip von Erdbeben von der Tafel. Dann kam der Pedell und verkündete, daß die letzte Stunde leider wegen einer Konferenz ausfallen müsse.

Die Klasse opponierte mit: „Saustall! Hört, hört!" Einer äußerte tierisch ernst Bedenken wegen des Bildungsnotstandes an den staatlichen bayrischen Gymnasien und wäre am liebsten sofort aus dem Fenster gesprungen.

Cramer sagte leise: „Ein dreifaches Siegheil auf unseren geliebten Führer Rudolf Hitler, dem wir diesen schönen Tag zu verdanken haben. – Und vielleicht die nächsten tausend."

Der Nebenmann von Cramer zog einen Stundenplan aus der Jackettasche und studierte ihn. Cramer wandte sich an Jus mit dem Pflaster auf der Nase.

„Gibst du mir den Stundenplan zum Abschreiben? Ich lasse zwar immer alle Bücher unter der Bank, aber vorsichtshalber..."

Der andere schob ihm das Geheimpapier hin.

Cramer las: Stundenplan der 8-Ga.

Montag: Latein, Physik, Deutsch, Geschichte, Säuglingspflege (Wahlfach)

Jus feixte stumm. Jetzt fiel bei Cramer der Groschen.

„Der ist vom Städtischen Mädchenlyzeum Labenwolfstraße", stellte er fest.

Jus nickte.

„Durch Beziehungen?"

Jus entfernte das Pflaster und besah seine Nase schräg im Fenster. Sie war auf dem Rücken genäht oder geklammert und noch leicht gerötet.

„Ein Boxhieb?"

„Nein. Tennisball. N. H T. C."

„Kennst du Frauen dort?"

„Einige bedeutende sogar."

Cramer musterte ihn kritisch. „Mach das Pflaster wieder drauf. Sieht besser aus. Zum Frack den Kopfverband, zum Sportanzug den Arm in der Schlinge."

Das Klassenzimmer hatte sich geleert. Nur ein Kleiner mit französischem Namen stolzierte durch die Bankreihen und suchte nach Papier. Als er zu den hintersten Reihen gekommen war, baute er sich vor Cramer auf. Er reichte ihm bis ans Kinn.

„Ich heiße Dupain, zu Deutsch Düpäng, das Brot. Ich darf dich als unseren neuen Mitschüler höflichst bitten, keine Art von Papier jemals unter die Bänke zu werfen. Damit ersparst du einerseits mir Scherereien, andererseits dir Unannehmlichkeiten. Ich bin für Sauberkeit verantwortlich und kann äußerst grob werden. Außerdem wäre es unkameradschaftlich. Ich führe Buch über jedweden Verstoß. Servus!"

„Ich werde mich benehmen wie die städtische Müllabfuhr", versprach Cramer.

Der aufgeblasene Kleine verschwand mit erhobenem Kinn.

„Er will Politiker werden. Er hat sich fest dazu entschlossen. Politiker oder hoher Offizier", sagte Cramers Nachbar beim Gehen.

Sie schlenderten gemeinsam die Landauer Gasse hinunter.

„Hast du eine Ahnung, was du werden willst?" fragte Jus. „Nicht mal eine Idee. Ich würde mich ganz gerne mit Journalismus beschäftigen. Aber nicht mit der Einweihung von Karnickelställen, oder daß der Filmstar Mia Pia della Casa ein Kind kriegt. Nicht mit solchem Gesellschaftskäse. Eher mit harten Stories, Tatsachenberichten. Zwielichtige Zusammenhänge deutlich machen. Nicht dichten. Einen Roman schreiben oder so. – Aber schreiben mußt du können, nicht nur wollen. Also spiele ich lieber Trompete. Das kann ich. Und du?"

„Ich werde Autokonstrukteur", erklärte Jus, als sei das etwas Unumstößliches.

„Das wird man leicht, wenn man in Mathe gut ist, ein vernünftiges Abitur baut, und wenn man ein Gefühl für Autos im Hintern hat."

Jus suchte in den Taschen nach einer Zigarette. Cramers Feuerzeug funktionierte nicht.

Eine Straßenbahn fuhr bimmelnd durch das Tor unter dem Laufer Schlagturm. Auf den offenen Perrons standen eine Menge Frauen. Sie winkten und schrien. Sie trugen bunte leichte Kleider. Der warme Sommertag machte sie alle übermütig. Cramer sah der Linie -3- nach, wie sie quietschend im Schatten des Tores verschwand.

„Kannst du dir vorstellen, daß eine Anzahl hervorragend ausgebildeter Körperteile die Qualität des Kopfinhaltes überwiegt?" fragte Jus.

„Meinst du speziell bei Frauen?"

„Ja, bei Frauen. Bei Männern ist es bedeutungslos, schön zu sein."

Jus hatte die Zigarette angesteckt. Der Rauch hing träge in der Hitze. So wie er hinausgeblasen worden war, so stand er in der Luft.

„Aber Frauen sind mir ziemlich scheißegal", gestand er mit profunder Lebenserfahrung und warf einen schnellen Blick auf Cramer. „Sagen wir, egal bis auf einige, oder genauer bis auf eine."

Cramer verlangsamte den Schritt. Er hatte in eine andere Richtung zu gehen. „Eine genügt für den Anfang. Ehe du die begriffen hast, liest du zehnmal den Kampf um Rom."

„Oder hundertmal die Bibel", sagte Jus und boxte Cramer in die Seite, „plus Rudolf Hitlers *Mein Kampf*. Für manche Frauen brauchst du ein Leben wie Methusalem."

Cramer bezweifelte es. „Das ist allein eine Frage der Phantasie."

～◦◦◦～

Sie hatten das Nibelungenlied in Mittelhochdeutsch wiederholt. Nach der Literaturstunde geriet Cramer in Acht und Bann. Während die Klasse den blonden Recken Siegfried liebte und den finsteren Hagen verachtete, sagte Cramer:

„Siegfried, dieser Holländer, war ein Weiberheld und Angeber, Hagen aber das Urbild des treuen, weitblickenden Ratgebers einer verkommenen Königsbande."

Von da ab schnitten sie Cramer wie einen Aussätzigen und nannten ihn Heldenmörder. Sogar Jus sprach drei Tage lang nicht mit ihm.

Aber schließlich geriet es in Vergessenheit.

4.

Bei bestimmten Temperaturen legte Cramer die Krawatte ab.

Diese freiwillig gezogene Grenze lag bei dreißig Schattengraden. Er löste den Knoten, zog den Binder aus dem Kragen und faltete ihn in die Tasche.

Ohne Ziel lief er durch die Altstadtgassen, die bis zur Pegnitz abwärts führten und jenseits des Flusses wieder anstiegen. Es ging auf Mittag zu. Es wurde ruhiger und stiller.

Vor Bierwirtschaften standen Lastautos. In der Sonne tropften ihre Stangeneisladungen. Aus kühlen Toreinfahrten roch es nach Fisch, Spirituosen oder Acetylen.

Cramer kannte alle Winkel der Altstadt. Er sparte viele Minuten, indem er um Ecken in Hausflure, über Treppen durch Hinterhöfe, kleine Gärten und wieder dunkle Gänge schlich und plötzlich drei Straßen weiter in der Mittagshitze stand.

Er liebte diese geheimnisvollen Wege. Sie führten an den Kehrseiten der Menschen vorbei, durch das Innenleben ihrer Behausungen, wo sich zwischen hohen Mauergevierten die Echos der Stadt verliefen. Wo feuchte Wäsche an Leinen hing und blasse Kinder Sand mit Wasser zu Kuchen verrührten. Die Fachwerkbauten waren seit Jahrhunderten unverändert. Ihre Treppen senkten sich einseitig, die grob behauenen Balkendecken hingen beängstigend durch. Wasser- und Stromleitungen liefen eckig über den Putz und Klingeldrähte über Winkelhebeln irgendwohin.

In solchen Gassen hatten seine Eltern einst gewohnt. Damals in den Krisenjahren nach dem ersten Krieg, in den Jahren, als es noch Gaslicht gab, als die Trichtergrammophone aufkamen, als Richard Tauber Platten besang und die ersten Detektor-Radios mit den unförmigen Kopfhörern eine Sensation waren. Die Mutter konnte er sich nur über eine Arbeit gebeugt vorstellen. Sein Vater, Schlosser bei Siemens, war meist auf Schicht. Er verdiente wenig. Durch ihre Näharbeiten erfüllte sich die Mutter den bescheidenen Wunsch, eine Winzigkeit anders zu leben als die anderen in diesen Hinterhöfen und ihren Sohn später aufs Gymnasium zu schicken. Manchmal kaufte sie ein Buch oder ging ins Theater. Stehplatz, dritter Rang.

Mit Kinderaugen hatte Curt Cramer diese Höfe und Altstadtgassen in sich aufgenommen. Deshalb liebte er sie mehr als luxuriöse Vorstadtvillen. Er gehörte zu den Verrückten, die ein Patrizierhaus am Markt oder am Burgberg einem Schloß Neuschwanstein in Erlenstegen vorgezogen hätten.

In der Kaiserstraße kam ihm ein Sprengwagen entgegen. Die gesteuerten Wasserspiele vorn, hinten und an den Seiten liefen in

Wellenlinien an der Bordsteinkante entlang. Barfüßige Buben rannten in den Strahlen hinter dem Wagen her. Der Fahrer hing mit entblößtem Oberkörper weit im Fahrtwind. Die Spaziergänger schimpften, wenn ein nicht rechtzeitig gebremster Guß ihre Schuhe traf. Aber nicht sehr. Die Hitze machte phlegmatisch und Phlegma machte tolerant.

Curt Cramer schlenderte an einer Eisdiele vorbei. Santin, der Italiener, spachtelte gerade eine Ladung Vanillecreme aus der rotierenden Trommel. Cramer zählte in Gedanken sein Vermögen. – Vom Plattenspieler wimmerte eine neapolitanische Melodie. Von den Wänden prangten grobbunte Wandgemälde mit Venediggondeln und darüber dem Vesuv.

Für das Eis hätte er lieber eine Packung Zigaretten gekauft, wenn das Gitarrenlied nicht zu Ende gewesen wäre und überwältigender Goodman-Swing aus dem Lautsprecher eingesetzt hätte. Der Rhythmus, die Bässe, die fast spürbar hinter der Stoffverspannung des Lautsprechers hervorquollen, zogen ihn magisch hinein.

Er fand noch Platz an einem Zweiertisch. An der Marmorplatte saß ein Mädchen, von dem er nur zwei Drittel sehen konnte. Diese zwei Drittel steckten in einem zitronengelben Kleid, das ein weißer Gürtel halbierte. Unter dem Rock baumelte ein Paar gebräunter Beine, die so hübsch waren wie die Schuhe. Hohe Hacken, spitze Form. – Ziemlich teuer, dachte er. – Das letzte Drittel über dem Gürtel verbarg die Berliner Illustrierte. Titelbild: Zarah Leander.

Das eine Bein lag über dem anderen und wippte im Takt der Musik. Ab und zuckte ein Löffel hinter der Zeitung hervor, holte sich zielgenau vier Kubikzentimeter Vanilleeiscreme und verschwand wieder.

Cramer schleckte seine Zitroneneiskugel, lauschte verzückt den Jazzrhythmen und hatte schon die Hoffnung aufgegeben, das obere Drittel seines Gegenübers je zu sehen, als sich die Zeitung senkte und unglaublich blaue Augen freigab. Die Augen tanzten über die Druckzeilen und verschwanden wieder. Sie hatten ihn kaum wahrgenommen. Aber sie waren leuchtend wie eine Weihnachtskerze, die nach 4711 duftete.

Dann fiel die Zeitung schlagartig herunter. Das letzte Drittel gehörte zu den ersten beiden wie der Mond zum Sternenhimmel, wie Cognac ins leere Glas, wie die Blume zum Frühling, wie ein Solo zum Tutti.

Die Pegnitz-Madonna errötete leicht.

Nur einmal hatte er so einen Himbeermund gesehen. Er hatte auch schon schwarzes Haar gesehen, aber noch nie solch lackglänzende Ponyfransen über so hellen schräggestellten blauen Augen, über so einer Nase, schmal mit der Andeutung einer Wölbung – so sanft wie die Erdkugel am Meereshorizont. – Aber sie war vorhanden und verlieh dem Gesicht Rasse, ein aristokratisches Händchen voll. Der Busen stand in so reziprokem Verhältnis zu der Schmalheit ihrer Taille, daß seine Echtheit ein Wunder der Natur war. Außerdem kannte er das Mädchen flüchtig, von damals in der Köhlerhütte.

Cramer konzentrierte sich auf seine Zitroneneiskugel. Dann sprach er sie an. „Bist du nicht in derselben Klasse wie Kira Eden?“

„Stimmt“, sagte das Mädchen, als sei es die natürlichste Sache der Welt, mit Kira Eden in einer Klasse zu sein.

„Haben wir nicht einmal zusammen getanzt?“ fragte Cramer weiter.

„Weiß nicht.“

„Auf dem Cotillon im Kulturverein“, half er nach.

Sie überlegte keine Sekunde. „Nein, da haben wir nicht zusammen getanzt. Ich war nicht dort. Wir hatten an dem Tag so viel Aufregung. Ich war in Berlin beim Reichsjugendwettbewerb. Ich vertrat unser Lyzeum beim Kochen.“

„Von Nürnberger Bratwürsten?"

„Nein, vom Einbrenn", sagte sie. Weil er sie verständnislos anblickte, erklärte sie: „Ein Einbrenn ist das Schwierigste überhaupt. Es darf nicht klumpen, nicht zu hell, nicht zu dunkel werden, es muß schön braun und bröselig sein."

„Und wozu braucht man das?"

„Es ist in Fett geröstetes Mehl", dozierte sie, „oder auch Mehlschwitze genannt, womit Suppen, Soßen oder Gemüse verdickt werden."

„Also lebenswichtig", sagte er todernst.

„Es gelingt selten, fast nie, in Vollendung."

„Und dir?"

„Ich wurde Zweite. Es reichte für den mittelfränkischen Landessieg."

„Ich sitze also mit einer prämierten Küchenmeisterin am Tisch", stellte er ironisch fest.

„Und deshalb kann ich auch nicht mit dir getanzt haben."

Sie war sich nicht zu fein, mit einem Primaner über Einbrenn zu reden. Normalerweise trieben sich die Träger von Silbermedaillen nachmittags mit Rennfahrern und Polospielern an der Riviera herum. Sie leerte ihr Mineralwasserglas und er bezahlte sein Eis.

„Ich war übrigens auch nicht auf dem Parkett", sagte er, „ich spielte bei der Kapelle Trompete."

„Na siehst du", antwortete sie. „Bei mir war es das Einbrenn, bei dir die Musik. Aber wir kennen uns vom Schulausflug her. Ich habe dich auch einmal mit Kira Eden gesehen. Kira ist ein unglaublich begabtes Mädchen. Findest du nicht?"

„Sie hat einen gescheiten Bruder. Er ist Primus in meiner Klasse. Er wäre noch mehr als Primus, wenn es das gäbe."

Sie tupfte sich die Lippen, legte ein Geldstück neben den Teller und ging, weil auch Cramer ging, und sagte: „Das liegt bei Kira in der Familie. Sie haben große Kultur, wir haben nur Adel."

„Mach dir nichts draus", sagte Cramer. „Adel gehört zu den Dingen, die man ertragen kann."

„Wir sind sogar eine glückliche Familie. Eine Menge auf einmal, findest du nicht?"

„Wo Adel eigentlich zu nichts verpflichtet."

„Heißt du nicht Curt Cramer?" fragte sie und reichte ihm die Hand.

„Ja, Cramer. Auf Wiedersehen, Elisabeth – du bist doch Elisabeth, oder?"

Sie winkte und ging. Cramer schwirrte der Kopf. Die ist plemplem, dachte er, aber das gibt sich. Wäre gelacht, wenn es sich nicht geben würde.

Er sah dem Mädchen nach. Sie war auf die andere Straßenseite gegangen und musterte geringschätzig ein weißes Adler-Cabriolet. Sie sah sich den Wagen genau an. Sogar den Druck in den Reifen.

Wenn ich sie wiedersehe, dachte er, dann erzählt sie mir von ihrem schicken Auto. Aber zugegeben, der Wagen hätte zu ihrem zitronengelben Kleid gepaßt.

Dann war Cramer einen Augenblick sprachlos, weil sie in das Cabrio einstieg. Wenig später kam ein eleganter älterer Herr. Sie fuhren davon, als sei das die natürlichste Sache der Welt...

❧

Ständig auf der Suche nach Arbeit fand Cramer eine Lichtpausanstalt. Der Inhaber hieß Fritz Ganter, war mit einer Jüdin verheiratet und konnte sein Lästermaul nicht halten.

Am Stammtisch äußerte er, Adolf Hitler habe einen Verbrecherkopf. Einer zeigte ihn an. Ganter wanderte für einige Wochen ins Gefängnis.

Cramer schmiß den Laden so lange. Dann kam Ganter wieder.

Seine Frau starb, und er heiratete eine reiche arische Witwe aus Fürth in Bayern.

5.

Kiras Bruder war etwas, was Cramer nie sein würde. Er war ein Lumen. Was Jus in Zugspitzhöhe in Mathematik bot, das vollbrachte Eden in den übrigen Fächern. Auf allen Gebieten besaß er lexikalisches Wissen. In England nannte man derart kluge Leute Eierköpfe. Eden hätte bei jedem Fragespiel obsiegt, egal ob man nach Echnaton oder Astrophysik gefragt hätte. Nur im Sport, da scheiterte er schon bei der Kletterstange.

Einmal fragte *Meck-Meck*, der Mathe gab, nach der Entwicklung eines sphärisch astronomischen Grunddreiecks. Jus rechnete, und Cramer dachte über etwas Wichtigeres nach. Noch bevor Jus, der Große, die Lösung hatte, hob Eden den Finger und wetzte auf seinen dürren Beinen zur Wandtafel vor. Dort brachte er die Berechnung einwandfrei hin.

Meck-Meck quittierte alles mit dem begeisterten Ausruf:

„Sie sind wahrhaft ein Lumen, Eden!" – Seitdem hieß Eden „Das Lumen".

„Was heißt Lumen?" fragte Cramer seinen Nachbarn, denn er war schwach in Latein. Jus blätterte im Wörterbuch nach.

„Lumen, das Licht."

Eden wuchs daraufhin noch zwei Millimeter, verharrte aber still bis zur nächsten Eruption.

In der Pause kaute Jus lustlos sein Schinkenbrot. Dabei äugte er einem Mädchen nach, einer Blonden aus der Unterprima. Neuerdings nahm das Realgymnasium auch Frauen auf.

„Die wird mal gut", schätzte Cramer.

Doch Jus dachte an etwas anderes, immer noch an das sphärisch astronomische Grunddreieck. „Das hat er nicht berechnet. Er hat das auswendig gelernt."

„Wer? Was?" fragte Cramer.

„Na Lumen die Formel. Es steckt nämlich ein Fehler drin. Am Schluß hat ihn sein Gedächtnis verlassen. Deshalb hat er schnell die Lösung hingefummelt. Meck-Meck hat es natürlich nicht gemerkt. Der merkt so was nie. Wie der jemals Matheprofessor werden konnte, ist mir schleierhaft. Das einzige, wovon er was versteht, ist Schach, und das nur im Café Hauptmarkt und mit einem Doppelten nach jedem Zug."

„Ich würde mir nichts daraus machen", riet Cramer. „Der Eden, das Lumen, ist eben ein Radfahrer. Seine Schwester behauptet das auch immer. Bin heute nachmittag mit ihr verabredet."

Jus wurde von einem Sextaner angerempelt und langte ihm eine.

„Heute nachmittag mit der Eden? Vergiß nicht die Lateinarbeit morgen."

Cramer zuckte mit den Schultern. „Ich denke schon dauernd daran, kann aber Kira nicht versetzen. Sie hat mir Dringendes zu sagen. Ausgesprochenes Pech für Professor Dahinten."

Jus wickelte den Rest seiner Stulle ein. Er hatte keinen Hunger mehr. „Wenn du diesmal danebenhaust, dann ist das Pech. Aber nicht für Dahinten, sondern für dich. Dahinten läßt dich mit Wonne wegen Latein durchrasseln."

Doch Cramer strahlte in der Vorwonne des Nachmittags beinah überirdisch. „Das findet erst morgen vormittag statt. Dazwischen liegen ein Nachmittag und ein Abend. Genug, um den nächsten Tag zu vergessen."

„Du kannst noch die ganze Nacht hindurch lernen."

Cramer machte ein vergnügtes Gesicht. „Ich hab auch noch Kinokarten. Nächster Pluspunkt für Professor Dahinten."

„Ein leichtsinniger Hund bist du."

Das Klingelzeichen beendete die Pause. Die Schüler strömten aus dem kühlen Schatten des Baumhofs in die dumpfen Klassenzimmer. Jus und Cramer stellten sich ans Ende der Traube, die wie schwärmende Bienen vor dem Eingang zum Hauptbau hing, und warteten, bis sich das Gros durchgezwängt hatte.

„Was ist eigentlich dran an der Schwester vom Lumen?" fragte Jus. „Sie ist eher klein als hübsch. Na ja", er verbesserte sich, „hübsch ist sie eigentlich schon. Nicht im Sinne von Elisabeth oder Doktor Linda Brausepulver."

Offenbar hätte er gerne gewußt, was Cramer an Kira fand. Cramer redete nicht gern über seine Abenteuer. Auch Jus gegenüber hielt er sich da zurück.

„Kira ist Künstlerin", sagte Cramer nur.

Jus hielt das für eine eher unvollständige Auskunft.

„Sie ist eine absolut fertige und reife Pianistin. Und das mit sechzehn Jahren, neulich hat sie im Katharinenbau mit dem Landesorchester dieses Klavierkonzert in D-Dur von Johannes Brahms hingelegt, daß dem Dirigenten die Socken dampften."

Jus fragte trocken: „Seit wann interessiert dich Brahms? Seit wann läßt du Instrumente mit Ausnahme einer C-Trompete gelten?"

„Ich wollte nur Kira beschreiben und warum sie anders ist. Sie ist zierlich, ein schmales Reh. Sie hat keinen großen Busen, aber einen, mit dem man sich gewiß gut unterhalten kann. Ich möchte beinahe sagen, er hält dich auf Trab. Sie hat braune Augen, langes tizianrotes Haar, einen Mund, so fleischig wie Negerlippen. Ob sie Jungfrau ist, das weiß ich nicht. Ich wäre in jedem Fall daran unbeteiligt gewesen. Genügt dir das?"

Jus fühlte wohl, daß er zu weit gegangen war. „Es interessiert mich nur deinetwegen, Curt", sagte er.

Sie erklommen den ersten Stock mit der Geschwindigkeit zu Tode erschöpfter Himalaja-Bergsteiger. Im Klassenzimmer der 8-Ga herrschte Lärm. Bevor *Abu Kersch* erschien, war es immer laut. Die Schüler fläzten in den Bänken.

Auf Abu Kerschs Unterricht war jede innere Vorbereitung zwecklos. Man wußte nie, was er vorhatte. Er konnte ein Geschichtsextemporale über den Stoff der vergangenen Unterrichtsstunde verlangen, ebenso aus einer Tageszeitung vorlesen lassen. Das alles hing geheimnisvoll mit Abu Kerschs Verdauung zusammen. Meistens war diese so unregelmäßig wie sein Unterricht. Das Regelmäßige an Professor Buhl war sein Bauch, daher der arabische Spitzname, und wegen seiner Glatze. Beides pflegte er. Und die Mühe schlug an.

Seine sonstigen Eigenschaften waren eine Reihe schlechter Bonmots für alle Lebenslagen und daß er Fremdwörter grundsätzlich deutsch aussprach, was er seiner germanistischen Ausbildung schuldig zu sein glaubte. Seine letzte Besonderheit war, daß er das Klassenzimmer oft blitzartig für Sekunden verließ, um im Korridor dröhnend zu winden. Dies wiederum schloß den Kreis, weil es wiederum mit Abu Kerschs Verdauung zusammenhing.

Weil Studienprofessor Buhl noch nicht im Anmarsch war, der Warnposten an der Treppe also keine Signale gab, unterhielt man sich ungeniert. – Jus griff das Thema wieder auf.

„Wahrscheinlich nehme ich die Einladung zu von Kletts Geburtstag an."

Von Klett war bekanntlich Sohn eines Fabrikbesitzers und Stiefsohn einer durchgebrannten Berliner Tänzerin.

„Das würde ich mir überlegen", sagte Cramer.

„Warum?"

Cramer kniff ein Auge zu. „Bist du so naiv oder tust du nur so?"

Jus wußte nicht, worauf Cramer hinauswollte. Er hatte wirklich keine Ahnung. Cramer klärte ihn auf, obwohl es ihm peinlich war. Er deutete auf zwei Mitschüler und fragte: „Kommen die auch?"

Jus bejahte. „Wird ein Riesenfest."

Cramer senkte die Stimme, um seinen Vordermann nicht mithören zu lassen. „Bei von Klett trifft sich der Onanier-Club Realgymnasium e.V. Zuerst lesen sie Doktorbücher, dann obszöne Magazine, dann gibt es Schnaps und Zigarren. Anschließend findet allgemeine Selbstbefriedigung statt."

„Unmöglich!" empörte sich Jus. „Klett hat dich erst gestern wegen deiner Weiber angepflaumt."

Cramer nickte, als sei das eine Bestätigung. „Weil er selbst zu feige ist, eine anzufassen. Sie möchten zwar alle, aber sie wissen nicht, ob sie sich trauen dürfen. Also machen sie es auf ihre Art. We are the wixboys of the hollow hand."

„Woher willst du das bitte wissen?" forschte Jus.

„Ich war einmal dabei", gab Cramer unumwunden zu. „Aber ich hatte zuviel Schnaps erwischt. Als es losgehen sollte, habe ich erst mit dem Luftgewehr in die Torte geschossen, dann den Teppich vollgekotzt. Nun hatten sie genug mit Aufwischen zu tun."

„Dann gehe ich lieber in die Ausstellung *entartete Kunst*", sagte Jus.

„Tu das", riet Cramer. „Ich liebe sie auch. Picassos Studien über die Grazie einer knienden Kuh."

Sie konnten nicht weiter über Picasso streiten, der Warnposten avisierte Abu Kersch.

Der Lärm legte sich. Man wartete gespannt.

Der Dicke stapfte herein wie ein Elefantenbulle, warf seine Zeitung auf das Katheder und lockerte die Krawatte. Obwohl er der Klasse dabei den Rücken kehrte, sagte er unter Verwendung seines phänomenalen Gedächtnisses: „Der Rist ist ein Artist. Er lehnt sich bis zum Nabel aus dem Fenster und glaubt, ich sehe das nicht. Jungs, Jungs, laßt euch gewarnt haben. Wenn mal einer runterfällt, am Ende will es keiner gewesen sein."

Nach dem Bonmot zu urteilen, war seine Verdauung heute bestens. – Die Klasse lachte gequält.

"Wo sind wir letzthin stehengeblieben? Der Hahn vielleicht."

Das hieß, Hahn sollte den Stoff der letzten Stunde repetieren. Hahn, genannt Gallus, schraubte sich aus der Bank und starrte zur Decke.

"Da droben steht nichts", wimmerte ihn Abu Kersch an. An der Decke stand zwar was, aber etwas anderes. Das alte Pennal war früher ein Kloster gewesen. Die Deckenmalereien standen unter Denkmalschutz. Über der 8-Ga schwebte ein Reigen nackter vollbusiger Jungfrauen. Sie trieben ihre Nymphenspielchen auf einer blühenden Wiese auf der Jagd nach Schmetterlingen mit hüpfenden Brüsten. Vorne hatten sie dünne Schleier, hinten gab es nichts zu verbergen. – Abu Kersch sagte: "Hahn, je länger ich gemeinsam mit Ihnen dieses Kunstwerk betrachte, desto mehr erschüttert mich Ihre Stupidität, aber auch die vollendete Natürlichkeit des Gemäldes, von dem ich glaube, daß es sich um einen späten Schüler Dürers handeln muß."

Das war absoluter Nonsens. Es waren und blieben vollfette Nackedeis weiblichen Geschlechts.

Gallus erflehte nur Hilfe von oben. Die ganze Klasse sah hinauf und Abu Kersch leistete sich das nächste Bonmot.

"Jungs, Jungs, fast kommt es mir so vor, als hättet ihr noch nie ein nacktes Weib gesehen."

Er schnäuzte sich laut, wandte sich dann wieder an Gallus:

"Hahn", sagte er mit seiner sonoren Baßstimme, "Sie sollen eine letzte Schanse erhalten."

Er meinte Chance, aber er sprach alles deutsch aus. Gallus wartete nervös. Er schwitzte und hatte heiße Hände. Abu Kersch überlegte kurz. Als er eine passende Frage gefunden hatte, fuhr es wie Wetterleuchten über sein unrasiertes Antlitz.

„Woraus stammt, von wem gesprochen und von welchem Dichter erdacht, das Wort: Wohl steht es einem Manne an, über einen Verlorenen zu weinen?"

Gallus war nur noch ein totales inneres Vakuum. Er stotterte und widersprach sich.

„Schi... Schiller. Wilhelm Te...Tell."

Abu Kersch sah ihn so unermeßlich traurig an, daß Gallus nicht wußte, lag er richtig oder falsch.

„Im Zweifelsfalle nicht immer Schiller. Gibt ja noch andere Dichter. Karl May etwa."

Augenzwinkernd wandte sich der Vater des Bauches ab.

„Eden!" rief er wie um Hilfe. „Eden!"

Eden sprang hoch und fistelte: „Egmont zu Klärchen. Goethe."

Abu Kersch winkte ihn nieder und wandte sich erneut an Gallus. „So geht es nicht weiter, Sie Nichtsnutz. Schicken Sie mir mal Ihre verehrte Frau Mama vorbei."

Jus grinste und hieb Cramer in die Seite. Dann wieder Abu Kerschs Stimme: „Eine allerletzte Okkasion, Hahn. Wo lebt und wovon ernährt sich der ägyptische Aasgeier?"

Die Klasse tobte über die uralte Standardfrage. Gallus, nahe der Aufgabe, schöpfte neuen Mut.

„Er lebt in Ägypten und ernährt sich von Aas, Herr Professor."

„Falsch!" Abu Kersch schien den Tränen nahe.

„Der ägyptische Aasgeier lebt im Tiergarten und bekommt täglich eine Portion Freibankfleisch."

Abu Kersch applaudierte ironisch. „Ausgezeichnet, Hahn. Das gibt eine runde Eins für diese prächtige Antwort. Setzen Sie sich und schlafen Sie weiter in Morpheus Armen. Ich werde Sie heute nicht mehr interrogieren."

Endlich begann der Unterricht.

Ein Vorzug der Fünfzig-Minuten-Stunde bestand darin, daß es immer dann läutete, wenn der Lehrer endlich in Schwung kam und dann meistens vergaß, Hausaufgaben zu verordnen.

Cramer hatte errechnet, daß man in einem Schülerleben bis zum Abitur dadurch fünfundvierzig Unterrichtstage pro Jahr, also beinahe eineinhalb Jahre Gratisferien, geschenkt bekam.

Abu Kersch beendete seine Stunde theatralisch und deklamierte mitten in das Läuten hinein irgendetwas über die Französische Revolution.

„Und so beenden wir unsere Repetition über diese französische Rauferei mit einem Kampfeslied aus jenen Tagen, welche da lautet: Reißt die Konkubine aus der Fürsten Bett, schmiert die Guillotine mit der Fürsten Fett."

Er nahm Zeitung und Hut und verschwand wie ein siegreicher Mime von der Bühne.

Das Kampflied zeigte in der Zeit von Hitlerjunge Quex keine Wirkung mehr. Die Schüler pulten sich gelangweilt in den Nasen.

Nur Schüler *Großes F* stand auf und wischte die Tafel ab. Dann öffnete er das Fenster und schnappte drei tiefe Züge aus einer schnell entzündeten Kippe. Als Prof. Dahinten hereinkam, segelte der Rest in die Landauer Gasse.

Großes F. rief: „Achtung!"

Dahinten legte den Finger an den Mund und klagte: „Machan Sie bitta keinan Lärm. Ich haba heuta Kopfschmarzan. Baschäftigan Sie sich mit irgand atwas."

Wenn man ihnen so anständig kam, dann verhielten sie sich auch anständig. Sie dösten hinter dem Vordermann oder lösten Kreuzworträtsel. Eden repetierte Latein. Cramer dachte an Edens Schwester. Was wohl daraus wurde? – Es war die neugierige Unruhe, die ihn bei jedem Mädchen überkam, wenn etwas in der

Luft lag. Meistens ging immer was. Bei allen, bis auf Elisabeth. Die war für Jus reserviert. – Schülerweisheit: Es gibt immer eine, die man nicht bekommt...

Cramer schaute zu Jus hinüber. Der hatte vor sich einen Bogen liniertes Papier. Darauf stand von oben bis unten nur ein Neun-Buchstaben-Wort. In allen Schriftarten und Sprachen der Welt. Verschnörkelt, schräg, rund und gerade. Hundertmal: Elisabeth.

⁂

Jus war ein Riesensportler. Er lief die 100 Meter in elf Sekunden und ein paar zerquetschten Zehnteln. Cramer war eine Flasche gegen ihn.

„Wenn du beim Jugendsportfest eine Medaille willst", sagte Jus, „dann trainiere olympischen Dreisprung. Da tritt nur einer an."

„Dreisprung?" fragte Cramer, „was ist das für eine neuartige Hopserei? Nein danke."

Für den Abend hatte er eine Theaterkarte, Galerie, Stehplatz. Im Schauspielhaus am Lorenzerplatz gaben sie etwas von Goethe. Iphigenie in Tauris, oder so.

Cramer hatte Schlimmstes über die Aufführung gehört.

Also ging er lieber ins Kino.

Am nächsten Tag hielt der Führer Rudolf Hitler eine Rede im Berliner Sportpalast. Cramers Onkel Mathias, ein kleiner SA-Führer, kam in seiner hundescheißebraunen Uniform, um die Rede in Mutters Owin-Radio zu hören. Als Rudolf H. sein Gekrächze beendet hatte und sie beim Horst-Wessel-Lied angekommen waren, stand der Onkel auf und sang mit Hitlergruß mit. Cramers Vater stand auch auf, hob aber die geballte Faust im Lenin-Gruß.

Von da an kam Onkel Mathias nie mehr wieder.

6.

Cramer machte den Rummel mit der Brutus-Frisur nicht mit, dafür hatte er ein Faible für enge Hosen, Hemden mit Kentkragen und superschmale Schlipse. Das Haar trug er eher länger. Wenn er nur einmal im Jahr zum Barbier ging, sparte er eine Mark fünfzig. Für einen Pennäler ein kolossaler Betrag. – Bei Frauen zog er wohl onduliertes Haar den BDM-Zöpfen vor.

Kira Eden war onduliert und auch leicht hysterisch. Was sie noch von anderen Mädchen ihres Alters unterschied, war nicht nur die Blässe ihrer Haut, sondern auch die Freimütigkeit ihrer Rede. Sie sprach über Sachen, die andere beim Lesen der Bibel überblätterten. – Das gefiel Cramer an ihr. Abgesehen von ihren Formen oberhalb der Gürtellinie.

Er mußte warten, weil er eine Bahn zu früh dran war.

„Was machst du für ein Gesicht?" fragte sie, als sie aus der Straßenbahn stieg. „Hast du Angst vor mir?"

Seine Miene hätte sich eigentlich aufhellen müssen, als er sie sah. Sie trug einen dunkelgrauen Sweater zu einem hellgrauen Faltenrock und sah mindestens wie achtzehnkommafünf aus. Damit nicht jeder, der Kira kannte, gleich wußte, wohin sie fuhr, hatte sie sich eine dunkle Sonnenbrille aufgesetzt, die ihr vorzüglich stand.

Sie hakte sich bei ihm ein und dirigierte ihn in Richtung jener einsamen Reichswaldwege, wo schon St. Sebaldus Sammlung und Einkehr gefunden hatte.

„Was machst du für ein Gesicht?" fragte sie noch einmal.

„Das ist immer so, wenn sich des Knaben Wunderhorn verstopft", antwortete er. „Morgen hält Dahinten Lateinarbeit. Ich habe nicht den Dunst einer Ahnung."

Wenn sie lachte, hatte sie Koloraturen in der Kehle. Ihre vom Klavierspielen trainierten Finger krallten sich in seinen Unterarm.

„Wozu brauchst du Latein, wenn du Trompeter wirst? Jazz bläst man auch ohne lingua latina. Ich kenne einen, der ist erstklassig in Latein, aber der wird nie einen Blues spielen lernen."

„Denkst du, ich kann's?" fragte Cramer. „Das lernt man nicht, das kann man entweder oder nicht. Nun, ich kann weder Latein noch einen guten Blues spielen. Das ist Cramer, die Niete."

„Vielleicht kannst du andere Sachen", bemerkte sie mit einem raschen Seitenblick auf sein sattelnasiges Profil.

„Welche zum Beispiel?"

„Mal sehen, Curti."

Er mochte nicht, wenn man seinen Namen verniedlichte. Weil er nichts sprach, erzählte sie von ihrem nächsten Konzert. Es sollte in Bamberg mit den Philharmonikern stattfinden.

„Was glaubst du, welch miserable Schülerin ich bin. Aber sie bringen mich immer irgendwie hinüber."

„Weil sie sich geehrt fühlen, daß ein so berühmter Piano-Star ihre Schule besucht. Die Welt windet dem Genie Kränze. Sie können dich nicht gut durchfallen lassen."

„Mag sein. Ich hätte auch gar keine Zeit zum Lernen. Täglich fünf Stunden üben, dann mit Curt Cramer im Wald verschwinden, dann die Tournee mit den Bambergern. Wir sehn uns eine Weile nicht, Curti."

Sie verließen den Weg. Überall war es schon trocken. Um den Flugplatz machten sie einen Bogen. Hin und wieder röhrte in der Ferne ein Motor. Eine Ju-52 schwebte ganz dicht über den Baumwipfeln und setzte zur Landung an.

„Wenn sie uns von da oben im Wald sehen, dann denken sie sich etwas ganz Bestimmtes, was man sich so denkt, wenn man ein Pärchen im Unterholz verschwinden sieht."

„Sie täuschen sich nicht." Kira sah hinauf. „Und es stört mich nicht mal."

Sie sprang über umgestürzte Bäume hin und her, daß ihr Rock flog. Dann pflückte sie Brombeeren, und wenn sie sich hinkniete, ließ sie den Rock hoch über die runden Knie gleiten.

Sie tut es mit Absicht, dachte Cramer. So naiv kann sie nicht sein.

Tiefer im Wald tauchte eine Baubude auf. Man hatte vergessen, sie nach Fertigstellung des Flughafens abzubrechen. Kira zog ihn hin. Plötzlich war es beklemmend still im Wald. Unter jedem Schritt knackten dürre Äste. Die Sonne zog Erdgeruch aus Sumpf und Moderlöchern. Sie schritten über ein Mosaik aus Schatten und Licht und kamen immer näher an die Baubude.

„Ich schau mal rein", sagte Kira „Vielleicht hat einer was vergessen. Ich finde gern liegengebliebene Sachen und denke mir etwas darüber aus. Du nicht?"

„Nein, nie. Vergessene Sachen erinnern mich bloß ans Sterben. Und Sterben ist eine reichlich dumme Angelegenheit."

Sie brach die Tür auf und stand im Dunkel der Bude. Noch vom Sonnenlicht geblendet, tastete sie sich in den Raum.

„Was ist dabei, wenn man stirbt?" fragte sie unvermittelt. Cramer lehnte an der Tür. „Nichts, als daß du das Leben verlierst. Aber meistens hat man gerade was vor, wenn es passiert."

„Denkst du, man ist danach total futsch?" fragte sie.

Obwohl sie eine großartige Künstlerin war, konnte sie ihre Einfalt nicht immer verbergen.

„Man wird schon noch irgendwie vorhanden sein", meinte er, „entweder als Geist oder als wesenloser Clown."

„Was möchtest du werden, wenn du stirbst und könntest dir eine Gestalt wünschen?"

„Eine Jazztrompete", rief er übermütig, „die von Harry James. Und jetzt komm heraus."

Doch ihre Stimme zog ihn in die Hütte. „Komm du herein!"

Sie hat nicht die geringste Scheu, dachte er, keine Angst vor Spinnen und Schlangen. Diese Furchtlosigkeit findet man besonders bei Hexen.

Überall raschelte es wie von Kröten und Echsenfüßen. Plötzlich fühlte er ihren Körper an dem seinen, dazu ein kleiner Schrei. Jetzt sah er, was Kira erschreckt hatte. An einem Nagel im Hintergrund der Hütte hingen ein alter Hut und ein löchriger Mantel.

Cramer hatte unter der Tür gestanden und das Licht abgehalten. Erst als er in die Hütte getreten war, drang Helligkeit durch die freie Öffnung und fiel auf den Kleiderhaken. Das alte Zeug sah aus wie ein Erhängter.

„Verzeih!" Aber sie ließ ihn nicht los, sondern küßte ihn.

„Macht nichts", sagte er.

Es hatte ihm wirklich nichts ausgemacht. Er hatte ihre Brüste gefühlt und ihren Mund. – Es war nicht ihr erster Kuß, dachte er.

Sie deutete zu Boden, als wäre diese Stelle jetzt Mittelpunkt der Erde. „Setzen wir uns."

Sie war kaum sechzehn und er begehrte sie im Moment eigentlich gar nicht sehr. Doch sie drehte ihn zu sich. Er bewunderte die Kraft ihrer Pianistenarme.

„Was ist los mit dir?" fragte Kira. „Den ganzen Nachmittag bist du anders als sonst. An der Lateinarbeit kann es nicht liegen. Das weiß ich. Alles nur eine Ausrede. Liebst du mich nicht, langweilst du dich mit mir?"

„Kleines, ich mag dich recht gerne."

„Das genügt schon. Alles andere überlasse mir."

Sie zog den Sweater aus. Dabei strömte ein Hauch Parfum von ihren nackten Brüsten. Sie hatte braune feste Haut, die in merkwürdigem Kontrast zu ihrem blassen Gesicht stand. Sorgfältig breitete sie den Sweater aus, dann schlang sie die Arme um seinen Hals und küßte ihn, wie ihn noch keine Frau geküßt hatte, mit

Zunge und Zähnen, mit einer Leidenschaft, der er nicht gewachsen war. Sie preßte sich mit dem ganzen Körper an ihn, daß er beinahe das Bewußtsein verlor. Dann begann sie an seinem Gürtel zu nesteln. Dabei hatte sie die Augen geschlossen, wie um sich vor ihm zu verbergen.

Als er sie immerzu nur ansah, öffneten sich die langen Wimpern langsam.

„Das hast du nicht erwartet, wie?"

Eine verträumte Minute verstrich, ehe er antwortete. „Ich nehm es immer, wie es kommt."

„Hast du große Lust?"

„Schau nach."

Dann berührte sie ihn so ungeniert, wie sich eine Fliege auf die Wurst setzt.

„O wie ich mich freue", hörte er sie flüstern.

Sie zog den letzten Fetzen, den sie noch am Körper trug, aus.

Plötzlich hatte er Bedenken. „Du bist so zart, und ich ein Kerl wie ein..."

„... Baum", fieberte sie. „Ich sehe es."

Sie wälzte sich auf ihn, wie um seine Bedenken auszuräumen.

Von Zartheit war keine Rede mehr, sie führte sich wie ein Mann auf und war eine Meisterin darin.

Auch das hatte noch keine mit ihm gemacht. Wenn hier jemand ein Kind bekommt, dachte er, dann ich von ihr. – Immer eine Minute vor zwölf stellte sie die Zeiger zurück, bis das Uhrwerk heißlief. Aber sie war nicht erschöpfbar.

„Sag, wenn es Mittag läutet", stöhnte sie neben vielen frechen, geilen, zotigen Worten.

„Wenn du willst, es ist zwölf. Es hat eben geschlagen", sagte Cramer und fühlte sie erneut losbeben. Sie tat viele kleine Schreie, wie Stakkatos und taumelte in eine kurze Ohnmacht. Von Vorsicht oder Verhütung hatte sie offenbar noch nie gehört.

Nicht zu fassen, diese Frau. Sie hatte angegriffen und ihn besiegt. Benutzt, um purer Wollust willen. Er empfand es wie eine Niederlage in einem von Anfang an verlorenen Krieg. Oft hatte er die Bedenken von Mädchen zerredet, indem er ihnen vorgaukelte, daß es ein gegenseitiges Spiel sei und jeder etwas davon profitiere. Und sei es ein Tropfen Sperma für ein Baby.

Heute erkannte er die Verlogenheit einer solchen Behauptung. Liebe ohne Liebe, non Madame, das macht den Menschen zum Karnickel.

Kira war so ein Kuscheltier, das ihn benutzt hatte, um ein dringendes Bedürfnis zu befriedigen. Aber sie war eine zu begabte Künstlerin, um das zu zeigen. Sie verließ ihn nicht wie einen geschlagenen Krieger, sondern legte ihn nur beiseite wie ein geliebtes Spielzeug.

„Jetzt wirst du wunderbar spielen können", sagte Cramer später.

Sie verstand offenbar, daß er sie durchschaut hatte. „Ich könnte immer wunderbar spielen, wenn es dich öfter gäbe."

„Es wird", meinte er, „für das Konzert in D-Dur von Johannes Brahms völlig ausreichen. Dann mußt du wieder auftanken. Gibt ja genug Tankstellen."

Seine Häme war seine Rache.

Werner von Klett wetteiferte mit sich selbst, aber meist über seine Verhältnisse. Bei der Hocke vom Hochreck war er stur wie Leonidas. Verbissen sprang er hoch, ging in den Knieaufschwung und zappelte sich mühsam in die Stütze. Triumphierend sah er hinunter auf die Klasse, die gelangweilt auf das Klingelzeichen wartete.

„Jetzt wird Klett es uns zeigen", sagte Jus. „Eigentlich ist er tapfer. Er macht nur zu oft Gebrauch davon. Man hat den Eindruck, er tut es, weil er feige ist."

„Verstehe ich nicht", antwortete Cramer.

Jus klärte ihn auf: „Das ist Tiefenpsychologie. Primär ist jeder feige. Die ganz besonders Feigen sind ganz besonders tapfer."

Von Klett hatte zweimal angesetzt, aber den Bauchumschwung wieder aufgegeben. Wollenweber, der Turnlehrer, kam heran.

„Jetzt Hocke! Hilfestellung! Achtung!" Die Trainingshose hing ihm hinten bis übers Gesäß. „Was schwätzen Sie, Greiner?"

Jus machte ein unschuldiges Gesicht. Es wirkte fast entrüstet.

„Zwanzig Liegestütze!" befahl Wollenweber nebenhin.

Jus rollte sich in Zeitlupe auf den Bauch. Dann zählte er laut, wie es üblich war. Für jede Armbeugung zählte er zwei. Und nach vierzehn kam neunzehn. Bei zwanzig angelangt, bemerkte es Wollenweber.

„Noch einmal von vorne, Sie trübe Tasse."

Jus sah hoch, wo von Klett immer noch am Hochreck hing.

„Ich bin herzkrank, Herr Professor."

„Und für herzkranke Honigkuchenpferde noch zehn extra. Los!"

Wollenweber war gemein, aber ängstlich. Einmal hatte er einen Schüler, der nicht schwimmen konnte, ins tiefe Wasser geworfen. Kurz bevor er ersoff, fischten sie ihn aus dem Becken im Erlenstegener Naturbad. Seitdem war Wollenweber vorsichtig. Aber hinterhältig.

„Nein. Schreiben Sie bis morgen einen Aufsatz über Turnvater Jahn."

„Morgen ist Sonntag, da muß ich in die Kirche", erwiderte Jus.

Er hätte es besser unterlassen. Wollenweber zog die Trainingshose hoch. „Dann schreiben Sie bis Montag zwei Aufsätze. Einen über Turnvater Jahn und einen über das Thema *Von der Erbauung der sonntäglichen Andacht*. Jeweils sechs Seiten."

Dann läutete es schrill durch die Turnhalle.

Von Klett hing immer noch am Hochreck. Als er die Glocke hörte, hockte er nicht, sondern sprang, weil keiner ihn beachtete, einfach herunter.

Sie trabten aus der Turnhalle in die Umkleideräume. Wollenweber erschien, die Trillerpfeife umgehängt. „Weil es Ihre letzte Stunde ist, dürfen Freiwillige dableiben zum Faustball."

Cramer und Jus duckten sich und verschwanden. Schließlich überblickte Wollenweber seine Faustballmannschaft. Sie bestand aus zwei Mann, von Klett und einem kleinen Dicken. Wollenweber zog seine Trainingshose hoch, seine Hornbrille funkelte. „Nix Faustball. Statt dessen werden Sie die Turnhalle aufräumen."

7.

„Du darfst immer und ewig Jus zu mir sagen", meinte Julius Greiner, „die anderen tun es auch."

Cramer briet weiter in der Nachmittagssonne. Er hatte die Augen geschlossen und kurbelte mit links den Federmotor des Koffergrammophons auf.

Jus suchte nach einer Zigarette. Sein Feuerzeug funktionierte nicht. Jus nahm Streichhölzer.

„Rauchen verboten", sagte Cramer.

Um sie herum lagen tausende Faulenzer, Spieler, Raufbolde.

Sie badeten, bräunten sich und genossen unbeschwert den Tag. Was für ein Lärm. Grölen, Schreien, Musikfetzen, das Rauschen der Duschen, der Aufschlag der Turmspringer im großen Becken im Stadionbad. Bei Jus, der vom Sonnenöl glänzte, begann die Narbe auf der Nase zu verblassen.

„Hältst du dich an die Zehn Gebote?" fragte Jus und merkte, wie einfältig die Frage war.

Cramer verscheuchte eine Mücke.

„Nein.“

„Du lügst und klaust und hast auch andere Götter.“

„Notfalls schon. Und du?“

„Ich weiß“, sagte Jus schlicht, „ziemlich genau, was in der Welt gespielt wird. Ich weiß, daß gerade das sechste und das zehnte die meist übertretenen Gebote sind. Ich weiß, was der Motor für fast alles im Leben ist. Frauen, Ruhm, Macht. Für meine Person kann ich sagen, daß das für Greiner nicht zutrifft. Ich betone aber, daß ich völlig gesund bin.“

„Und das ist die reine Wahrheit“, ergänzte Cramer.

Jus nickte.

Heimlich begann Cramer seinen Mitschüler Julius Greiner zu bewundern. Gleichzeitig überfielen ihn Angst um sich selbst und Furcht vor dem, was wohl aus ihm werden würde, weil er nicht so moralisch fühlte wie der andere. Im Jähzorn hatte er schon den Wunsch verspürt, einen anderen zu töten. Er hatte fast alle Gebote übertreten.

Er hatte als Kind gestohlen. Nicht nur Äpfel, sogar mal eine alte Taschenlampe.

„Hör zu, Jus“, redete er sich die Last von der Seele, „hör mir zu! – Angenommen, das Flugzeug da oben würde einen Koffer mit gebrauchten und unnumerierten Hundertmarkscheinen verlieren. Kein Mensch merkt was und der Koffer fällt dir in einsamer Nacht vor die Füße. Eine Million. Würdest du das Zeug auf dem Fundbüro abliefern?“

Jus verzog seinen nicht eben schmalen Mund zu einem breiten Grinsen und fügte noch hinzu: „Die Maschine hält Kurs auf Kalkutta und die nächste Zwischenlandung ist in Kairo. Ob du es nun glaubst oder nicht, ich würde den Koffer bei der nächsten Polizeiwache abliefern. Nicht, weil ich verrückt bin, sondern weil ich nicht weiß, was ich mit dem Geld, das einem anderen gehört, anfangen sollte.“

Cramer schüttelte den Kopf, daß ihm das nasse Haar über die Augen fiel.

„Greiner, du bist nicht nur ein begnadeter Charakter, sondern auch plemplem. Ich würde die Moneten behalten und versaufen. Mir ein Auto kaufen und es an der nächsten Ecke mit Wollust in einen Blechhaufen verwandeln. Dann würde ich mir in Erlangen den Doktor phil. h. c. kaufen, dann mit einem Ziegelstein in die Tschatschewa-Diele gehen und den Kellner fragen: Was kostet jene Fensterscheibe dort, mein Herr? – Und wenn er sagt: Vierhundert, dann nehme ich die große zu siebenhundert, den Stein in die Hand und durch die Scheibe damit. – Ich würde in Sekt baden, Kaviar essen, vom Spargel nur die Spitzen, vom Brot nur die knusprige Mehlrinde, ich würde aus der Westentasche ein Hospital für versoffene Trompeter bauen und in der Zeitung lesen: Was ist er doch für ein edler Mensch, unser Mitbürger Curt Cramer. – Ich würde Ehrenbürger, in der Curt von Cramer Straße ein Palais besitzen und so weiter und so fort... Und wenn er nicht gestorben ist, dann lebt er noch heute."

Jus warf seine Zigarette weg. „So kann man es auch machen."

Dann kniff er die Augen schmal und deutete mit dem Daumen in Richtung der Umkleidekabinen.

Eine prächtig gebaute Frauensperson schritt federnd über den Rasen, just auf ihren Liegeplatz zu. Sie trug einen weißen Badeanzug mit griechischen Ornamenten an der oberen und unteren Peripherie. Sie war unwahrscheinlich gleichmäßig gebräunt. Ihr pechschwarzes Haar erinnerte Cramer an jemand, dem er schon begegnet war. Aber es wollte ihm nicht einfallen wo. Plötzlich erhellte ein Blitz das Dunkel seines Gedächtnisses.

„Menschenskind, die Lateintante!"

Jus nannte es beim Namen. „Fräulein Studienassessor Doktor Brausepulver. – Was will die denn hier?"

„Schätze, sie ist allein deinetwegen da. Oder meinetwegen."

„Die holt sich ihren Fortbildungskurs anderswo", schätzte Jus. „Vielleicht will sie ein neues Fach belegen. In amo, amas, amat."

„Aquila non captat muscas. Der Adler fängt keine Fliegen", sagte Jus und erzählte: „Wir hatten mal einen Schulausflug nach Dinkelsbühl. Die Aufführung der Kinerzeche interessierte uns wenig. Mehr der Rummelplatz. Da waren eine Schaustellerbude und ein Ausschreier. *Sie sehen das Weib in seiner Schönheit. Der erste, der zweite, der dritte Schleier fällt, und vor Ihnen steht das Weib, nackt, wie Gott es geschaffen hat*. Wir kratzten die letzten Groschen zusammen und gingen hinein. Aber sie zog nicht einmal den Büstenhalter aus."

„Das Weib war ein Kerl", sagte Cramer, „wir vom Humanistischen Gymnasium waren zwei Tage später dort."

Fräulein Dr. phil. Brausewetter hatte die jungen Leute erspäht und steuerte ungeniert auf sie zu. Wenige Meter vor den Primanern blieb sie stehen, stellte sich auf die Zehenspitzen, daß jeder Muskel ihre Körpers die Haut spannte. Wie eine zum Losschnellen bereite Sehne stand sie venushaft in der Sonne und rief: „Hallo, Realgymnasium! Prima Tag heute, was?"

„Hallo!" reagierten sie müde.

„Bestiae umbram amant", sagte sie, „die Tiere lieben den Schatten. Haben Sie was dagegen, wenn ich mich in Ihrer Nähe niederlasse?"

„Uns macht es nichts aus", sagte Jus. „Außerhalb des Schulgebäudes sind Sie für uns eine Frau wie jede andere. Vorausgesetzt, Sie fangen nicht an, den Cornelius Nepos zu repetieren."

Dabei hielt ihr Jus die blaue Schachtel mit den Nils hin und stippte eine heraus. Sie nahm sie ungeniert. Cramer wollte ihr Feuer geben. – Kein Zündfunke. –

„Stimmt es, daß Dahinten auf einer Orangenschale ausgerutscht ist?" fragte Jus.

„Wer ist Dahinten?" erkundigte sie sich.

Curt und Jus grinsten sich an.

„Dahinten ist der Deckname von Professor Bauer."

„Weshalb gerade Dahinten?" fragte sie.

Als Cramer es genau schildern wollte, versuchte Jus es zu verhindern und erkundigte sich nach dem Befinden Dahintens. Aber er hatte nicht mit Cramers Lästermaul gerechnet. Der ließ sich in seinem Kommentar nicht unterbrechen.

„Ich kenne Professor Bauer selbst nur flüchtig", erzählte er, „aber es fiel mir auf, daß er den Namen von seiner Angewohnheit hat, sich des Öfteren hinten zu kratzen."

Dr. Brausepulver unterdrückte ein Lachen. „Am Kopfe?"

„Nein, weiter unten."

„Professor Bauer hat sich den Fuß verstaucht. Aber er wird morgen wieder den Dienst antreten."

„Mit der Pflichterfüllung eines ergrauten fränkischen Schulmannes", bemerkte Cramer. Er hatte eine Schlagerplatte aufgelegt: *Zehn Uhr zehn will ich vor deiner Haustür stehn...*

„Stört Sie die Musik?" fragte Cramer.

Sie verneinte kopfschüttelnd.

„Ich kann nicht verstehen, wie Musik überhaupt je stören kann. Mich stört Musik nie."

„Mich auch nicht. Ich mag nur die eine mehr und die andere weniger. Streichquartette mag ich weniger, alles andere mehr. Und alles mit Trompeten sowieso."

„Und Gedichte machen", deutete sie an.

„Kalte Augen, heiße Küsse", zitierte Jus.

„Ich gehe schwimmen", sagte sie unvermittelt.

„Ich gehe mit", erklärte Cramer.

„Mein Gedicht war natürlich gewaltiger Kitsch", sagte Cramer. „Aber ich komponiere einen Blues für Sie auf der Trompete."

„Und ich bekomme ihn zu hören?"

„Sie allein. Wo und wann Sie wollen."

Noch ehe sich Cramer an das kalte, frisch eingelassene Beckenwasser gewöhnt hatte, war sie mit einem olympiareifen Rückwärtssalto mit ganzer Drehung vom Zehnmeterturm heruntergekommen.

Einer neben Cramer sagte: „Donnerkeil!"

„Die gibt bei uns alte Sprachen", klärte ihn Cramer auf.

Das entlockte dem anderen noch ein weiteres „Donnerkeil!", und „Alte was, bitte?"

Cramer und die Brausewetter schwammen ein paar Bahnlängen nebeneinander her, stiegen aus dem Bassin, duschten und rannten zu ihrem Liegeplatz. Auch im Laufen hätte ihn Dr. Linda Brausepulver locker geschlagen.

Sie nahm ihren Bademantel, ihre Tasche, gab den Schülern locker die Hand und sagte: „Ich bin verabredet. – Zum Tennis"... und ging.

„Kannst du dir vorstellen, daß die bei uns noch einmal römische Klassiker liest?" fragte Cramer, ihr nachblickend.

Jus sagte versonnen: „Nein. Aber, daß sie in dich verknallt ist, daß sie deine Freundin wird, das ist durchaus vorstellbar."

Cramer rollte auf die Seite. „Nicht mit meines Vaters Sohn", sagte er.

Die Sonne kniete auf dem Egidienberg.

Wilhelm der Erste saß hoch zu Roß und blickte mit Soldatenblick auf Melanchthon hinunter, der unterhalb der Kirche, gleich an der Rückseite der Zeichensäle, stand. Der Marmor des Ersten Wilhelm glänzte in der Mittagshitze. Der kupferne Melanchthon schien Patina auszuschwitzen.

„Hierzulande muß einer schwer was geleistet haben, um ein Roß unter den Hintern zu bekommen", bemerkte Cramer.

Jus blinzelte zum Ersten Wilhelm zurück. „Nur den entsprechenden Arsch muß er haben."

Cramer schob die Hände in die Hose. „Nehmen wir mal an, daß Melanchthon nicht reiten konnte. Nehmen wir weiter an, daß ein Mann mit seinem Kopf beim Reiten das Übergewicht bekommt. Er ist ein ausgesprochen oberlastiger Intellektueller. Und nehmen wir an, daß die Stadtväter das wußten, dann ist das des Rätsels Lösung."

Neben ihnen hupte es. Ein offenes Adler-Cabrio schimmerte weiß im Mittagslicht. Das Mädchen drinnen winkte ihnen, öffnete den Schlag und stieg aus. Der ältere Herr fuhr allein weiter.

„Wie geht's, ihr beiden?"

Cramer mußte zweimal hinsehen, weil er dachte, daß es vom Hitzeflimmern käme. Aber es war wirklich Elisabeth aus der Eisbar.

Sie schlenderte herüber, begrüßte erst Jus.

„Wie geht's dem Einbrenn?" fragte Cramer, „dem goldbraunen?"

„Kennt ihr euch?" wollte Jus wissen.

„Klar, vom Schulausflug."

Jus wunderte sich. „Von Einbrenn hast du mir nichts erzählt, Elisabeth."

„Hab's glatt vergessen."

Sie hat es nicht vergessen, dachte Cramer. Aber meinetwegen darf sie es auch vergessen haben. Ich hab's nicht vergessen. Wie könnte ich das je vergessen. Mehl mit Fett in der Pfanne. Ich könnte vergessen, wer ich bin, aber nicht, daß ich ihr einmal zehn Minuten gegenübersaß.

„Das ist Elisabeth Pestalozzo", stellte Jus noch einmal vor.

„Ich heiße Cramer."

Sie lachte mit allem, mit den Augen, mit dem Mund, mit dem schwarzen Haar und mit dem, was sie unter der weißen Popelinebluse hatte. Statt mit Jus zu reden, der ein alter Freund war, sagte sie etwas, das Cramer anging.

„Am Einbrenn übe ich jetzt für die Goldmedaille. Kommt mit hinein, ich führe es euch vor."

„Bin verabredet", wich Cramer aus.

Eine glatte Lüge. Aber sie war das einzige Mädchen, das Jus etwas ausmachte. Sie gehörte Jus.

Schlag dir Elisabeth aus dem Kopf, dachte Cramer, wenn sie die Freundin von Eden wäre, von Heuer oder von Winke, dann hätte er darauf gepfiffen. Bei Jus war das etwas anderes. Er tat so, als hätte er es eilig.

„Ich bin allein", sagte Elisabeth wieder. „Ich kann auch Pfannkuchen backen."

„Komm mit rauf, Cramer", sagte Jus und deutete auf das Stadtpalais gegenüber, Nr. 7a.

„Geht nicht. Leider."

Elisabeth ließ nicht locker. „Baden können wir bei uns im Gartenbassin. Eiscreme gibt es auch."

Er hob die eckigen Schultern. „Geht trotzdem nicht."

„Idiot!" zischte Jus.

„Vielleicht ein andermal", rief Cramer schon im Gehen.

Wer wußte schon, wie gerne er mitgekommen wäre.

8.

Elisabeth war tabu. Also ließ er Linda Brausewetter in seine Träume eindringen und schaltete das Licht ein. Im Aschenbecher lag noch eine halbe Zigarette. Als er sie sah, zündete er sie an. Sein Feuerzeug ging immer dann, wenn keiner dabei war.

„Linda", murmelte er halblaut und dachte dabei an Elisabeth.

Er stand auf und setzte sich in den knarzenden Korbsessel. Der Himmel hing voller Sterne. Der kommende Tag versprach schön zu werden. Es war ein Samstag.

Samstagvormittag war nur leichter Wochenendunterricht. Seelisch bereitete man sich schon auf den Sonntag vor. Eine Stunde deutsche Literatur, zwei Stunden Sport, dann Schluß. Cramer löschte das Licht und kroch wieder unter die Decke.

Von irgendwoher drang noch späte Musik durch die Mauern. Sie kam aus dem dritten Stock, wo ein Ballettmädchen wohnte. Sie hatte immer späte Gäste. Wenn sie schlafen ging, vergaß sie oft das Radio abzuschalten.

Der Weg durch die Stadt war immer wieder ein kleines Abenteuer. Am Markt standen die Bauern aus dem Knoblauchland im Norden der Stadt. Ihre Wagen mit den einst eisenbereiften Rädern hatten inzwischen Gummiräder bekommen. Aber ihre Farbe war immer noch grün. Die Pferde fraßen während der Verkaufsstunden aus eckigen Futtertrögen. Manchmal bliesen sie die Häcksel weg, wenn zu viel Heu und zu wenig Hafer in das Futter gemischt war. – Oft waren schon Traktoren vor die Wagen gespannt. Sie vertropften aus irgendeinem Loch heißes Motorenöl und stinkenden Dieselkraftstoff.

Weil ein Pferd nur dreihundert Mark, ein Traktor aber dreitausend kostete, waren auch die Preise für Frühkartoffeln und Gemüse entsprechend gestiegen. Außerdem gaben die Schlepper keinen Mist. Dafür hatten die Bäuerinnen den Führerschein.

Geschäftig schichteten sie die Salat- und Kohlsteigen auf,

feilschten um Preise und wegen der Qualität. Ihr weiches Fränkisch schallte über den Platz. Sie waren so drall und so festbeinig wie vor hundert Jahren schon und auch nicht hübscher als damals. Kaum einer sah sie begeistert an. Nur einem Mädchen schauten sie alle nach. Es war groß, sehr braun und hatte schwarzes Haar. Es trug eine strohgelbe Basttasche, die genausogut ein Schutenhut hätte sein können, und kaufte Pfirsiche.

Als Cramer vorbeiging, hinüber zu den Blumenständen, die sich um den Schönen Brunnen gruppierten, wäre er beinahe mit Dr. Linda Brausepulver zusammengeprallt. So sehr war er in die Betrachtung des neu renovierten Brunnens vertieft, daß ihn das leuchtende Rot ihres Kleides aufschreckte wie die Muleta einen Stier in der Arena.

Sie verbarg den angebissenen Pfirsich in der Tasche. „Nanu, Sie, Cramer?"

„Mein Schulweg", antwortete er noch nicht ganz ausgeschlafen.

„Puer jucundus domum ambulat." Sie schüttelte lachend das Haar nach hinten.

„Können Sie auch etwas anderes als Latein und Turmspringen?"

Seine Stimme hatte einen ärgerlichen Unterton. Er wußte selbst nicht warum. Vielleicht war es ihr betäubend frischer Seifenduft.

„Sie sind wirklich der Allernetteste", bemerkte sie spöttisch vor dem schönsten Brunnen der Welt. „Wenn das Ihre Wochenendlaune ist, dann hat Ihre Freundin Pech."

„Meine Freundin hat insofern Glück, als es sie nicht gibt."

Sie holte den Pfirsich wieder aus der Tasche und biß hinein.

„Mögen Sie einen?" Sie beugte sich über ihre Tasche und suchte einen besonders dicken heraus. Ihr Kleid hatte einen tiefen Ausschnitt. Man sah, daß sie keinen Büstenhalter trug. Ihr Busen lag darin wie zwei halbe Kokosnüsse. In der Tiefe des Ausschnitts erkannte man deutlich die Grenze zu dem rosahellen Fleisch, wo normalerweise die Sonne nicht hinkam.

Ich wette, sie nimmt nackt auf dem Balkon Sonnenbäder, dachte Cramer. Wer ist schon so braun, sofern er nicht beim Straßenbau in Afrika arbeitet.

Sie ahnte, wohin der Blick seiner Augen schweifte.

„O Gott!" Durch tiefes Einatmen versuchte sie es zu verbergen und flüsterte: „Der Rex geht vorbei."

Oberstudiendirektor Bück war tatsächlich zwischen Rathaus und Sebalduskirche heruntergekommen, eingerahmt von Gattin und Tochter.

„Ist Ihnen das peinlich?" fragte Linda Brausepulver. Ihre Frage erstaunte ihn.

„Warum mir?"

„Mir auch nicht. Was ist schon dabei."

Sie wendeten der Rex-Familie den Rücken zu und taten, als besichtigten sie den Brunnen. Sie suchten den goldenen nahtlosen Ring im Gitter.

„Kennen Sie die Geschichte von dem verliebten Schlossergesellen, der den Ring bei Nacht nahtlos einfügte, weil er des Meisters Tochter nicht bekam?"

„Bekam er sie dann?"

„Ja!"

Cramer faßte sie am Arm und zog sie ein Stück um das Gitter des Brunnens in Deckung der Muschelkalkfiguren.

Ein paar Lausbuben drückten die Rohre in ihren Aufhängungen herunter. Kaltes Brunnenwasser spritzte auf das Pflaster. Schreiend sprangen Passanten zur Seite und die Blumenweiber schimpften. Ein Schutzmann näherte sich. Die Jungens ergriffen die Flucht.

Aber Linda hatte die Bemerkung von Curt Cramer sehr gut verstanden.

„Es wäre Ihnen absolut nicht peinlich gewesen, wenn der Rex uns bemerkt hätte?"

„Und Ihnen, Doktor?"

„Mir auch nicht."

Wie unter Sauerstoff perlte sein Blut auf. Es sprudelte unvorstellbar. Sein Herz schlug bis zum Hals.

„Warum reden wir lange herum?" fragte er heiser. „Wann treffen wir uns?"

Dr. phil. Linda Brausewetter sah ihm in die Augen. „Ich habe nichts vor heute nachmittag." Dann verbesserte sie sich: „Ich habe nichts anderes vor."

❧❧❀❧❧

Es war schwül. Im Osten stand eine Wetterwand. Noch weit entfernt, fast noch in Böhmen.

Cramer mußte daran denken, was sein Mitschüler Böhm gesagt hatte: Der schönste Augenblick ist nicht der erste Kuß oder sonst was. Der schönste Augenblick ist, wenn eine Frau im Moos liegt und man zieht ihr gerade den Schlüpfer aus. Da weiß man, daß es hinhaut.

Von der Bushaltestelle an die Pegnitz hinunter ging man kaum drei Minuten. Sie stieg aus. Ihre sportlichen braunen Beine überwanden sicher den Steilhang.

Sie nahm die Arme auseinander, als würde sie darauf warten, daß man sie auffängt. – Vielleicht hatte der Mensch das noch aus der Zeit, als er ein Vogel war und unter dem Himmel dahinschwebte. – Vor fünfhundert Millionen Jahren, oder etwas weniger. Dr. Linda Brausewetter, mit Abitur, Studium, Staatsexamen und Promotion war auch nur ein Vogel. Aber was für einer.

Studienrat Siebenlist bekam immer Samtaugen, soweit man mit Kalmückenaugen schöne Blicke werfen konnte. Dieser verlederte Knabe träumte von Linda gewiß ebenso ungeniert wie er und die anderen.

Von Studienrat Siebenlist hing eine Menge für ihn ab. Wenn der eine Ahnung gehabt hätte, was sich hier gleich abspielte! – Mein lieber Cramer, ab sofort können Sie keinerlei Wohlwollen meinerseits mehr erwarten. – Wenn er mich deswegen durchfallen ließe, dachte Cramer, ich kehrte trotzdem nicht um. – Selbst wenn sie mir drohten, ich würde bei Sonnenuntergang geschlachtet. – Jetzt kehre ich mitnichten mehr um. – Cramer trat aus dem Ufergebüsch.

Der Bus war schon weit.

„Linda!" rief er.

„Ja", flüsterte es hinter ihm.

Er drehte sich um.

„Dachten Sie, ich komme vielleicht doch nicht?"

Wie sie aussah. Sie trug einen engen blauen Popelinerock und eine blaue Bluse, deren Knöpfe kaum bedient waren. Nicht einmal eine Handtasche hatte sie bei sich, als störe Ausrüstung nur das Spiel.

Er betrachtete sie so ungeniert wie am Vormittag, ihre offene Bluse. Sie warf das Haar zurück. Die Sonne schien ihr ins Gesicht. Sie beschattete die Augen mit der Hand.

Sie hatte maximal fünf Kleidungsstücke an. Die Schuhe eingerechnet.

Ein Stück flußaufwärts, am Mühlhofer Ufer, dehnte sich das Land bis zur Erlenstegener Chaussee weit und einsam. Irgendwo zwischen Erlen stand ein Bauernhof. Der Mühlhofer Bauer hatte viel Arbeit. Manchmal standen seine Wiesen im Sommer noch ungeschnitten da.

Linda saß Cramer gegenüber in einer buschumstandenen Mulde.

„Wirst du es bereuen?" fragte sie ihn unvermittelt.

„Wenn du es nicht bereust."

Mit halb geöffneten Lippen suchte sie nach einer Antwort. Auf eine noch gar nicht begonnene Affäre. Er fühlte ihre Finger an seiner Innenhand.

„Man weiß nie, was daraus wird", sagte er, „Am besten, wir benehmen uns später, als wäre nichts gewesen."

„Einverstanden", antwortete sie etwas resignierend.

～～❀～～

Es kam, wie Cramer es sich gewünscht hatte. Ihr Mund küßte unschuldsvoll. Doch das Dehnen ihres Körpers, wie er heftig gegen den seinen drängte, verriet, daß sie das Spiel schon kennengelernt hatte. Er zog sie aus, streichelte sie. Sie sprachen wenig dabei. In keinem Fall lateinisch. Ihre Hände hinderten sein Tasten kaum. Mit unmerklichen Bewegungen kam sie ihm entgegen. Immer suchten ihre Lippen seinen Mund. Bei jeder Station bekam er neue Erlaubnis weiterzumachen.

Von den fünf Kleidungsstücken, einschließlich der Schuhe, war nur noch eines übriggeblieben. Als er ihr aus dem letzten half, dachte er an seinen Mitschüler Böhm. In dem Augenblick, als sie den Beweis dafür antrat, daß das unwahrscheinliche Blauschwarz ihres Haares auch zwischen ihren Schenkeln Natur war, überfiel ihn ungebahnte Wollust. Lange versank er in die Betrachtung ihres sportiven Körpers.

Sie wartete mit geschlossenen Augen. Doch er legte sich neben sie und blickte versonnen in den Nachmittagshimmel. Sie drehte sich zu ihm. Er fühlte die Spitzen ihrer Brüste auf sich.

„Was ist?" fragte sie beinah enttäuscht.

„Nichts. Laß dir Zeit. Dann wird es noch mal so schön."

Cramer zog einen Grashalm aus, biß darauf herum. Dabei betrachtete er sie unverwandt.

„Muß ich irgendetwas mit dir tun?" fragte sie lächelnd.

„Bleib nur so."

Sie bewegte sich kaum. Eine Wolke überzog sie mit Schatten. Der Duft ihres Körpers ließ ihn glauben, er träume von Veilchen. Schatten spielten zwischen ihren Schenkeln, auf der Wölbung der Vagina, unter den Brüsten und in den Achselhöhlen. Ein Schmetterling setzte sich auf ihr rechtes Knie. Und dann liebte er sie. Erst verhalten, dann wild, dann ein wenig brutal.

„Ich fürchte", sagte sie in die Stille, als wäre er gar nicht anwesend, „daß ich das nie vergessen werde."

Sie ist ein verflucht nettes Mädchen, überlegte Cramer. – Als es Abend wurde, küßte er sie noch einmal. Seine Küsse mischten sich mit ihren Tränen.

Warum weint sie? dachte er.

9.

Eine Abordnung der 8-Ga begab sich, feierlich, mit Krawatte, zur Tetzelgasse. An einem älteren Haus läutete von Klett. Man ließ sie ein.

Es ging die schmale gewundene Treppe hinauf. Oben im Büro saß eine vornehme weißlockige Dame. Sie war in den Fünfzigern, etwas mollig, sehr nett. Sie hieß Krebs. Von den Gymnasiasten wurde sie nur Mama Krebs genannt.

An dieser Dame kam keiner, der in Nürnberg etwas auf sich hielt, vorbei. Sie leitete eine Tanzschule, brachte der Jugend den Foxtrott, den Walzer links herum und gutes Benehmen bei.

„In Ihrem Alter, meine Herren", sagte sie, „wird die Tanzstunde hochaktuell. Bald ist es zu spät. Ich meine, wenn Sie erst Ihr Abitur bauen und zum Militär kommen."

Die Abordnung übergab einen Namenszettel. Die Kursteilnehmer wurden in ein Buch eingetragen. Sie erfuhren den Preis und die Bedingungen.

„Meine Herren", forderte Mama Krebs, „korrekter Anzug, Hemd, Krawatte ist ja wohl selbstverständlich. Dann weiße Handschuhe, und was besonders wichtig ist, keine Gummisohlen. Gummisohlen machen mein schönes Parkett schmutzig. Auf Wiedersehen dann am Dienstag nächster Woche. Punkt acht Uhr."

„Mit gewaschenem Hals", bemerkte Cramer leise. – Ab sofort hatte er bei der Krebs keinen Stein mehr im Brett.

Drunten in der Tetzelgasse sagte von Klett: „Pevor sie tausent Zentner schwere wiltfremte Weiper auf uns loslassen, kepe ich einen aus."

Sie schlenderten in Richtung ihrer Stammkneipe, zur Witwe Schmidt.

Aber von Klett maulte: „Hat keiner eine pessere Itee? Wie wär's mit der Könikin-Par? Tort hapen sie jetzt eine trehpare Tanzfläche. Oter kehen wir in irkenteinen Pums mit Schleiertanz unt so?"

„Wie wär's mit einer Kahnpartie?" fragte Jus. „Cramer kennt einen, der einen kennt, der seinen Kahn vermietet. Nachts mit Lampions und Koffergrammophon, Sekt und Buttlasbana, ich meine Hühnerschlegel, auf dem Canal Grande di Norimberga mit Damen und Anfassen. Das wäre was!"

Ein kurzes Nachdenken und v. Klett war begeistert. Eine Kahnpartie auf der Pegnitz fehlte noch in seinem Repertoire.

„Wann?" fragte er.

„Das Wetter hält sich", sagte Cramer, in den Himmel schnüffelnd.

Gemäß Anordnung des Bayrischen Ministeriums für Unterricht und Kultus war der Unterricht morgens mit einem Tagesspruch zu eröffnen. Es sollte etwas kraftvoll Kerniges von einem berühmten, kernig-kraftvollen deutschen Geistesmenschen sein.

Anstelle eines Gebetes mußte nach dem Läuten ein Schüler vortreten und etwas von sich geben. Von Fridericus Rex, von Lützow, von Hindenburg oder dem Reichsjugendführer Baldur von Schirach.

Heute war Cramer dran. Wie stets hatte er vergessen, sich vorzubereiten. Doch Studienprofessor Abu Kersch kannte kein Erbarmen. Er schaute im Klassenbuch nach.

„Morgenspruch! Wer ist dran? – Cramer. Lassen Sie ihn ab!"

Wie vom Donner gerührt verließ Cramer die Bank, trat vor die Klasse und hatte absolute Mattscheibe, totale Leere. Nichts fiel ihm ein. Nicht mal etwas von Goebbels.

Abu Kersch wartete ungeduldig. „Na komm schon, Junge!"

Pause.

„Wird's bald? Brauchen wir einen Korkenzieher, Herr Cramer?"

Endlich begann Cramer mit hoher Stimme: „Wer nicht schwimmen kann, ist ein Nichtschwimmer. – Fürst von Bismarck."

„Jetzt fangen Sie aber endlich an!" drängte Abu Kersch.

„Das war's bereits, Herr Studienprofessor."

Abu Kersch geriet echt aus der Fassung. „Wollen Sie mich und Ihre Schulkameraden verhöhnen? Nichtschwimmer, was ist das für ein Unsinn. So was verzapft nur ein Ignorant. Nämlich einer wie Sie, Cramer."

„Es ist von Bismarck", beharrte Cramer.

„Eine derartige Albernheit hätte der Eiserne Kanzler nie von sich gegeben", behauptete Abu Kersch. „Sie wollen uns erneut verhöhnen, Cramer. Das kostet Sie eine Strafarbeit. Ein Dutzend Sprüche großer deutscher Männer, plus Lebenslauf derselben. Bis morgen. – Setzen!"

Der Tag fing schon prächtig an.

Am Abend trafen sie sich am Sand gegenüber der Insel Schütt. Die Pegnitz führte viel Wasser. Irgendwo bei Ranna war gestern ein Unwetter niedergegangen.

Sie verteilten sich in dem flachen Flußkahn. Hinten am Ruder saß Cramer, vor ihm auf dem Boden das Koffergramola, dann kam von Klett, dann Elisabeth, dann Jus.

„Volltampf voraus!" kommandierte von Klett.

Er legte eine Platte auf, zündete die Lampions und seine Zigarette an. Langsam trieben sie flußabwärts in die Stadt hinein, an den alten Häusern mit ihren Holzgalerien vorbei und an der Synagoge, die gerade abgerissen wurde. Wechselnde Düfte umfingen sie. Düfte von Bratwurstfeuern und Flußtang. Noch vor dem Katharinensteg entkorkte von Klett die erste Sektflasche und goß ein. Sie tranken.

„Ex!" sagte von Klett, „Tas pitte ich mir aus."

Elisabeth holte die gebackenen Hähnchenteile aus dem Picknickkorb. „Brust oder Keule?"

„Die Keulenbrust", bat Jus.

Das Gramola spielte: „Wenn ich wüßt, wen ich geküßt, um Mitternacht am Lido."

Von Klett sang mit: „... keküßt am Lito..."

Von der Museumsbrücke gafften Leute herunter. Hinter der Fleischbrücke teilte sich die Pegnitz in zwei Arme. Nördlich in einen trägen, links in den mit dem Wehr. Sie verfehlten den ruhigen Arm und trieben in der Strömung immer schneller auf das Wehr zu. Doch der flache Kahn nahm es gelassen. Er nickte nur zweimal und war drüber weg. Betulich glitt er unter den überhängenden Weiden am Henkersteg vorbei. Links roch es nach Geräuchertem. Dort lebten und arbeiteten noch ein paar Fischerfamilien.

Von Klett war schon angetrunken. Er grölte immerzu: „Wenn ich wüßt, wann ich gepißt, um Mitternacht am Lokus..."

Jus saß neben Elisabeth und versuchte ihr so tief wie möglich in die Augen zu sehen. Sie hielt die Hand ins Wasser, um sich abzukühlen. Sie trug ein weißes Baumwollkleid mit Lackgürtel und sah zauberhaft aus. Wenn sie lächelte, war es fast nicht mehr zu ertragen.

„Muß Liepe schön sein", hetzte von Klett.

Und Cramer sagte: „Muß nicht, aber sie ist es."

„Laßt uns tie Freiheit noch einmal kenießen, Kameraden!" rief von Klett. „Tenn Tanzstunten, so finte ich, sint tas Allerletzte. Leiter pestanten meine Eltern tarauf. Mein Vater erlernte schon tie Polka peim Vater von Mamamia Kreps."

Unversehens geriet der Kahn in stärkere Strömung. Er drehte sich. Die Drehung wurde heftiger. Der Kahn machte sich selbständig und war nicht mehr zu dirigieren. Cramer arbeitete schwer am Heckpaddel, doch allzu rasch näherten sie sich dem hohen Fachwerkbau der Nägeleinsmühle.

Jetzt hieß es aufpassen. Bei der Mühle gab es ein Wehr und die Kanalableitung für die Mühlräder. Der Kahn machte, was er wollte.

Von Klett war mit gespreizten Beinen auf beide Dollborde gestiegen und begann hin- und herzutanzen. Er verlagerte sein Gewicht so, daß der Kahn heftig schwankte. Er tat es wohl, um Elisabeth Angst einzujagen. – Plötzlich ein Schrei und von Klett war weg. Es spritzte. Schon lag er im Wasser.

Cramer hielt ihm das Ruder hin. Doch von Klett trieb rasch ab. Nun passierte der Kahn das Wehr quer und kenterte. Elisabeth und Jus fielen ebenfalls ins Wasser. Cramer rettete sich mit einem Sprung auf die Pfähle des Mühlkanaldammes. Kahn, Koffergramola, seine Platten, alles war weg.

Cramer rief nach den Freunden. Er suchte nach ihnen auf dem schwarzen Wasser. Keiner war zu sehen. Doch dann ein Schrei.

„Scheiße! Es zieht mich ins Mühlrat!" Von Kletts Stimme klang hohl. „Hilfe! Kann mich kaum noch am Rechen halten."

Cramer rannte nach vorn. Er suchte nach Stangen und fand eine

Leiter. Im Dunkeln umherirrend schob er sie vor den Einfluß zum Mühlrad. Über das Klatschen und Rauschen der Mühlradschaufeln hinweg hörte er Stimmen. Endlich spürte er, wie nach den Leitersprossen gegriffen wurde. Ein Gurgeln, Prusten und Keuchen.

Als Erster kletterte von Klett heraus. Nach ihm Elisabeth und später Jus.

„Tu pist ein Arschloch", sagte von Klett zu Cramer, „läßt uns toch klatt absaufen, der Typ."

Kein Wort des Dankes oder irgend etwas. Der Kahn war fort, das Koffergrammophon weg, die Platten beim Teufel. Und der ganze Abend war auch kein strahlender Erfolg.

„Ter Verlust unserer feinen Kondel türfte wohl auf teinem Taschenkeldkonto schwer zu Puche schlagen", höhnte von Klett. Vor Nässe tropfend taumelte er auf die beleuchteten Fenster zu und hinein in die Mühle.

Jus sagte: „Jetzt telefoniert er wieder nach seinem Herrn Mercedeskompressor." Er hatte seine Jacke ausgewrungen und Elisabeth übergehängt. Sie trotteten in Richtung Maxplatz nach Hause.

Um das Geld für die Tanzstunde aufzubringen, hatte Cramer extra Arbeit übernommen. Morgens um fünf Uhr trug er Zeitungen aus. Am Nachmittag arbeitete er bei einem Buchbinder und abends bei der Kapelle im Apollo-Revue-Theater. So hatte er dreihundert Mark zusammengekratzt. Das alles ging jetzt für den Kahn drauf.

Er organisierte ein Fuhrwerk, das den Kahn nahe der Hallertorbrücke aus dem Fluß zog und zu seinem Besitzer zurückbrachte. Der schaute sich seinen Kahn entgeistert an und meinte: „Das kostet dich mindestens zweihundert Mark, wenn ich es selbst mache, Cramer. Und wo ist das Paddel?"

Das schwamm wohl schon bei Fürth in die Regnitz.

Waschlappen roch nach Essig. Dann war ihr Lächeln meist etwas müde und verzagt.

„Wieviel?" fragte er und meinte, wie viele Kopfschmerztabletten sie genommen hatte.

„Vier", antwortete sie leise.

Es hatte wenig Sinn, etwas zu sagen. Sie ertrug Kopfschmerzen wie ein unabänderliches Schicksal. Es war ein Erbübel, so wie andere Menschen mit Faulheit, Jähzorn, Neid oder Unzufriedenheit belastet waren.

„Ich würde mal zum Arzt gehen", mahnte er vorsichtig.

Sie tat es mit einer schwachen Handbewegung ab. „Ich war schon."

„Ja, vor zehn Jahren."

Sie plauderten, sie alberten und lachten und waren auch wieder ernst. Je nachdem.

Seine Mutter glaubte an ihn. Sie fragte nicht nach der Schule, nicht wohin er ging und woher er kam. Sie wußte, daß er von selbst zu reden anfing, wenn er Probleme hatte.

„Heute kann man nicht raus. So naß und kalt ist es sonst nur im November", sagte sie.

Er zuckte unentschlossen mit den Schultern.

„Der Schulweg hat mir gereicht. Wer war denn vorhin am Telefon?" Er hatte den Hausmeister rufen gehört.

„Ich weiß es nicht. Wohl eine falsche Verbindung."

„Wurde nicht zweimal angerufen?" hakte er nach und schlürfte den heißen Tee.

„Ja, zweimal eine falsche Verbindung. Das kommt vor."

„Ein Mann?"

„Nein, eine Dame."

„Ihren Namen hat sie nicht genannt?"

„Ich habe gefragt, doch sie hängte rasch auf."

„Was war es für eine Stimme?"

Seine Mutter lächelte. „Eine nette. Schätzungsweise siebzehn."

„Ist auch egal", sagte er.

„Gib mir Bescheid, ob du heute abend zu Hause bist."

„Ja, ich bleibe hier."

„Du bist viel zu Hause in den letzten Wochen", sorgte sie sich.

„Du bist auch immer allein, seit Vater Tagschicht hat."

„Ich habe ja dich."

„Da hast du nicht sehr viel, Mutter."

Sie war aufgestanden und legte die Hand auf den Türdrücker.

„Ich habe zwanzig Mark auf dein Sparkonto eingezahlt. Mit dem Rest kommen wir gut hin. Ich bin jetzt erste Platzanweiserin im Ufa-Palast. Ich laß dich rein, wenn du Lust hast. Brauchst du schon Taschengeld?"

Er zählte im Geldbeutel die Münzen. Noch genug. Die Aushilfe bei der Tanzkapelle im Café Wanner hatte fünfzig Eier gebracht.

„Wie geht es deinem Freund Jus?"

„Er ist nach wie vor der feinste Kerl, den ich kenne. In Mathe ist er ein Genie."

„Und seine Freundin?" wollte seine Mutter wissen. „Kennst du sie?"

„Kaum", log er. „Ich hatte nicht die Ehre, in so feine Kreise geladen zu werden."

„Ist das möglich, daß es in Nürnberg ein Mädchen gibt, das du nicht kennst?"

„Ja, noch zwei oder drei."

Seine Mutter ging, um den Essigwickel zu erneuern.

～～✿～～

Der Unterricht war zwölf Uhr fünfzehn beendet. Sie drückten sich noch im Baumhof herum.

Jus kam auf Cramer zu und zog ein Päckchen aus seiner Mappe. Dabei machte er ein Gesicht, als wäre es etwas ganz Besonderes.

„Hab gehört, daß du Geburtstag hattest. Da dachte ich, mal etwas anderes."

Er reichte Cramer das Päckchen. Blaues Seidenpapier mit einem roten Gummiband.

Cramer drückte daran herum. Der Inhalt war eckig, flach und schwer. Am liebsten schaute er Geschenke an, wenn er allein war, um die Enttäuschung nicht zeigen zu müssen. Heute wickelte er das Ding aus.

Was zum Vorschein kam, war ein Feuerzeug.

„Altfränkisches Sturmfeuerzeug", sagte Jus, „noch mit römischen Runen."

Am Blech klebte das Preisetikett.

„Damit du nicht glaubst, daß es teuer war", kommentierte Jus.

Ob teuer oder billig, Cramer war gerührt. Er knipste es an. Eine hohe Flamme stach heraus. Sie rauchten eine R-6.

Cramer spielte mit dem Feuerzeug. Es ging immer.

„Ein pädagogisches Geschenk. Wenn das Benzin alle ist, dann, rauchender Mensch, bedenke dein Ende."

„Dank auch", sagte Cramer. „Ich werde es immer bei mir tragen."

„Besser als ein Taschenmesser."

Sie schlenderten den Landauer Berg hinunter. Vor ihnen ruderte Abu Kersch zur Straßenbahn. Sofort gingen sie langsamer, um ihn nicht überholen zu müssen. Abu Kersch verwickelte seine Schüler gerne in Gespräche. Sie endeten meistens damit, daß er sagte: „Sie könnten mir bis morgen mal..." Doch zu außerschulischen Dienstleistungen eigneten sich besser andere Schüler.

„Ein Feuerzeug nehme ich", sagte Cramer, „aber jede Art von Orden würde ich ablehnen. Stell dir vor, ich käme nach Hause. Ein schwarzer Mercedes parkt vor meinem Haus. Nichts ahnend gehe ich rauf. Meine Mutter hat beim Öffnen ein frommes Ge-

sicht. In meiner Bude sitzt der Regierungspräsident im Strese-
mann mit Zylinder. Er will mir einen Orden verleihen. Einen
Halsorden mit Schärpe in Landesfarben blauweiß. – Ich würde
sagen: Nehmen Sie den wieder mit, Chef."

„Das kann man nicht ohne weiteres", meinte Jus.

„Es ist doch so wie bei Abu Kersch. Dienste außergewöhnlicher Art führen zu Ehren außergewöhnlicher Art. Ehren außergewöhnlicher Art fordern Leistungen außergewöhnlicher Art.
Ich lege mich nie gern im Vorhinein fest. Und noch weniger
gerne lasse ich mich verpflichten."

Jus massierte seine Faltenstirn. „Manchmal ist es schwer, dir
zu widersprechen, ohne aus der Haut zu fahren, Cramer. Du bist
oft unlogisch. Und doch hast du nicht unrecht. Es ist logisch und
gleichzeitig falsch. Dienste sind gut, klar, aber Orden sind
schlecht. Jedoch aus anderen Gründen. Man kann Orden säen
und Eitelkeit ernten."

Curt Cramer grinste. „Ich glaube, es gibt was Besseres als
Orden."

„Was denn?"

„Keine Erwartungen bei anderen wecken."

Sie verabschiedeten sich.

„Also dann bis um vier."

Jus fuhr Richtung Maxfeld, wo er wohnte.

Cramer lief durch die Stadt. Nahe der Eisdiele dachte er immer
ein paar Wochen zurück. An das Mädchen Elisabeth mit der Sil-
bermedaille für Mehlschwitze...

11.

Die Kneipe lag in einer Seitenstraße unterhalb der Lorenzkirche.
Sie verließen den Bummel-Boulevard, der sich, gekrümmt wie

ein Bumerang, vom Weißen Turm durch die Stadt zum Bahnhof zog. Je weiter sie in die schmalen Altstadtgassen drangen, um so mehr verklang der Lärm der Automobile, der Straßenbahn und der Passanten.

Der Weg führte steil abwärts über mittelalterliches Kopfsteinpflaster. Scharfer Herbstwind trug den typischen Flußgeruch seichter Gewässer zu ihnen herauf. Eine Wirtshauslampe hellte das Dunkel auf. Ein verliebtes Paar streifte sie im Vorübergehen, obwohl sie höflich Platz machten. Es lag wohl daran, daß der Mann sein Mädchen nicht für eine Sekunde aus dem Arm lassen wollte.

Jus faßte sich grinsend an die Brust, denn der junge Mann hatte seine linke Hand gefühlvoll unter dem Pullover des Mädchens gehabt. Verliebte zeigten gern ungeniert ihre Vertrautheit.

Heute trugen sie mit Absicht nur ihre letztbesten Anzüge. Jus sah aus wie ein Straßenkehrer in Zivil und Cramer wie der Besitzer eines schlechtgehenden Brezenstandes. Mit Absicht hatten sie auch grelle Krawatten umgebunden. Die von Jus war vorliegend blau mit roten Runenkreuzen. Die von Cramer hundescheißebraun.

„Eigentlich wollte ich Uniform anziehen", sagte Jus, warf die Kippe seiner Zigarette weg und stieg darauf, „dazu meinen Homburg-Hut."

„Für diesen Anlaß ist nichts unkommentmäßig genug", sagte Cramer. „Weißt du, warum wir da hingehen? Der Zirkus Sarrasani wäre ein Reichsparteitag gegen solche Heimabende."

„Man muß das erlebt haben. Es gehört zur Bildung des zukünftigen Staatsbürgers", tröstete ihn Jus.

„... dritter Klasse."

Sie kamen an die Kneipe *Goldene Rose*. Neben dem Kasten mit der beleuchteten Speisekarte hing das Holzschild mit der Aufschrift: Fähnlein 14... und... heute Metzelsuppe.

Sie stolperten über ausgetretene Stufen durch den dunklen Gang zu einem Hinterzimmer, aus dem Gegröle mit Gläserklirren drang. Während sie noch die Türklinke suchten, öffnete sich ein Spalt. Die Kellnerin kam mit leeren Maßkrügen heraus. Das Mädchen war stämmig und blond. Irgendeiner hielt sie am Rockzipfel, was ihren Biberschlüpfer sichtbar machte. Das wurde johlend quittiert, obwohl man es nur für Sekunden sah, denn schon hatte sie sich losgerissen. Es waren einfach zu viele Männer gegen eine einzige Bedienung.

Sie fiel halb auf Cramer. Der fing sie. „Hallo!" sagte er und machte rasch den Weg frei.

„Manchmal sehnt sich der Mann nach was Fettem", sagte Jus und fuhr demonstrativ mit der Zunge über die Oberlippe.

„Höchstens einmal im Jahr", ergänze Cramer.

Im Zimmer bekamen sie noch Plätze auf einer Bank zwischen SA-Leuten. Sie kannten keinen von ihnen.

Cramer dachte: Immer wenn sie sich versammeln, dann ist es wie bei Herdenvieh. Sie drehen den Hintern in den Wind. – Er hatte noch keinen Individualisten in einem Verein, in einer Verbindung oder in einem Club gesehen.

Einer mit Streifen, wie ein Scharführer, kommandierte in das düstere Qualmen, Saufen und Plärren: „Wir singen als erstes offizielles Lied *O hätt ich das gewußt, daß ich bezahlen muß.*"

In dem vielstimmigen Chor brummten Jus und Cramer nur mit. Danach verschüttete ein Uniformierter das Bier seines Kameraden. Der tobte, weil es ihm über die Hose lief.

„Arsch, blöder!" zischte er. „Kann dir nicht mal eine scheuern, weil du mein Stammführer bist."

Als die letzte Strophe zu Ende war, sagte einer von den SA-Leuten: „Es lebe das deutsche Liedgut. Prost, Kameraden!"

Dann soffen sie weiter, einen Schoppen nach dem anderen. Jus und Cramer hielten mit. Wenn es um das Leeren von gefüllten Gläsern Freibier ging, waren sie immer dabei.

Cramer kam der Verdacht, daß der Kameradschaftszauber nur aufgeführt wurde, um einen Grund zum Trinken zu finden.

Hinten in der Ecke fiel einer vom Stuhl. Unter dem Tisch hörte man gurgelnde Kotzgeräusche. Cramers Nebenmann sprang hoch, hüpfte auf den Tisch, zeigte sein angespieenes Hosenbein und schrie in einem fort: „Drecksäue! Die husten schon Brösel." Weil er im Plural sprach, nahm Cramer an, es müßten schon mehrere kameradschaftlich vereint unter dem Tisch liegen.

Einer trichterte einem schläfrig gewordenen Pimpf eine Unmenge Bier in den Hals. Die anderen sangen wieder ein Lied. Diesmal: *Gute Nacht Lisette, das Geld liegt vorm Bette...*

Sie droschen Nazisprüche und tranken. Sie soffen und krawallten. Der große F, ein Klassenkamerad von Jus und Cramer, war der einzig vernünftige Mensch, den Cramer kannte, der auch gleichzeitig den SA-Rummel schätzte. Aber keine Regel ohne Ausnahme. – Großes F stand auf und wollte etwas sagen. Mit weiter Handbewegung gebot er Ruhe. Als es still war, rülpste er nur vernehmlich und setzte sich wieder, nicht ohne vorher das Unterkinn selbstbewußt in Mussolini-hab-Acht-Stellung zu bringen.

„Einen gehoben, einen gelassen", sagte der Nebenmann von Cramer. „Laßt mich schnell raus, Kameraden, muss pissen."

Er stolperte über Beine, Stühle und Tische und hielt sich an der Kellnerin fest, die wieder eine Ladung Lederer-Bräu anschleppte. Irgendetwas mußte er unter ihrem Rock gemacht haben, denn das Mädchen schrie und trat nach ihm.

„Und wer nicht pissen kann", sagte Cramer, „ist ein Nichtpisser."

„Bismarck", ergänzte Jus.

Ein HJ-Führer mit weißer Pfeifenschnur hielt seinem Kumpel das Glas unter die Nase und grölte: „Alter Bierscheißer, kannst du nicht Prost sagen, wenn man einen auf dich hebt?"

Dabei sank er langsam vornüber. Von hinten stieß ihn einer. Der Schaum schwappte ihm über das Gesicht.

Der HJ-Führer nahm seine weiße Pfeifenschnur und wischte sich ab. Daneben rührte einer sein Bier mit dem Finger um.

„Ich komme wieder", schrie er, „daß mir keiner den Krug leersäuft."

„Wir spucken höchstens rein, Kamerad."

Sie sangen von der Frau Wirtin alle Strophen vor und zurück. Und dann sangen sie noch: *Die Fahne hoch...*

Einer hielt eine kurze Ansprache über Volk und Vaterland. Ein anderer über Geschlechtsverkehr am Pegnitzstrand.

Das traute Beisammensein hatte seinen Höhepunkt erreicht, als Cramer Jus verstohlen auf den Fuß trat. Cramer lockerte Krawatte und Hemdknopf, bat um Ruhe und sagte über die Biertische hinweg: „Kameraden! Das hier ist die beschissenste Feier, bei der ich je mitzumachen die Ehre hatte. Wenn das Rudolf Hitler, unser heißgeliebter Führer, wüßte, würde er aus der Partei austreten und als Postkartenmaler in sein schönes Österreich zurückkehren."

Die HJ- und SA-Burschen schauten sich entgeistert an. Keiner sagte etwas. Nur einer stand wankend auf und nahm Haltung an. Mit eckigen Bewegungen kam er auf Cramer zu, salutierte und lallte durch seine Bierfahne: „Erwarte meine Gestapo-Freunde zum Duell, du Schandmaul."

Cramer grinste nur verächtlich.

„Leck mich doch, Rist!" sagte er und warf drei Mark auf den Tisch für das Bier. Er wollte sich nichts schenken lassen.

In dem Trubel verschwand Jus mit ihm. Draußen sagte er: „Wenn ich was nicht mag, dann sind es Idioten."

„Und wenn ich was noch weniger mag", ergänzte Cramer, „dann sind es Halbidioten."

Anfangs wurde es ein stummer Heimweg. Als sie aus dem Gewinkel der Gassen heraus waren und in das Licht der Neonlampen kamen, mußte Jus dringend um die Ecke.

„Blasenmäßig", sagte er.

Cramer meinte, das ginge hier schlecht.

„Wenn ich muß, dann ist mir egal, wo ich muß, dann muß ich eben."

Passanten schlenderten vorbei. Aus einem Café drang Musik auf die Straße. Irgendeine abgesungene Marlene-Dietrich-Imitation hauchte von einem Johnnie, der Geburtstag hatte. – In dem Lokal saßen Männer und Mädchen auf Barstühlen, viele Flaschen standen rundherum. Jus peilte die Lage.

An den Außenpfeilern der Lorenzkirche entdeckte er einen mit genügend Schlagschatten. Er torkelte hinüber. Cramer sah ihm nach. Auch für ihn ging die Straße einmal bergauf, dann in Wellen bergab. Die Konturen des Tugendbrunnens wurden unscharf. Nur wenn er konzentriert hinschaute, sah er das Wasser aus den Jungfernbrüsten schäumen. In weitem Bogen spritzte es aus ihren Titten in das Becken. Er hörte es rauschen. Es konnte auch von Jus stammen.

Der kam über den Platz und schloß die letzten Knöpfe.

„Der Ballast ist weg", sagte er, „aber der Alkohol ist noch drin. Wieviel hast du gehabt?"

Cramer antwortete nicht gleich.

„Bei mir waren es acht Halbe ohne die Schnäpse."

„Eine Schande, schon in der Penne solche Räusche nach Hause zu tragen. Unsere Eltern säten einst Rosen. Und was ernten sie? Kartoffeln! Was soll bloß aus uns werden?"

Cramer wußte es auch nicht.

„Pellkartoffeln natürlich", meinte er ungerührt, „nach dem Rezept von Professor Pell."

12.

In Latein hatten sie den *Dahinten*. Eigentlich hieß er Bauer. Wenn er sich, in Sekunden höchster Verzweiflung über die Leistungen seiner Schüler, an das Hinterhaupt oder woandershin griff, schrie er immer: „Ihnen fehlt's dahintan!" Dann griff sich die Klasse ebenfalls ans Hinterhaupt und räusperte sich.

Dahinten war mittellang und dürr. Er rauchte stark, dadurch bekam er manchmal eine Art Schüttelfrost. Er hatte zwei Reihen krummer gelber Zähne. Die Korrekturen der Lateinarbeiten rochen stark nach Tabak und trugen Nikotinflecke. Man erzählte sich, er habe mit fünfzehn Jahren bereits die erste Nikotinvergiftung gehabt. Das war nicht überprüfbar. Fest stand, daß er sich beim Schreiben die rechte Hand mit der Linken festhielt, um zusammenhängende Buchstaben zu Papier zu bringen.

Dahinten war nie Soldat gewesen, weshalb er immer sehr pünktlich kam. Gleich nach dem Läuten stürzte er ins Klassenzimmer. Er war Junggeselle und freute sich, wenn man ihn für einen Zyniker hielt. Denn um ein guter Zyniker zu sein, brauchte man makabren Witz und Geist. Daran mangelte es Dahinten jedoch.

Wegen Unruhe, als er sein Elementarbuch zwischen den Butterbroten herauswühlte, fragte er über seinen Zwicker hinweg: „Was ist los, dahintan?"

Die Klasse quittierte sein Lieblingswort mit dem obligaten Räuspern und ging dazu über, sich mit anderen Dingen zu beschäftigen. Es war wieder einmal Samstag, die vorletzte Stunde, wer dachte da noch an Cicero.

„Wenn dahintan keine Ruhe wird, schreiben wir ein Extemporale."

Die Klasse erkannte sofort die Haltlosigkeit dieser Drohung, denn eine Ex bedeutete für Dahinten Mehrarbeit. Er machte also im letzten Augenblick einen Rückzieher und ging zum Flankenangriff über. „Was grinsen Sie, Greinar?" fragte er. Jus hieß eigentlich Greiner, aber Dahinten hatte einen Vokalsprechfehler. Er sagte auch meist Leban statt Leben. Doch um das Leban nicht mit dem Löwan zu verwechseln, sagte er statt Löwan einfach Leu. Auch wenn es wie Lau klang.

Jus antwortete: „Ich bin mir nicht bewußt, gegrinst zu haben."

Diese Formulierung gefiel Dahinten. Nun wandte er sich an Cramer, der gelangweilt neben Jus lümmelte.

Dahinten begann jetzt einen seiner beliebten Schauprozesse. „Sie müssan das gesehen haban, Cramar. Was halten Sie von Greinar?"

„Das Allerbeste", antwortete Cramer harmlos.

Dahinten war einen Moment fassungslos. Er suchte nach Opfern und fand eines in dem kleinen Pinas, den sie Penis nannten. Weil Pinas noch mickriger war als der Professor, fühlte sich ihm Dahinten überlegen.

„Warum wurde dahintan gegrinst, Pinas? Ich wünsche eine Antwort und keine Ausflucht."

Pinas war schwach in Latein und auch sonst nicht stark im Notendurchschnitt. Er druckste herum und wurde weich. „Ich glaube, es wurde etwas erzählt, Herr Professor."

Dahinten faßte sich ans Hinterhaupt.

„Das ist der Höhepunkt! In meinar Unterrichtsstunde wird sich was erzählt! Wer erzählte wem was?"

Pinas war immer ein Verräter. „Der Cramer dem Greiner, Herr Professor."

„Greinar, was erzählte Ihnan Cramar?"

Jus stand auf und wackelte mit dem Oberkörper hin und her.

„Ich erinnere mich kaum", sagte er.

Dahinten fuhr ihn an: „Was ist das wieder für eine Verschwörung! Er erinnert sich mitnichtan. Ihnen fehlt's wohl dahintan, was? Was schwätzten Sie also mit Cramar? Stehan Sie auf, Cramar!"

„Irgend etwas von Caesar." Cramer konnte nicht anders als lügen. Er war in Latein mit Abstand der Schlechteste und mußte Interesse heucheln.

„Interessant!" sagte Dahinten. „Darf man erfahren, was Sie so grinsenswert fandan, Cramar?"

Welchem Schüler wäre in diesem Moment eine passende Story eingefallen? Cramer holte Luft und tat alles, um Zeit zu gewinnen. Er überlegte und zermarterte sein Gehirn. Es fiel ihm keine Story von Caesar ein. Aus Verzweiflung erfand er eine. – Der Professor starrte ihn an wie eine Kobra ihr Opfer. Die Klasse wartete. Eine Ruhe war eingekehrt, um einen Mäusezahn kauen zu hören. – Cramer geriet in Schweiß.

„Also, wird's bald!" drängte Dahinten.

Keiner kam Cramer zu Hilfe. Wie sollten sie auch? Dahinten stand mitten unter ihnen und wartete.

„Man sagt", begann Cramer endlich, „daß sich Caesar auf dem Gymnasium befunden habe, als er jung war."

„Großartige Neuigkeit", warf Dahinten ein. „Weiter! Und etwas schnellar. Die Zeit flieht uns."

Cramer phantasierte: „Auf jenem Gymnasium befanden sich auch zwei Schüler, die sich gar nicht mochten. Als diese älter wurden und im Berufsleben vorankamen, begegneten sie sich..."

„Ha! Alles nur Ausflüchte! Wo begegnat man sich denn wohl in Rom?" Dahinten wurde zynisch. „Vielleicht auf dem Bahnhof im Jahre fünfzig vor Christus, ante natum! Ihnan fehlt's wohl dahintan?"

Cramers Gedanken arbeiteten beinahe hörbar. Der alte Witz ging wirklich auf einem Bahnhof weiter, aber Cramer verlegte ihn in die Arena.

„Sie begegneten sich in der Arena, im Colosseum, Herr Professor. Aber nicht direkt in der Arena, also nicht als Gladiatoren, sondern auf der Zuschauertribüne. Der eine war Admiral der Galeeren, und der andere..."

Dahinten wälzte sich in der Not seines Schülers wie ein Aal. „Und der andere verkaufte Zitronenlimonada, wie? Was könnte Ihrer müdan Phantasie auch anderes entspringan, Sie Würstchan. Was also tat der andere? Vielleicht wird's bald."

Cramer nahm erneut Anlauf. „Der andere war ein Bischof, Herr Professor."

Gegen den Bischof vor Christus hatte Dahinten im Augenblick nichts einzuwenden. Es fehlte ihm bekanntlich an Einfallsreichtum. Obwohl es zu Caesars Zeiten keine Bischöfe gab, verlor Dahinten kein Wort darüber. Es wurde neugierig, gespannt, wie sich Cramer aus der Affäre ziehen würde. „Weiter, weiter!"

„Da fragte der Bischof den Admiral: Bitte, Herr Portier, wo geht es hier zur Toilette?"

Dahinten strahlte: „So, so, im alten Rom gab es Toilettan. Sogar mit Wasserspülung. Sehr gut, Cramar. Das ist wirklich hervorragendar Mist. Nur weitar so!"

Cramer bekam Oberwasser, weil die Geschichte zu Ende ging.

„Und dann? Wir alle sind gespannt, Cramar."

„Da sagte der Admiral zu dem Bischof: Die Treppe runter und um die Ecke, gnädige Frau."

Die Klasse schrie. Dahinten schwieg, weil er die Pointe nicht verstanden hatte. „War das ein gutar Witz, Greinar?"

Jus bejahte.

„Nein, es war ein schlechtar Witz. Ich konnte nicht lachan. Abgesehan von der Tatsache, daß man in meinar Unterrichtsstunde keine Witze macht, entbehrte der Witz jeglichar Originalität und Dramatik. Sie lernan eine Rede Ciceros über das Wochenende auswendig, Cramar. Welche, das werde ich noch genau benennan."

Endlich begann der Unterricht. Aus der Strafarbeit wurde nichts, weil Dahinten vergaß, die Rede genauer zu bezeichnen. Cicero hatte bekanntlich eine stattliche Menge davon gehalten.

Zu Hause fand Cramer ein Päckchen vor. Es war in Bamberg aufgegeben. Weil seine Neugier verschlossene Briefe nie ertragen konnte, schnitt er die Schnur mit dem Fahrtenmesser entzwei. Er schälte einen Geschenkkarton aus dem Papier und fand darin eine Rose und einen Brief. – Für Buchstaben interessiert sich jeder Mensch weniger als für Gegenstände. Trotzdem las er zunächst die zierliche, aber eigenartig bezwingende Mädchenschrift.

Curti! Das Konzert war fabelhaft. Beinahe tausend Menschen. Bei jedem Akkord habe ich an Dich gedacht. Dann in der Garderobe fand ich ein Blumenmeer und die Burgunder-Rose als Gruß von Dir. Soll ich sagen, was ich fühlte? Es war fast zuviel für die kurze Pause. Danach, bei dem D-Dur-Konzert, habe ich gepatzt. Es hat keiner gemerkt. Nicht einmal Professor Wegener, der Dirigent. – Heute nachmittag fahren wir weiter nach Bayreuth. Am Donnerstag sind wir schon wieder in Frankfurt. – Weil ich es einfach nicht ertragen kann, Deine Rose anzusehen, und es aber doch immer tun muß, bitte, lieber Curti, nimm sie wieder zurück. Aber vergiß mich nicht, auch wenn ich anschließend an die Tournee wahrscheinlich für Amerika abschließe. Sobald ich zurück bin, darf ich Dich dann wiedersehen? Denk bitte oft an Kira.

Nachsatz: Das Konzert aus Köln wird vom Rundfunk übertragen. Aber Du machst Dir ja wenig aus Deiner Dich nur schwer vergessenden K.

Die verblühende Rose duftete noch. Als er sie in den Papierkorb warf, fielen die roten Blätter auf den Teppich.

Der Vater von Mitschüler Rist war Studienprofessor. Er gab Kunsterziehung und Musik in Cramers Klasse.

Rist junior hatte über den HJ-Heimabend alles zu Hause erzählt. Deshalb war Cramer in den nächsten Tagen dran. Da er nicht explosionsartig eine bestimmte Passage aus Parsifal zu deuten wußte, höhnte Dr. Rist: „Sie sind ja wohl der letzte Dreck an Intelligenz."

Cramer wollte das nicht einstecken, ohne es wenigstens abzumildern. Er blickte Dr. Rist schräg an und machte sein glaubwürdigstes Gesicht. „Ich bin eine Spätentwicklung, Herr Professor."

„Aber nicht", fuhr Rist ihn an, „wenn es um den Besuch verruchter Tanzdielen geht. Ich bin ja nicht kleinlich, man soll mich bitte nicht einen Spießer nennen, ich begrüße das Aufkommen alter deutscher Männertraditionen mit all ihren Derbheiten und Härten. Was ich aber hasse, das sind Demimonde-Kneipen mit amerikanischer Negermusik, mit Luden und lockeren Girls. Hier braut sich das Gift unserer Epoche zusammen."

Das Wort Gift und Epoche preßte er wie aus einer gestopften Trompete heraus.

„Es gibt nur eine Musik, und das ist *meine* Musik", fuhr er fort.

Rist war wirklich ein prominenter Geiger im Franken-Quartett. Er komponierte sogar. Man behauptete allerdings, seine Stücke würden deshalb nicht aufgeführt, weil sie ein unverständliches Maß an Vollkommenheit erreicht hätten, etwa so wie Furtwänglers Symphonien.

Rist steigerte sich in einen Vortrag über Musik, der von Bach bis zu den Zwölftönern reichte. Nach endlosen Tiraden schloß er seinen Monolog.

„Neben klassischer Musik ist, als ihr uneheliches Kind, die Marschmusik das letzte Zugeständnis, das ein gebildeter deutscher Mensch noch machen kann. Alles andere ist barbarisch. Na, Cramer", sagte er schon halb versöhnt, „was meinen Sie dazu? Was wollen Sie eigentlich mal werden?"

Cramer war auch bei Rist kein Musterschüler, aber er schaffte es einfach nicht, diesen Nazi-Mozart anzuschleimen. Er blickte Rist in die Germanenaugen.

„Jazztrompeter, Herr Professor. Und wenn es ganz hochkommt, Barsänger."

Das besiegelte im Vorhinein sein Schicksal beim Abitur.

13.

Cramer saß am Rand der Kunsteisfläche des Linde-Stadions. Es war ein grauer Novembernachmittag. Sie hatten schon die Bogenlampen eingeschaltet. Ein paar Dutzend junger Leute fuhren im Kreis herum. Die Burschen auf Eishockeyschlittschuhen Marke Bobby-Bell, die Mädchen in kurzen Röckchen und mit fest montierten Kunstlaufkufen an den Stiefelchen Marke Sonja Hennie.

Eine tief Haselnußbraune im hellblauen Schlittschuhkleid bremste vor Cramer, daß der Eisstaub flog.

„Bist du krank?" fragte Elisabeth.

Cramer deutete auf seinen rechten Schuh. „Der Absatz ist ab."

„Kommst du mit einen Tee trinken?"

„Vielleicht später", überspielte er die Ebbe in seiner Kasse.

„Wo ist Jus?" fragte er.

„Zu Hause. Geschichte schanzen."

Auch Cramer hätte das Lernen besser angestanden, als hier herumzuhängen. Aber der Mann oben am Plattenspieler hatte ein paar neue Hartgummischeiben hereinbekommen. Die wollte er hören. – Angeblich machte sich Cramer auch gar nichts aus Sport. Das war aber nur ein Vorwand. Zum Tennisspielen mußte man dem NKTC angehören, Reiten kostete pro Stunde im Tattersall oder bei Schuster in Fürth sechs Mark, für den Ruderverein brauchte man Bürgen, und ein altes Fahrrad baute er sich gerade aus Schrotteilen zusammen. Noch fehlten ihm dazu Tretlager und Reifen. – Im Sommer ging es ja. Schwimmen kostete wenig, aber im Herbst und im Winter wurde es eng. Rodeln war Kinderkram. Skilaufen erforderte eine teure Ausrüstung. Blieb noch der Eislauf.

. Im Keller hatte er alte Schlittschuhe seiner Mutter gefunden und entrostet. Es waren welche mit den berüchtigten Schraubklemmen. Vorne hatten sie Backen und hinten zwischen Absatz und Ferse das, was man einen Absatzreißer nannte. Noch ein Modell aus der Goethezeit. – Wenn Cramer ins Eisstadion fuhr, hatte er die Dinger nicht elegant über die Schulter geschwungen wie die anderen, sondern trug sie verstohlen unter dem Arm.

„Für die Klassenarbeit in Geschichte lernen wäre auch echt gut für dich", bemerkte Elisabeth spitz.

„In Geschichte bin ich besser als Jus in Mathe und Physik. Deutsch und Geschichte, kein Problem für Cramer."

„Von mir aus."

Ihr langes dunkles Haar schwang beim Weiterfahren hin und her. Sie tanzte mit einem aus der Parallelklasse.

Cramer lauschte weiter der Musik aus den Lautsprechern. Der Tagesschlager war *Bel ami*. Auf der Trompete konnte man daraus einen Blues mit verschleppten Endakkorden machen. – Dann spielten sie ein paar amerikanische Filmnummern. *Blue Moon* und *Pennies for Heaven*. Schon beim Hinhören ging es Cramer in die Finger der rechten Hand, als drücke er die Trompetenventile.

Elisabeth zog die Gummischoner auf die Schlittschuhkufen und ging mit ihrem Tänzer ins Café, das an der östlichen Schmalseite die Eisbahn abschloß. Als sie später herauskam, war sie allein.

„Bist du noch nicht festgefroren?" fragte sie Cramer.

„Ich gehe jetzt."

Ungeniert, wie sie war, aber nie anbieterisch, fragte sie: „Bringst du mich nach Hause?"

Im Ausgang neben den Garderoben wartete er. Sie hatte einen

blauen Teddymantel an. – Blau und Teddy waren große Mode in diesem Jahr. – Die weißen Schlittschuhstiefel hingen an den Schnüren von ihrer Schulter. Einer nach hinten, einer nach vorn. Sie hakte sich bei ihm unter.

„Durch den Stadtpark", schlug sie vor. „Ich plane ein Attentat auf dich."

Sie schlenderten die Bayreuther Straße hinein und quer durch den verschneiten Stadtpark. So kürzten sie den Weg zur Burg quer ab. Unterhalb der Burg lag das Pestalozzo-Haus.

„Was für ein Attentat?" setzte er mehrmals an.

Sie lachte glockenhell wie immer, aber auch leise. „Wenn ich du wäre, würde ich mir keine allzu kühnen Vorstellungen machen", sagte sie.

„Du bist aber nicht ich", erwiderte er.

Angenommen, das Attentat hatte mit Küssen zu tun, wie reagierte er dann? Immerhin war sie Jus' Mädchen.

Vor dem alten Patrizierpalais, in dem schon Bürgermeister Imhoff einst gewohnt hatte und das später von dem italienischen Architekten Pestalozzo zum Palais erweitert worden war, mußte Cramer warten. Schon nach wenigen Minuten kam Elisabeth wieder. Sie hatte etwas Längliches, Schweres in der Hand. Sie schlenderten durch die Tetzelgasse, am Rathaus vorbei in die Glöckleinsgasse, wo es immer nach Holzkohlenfeuer und Bratwürsten duftete. Elisabeth hatte sich wieder bei ihm untergehakt und plapperte munter.

„Meine Vorfahren waren Handelsherren, Patrizier und Bürgermeister. Deshalb genießen wir bis heute alte Vorrechte."

„Wie das Holz- und Honigrecht", verstand Cramer. „Holz aus dem Reichswald für den Kamin, Honig für Lebkuchen."

„Das Schlüsselrecht", betonte sie und übergab ihm das schwere Ding. Es war aus Eisen, mindestens dreißig Zentimeter lang und wog ein Kilo.

„Wohin paßt der Schlüssel?"

Sie traten auf den Platz hinaus. Hinter den Bäumen ragten die Umrisse der großen Basilika hoch empor. Sie war die größte Kirche der alten Reichsstadt Nürnberg. So um 1275 hatte man sie dreischiffig erbaut und immer wieder im gotischen Stil erweitert. Sie hatte zwei schlanke Türme mit spitzen Kupferblechhauben erhalten. – Cramer atmete tief durch.

„Fang jetzt nicht mit der Heiligengeschichte an", bat Elisabeth, „ich weiß alles über Sankt Sebald. Laut unserer Familienchronik haben ihn meine Ur-Ur-Ahnen noch persönlich gekannt."

Also sparte sich Cramer auch, über das Heilige Grab, das schönste Kunstwerk der Welt, zu sprechen. Geschaffen von Peter Vischer, dem sich Cramer verwandt fühlte. Als Jüngling hatte Vischer seine Heimat für Jahre verlassen. Einer Frau wegen, die er geliebt, aber nie bekommen hatte.

„Der Schlüssel, wo paßt der hin?"

Die Kirche war offen. Man brauchte keinen Schlüssel, um hineinzukommen.

Elisabeth zog ihn um die Turmfundamente herum zu einem Seitenportal. Mit Mühe brachte Cramer das hakelige Schloß auf. Ein schmaler Gang führte zum nördlichen Turm. Elisabeth hatte eine Taschenlampe dabei. Sie nahmen die Hunderte von Stufen bis zum Zimmer des Türmers unter dem Glockenstuhl. Hier oben war die Mauer des Turmes zurückversetzt. Auf einer Art Terrasse konnte man rundherum gehen. – Sie traten hinaus bis zu den Sandsteinbalustern.

Hier wehte der Wind deutlich stärker. Tief unter ihnen lag die abendliche Altstadt. Schneebedeckte Dächer, dunkle Gassen, Lichter, Autos, Straßenbahnen. Menschen winzig wie Ameisen.

Man sah die Brücken, das schwarzschimmernde Wasser der Pegnitz. Beim Schönen Brunnen bauten sie schon die Buden für den Christkindlmarkt auf. So hatte Cramer Nürnberg noch nie erlebt. Nicht einmal von der Burgfreiung aus.

„Man kann die Stadt beinah riechen und hören", staunte er, wenn das Leben da unten auch nur ein Summen und Brausen war.

„Schön?" fragte sie.

„Überwältigend", gestand er. „Ist das dein Attentat?"

„Noch nicht ganz", antwortete Elisabeth. „Was hältst du davon, wenn wir Silvester hier oben feiern? Wir alle."

„Wer alles?"

„Na ja, die ganze Bande. Klett, Jus, du und ich."

„Warum nicht?" äußerte er. „Trotzdem bin ich ein Blödmann."

„Was ist schon dabei? Aber warum bist du ein Blödmann?"

Er zögerte erst mit der Antwort. „Dachte, dir ginge es um eine Knutscherei."

„Ich lasse mich nicht knutschen", sagte sie rasch. „Wenn es ums Küssen geht, dann küsse ich schon selbst."

Sie war etwas kleiner, einen halben Kopf. Sie lächelte nach oben und küßte ihn rasch, ein wenig schief auf den Mund.

Gewiß wollte sie ihn nur nicht enttäuschen. Ihr Kuß schmeckte nach Imhoff, wie die Gewürze, die im Mittelalter von ihren Handelshäusern aus Italien und Arabien nach Nürnberg gebracht worden waren, nach Zimt, Vanille, Muskat und Ambra.

„Was ist das für ein Parfum?" fragte er, um die Verblüffung zu überspielen.

„Soir de Paris."

„Das in der blauvioletten Glasflasche?"

„Kommt heuer sehr in Mode."

Auf dem Nachhauseweg war er so beschwingt, daß er im Kaiserhofkeller vorbeischaute und mit der Kapelle bis Mitternacht rumjazzte.

14.

Werner von Kletts Großvater hatte sich seinen Reichtum mit dem Federhalter zusammengeschrieben. Mit einem goldenen vermutlich, mit dem er Schecks unterzeichnete und Kredite genehmigte. Er hatte das in großem Stil gemacht, hatte die Industrie, Fabriken, Kraftwerke, Eisenbahnlinien finanziert. Wenn nötig, hatte er auch Millionendarlehen für den Freistaat Bayern auf die Füße gestellt. Von allem hatte er mindestens drei Prozent kassiert. Das brachte mehr ein, als er mit Gewalt ausgeben konnte. Damit baute er dann sein eigenes Stahlwerk auf. Man hatte ihn dafür geadelt.

Er war ein seriöser, umgänglicher Herr gewesen, mit grauen Schläfen und Verständnis für alles. Sein größter Erfolg jedoch war und blieb sein Sohn, der Vater von Werner, der Kommerzienrat.

Als Cramer mit Jus die Villa der Kletts betrat, riß ein Lakai die Türe, ein wahres Schloßportal, auf. Der Diener nahm ihnen die Mäntel ab. Dann begab man sich auf den Weg in die Halle.

Cramer räusperte sich, deutete auf die Teppiche und flüsterte: „Da stehst du drauf wie auf Marmelade."

Ein Supermusikschrank von Telefunken mit ungefähr zehn Lautsprechern und einem Schweizer Paillard-Zehnplattenlaufwerk spielte *Bei mir bist du schön.*

Jus zog Cramer am Jackett und lenkte ihn in Richtung kaltes Buffet. Doch Werner von Klett, der heute achtzehn wurde, kam dazwischen. Im Smoking begrüßte er sie mit seiner üblichen Arroganz und stellte sie Gästen vor, die schon vor ihnen gekommen waren. Anwälte, Professoren, Künstler, meist ältere Herrschaften. Jus und Cramer plazierten sich neben der dreistufigen Freßterrasse, einem Gedicht des Lukullus.

Cramer ließ einen seiner Sprüche ab: „Und als nächstes wurde Mayonnaise gereicht. Die Herren, welche diese Speise nicht kannten, schmierten sie sich in die Haare. Von der Hausfrau auf ihren Irrtum aufmerksam gemacht, sagten sie: Verzeihung, gnädige Frau, wir dachten, es wäre Spinat."

„Erst werden wir uns was in den Bauch schrauben", sagte Jus, „aber keinen Spinat. Dann schauen wir uns die Bude an. Mit leerem Bauch kann ich diese Masse an Pracht nicht verdauen."

„Versailles ist eine Hundehütte dagegen."

Sie bedienten sich, als seien sie ausschließlich zum Essen hergekommen. Sie schoben sich die Teller voll, verdrückten kalten Braten mit schwarzen Oliven, Lachs und kleine Blätterteigpasteten voll Kaviar. In aller Gelassenheit holte sich Cramer noch vom Thunfisch, vom exotischen Fruchtsalat und ging dann allmählich zum Käse über. Als sie angesättigt waren, genossen sie noch den Luxus der Villa als Dessert. Die weiten Räume hatten sich allmählich gefüllt. Von der Galerie herab betrachteten sie die Dekolletés und Hochfrisuren der Damen. Für die vielen alten Meister, die echten Gobelins und Skulpturen hatten sie kaum Zeit. Nur ein Bild über dem Kamin hypnotisierte Cramer.

Es stammte von einem oberbayrischen Malerstar. Der Spachtelprofessor hatte die Dame des Hauses meisterhaft getroffen.

Blond, rosa, ladylike.

„Noch schärfer als fotografiert", sagte er zu Jus, „keine Pore hat er ausgelassen."

Musik setzte ein. Man begann zu tanzen. Sie hielten nach der berüchtigten Dame des Hauses Ausschau. Die war wohl noch in ihrem Boudoir am Pudern und Schminken.

„Ihr Auftritt schlägt gewiß wieder wie eine Bombe ein", sagte Jus ungeduldig. „Man hört so einiges. Soll der Traum von einem Weib sein."

Sie ließen die weit geschwungene Marmortreppe nicht aus den

Augen. Doch erst gegen zweiundzwanzig Uhr schwebte das blonde Gift herab zum niederen Volk. Es mischte sich unter die Gäste und machte Konversation.

„Wie alt schätzt du die?"

„Verdammt zu jung."

„Zu jung für was?"

Später mal steuerte sie auf Jus zu und nahm ihm das Sektglas aus der Hand. Sie war berauschend schön, mit tausend Locken und einem Puppengesicht mit runden Augen. Hübscher als La Jana im *Stern von Rio*.

Daß es so etwas in unserem Dorf gibt, dachte Cramer. Aber sie kam ja aus einem größeren Dorf. Werners Stiefmutter stammte aus Berlin. Und das gehörte nun dem alten Knilch von Kommerzienrat. Wie es hieß, hatte er sie auf einer Schönheitskonkurrenz erworben. Der Preis mochte beachtlich gewesen sein.

Sie sagte zu Jus: „Sind Sie der Herr Trompeter?"

„Nein, der da, gnädige Frau."

Resolut nahm sie Cramer bei der Hand, zog ihn auf die Tanzfläche und schmiegte sich an ihn, daß ihm total anders wurde.

Er mochte es, wenn jemand ungeniert war. Doch er mußte immer zu dem alten von Klett hinsehen, der in einer Gruppe von Frackträgern an seinem Champagnerglas herumbiß.

❧❦❧

„Ich möchte Sie etwas fragen, Cramer", sagte die wunderschöne Frau von Klett, „was ist ein Dreiviertelgott, und warum sind Sie einer?"

„Woher wissen Sie das?" tat er erstaunt. „Hat Werner gepetzt?"

Wenn ich ihr das ausführlich erzähle, dachte er, gerät sie aus dem Rhythmus.

„Ich hörte es von Elisabeth Pestalozzo", sagte Marina. „Wir

spielen Tennis. Wir sind altersmäßig nur zwei Jahre auseinander.“

Nun wäre Cramer fast aus dem Tempo gefallen. Elisabeth war siebzehn. Die Dame von Klett hätte er auf mindestens siebenundzwanzig geschätzt, und der Kommerzienrat mochte so alt sein wie Elisabeths Vater. – Fabelhaft, was man mit Geld alles kriegen konnte. Ein Bankier aus München hatte angeblich die Schulfreundin seiner Tochter zur zweiten Frau genommen. Aber die Ehe mit dem Kommerzienrat bekam ihr anscheinend gut. Der alte von Klett hatte zwar noch andere Hobbys, wie man hörte, aber nicht solche, die einer Ehe schadeten. Die blonde Dame des Hauses hieß mit Vornamen Marina. Sie hatte es ihm zugeflüstert. Beim Slowfox ging sie ran wie ein Bügeleisen auf eine Unterhose. Er fühlte ihre Brüste, ihren Bauch und ihre Schenkel. Wenn sie lachte, hatte sie die Angewohnheit, ihren Oberkörper zurückzubeugen. Physikalisch betrachtet erzeugte das zwangsläufig am Unterkörper Gegendruck.

„Wie ist das also mit den Göttern?“ fragte sie noch einmal.

Cramer dachte krampfhaft an das Parallelogramm der Kräfte. Das war ungefährlicher als Marina.

„Das mit den Göttern ist folgendermaßen“, stotterte er. „Nach einer Reihe besonders geglückter Untaten mit Arrestfolge wird man ein Viertelgott.“

„Und wie wurden Sie ein Viertelgott, Cramer?“

Sie tanzte mit ihm hinaus zum Wintergarten. Dort löste sie sich von ihm und setzte sich auf eine Hängecouch, ein schick gestreiftes Sofa, das mittels goldeloxierter Ketten von der Decke hing, und schaukelte.

Sie waren allein, hörten die Musik und die Gäste aus der Halle nur gedämpft. Cramer holte Champagner und bewahrte den nötigen Abstand zu ihr. Mit dem Rücken lehnte er sich an die Glastür zur Terrasse, die das Haus gegen den Park abschloß.

„Das ist lange her", erzählte er. „Ich glaube, es war in der Se-
kunda. Wir hatten einen Aufsatz zu schreiben über das Thema:
Eine Autofahrt in den Frühling. – Alle schrieben lange Sachen, so
zwischen vier bis achtzehn Seiten. Ich schrieb nur zwei Zeilen.
Seitdem bin ich ein Viertelgott."

„Was schrieben Sie?"

„Ich schrieb: Mein Vater ist Lokomotivführer und wir fahren
mit der Eisenbahn. Curt Cramer."

„Prächtig!" Sie lachte und schaukelte, daß Fliehkraft und Luft-
zug ihren Rock weit hinaufschoben und man ihre Knie und die
Spitzen ihrer zartblauen Unterwäsche sah. Im Winter wechselt
man offenbar auf Blau, dachte Cramer. Etwas so Lockeres wie
Marina war ihm noch nicht begegnet. Ungeniert wie eine profes-
sionelle Nutte, nur daß sie eben keine war.

Sie schien Gefallen an ihrer eigenen Freude zu finden. Dabei
war sie halb aus dem linken Schuh geschlüpft und verlor ihn beim
Schaukeln. Cramer hob ihn auf und wußte nicht recht, was er
damit tun sollte. Es war ein zartes Gebilde aus dünner Sohle,
einem gedrehten überlangen Metallabsatz und weichen goldle-
dernen Riemchen. Er wunderte sich, daß ein Schuh in so filigra-
ner Bauweise einen Menschen tragen konnte und dabei noch
betörend nach Parfum duftete. Man müßte Parfum als Bauelement
benutzen, dachte er, Parfums immer gleich mit hineinkonstru-
ieren. Man könnte in den Laden gehen, eine Krawatte aus *Lamour*
verlangen, oder ein Hemd aus *Soir de Paris*, oder Socken aus
Bandit.

Verlegen drehte er den Schuh hin und her, bis sie ihm den Fuß
entgegenstreckte. Roter Nagellack schimmerte unter dem Hauch
des Seidenstrumpfgewebes. Über dem Knöchel trug sie ein doppelt geschlungenes Goldkettchen. – Ob das vom Herrn Kommerzienrat stammte?

Cramer zog ihr den Schuh an und drückte den Knopf des Riemenverschlusses gegen den Knöchel. Sie stöhnte kurz, was wie „Oh!" klang. Womöglich hatte er ihr wehgetan.

„Pardon!"

Aber sie sagte nur: „Wie wurden Sie ein Halbgott, Cramer?"

„Wollen wir nicht zu den anderen zurückgehen?"

Sie breitete nur fröhlich die Arme aus. „Nicht jetzt."

Cramer steckte sich eine seiner drei Zigaretten an. Er durfte nicht vergessen, sich aus von Kletts Vorrat einzudecken.

„Das war später", erzählte er. „Wir hatten Lateinschularbeit. Ich war schlecht vorbereitet und überhaupt liegt mir Latein am besten, wenn es vorher schon übersetzt ist. Ich machte von der Reclam-Übersetzung Gebrauch, denn von der Note hing allerhand ab. Da erwischte mich Dahinten. Ich hatte das Büchlein Pons zwischen die Beine geklemmt. Beim Runterschauen vermutete er etwas. Er zog mich aus der Bank und suchte und suchte. Natürlich konnte er nichts finden, denn ich hatte die Übersetzung immer noch zwischen den Schenkeln. Er stöberte unter der Bank, beim Vordermann und schließlich in meinen Taschen. Endlich sagte er: Sie wardan in Latain noch Schiffbruch erleidan, Cramar. Sie sind nicht nur faul, nein obendrein noch blöda. – Er bekam aber nur die Wut, weil er meinen Spicker nicht fand. Dann sagte er noch: Sie gehan straffrei aus. Wo ham Sa ihn? – Also zog ich ihn zwischen den Beinen hervor und sagte: Hier, Herr Professor. – Sa sind ein Zaubara, sagte Dahinten. Aber er hielt sich an sein Versprechen. – Das war meine Beförderung zum Halbgott."

„Bravissimo!" rief Marina von Klett. „Aber bitte, trinken Sie nicht so schnell."

Er setzte das Glas ab und sah sie an, wie man ein Kunstwerk betrachtet. „Erstens ist es umsonst, gnädige Frau, und zweitens ist Bacchus erklärter Feind der Venus."

Sie schloß die Lider halb. „Und was haben Sie gegen die Venus?"

„Gegen Venus im Grunde nichts. Aber gegen das, was sie aus uns macht. Dann lieber besoffen, als wie ein schäbiger Abstauber rumlaufen."

„Was gibt Ihnen Grund zu solcher Annahme?"

Sie kam zu nah an ihn heran. Er sah es in ihren Augen, er fühlte, daß sie etwas mit ihm vorhatte. Ohne Grund benahm sich keine Frau so.

Er mußte zu den anderen zurück, aber etwas an Marina hielt ihn fest.

„Sie fragen nach dem Grund." Er schaute weg von ihrem Mund, von ihrem Dekolleté. „Da fragen Sie wirklich noch, Gnädigste?"

Sie atmete so tief ein, daß sich der Stoff des Ausschnitts eng an ihre Berliner Formen preßte. „Ich wollte nur sicher sein", antwortete sie fast träge, „deshalb fragte ich."

Dann küßte sie ihn unvermittelt. Es war ein überraschender Kuß, der mehr wie ein leidenschaftlicher Biß auf seinen Lippen zurückblieb.

Beim Hineingehen faßte sie leicht seinen Arm.

„Damit das klar ist", flüsterte sie, „ich möchte noch erfahren, wann Sie ein Dreiviertelgott wurden. Aber das darf auch ein andermal sein. Ich besitze ein schnelles Sportcoupé und werde dafür sorgen, daß Sie in Zukunft über das Thema *Eine Autofahrt im Frühling* etwas schreiben können. Vergessen Sie es bitte nicht. Auch nicht, wenn Sie mit Elisabeth flirten."

„Elisabeth ist tabu für mich", erwiderte er.

„Keine Frau ist je unberührbar", sagte sie, und es enthielt den unausgesprochenen Nachsatz: Wir werden es erleben...

„Ich jedenfalls denke den ganzen Abend daran", rief sie noch, als ein eleganter Operettenbuffo kam und sie zum Walzer holte.

Cramer war neugierig, wie sie das einfädeln wollte. Immerhin war es reizvoll, wie jedes Abenteuer am Anfang...

Jus rauchte eine von von Kletts Havannas.

„Du kriegst die Motten", sagte er zu Cramer, „jetzt sind sie total übergeschnappt."

„Wer?" fragte Cramer abwesend. Er dachte immer noch an Marina.

„Wer wohl? Diese von Kletts natürlich. Stell dir vor, sie haben insgesamt sieben Personenwagen, einen Botanikprofessor, der den Garten in Ordnung hält, einen Elektroingenieur für die Küchenmaschinen, ein Schwimmbad drinnen und eines draußen, einen Tennisplatz draußen und einen in der Halle, zwei Köche, drei Stubenmädchen, einen Butler, einen..."

„Schon alles?" tat Cramer erstaunt, „was ist das Besondere dran?"

„Paß auf", fuhr Jus fort, „jetzt stellen sie sich noch einen Doktor der Zoologie für den Schäferhund an. Dabei hat der alte von Klett Löcher im Strumpf."

Cramer nickte verständnisvoll.

„Der Witz dabei ist, daß er es weiß. Ein treusorgender, sparsamer fränkischer Familienvater und ein echter Snob. Wie sein Sohn Werner. Ein Multimillionär, von dem es heißt, er sei so sparsam, daß er sich mittags in den Sessel legt, um die Couch zu schonen, und daß er sein Brot mit der Butter nach unten ißt, um sich nicht als Verschwender zu fühlen. Du kannst viel lernen von reichen Leuten. Man kann lernen, wie man reich wird."

Jemand berührte Cramer von hinten. Als er sich umsah, bemerkte er Elisabeth. Sie hatte sich ihnen unauffällig genähert. Sie küßte erst seine Wange, dann die von Jus.

„Ich gehe", entschied Cramer, „man kann nicht hinsehen, so lecker ist Elisabeth heute wieder."

Elisabeth wiegte sich zart gerötet im Rhythmus der Tanzmusik von George Boulanger.

„Wer tanzt mit mir?" fragte sie und ergriff Cramers Hand. Mit einem entschuldigenden Blick auf Jus ließ er sich abschleppen.

Er nahm sie leicht in die Arme und bemühte sich um Distanz. Bewundernswert, die Präzision ihrer Lippenkonturen. Wie eine Graphik der Nivea-Reklame.

Sie hatte Gefühl und tanzte im schneller werdenden Rhythmus frech, ausgelassen, aber immer dezent. Zwischendurch plauderte sie munter. Doch was sie sagte, klang gar nicht harmlos.

„Hüte dich vor Marina", warnte sie Cramer.

Er lachte kehlig. „Sie ist nicht gefährlicher als du."

„Bin ich gefährlich?"

„Und wie."

„Auch für dich?" Sie spielten immer mit einem, die kleinen Mädchen.

Er wich aus: „Einen hübscher Fummel, den du heute trägst."

Mit dem Fummel meinte er das Gedicht von einem Kleid, das sich Elisabeth extra und ausschließlich für diesen Abend aus Mailand mitgebracht hatte. Es war schulterfrei, hauteng, aber nicht lang. Ein kurzes Abendkleid. Zum Ausgleich hatte es hinten einen Cul de Paris, einen Sterz aus einer Wolke von goldgelber Seide und Tüll.

Und das mit noch nicht achtzehn Jahren, dachte er. Madonna Klara!

Lachend schüttelte sie das Haar nach hinten. „Fummel! Was für ein Ausdruck!"

„Es ist ein prima Ausdruck", sagte er. „Fummel ist der höchste Superlativ. Kleid, Robe, Wolke, Fummel."

„Würde dir Marina gefallen?" fragte Elisabeth unvermittelt.

„Was ist los heute? Marina wollte wissen, ob du mir gefällst, jetzt fragst du mich, ob mir Marina gefällt. Ich will dir etwas verraten, mein Schatz. Marina ist verheiratet. Sollte mir eine verheiratete Frau gefallen, dann rede ich nicht darüber."

„Aber ich bin nicht verheiratet", entfuhr es ihren halboffenen Lippen.

War das nun Spaß oder schon Ernst?

„Noch nicht", antwortete er. „Jus ist mein bester Freund. Grundsätzlich sollte man sich hüten, sich nur deshalb in ein Mädchen zu verlieben, weil es dem besten Freund gehört."

„Gehört? – Gehört wie was?"

„Du weißt schon wie, Elisabeth."

Der Tanz war zu Ende. Sie nahm ihn beim Arm. „Das wäre ein ehrenhafter Grundsatz, wenn die Voraussetzungen zuträfen."

„Die Voraussetzungen stimmen", sagte Cramer, „verlaß dich drauf."

Das machte sie offenbar wütend. „Ich gehöre Jus nicht. Ich gehöre niemandem außer mir selbst."

Weil Jus kam, fragte Cramer verlegen: „Was wiegt schwerer: ein Kilo Blei am Nordpol oder ein Kilo Federn am Äquator?"

„Beides gleich", antwortete Elisabeth heftig.

„Wieder falsch. Das Kilo Federn am Äquator wiegt etwas mehr."

„Adieu, Schlauberger", sagte Elisabeth, „und nicht immer Herzen brechen gehen heute abend."

Er ließ ihre Hand los.

„Das haben wir längst hinter uns, oder?"

Er ging durch die Halle und beschloß, noch etwas zu trinken.

Später kam Marina auf ihn zu, als habe sie ihn gesucht.

„Treibhausklima, was?" fragte sie. „Gott, wie sind wir doch alle pervers."

„In dem Klima gedeihen sogar Papierblumen", antwortete Cramer.

„Wollen wir unsere Unterhaltung nicht fortsetzen?" flüsterte sie.

„Papierblumen düngt man nicht", antwortete er. „Außerdem sind Sie ja die Frau Mutter von Werner."

Vielleicht war es zu spät, sie daran zu erinnern. Der Glanz in ihren Augen verriet, daß sie schon weit über den Anfang des Abenteuers hinaus waren.

15.

Der Winter 1938/39 war mild.

Als die Noris-Banditen am 31. Dezember kurz vor Mitternacht den Nordturm der Sebalduskirche bestiegen, schneite es nicht mehr. Nur noch ein weißes Flimmern lag in der Luft. Sie schleppten Thermoskannen mit Glühwein hinauf, Lebkuchen, Fischsalat und Feuerwerksraketen.

Um dreiundzwanzig Uhr dreißig ging die Ballerei los. Von überallher, zwischen den Häusern hervor, bis hinaus in die Vorstädte, pfiffen und heulten Silberschwärmer und bunte Kugeln in die Luft. In den Gassen knatterten Frösche. Ab und zu donnerte ein Kanonenschlag. Sie tranken den würzig heißen Glühwein, knabberten Gebäck.

Elisabeth, die Schöne, verteilte Geschenke. Jus bekam eine Krawatte, von Klett ein Buch über die Eisenherstellung im Mittelalter und Cramer ein silbernes Trompetenmundstück mit lila Schleife. Von Klett schenkte Jus eine Flasche alten Cognac, Elisabeth Seidenstrümpfe und Cramer eine Schallplatte.

„Kootty-kootty", sagte er, „orikinal Tetty Stauffer. Hat meine Stiefmutter aus Lonton angeschleppt. Aper diese Tante versteht ja nichts von Swing."

Jus überreichte jedem einen Reclam-Spicker „De bello gallico".

Nur Cramer hatte nichts Materielles. Betreten zog er seine Trompete aus der Hülle. „Von mir kriegt ihr nur ein Lied", sagte er.

Um Mitternacht, zum Jahreswechsel, verstärkte sich die Ballerei. Alle Glocken läuteten. Bis herauf zu ihnen wehten Wolken von Schießpulvergestank. Keiner ahnte, daß das letzte Friedensjahr zu Ende ging.

Sie tranken einander zu. „Prost Neujahr!" Danach eine herzliche Freundesküsserei. Als es still wurde, blies Cramer vom Turm. Erst *Whispering*, dann *When you're smiling*, schön getragen in Blues-Version. Man mußte es weit hören, denn auch unten blieben Leute stehen.

Vom Pfarrhof schrie einer: „Aufhören! Das ist Ruhestörung! Ich hole die Polizei!"

Gegen zwei Uhr im neuen Jahr verließen sie den Turm. Als sie unten aus dem Seitenportal schlichen, stand dort ein Schupo mit Taschenlampe und funzelte sie an.

Nach dem 2. Januar waren alle weg. Von Klett, Jus und Elisabeth. Die Oberklassen fuhren ins Skilager am Oberjoch. Aber nur die Schüler, die es sich leisten konnten.

Zum Pech des daheimgebliebenen Cramer kam noch eine Vorladung. Er mußte zur Polizei. Der Pfarrer von St. Sebald hatte ihn angezeigt. Wegen Erregung öffentlichen Ärgernisses.

„Sie sind doch dieser Trompeter", sagte der Beamte. „Das wird Folgen haben."

Sie machten ein Protokoll. Cramer mußte unterschreiben.

Tags darauf erhielt er eine Vorladung vom Bann-J der Hitlerjugend Franken. Er ging nicht hin. Doch dann holte ihn eine Streife ab.

Im Haus der Hitlerjugend an der Großweidenmühle stand er vor einer Art HJ-Gerichtshof. Vier beinharte Stammführer saßen hinter einem Tisch. Alle in Uniform. – Cramer trug seinen besten Tangoanzug, den dunkelblauen mit den Nadelstreifen.

Zweireihig, rosa Hemd und schmale Krawatte.

Das Verhör begann: „Name, Adresse? Welche Schule, welche Einheit?"

„Curt Cramer", sagte er, „keine Einheit."

„Das gibt es nicht. Mitgliedschaft bei der Ha-Jot ist Pflicht. Warum trägst du keine Uniform?"

„Hab keine."

„Warum erscheinst du nie zum Dienst? Das ist Befehlsverweigerung."

„Ich habe niemandem Gehorsam geschworen", antwortete Cramer. „Außerdem muß ich arbeiten."

„Aber für Jazz hast du genug Zeit, du Drückeberger."

„Damit verdiene ich etwas Unterhalt nebenbei."

„Für deine Weibergeschichten, he?"

„Nein, für eine feine Hitlerjugend-Uniform", erwiderte Cramer geistesgegenwärtig.

„Du treibst dich nur in der Königsstraße herum bei Jazzmusikern und bei losen Weibern, du Ferkel."

Das Ferkel wollte er nicht auf sich sitzen lassen. „Das Ferkel nehmen Sie zurück, Bannführer."

„Ich denke nicht daran. Warum sollte ich."

„Weil ich kein Ferkel bin", sagte Cramer.

„Was dann, du komischer Stenz?"

Cramer grinste sie an wie ein Zirkusclown. „Kein Ferkel, Kameraden. Wenn schon, dann bitte eine Wildsau im Quadrat."

Das machte sie sprachlos. – Doch offenbar wußten sie alles über ihn. „Du verhältst dich nicht wie ein künftiger Bürger dieses unseres Staates. Du verkehrst in Kreisen, von denen Verächtlichmachung des Reiches und Zersetzung ausgehen."

„Jazzer", erklärte Cramer, „sind harmlose friedfertige Menschen. Sie lieben nur ihre Musik. Nie waren sie politisch."

Einer der vier blätterte in Papieren. „Warum hast du unseren geliebten Führer verhöhnt? Du nanntest ihn nicht Adolf, sondern Rudolf Hitler."

Da konnte Cramer nur flunkernd auf ihre Unwissenheit bauen.

„Rudolf ist die altgermanische Überhöhung von Adolf", antwortete er rotzig. „Eine Beförderung also. Aber das muß man eben wissen."

„Cramer, so was wie dich sollte man aus dem Verkehr ziehen", meinte einer der vier. „Hast du Führers *Mein Kampf* gelesen?"

„Ich konnte mir das Buch leider nicht leisten."

Einer fragte seufzend: „Wann ist unser Führer geboren?"

„In Österreich", wich Cramer aus.

Da gaben sie auf. Offenbar, weil es immer und überall einen Spinner geben mußte, einen Blödmann vom Dienst, einen Stenz wie Cramer. Ein erkannter Ignorant war immer besser zu kontrollieren.

„Guten Rat!" sagte der Führer des Jungbanns Franken, „komm uns nie wieder in die Quere. Immer diese Aborentenklugscheißer."

Zum Abschied dedizierten sie ihm gratis eine Ausgabe von Hitlers Schauerroman.

Er schmiß das Buch in die Pegnitz.

❧❧❦❧❧

Damit war der Schierlingsbecher noch nicht geleert. Trotz Ferien bis über den 6. Januar hinaus wurde Cramer ins Direktorat des Gymnasiums bestellt. Der Rex, Oberstudiendirektor Buck, nahm ihn ins Gebet. Er jammerte:

„In dem Tatbestand, daß Sie um Mitternacht getragene Weisen vom Sankt-Sebaldus-Turme bliesen, kann ich keine Erregung öffentlichen Ärgernisses erkennen. Und wohl auch nicht Ruhestörung, denn es war ja die Silvesternacht. Trotzdem würde ich gezwungen sein, Sie im Wiederholungsfalle von der Schule zu relegieren. Cramer, Junge, mach mir nicht noch mehr Ärger. Ich habe weiß Gott genug davon am Halse."

Als ehemaliger Sozialdemokrat hatte Buck in diesem Regime wirklich Schwierigkeiten. Cramer wußte das. Er versprach hoch und heilig, sich zu bessern.

Es war achtzehn Uhr dreißig und schon dunkel. Er ging um die Egidienkirche herum am Pestalozzo-Haus vorbei. Dabei fiel ihm etwas Merkwürdiges auf. Die Villa war völlig dunkel. Hinter keinem der Fenster brannte Licht. Und doch standen unter dem Säulenvorbau der Auffahrt zwei schwarze Limousinen.

Neugierig rauchte Cramer eine Zigarette an. Plötzlich ging drüben, immer noch ohne Licht, die doppelflügelige Haustür auf. Mehrere schwarzgekleidete Herren, die Hüte tief hereingezogen, verließen das Gebäude. Rasch stiegen sie ein und fuhren weg.

In keinem Fall handelte es sich um Wehrmachtsfahrzeuge mit WH-Kennzeichen, also nicht um Dienstwagen des Generals Pestalozzo.

Auch als die Wagen schon fort waren, wurde im Pestalozzo-Haus kein Licht gemacht.

Cramer dachte nicht länger nach, was da vorging. Er schlug den Mantelkragen an die Ohren, bummelte im Schneematsch durch die Judengasse über den Hans-Sachs-Platz und die Pegnitzbrücken hinauf zur Königsstraße.

Um diese Zeit war dort wenig los.

Was für ein trauriger beschissener Abend, dachte er. Bei der Mauthalle blieb er stehen und wartete, bis ein zweifarbiges BMW-328-Cabrio vorbei war. Doch der Sportwagen hielt an und fuhr nicht weiter. Die linke Tür schwang auf. Zwei Beine in Seidenstrümpfen ragten aus einem Fuchspelz. Eine helle Frauenstimme rief: "Hallo, Cramer!"

Es war Marina von Klett, Werners Stiefmutter.

„Steigen Sie ein, Cramer."

Er zögerte und tat es doch.

Sie fuhr an und sagte: „Ich habe dich lange und oft gesucht, Cramer."

Er konnte nicht ahnen, welche Bedeutung diese Begegnung ein Vierteljahrhundert später für sein Leben haben würde.

16.

Der große Schlager des Vorfrühlings kam wie immer aus Amerika: „Gerda, Gerda, Gerdagerda ding-ding-ding". In der Tanzschule Krebs versuchte sich der alte Klaviermaestro Trutter an ihm. Was herauskam, klang wie *In einem kühlen Grunde* im Dreivierteltakt. – Cramer erklärte ihm, was Swing-Blues ist. Aber vergebens. Der ergraute Pianist blickte ihn verständnislos an.

Auch sonst war der Tanzkurs eher ein strahlender Mißerfolg. – Wenige Tage vor dem Schlußball wurden sie militärmäßig gemustert. Alle hatten sie Kv-I, was leider Kriegsverwendungsfähig Klasse eins bedeutete.

In Europa sah es immer mehr nach Krieg aus. In der Tschechei ging es rund, ebenso in Spanien, und die Italiener überfielen Albanien. Jus und von Klett mußten in den Osterferien zur vormilitärischen Ausbildung.

„Auf tie Rhön", sagte von Klett, „Sekelfliekerschule. Macht nichts. Ich hole mir ten C-Schein oder sokar die Silper-C. Vom Werkstattdienst pin ich pefreit. Mein Alter hat der Sekelfliekerkruppe ein Flukzeug geschenkt. Ein Krunau-Papy."

„Ich marschiere nach Bamberg", sagte Jus, „zum Panzerregiment sieben. Vielleicht darf man sich schon mal in so einen Apparat reinsetzen."

„Und ich kriege Kampfausbildung an der Trompete", schwadronierte Cramer, der zu Hause blieb, „bei der Jazzabteilung des Musikkorps der SS-Leibstandarte Isidor Rosenblad."

„Und tas alles so vertammt kurz vor tem Apitur", fluchte von Klett, obwohl er es als zuverlässiger Note-drei-Schüler mühelos schaffen würde. Im Gegensatz zu Cramer.

„Im August ist alles vorbei", meinte Jus. „Aber ich habe da noch eine Opernkarte. Willst du sie haben, Cramer?"

„Preis?"

„Geschenkt."

„Was wird gesungen?"

„Parsifal vom Wagnermeister Richard."

„Hoffte schon auf *Maske in Blau*", sagte Cramer. „Selbstmurmelnd werde ich die sechs Stunden für dich absitzen."

Im ersten Akt stürzte die zwei Zentner schwere Diva namens Berta Obholzer, die die Kundry sang, über ein Kabel und mußte im Sitzen weitermachen. Im zweiten Akt war Cramer sicher, daß er für alle Zeiten wagnermäßig bedient sein würde. Doch tief unten in einer Loge entdeckte er einen General und neben ihm eine dunkelhaarige wunderschöne Frau. Während der Pause eilte er ins Parkettfoyer.

„Das ist mein Freund Cramer", stellte ihn Elisabeth ihrem Vater vor. Sie hatte glänzende Augen und glänzendes Haar und matt schimmernde, noch ein wenig sommerbraune Haut.

Der General empfahl sich rasch. In irgendeinem Séparée wollte er Freunde zu einem Glas Sekt treffen.

„Meiner Mutter geht es nicht gut", bedauerte Elisabeth, „deshalb begleite ich meinen Vater. Übrigens, Jus hat geschrieben. Er durfte schon einen Panzer anfassen. Das macht ihn sehr glücklich.

Sie wohnen in einem winzigen Vierbett-Kasernenzimmer. Gott sei Dank nur zu dritt. Bei Vollbelegung würde die ganze Mannschaft ersticken, meint er."

Cramer wollte das Thema wechseln. „Dein Trompetenmundstück bläst sich wie Samt und Seide."

„Für welche Waffengattung haben sie dich gemustert?"

„Marine", bedauerte er. „Ich hoffte allerdings, ich wäre höchstens heimatdiensttauglich als Sanitäter oder so."

„Noch gibt es ja keine Front."

„Wart's nur ab", meinte Cramer. „Im Inland hat der Krieg schon begonnen. Sie jagen die Juden, sie fangen an, Swing zu verbieten. In Berlin löst sich die Kapelle von Widmann und *Die Goldene Sieben* auf. Nur noch deutsches Liedgut darf gespielt werden. Stell dir *Die Fahne hoch* als Rumba vor."

Zum nächsten Akt wurde geläutet. Im Augenwinkel bemerkte Cramer, wie General Pestalozzo mit einem Zivilisten im Smoking aus einem Raum am Ende des Foyers trat und rasch verschwand.

Beim Trauergesang des König Titurel schlief Cramer prompt ein. Erst die Posaunen im Tutti weckten ihn wieder. In der Pause vor dem letzten Akt traf er Elisabeth noch einmal.

„Kann ich dich nach Hause bringen?" fragte er.

„Besser nicht." Sie blickte, was selten bei ihr vorkam, auf ihre Schuhspitzen.

„Warum nicht?"

„Vielleicht... weil wir uns... vielleicht..."

In diesem Moment traten zwei junge Heeresleutnante auf Elisabeth zu und begrüßten sie förmlich. – Später war das Thema nicht mehr so heiß wie vorhin. Cramer nahm es trotzdem auf.

„Was ist dabei?"

„Wobei?"

„Daß wir uns mögen."

„Wer hat das behauptet?" entgegnete sie scharf.

„Du."

„Mit keinem Wort."

„Aber gedacht hast du es. – Was ist schon dabei?"

„Eine Menge." Elisabeth begann aufzuzählen: „Linda Brause-wetter, Kira Eden, Marina von Klett."

„Und noch ein Dutzend andere", bemerkte Cramer. „Das ist rein körperlich." Diese Ausrede mißlang ihm völlig.

„Und noch etwas wäre da", gab Elisabeth zu bedenken.

„Ich weiß", unterbrach er sie, „Julius der Große."

Sie sagte nicht ja und nicht nein, sie nickte nicht einmal. Sie zuckte nur mit den halbnackten Schultern. „Schicksal."

„Machen wir uns nichts draus", meinte Cramer resignierend, „nach dem Abitur holen sie uns zum Barras. Was danach kommt, ist eine andere Welt."

Während der Pause schlenderte man im Halbrund des Foyers immer hin und zurück. Nahe der Tür, wo es in die Nebenräume ging, und wo sich General Pestalozzo mit Freunden angeblich zum Sekt traf, sah Cramer einen SS-Offizier und einen Zivilisten in zerknittertem grauem Anzug. Gewiß war das kein Opernbe-sucher.

Es läutete zum letzten Akt. Cramer brachte Elisabeth zu ihrer Loge. Auf der Treppe zum Rang blieb er stehen. Die Tür des Par-terre-Séparées ging auf. Der General und seine Freunde eilten heraus, schauten sich verschwörerisch um und trennten sich. Der im zerknitterten Anzug lauerte hinter einer Säule und fotogra-fierte sie mit der Leica.

Cramer fielen die schwarzen Limousinen vor der abgedunkel-ten Pestalozzo-Villa ein. Er überlegte, ob er mit Elisabeth darüber sprechen sollte. Vermutlich wußte sie gar nichts davon. – Außer-dem, was ging ihn das alles schon an. Ihn, einen Arbeiter-Vor-stadt-Sprößling.

Im letzten Akt sang ein anderer Tenor den Parsifal, und zwar im

Frack. Angeblich hatte die erste Besetzung Stimmausfall infolge eines kalten Schlucks Mineralwasser.

17.

Im Juni schrieben sie das Abitur.

Jus war es gut ergangen, von Klett dreiermäßig, Curt Cramer schlecht. Sein Gefühl bestätigte sich drei Tage vor Bekanntgabe des Ergebnisses.

Er begegnete Prof. Dr. Rist auf der Treppe. Rist verkündete triumphierend: „Übermorgen haben Sie den Durchfall auf der Hand, Cramer. Wie rät doch so schön der Lateiner: Nimm Gabelum in Handum, fahr Mistum in Landum." Damit ging er weiter. Das bedeutete schlichtweg: durchgefallen.

Cramer hatte im Sekretariat Verbindungen angeknüpft und erfuhr, daß er zwei Fünfen hatte. Eine in Deutsch und die andere in Geschichte. Die Fünf in seinem Spezialfach Geschichte hatten sie ihm nur hineingehauen, weil er zum Thema „Deutschland heute und gestern" die Erfolge der Nationalsozialisten nicht in gebührender Weise herausgearbeitet hatte. Cramer fragte die Sekretärin, ob er den Rex sprechen könne. Das ginge erst nach Unterrichtsschluß um zwölf Uhr fünfzig, hieß es.

Als er zu Dr. Bück hineinkam, machte der ein traurig ernstes Gesicht.

„Sie wollten mir keinen Ärger mehr machen, Cramer", sagte der Oberstudiendirektor. „Das war ein Versprechen. Ich versuchte ja noch, Sie bei der Notenkonferenz durchzuboxen, aber Kollege Rist bestand unerbittlich auf seiner Fünf. Ihr Aufsatz war gar nicht so übel, Cramer. Doch Dr. Rist behauptete, Sie hätten bei Goethe oder so abgeschrieben."

Das Aufsatzthema hatte gelautet: Die Schule, eine Schule fürs Leben. In einem blitzartigen Einfall hatte Cramer die Schule mit dem nassen Tuch verglichen, das der Bildhauer um eine halbfertige Lehmfigur hüllt, um das Material weich und geschmeidig zu halten. Es war eine originale Cramer-Idee gewesen. Doch Rist behauptete, das stehe schon bei Goethe.

„Professor Rist muß das beweisen", forderte Cramer empört. Doch Bück winkte ab. „Irrtum. Sie müssen beweisen, Cramer, daß es nicht bei Goethe und Konsorten steht."

Das war so gut wie unmöglich angesichts dessen, was Goethe usw. alles geschrieben hatten. Immerhin kam Cramer zu Hilfe, daß Dr. Rist und noch zwei andere Nazis im Kollegium nicht beliebt waren. Deshalb sagte Bück mit verschwörerisch gesenkter Stimme: „Letzte Möglichkeit." Er putzte seine Brille. „Für Härte- und Notfälle. Fahren Sie nach München zum Ministerium. Es gibt da einen Oberministerialdirektor, einen strengen, aber gerechten Mann. Tragen Sie ihm Ihren Fall vor. Notfalls kann er mich anrufen. Ich würde ihm Ihr Problem bestätigen." Das bedeutete, daß Bück diesen hohen Beamten gut kannte.

Cramer bekam den Namen und bedankte sich.

„Viel Glück", wünschte Bück, „Sie Honigkuchenpferd."

Auf dem Stück Weg vom Hauptbahnhof zum Stachus wurde Cramer klar, warum München die Stadt der Bewegung hieß. Hier war um elf Uhr mehr los als in Nürnberg am Reichsparteitag. – Er fand das Ministerium, doch der Oberministerialdirektor Dr. Hinterlechner war erst morgen im Amt. Cramer bekam einen Termin.

Nun hatte er zuviel Zeit. Er spazierte durch Schwabing, durch den Englischen Garten und wußte sofort, daß er diese Stadt lieben könnte. Bei einem Würstlmann kaufte er eine Heiße mit Semmel und Senf und in einer kleinen Pension am Herzogplatz mietete er ein billiges Zimmer. Dann machte er Kasse. Viel war nicht mehr drin. Es reichte entweder für einen Kinobesuch, oder am Abend für einen Schoppen Wein in einer Künstlerkneipe. Er entschied sich für letzteres. – Auf dem Bett liegend blies er in sein Trompetenmundstück, das ein Jazzer immer in der Tasche hatte.

Bei Dunkelheit zog er los. Mit dem Gespür einer Maus für Käse fanden seine Ohren die richtige Musik. Es dröhnte, als er vorbeiging, heiß aus dem Schwabinger Burgkeller. Sie hotteten wie die Wilden. – Das war der Unterschied zwischen einer Weltstadt und der Provinz. Man war toleranter. Hier hatte noch keiner etwas gegen russische oder amerikanische Musik.

Cramer stieg hinunter, nippte an einem Schoppen Burgunder herum, hörte fasziniert der Kapelle und der Sängerin zu. Sie hatten die neuen Nummern vom Broadway bis New Orleans drauf und brachten sie völlig ungeniert. Sogar Gäste in hundescheißebraunen Uniformen applaudierten. Gegen Mitternacht ging Cramer zu dem Leader und sprach mit ihm. Der war sofort einverstanden.

Cramer steckte sein Mundstück in eine der freien Trompeten, und sie machten eine Jam Session. Sie hotteten wie die Wahnsinnigen. Sie spielten sich kreuz und quer durch Swing und Blues.

Cramer war so versunken, daß er gar nicht wahrnahm, wie ein älterer Herr aus dem Publikum, ein großer Mann im maßgeschneiderten Zweireiher, auf die Bühne sprang. Erst spendierte er eine Runde, dann schlug er den Baß. Später hämmerte er mit Begeisterung, aber ziemlich professionell auf dem Schlagzeug herum.

Um ein Uhr war Polizeistunde. Zwei Stunden später jazzten sie noch immer. Bis zur Erschöpfung. Als sie sich trennten, sagte der feine Herr mit dem affenartigen Schlagzeugtempo zu Cramer: „Meineherrn! Sie können das aber. Großes Talent, Junge. Großartiges Gefühl.“

„Sie auch, Opa“, sagte Cramer.

Cramer schlief schlecht. Ständig mußte er an seinen Besuch bei Dr. Hinterlechner denken, der als überaus strenger und barscher Beamter galt. Eine halbe Stunde zu früh war er am Salvatorplatz. Er mußte warten, was seine Nervosität beinah zu Angst steigerte.

„Jetzt ist er da", rief seine Sekretärin erbarmungslos.

„Welche Laune hat er?"

Sie wiegte den Kopf und drehte die Hand von der Fläche auf den Rücken.

„Dienstag meistens miese."

Mit weichen Knien betrat Cramer das große Büro. Der Oberministerialdirektor, sein Richter über Leben und Tod, saß hinterm Schreibtisch. Die Sonne blendete herein. Cramer konnte ihn nicht sofort erkennen. Doch beim Nähertreten traf ihn fast der Schlag. Dr. Hinterlechner, war das nicht dieser Jazzkumpel aus dem Burgkeller, der begabte Schlagzeuger. Offenbar war die Überraschung auf beiden Seiten groß. Nur der routinierte Beamte faßte sich schneller.

„So sieht man sich wieder. Schon ausgeschlafen, Sportsfreund?"

Vor sich hatte er Cramers Akte liegen. Er schloß sie und schob sie beinah angeekelt weg.

„Was hat ein Jazzer schon mit Großdeutschland und mit Goethe am Hut. Hast du abgeschrieben, Sportsfreund?"

„Nie im Leben, Herr..."

Dr. Hinterlechner lehnte sich zurück, schloß die Augen und faltete die Hände wie ein Priester. „Dann eine Prüfungsfrage, Sportsfreund." Er lächelte verträumt, wie gestern am Schlagzeug. „Gut hinhören, Sportsfreund. Also: Wo lebt und wovon ernährt sich der ägyptische Aasgeier?"

Cramer kannte das Ritual und stotterte: „Der ägyptische Aasgeier lebt im Raubvogelhaus im Tierpark Hellabrunn, ernährt sich von toten Mäusen oder vom Fleisch notgeschlachteter Kühe."

Der Oberministerialdirektor öffnete ein Auge schmalspaltig.

„Bestanden!" entschied er generös und haute Cramer einen Stempel, der sich Reifevermerk nannte, ins Zeugnis und unterschrieb.

„Und nie vergessen", belehrte ihn Oberministerialdirektor Dr. Hinterlechner noch, „besser gut drauf in Jazz als schlecht in Mathematik. Jazz ist was fürs Leben. Wenn ich nach Nürnberg komme, hämmern wir einen drauf, daß die Stadtmauern einstürzen. Versprochen?"

Er streckte Cramer die Hand hin.

＊＊＊

Der gegen Jazz in München eingetauschte Reifevermerk sollte für Cramers späteres Leben weit weniger Bedeutung erlangen als ein tragischer Unfall, der sich an einem sonnigen Nachmittag am Kalvarienberg bei Greding zutrug. Er betraf im Besonderen Marina von Klett.

Erst sieben Jahre später, nach Kriegsende, begriff Curt Cramer, was damals eigentlich geschehen war, und die ganze Tragödie dieses Ereignisses.

Aus Gründen der sozialen Proportionalität hatte man Cramer doch noch im RVN, dem exklusiven Ruderverein Nürnberg, aufgenommen. Er pullte im Riemen-Vierer ganz hinten und fischte die meisten Krebse. – Bei den Mittelfränkischen Meisterschaften wurden sie Erste. Reiner Zufall. Jeder bekam eine Urkunde. – Cramer warf sie zu Hause in eine Schublade ganz unten.

18.

Im August erhielten sie fast gleichzeitig ihre Einberufungsbefehle. Von Elisabeth Pestalozzo wußten sie, daß sie sich an der

Universität in Tübingen eingeschrieben und Philosophie, Germanistik und Kunstgeschichte belegt hatte.

Nur noch wenige Tage, und sie verstreuten sich in alle Winde wie Laub, wenn Herbststürme aufkommen. Deshalb schlug Elisabeth vor, daß man so Abschied nehme, wie es sich gehörte, oben auf dem nördlichen Sebalder Kirchturm. Mit Sekt und belegten Brötchen.

„Und Ringelpiez mit Anfassen", wünschte Cramer.

Von Klett und Cramer waren als Erste da. Von Klett hatte den Schlüssel bekommen.

„Wo bleiben Jus und Elisabeth?" fragte Cramer.

Von Klett grinste anzüglich. „Na wo schon. Zweimal im Stadtpark. Kennst du tie Keschichte? Ein Mätchen kommt zerzaust nach Hause. Fragt tie Mutter: Wo pist tu kewesen? – Sie, strahlent: Ich hape Hans Alpers kennenkelernt – Tarauf tie Mutter: Ten perühmten Filmschauspieler? Ja hat ter tich tenn estimiert? – Aper ja, sagt tie Tochter, sokar zweimal im Stadtpark..."

Sie stiegen hinauf auf den Turm. Wie immer hatte von Klett den Kühlraum der Villa geräubert. Er hatte Champagner dabei, Gänseleberpastete, eine Dose Kaviar und englisches Salzmürbgebäck. Oben ließ er den ersten Korken knallen und goß Cramers Glas voll.

Der stand an der Brüstung und schaute auf die Lichter der nächtlichen Stadt herunter. Dabei zitierte er seinen Joseph Goebbels: „Deutschland, wie bist du schön geworden. Katholische und protestantische Priester, Eisenbahner und Postboten, die Männer des Kreuzes, des geflügelten Rades und des goldenen Hornes fallen sich in die Arme..."

Weiter kam er nicht. Drinnen auf der Stiege hörten sie Schritte. Erschöpft, schweißnaß und völlig durcheinander hastete Jus oben an.

„Elisabeth", keuchte er heraus, „Elisabeth ist bei der Gestapo!"

„Hapen sie eine jütische Großmutter entteckt?" bemerkte von Klett süffisant.

Sie stellten keine weiteren Fragen und warteten, bis sich Jus gefaßt hatte. Dann erfuhren sie alles.

„Es geht um Elisabeths Vater, den General. Man hat ihn verhaftet. Angeblich wegen Geheimnisverrats oder Bildung einer Widerstandsbewegung zum Schaden des Reiches. Sie haben die Villa durchsucht. Elisabeths Mutter erlitt einen Herzanfall. Elisabeth wird gerade verhört. Aber vorher ließ sie mir noch gewisse Dokumente zugehen. In ihrer arischen Linie ist was nicht astrein. Da muß mal ein Jude mitgemischt haben. Ein Bankier aus Frankfurt. Sie läßt sich entschuldigen."

„Können wir etwas für sie tun?"

„Bist du SS-Himmler? Du bist es nicht, Cramer. Na also."

Jus wickelte ein Buch aus Zeitungspapier.

„Was ist das?"

„Eine Familienchronik der Imhoffs. Aufgezeichnet vom Stadtschreiber Hieronymus Heinlein. Elisabeth wollte nicht, daß sie der Gestapo in die Hände fällt."

„Warum? Was steht drin?"

„Sie fürchtet wohl, daß das, was ihre Urahnin einst erlebte, als familientypisch bezeichnet würde und Schlüsse auf das Verhalten des Generals zuläßt."

„Wann war das?"

„Mittelalter."

„Tie spinnen toch nicht pei ter Kestapo", hoffte von Klett.

„Doch, die spinnen", sagte Cramer. „Du hast es gelesen, Jus?"

„Nur überflogen."

„Los, erzähl!"

„Unmöglich", bedauerte Jus. „Meine dürftigen Worte treffen das nicht."

Da Nachtwind aufkam, gingen sie in die Stube des Türmers von St. Sebald. Klett steckte die Kerze in der Laterne an und noch zwei andere. Sie hockten auf den klobigen Stühlen.

Jus blätterte das in rotes Leder gebundene Buch auf und begann, nachdem er sich eine Nil angesteckt hatte, vorzulesen...

II. TEIL

ELISABETH und ACHILLES

Vorwort

Diese Geschichte ist nicht historisch verbürgt. Zwar lebten ihre Personen, aber was sie taten, was sie dachten, was sie sagten, steht nur in losem Zusammenhang mit den Ereignissen der Jahre um 1440. Wesentlich ist, daß sie genauso gut heute leben könnten. Daß von Liebe gesprochen wird, ist natürlich. Liebe war und ist immer überall dabei gewesen.

Der Verfasser Hieronymus Heinlein
Stadtschreiber
Nürnberg im Dezember 1651

I.

Die Pegnitz floß nie breit und majestätisch dahin. Sie war nie ein Strom wie dort, wo sie gemeinsam mit vielen anderen Main oder Rhein genannt wird. Sie ist eher ein träges, nach Westen ziehendes Flüßchen. So, als wäre ihr die Herbheit ihres fränkischen Landes in die Wiege gelegt, schäumt die Pegnitz an keiner Stelle ihres knapp zwei Tagesreisen langen Laufes voll Übermut dahin.

Die alten Weiber in Nürnberg erzählen sich, wenn sie an Winterabenden spinnend beisammenhocken, von dem glitzernden Silber, das die Pegnitz aus den Bergen der Fränkischen Schweiz in die sandige Ebene hereinträgt, und das man in der Stadt meisterlich zu Nürnberger Tand zu weben versteht. Wenn die aufgehende Sonne im Osten ihre Reise beginnt, erwärmt sie die ganze Strecke des kurzen Flußlaufes. Schon am Mittag steht sie über dem vereinten Paar, das sich, aus Pegnitz und Rednitz gebildet und nun Regnitz genannt, betulich nach Norden träumt.

Unweit dieser Flußgabel waren am Morgen eines Augusttages im Jahre 1449 drei Reiter aufgebrochen. Sie ritten in der Kleidung einfacher Kaufleute, in einem großen Bogen die Stadt meidend, nach Osten. In der Nähe von Mögeldorf, eine gute Stunde vor den Toren der Stadt, rasteten sie gedeckt von niederem Ufergestrüpp.

Dem Aussehen der Reiter nach zu urteilen, konnte es sich nicht um ängstliche Pfeffersäcke handeln, es sei denn, sie würden von sehr kräftiger Statur sein, wohlgeübt zu Pferde sitzen und über einen reichen Wortschatz an groben Flüchen verfügen. Und sie trugen Waffen. Die Zeiten waren zwar nicht ganz ungefährlich, hätten jedoch bis auf die täglichen Übergriffe verwahrloster Strauchritter auf Nürnberger Kaufmannszüge oder die handfesten Scherze des Markgrafen von Ansbach auf so manche Nürnberger Patrizierkutsche als einigermaßen sicher bezeichnet werden können.

In solchen Zeiten pflegten Reisende, auch zu dritt, die übersichtlichen Straßen von Ortschaft zu Ortschaft zu wählen. So verwundert es uns um so mehr, daß der Reitertrupp den Weg, vorsichtig spähend, querfeldein zurücklegte.

Einer der drei Reiter, ein auffallend großer Mensch mit ebenmäßigen Zügen, konnte fast schön genannt werden. Seine lustigen Augen und die Adlernase unterstrichen einen verwegenen Zug, der bei ihm mit einem Schuß dreisten Humors gepaart war. In der Kleidung unterschieden sich die drei Gesellen wenig. Ihre ledernen Wämser waren eher zweckmäßig als fein und ihre Stiefel mochten vor noch nicht langer Zeit in Form von Rinderhaut auf fränkischen Weiden gegrast haben.

Sie taten sich an einem gebratenen Stück Schweineschinken gütlich und übten diese Tätigkeit keineswegs gesitteter aus als ihre Pferde, welchen die sauren Gräser der Flußwiesen nur unter häufigem Furzen genießbar schienen. Zum Zeichen beendeter Mahlzeit kreiste noch einmal die lederne Reiseflasche. Satt lehnte sich der lange blonde Bursche zurück, blinzelte in die gen Westen sinkende Sonne und schien sich völlig der Verdauung hinzugeben.

Indessen verließen seine zwei Begleiter den Rastplatz und liefen, die Weiden des Ufers geschickt zur Deckung nutzend, flußaufwärts. Nach einem kurzen Stück Weges fanden sie ein angekettetes Fährboot, als wäre ihnen dessen Vorhandensein bekannt. Sie nickten sich vielsagend zu und kehrten zurück. Bei ihrem Genossen angekommen, streckten sie sich ins Gras und schliefen, wie es nur die Gerechten zu tun pflegen. Der schon beschriebene junge blonde Mann gab sich stets den Anschein überlegener Ruhe und Sicherheit, konnte jedoch nicht vermeiden, in Gedanken immer wieder das Vorhaben der nächsten Stunden zu streifen. Langsam bemächtigte sich seiner ein prickelndes Gefühl, wie es ähnlich eine keusche Jungfer vor dem ersten Rendezvous verspürten mochte. Wer ihn länger kannte, leitete diese Gemütsstimmung daraus ab, daß er ständig lange Gräser aus dem Boden zog und diese in der Mitte abknickte. Nie schien dies zu gelingen. Eine Seite war immer zu lang. Überdrüssig des Spiels schlief er ein.

II.

Der Schäfer Semmelweich hatte seine blökende Herde längst durch das Laufertor eingetrieben. Die Schatten der eng aneinandergeschmiegten Häuser, der Wachtürme und der Stadtmauer waren mit dem eintönigen Grau der Nacht eins geworden. Zufrieden über das vollendete Tagewerk ging die Bürgerschaft von Nürnberg zur Ruhe, egal ob reich oder arm. Mächtige Patrizier- und Handelsgeschlechter, die dem Namen der Stadt Ruhm und Ansehen weit über die Grenzen Frankens hinaus erwarben, lebten neben den nicht weniger stolzen Familien der Handwerker oder Händler. Alle gehörten von jeher zusammen wie Wasser und Brot.

Nur einem kleinen Teil des Rates und der Bürgerschaft war bekannt, welch Unheil der Reichsstadt drohte. Die ständigen Reibereien zwischen dem Markgrafen von Ansbach und Nürnberg spitzten sich in letzter Zeit erheblich zu. Der Ritterschaft war das Erblühen der Stadt ein ständiger Stachel, zumal der Adel glaubte, daß der dreiste Wohlstand der Pfeffersäcke nur durch Privilegien entstand, welche seit frühesten Zeiten ihm allein zustanden.

Unbeschwert durch solche Gedanken, jedoch redlich müde, versahen die Knechte an den Toren und die Wächter auf den Wehrgängen und Türmen ihren Dienst. Wie in jeder warmen Sommernacht mußte der Posten, aufgestört durch ein stürmisches Klopfen, mehrmals die Mannpforte des schweren Tiergärtnertores aufschließen. Denn auch für einen verliebten Burschen mit seinem Jüngferlein war es nicht ungefährlich, den Rest der Nacht vor den Toren zu verbringen. Der Torschließer unterdrückte meist ein Schmunzeln, während ein paar Heller ihren Besitzer wechselten. In Dingen der Sitte und Moral gab der Rat dem jungen Volk gar manche Nuß zu knacken. Aber die Jungen wußten es von ihren längst ehrbaren Vätern, welche Wege es gab.

～～✦～～

Irgendwo krächzte ein Käuzchen. Der Nachtwächter stapfte durch die Straßen. Es war noch nicht lange her, daß er sein *Hört ihr Bürger, laßt euch sagen, es hat Mitternacht geschlagen* gesungen hatte, als unsere drei Reiter begannen, ihren sorgfältig vorbereiteten Plan in die Tat umzusetzen. In klaren Neumondnächten ist es trotz tiefster Dunkelheit nicht schwer, sich zurechtzufinden, hat sich das Auge erst an die Finsternis gewöhnt.

Die drei Männer fanden das am Nachmittag ausgemachte Fährboot. Sie lösten es, sich nur auf das Tastgefühl ihrer Hände verlassend, von Schloß und Kette, sprangen in den flußabwärts treibenden Nachen und landeten im Ufergebüsch in der Nähe ihrer Pferde. Einer der drei hielt das Boot, im Heck kniend, an den Weidenzweigen fest, während seine Genossen ein zusammengerolltes Pergament von etwa fünf Fuß Länge in das Boot packten.

Bei dieser Tätigkeit wurde ein gewisser Rangunterschied erkennbar. Auch aus der in verhaltenem Tone geführten Unterhaltung wurde man gewahr, daß es sich um einen Mann adliger Herkunft handeln mußte, der von seinen Knechten bei der Durchführung eines Abenteuers unterstützt wurde.

„Jörg!" rief der Schatten im Boot. „Ich hoffe, du kennst deine weitere Aufgabe."

„Ja, Herr", antwortete der Knecht, ohne seine Arbeit zu unterbrechen.

„Nach unserer Abfahrt brichst du sofort mit den Pferden auf, nimmst den Weg zurück und erwartest uns dort, wo die beiden Flüsse zusammentreffen."

„Ja, Herr", scholl die gleichbleibende Antwort aus dem Dunkel.

„Noch etwas, Jörg, schone mir die Pferde, halte dich gut versteckt und achte vor allen Dingen auf die Fähnlein der Nürnberger, damit sie uns nicht den Rückweg abschneiden. Solltest du bis morgen um diese Stunde nichts von uns hören, hinterläßt du zwei Pferde bei den Köhlern nahe der Mühle von Vach und nimmst die Straße nach Ansbach. – Und nun, Caspar, rasch ins Boot. Die Zeit drängt. Die Stunden bis zum Morgengrauen sind knapp bemessen, um ihnen Angst und Schrecken einzujagen."

Bald trieb das Boot ruhig in der Mitte des Flusses. Der dritte Mann, Caspar, fand Zeit, den Gedanken seines Freundes Albrecht weiterzuspinnen. Dazu summte er den Kehrreim eines unlängst gehörten Bauernliedchens vor sich hin.

Die Zeit verging. Albrecht bestimmte an der Geschwindigkeit der vorübergleitenden Bäume und Sträucher ihren Ablauf. Zwischen den Männern mochte kein Gespräch aufkommen. Die Einzelheiten ihres Planes waren so oft bis ins Kleinste besprochen, daß die Bewegung des einen ohne eine Geste der Verständigung die notwendige Reaktion des anderen auslöste.

Während das kaum einen Fuß tief gehende Boot, durch die Stangen seiner Schiffer in der Richtung gehalten, der Stadt zutrieb, unterschied sich das Unternehmen nur wenig von einer nächtlichen Vergnügungsfahrt im Kreise johlender Kumpane. Pflegte man bei solchen Anlässen rührig die Laute zu schlagen, zu trinken, zu herzen, zu küssen, Dinge, die in den Grenzen der eigenen Grafschaften zu den Vergnügungen des Sommers gehörten wie die Jagden und Schlittenfahrten im Winter, so war es heute anders. Stille war geboten. Je näher man den Toren der Stadt kam, desto mehr galt es, sich mit den Gedanken vertraut zu machen, welche Vielzahl von Überraschungen auf einen Mann wartete, der völlig nackend einem Wespennest zu Leibe rückte.

Daß sie bis etwa tausend Schritt vor die Mauern der Stadt getrieben waren, erkannten die Männer an der Einöde oberhalb des linken Ufers. Bald zogen sie ihre Stangen ein und streckten sich der Länge nach im Boot hin, denn sie mußten annehmen, daß das schwere Fallgitter über dem östlichen Pegnitztor herabgelassen war. Das Boot mußte vorsichtig unter dem Hindernis hindurchgeschoben werden.

In der Nähe des Tores stakte Caspar das Boot mit einem letzten kräftigen Stoß in den Schlagschatten des Ufers, bis Albrecht das Gestrüpp fassen konnte. Er ließ das Boot, jeweils um Armeslänge dem Zug der Strömung nachgebend, bis unter das Gitter gleiten. Mit angehaltenem Atem lauschten die Freunde den Schritten des Postens im Wehrgang über dem Tor. Als nach geraumer Weile das Poltern des Rundengängers verklungen war, schoß das Boot, von vier kräftigen Männerarmen abgestoßen, in die Stadt hinein.

Nun galt es, die Mitte des Flusses meidend, immer in Nähe des Uferschattens, zwischen die Barfüßer- und ABC-Brücke zu gelangen. Dort hatte Albrecht den günstigsten Landungsplatz erkundet. Unfern dem Rathause gelegen, sollte er sie dem Ziele dieser Nacht rasch näherbringen.

Ein scharfer Beobachter wie Albrecht hatte während eines zwei Tage währenden heimlichen Herumtreibens in der Stadt die Möglichkeiten dieses nächtlichen Unternehmens geplant. Als harmloser Reisender hatte er alle Entfernungen gemessen und sich jeden für die nächtliche Orientierung wesentlichen Punkt eingeprägt. Er durfte keinen Fehler begehen. Der Rat zu Nürnberg pflegte nämlich im Falle einer Entdeckung mit Leuten seines Standes nicht lange Federlesens zu machen. – Am Boden ihrer Arche hingekauert, passierten die Eindringlinge den Schuldturm und gelangten am Gebetshaus der Juden vorbei zu der vorbestimmten Stelle. Caspar band das Boot am Gitter einer eisernen Uferpforte fest. Albrecht öffnete das ungefüge Schloß, belud sich mit den Pergamentrollen, und schon stand er im Garten eines ansehnlichen Hauses. Mit der Sicherheit, die ihm seine Ortskenntnis verlieh, schlich er etwa dreißig Schritte innerhalb des Gartens flußabwärts, um sich dort, vorsichtig spähend, über eine niedere Sandsteinmauer zu schwingen.

Der Freund im Boot wartete indessen besorgt auf die Rückkehr des Genossen.

Trug Albrecht während des ganzen Tages schwere rindslederne Stiefel, die des Reitens wegen bis zu den Knien reichten, so hatte er diese mit weichen Ziegenledersandalen vertauscht. Jeden Schatten, auch die kleinste Mauernische nutzend, gelangte er bis zum Ende des Judenviertels und fand sich bald auf dem Marktplatze. Unhörbar, eng an die Häuser geduckt, umging er den Platz am Fuße des Burgbergs zwischen der St. Sebalduskapelle und dem Rathaus.

Die sich lärmend nähernde Stadtwache zwang ihn, zwischen die Kirchenmauer und eine Steinmetzhütte gepreßt zu verharren. Albrecht schlug drei Kreuze und dankte dem Allmächtigen, daß es die biederen Nürnberger vorzogen, die Nächte tief schnarchend in ihren Betten zu verbringen.

Der Haufen der Knechte war kaum in den Wachstuben nahe dem Rathause verschwunden, als Albrecht die steinwurfkurze Spanne zwischen seinem Versteck und dem großen Rathaustor in weiten Sprüngen durchmaß. Dort entrollte er das Pergament und heftete dieses unter Aufbietung all seiner Kräfte an das schwere Eichenholz. Dabei mußte er vier faustlange Nägel lautlos in das Holz verfügen, was ihm nur unter Zuhilfenahme eines kurzen Schwertes gelang, das er – es als Hebel nutzend – in den Rahmen des Tores steckte und so, mit dem Griffe federnd, die Nägel durch das Pergament in das rissige Holz trieb.

Dies war schneller geschehen, als ein halbwegs maulfauler Pater für ein Vaterunser benötigte. Albrecht eilte auf dem bekannten Wege zurück.

Während er, im Garten des Patrizierhauses angelangt, Zeit fand, in einen gerade reifen Kornapfel zu beißen, erquickte ihn obendrein der Gedanke an die langen Gesichter der Nürnberger Stadtväter beim Anblick seiner Grüße.

„Ein dreister Hund, dieser Achilles", würde der Bürgermeister fluchen, und seine hohe Fistelstimme würde sich vor Empörung überschlagen.

Albrecht kannte Wort für Wort des Fehdebriefes auswendig, war er doch nicht zuletzt ein Erzeugnis seines eigenen Übermuts.

An den Rat und Bürgerschaft zu Nürnberg – hatte er geschrieben – Wir, der Markgraf Albrecht von Ansbach, machen uns das Vergnügen, Euch kundzutun, daß uns und weiteren siebentausend Grafen, Herren und Knechten keines Nürnbergers vorlaute Nase mehr gefällt und erklären Euch mit diesem die Fehde nach altem Recht und Sitte –

Achilles!

Albrecht pflückte von dem köstlichen Obst, was in der Eile zu kriegen war, hängte als Mann, dem Anstand wohl bekannt, einen Beutel mit Münzen in das Geäst des Baumes und schwang sich zu Caspar in den Kahn.

Dieser Streich entsprach ganz der Dreistigkeit des Markgrafen Albrecht, genannt Achilles von Ansbach.

Der trieb mit seinem Kahn inzwischen weiter flußabwärts. Sie überquerten mit dem gebrechlichen alten Fährboot das Wehr bei den Weidenmühlen. Albrecht hätte trotz der ringsum lauernden Gefahr dem Wunsch nachgegeben, ein nächtliches Bad zu nehmen, hätte ihn nicht Caspar mit den Aufgaben der nächsten Tage zu fesseln gewußt. Wiewohl ständig zu Abenteuern bereit, versetzte den Markgrafen seine Verstandesschärfe in die Lage, schwerwiegende, ja lebenswichtige Entscheidungen so zu treffen, wie andere Menschen ein Scherzwort zu äußern pflegen. Das trug ihm, wo immer er auch war, die ungeteilte Achtung seiner Bundesgenossen ein.

So lächelnd, wie er auf dem Turnier zu Augsburg vierzehnmal den Siegerpreis aus der Hand der schönen Luitgard empfangen hatte, wie er seine Pilgerfahrt nach Palästina bestand, als wäre es nur ein höfisches Geplänkel, so locker verliefen fast alle Tage seines Daseins. Mochten Sorgen noch so sehr ein Gemüt belasten, in der Nähe des jungen Grafen empfand jedermann Zuversicht und Glück.

Caspar, der Freund, war der einzige, der es verstand, Albrechts schäumenden Tatendrang in jene gemäßigten Bahnen zu leiten, die notwendig waren, seinen Unternehmungen die letzte Feinheit des Erfolges zu vermitteln.

Was also war in dieser Nacht geschehen? – Die Fackel, nun in bedenkliche Nähe des Pulverfasses gerückt, wartete nur noch auf die Hand, die den Deckel abhob. Die Formalitäten der Fehde waren erfüllt. Jetzt galt es zuzuschlagen. Daß auch zurückgeschlagen wurde, durfte bei der Strenge und dem Stolz des Nürnberger Rates nicht lange auf sich warten lassen.

Solche Gedanken, die Art der zu führenden Schläge, die Führung der Truppen, die Wahl der Finten und Fallen, beschäftigten die Freunde, während das Boot, längst die Stadt im Rücken, dem Treffpunkt mit Jörg, dem Knecht, zutrieb.

III.

Seit Tagen genoß Elisabeth Imhoff das zweifelhafte Vergnügen, sich mit den schier unerschöpflichen Staubmengen der Straße abzufinden, die sich von Ulm über Nördlingen endlos bis Nürnberg hinzog. Es wäre möglich gewesen, den eine Tagereise kürzeren Weg über Donauwörth und Eichstätt zu nehmen. Man hatte ihr jedoch wegen der im Gebiet der feindlichen Ansbacher zurückzulegenden Strecke dringend davon abgeraten.

Seit den frühen Morgenstunden war die Grenze Württembergs überschritten. Die begleitenden Fähnlein des Schwäbischen Städtebundes hatten mit den besten Wünschen für die Weiterfahrt kehrtgemacht.

Trotz sengender Sonne und grundloser Sandwege – die schweren Wagenräder sackten oft bis an die Naben ein – gönnte der Hauptmann seiner Handvoll Nürnberger Kriegsknechte und den schweißtriefenden Pferden keine Ruhe. Man befand sich jetzt mitten im Gebiet des Markgrafen von Ansbach und wollte alles versuchen, bis Abend das neutrale Spalt zu erreichen. Durch vorausreitende Boten war dem dortigen Kapuzinerkloster Nachricht vom Eintreffen der Nürnberger Gesandtschaft übermittelt worden. Mensch wie Tier gedachten sehnsüchtig und der Erschöpfung nahe der gastfreundlichen Herberge und Ställe.

Elisabeth Imhoffs Gedanken konnten sich von den Ereignissen der letzten Tage, von den plötzlich auftauchenden verantwortungsvollen Aufgaben, die ihr, dem einzigen Kind des Nürnberger Handelsherrn und Patriziers, erwuchsen, und deren unbedingte Erfüllung ihr die Vaterstadt Nürnberg zur Pflicht machte, nicht befreien. – Nach dem frühen Tode der Mutter und nach Beendigung ihrer Erziehung im Wohlstand des Elternhauses hatte der Vater den absurden Wünschen seiner Tochter um Einweihung in seine weltweiten Handelsgeschäfte endlich Herz und Hauptbuch geöffnet. Obwohl das von seinen Freunden nur mit Kopfschütteln quittiert wurde. Doch Herr Werner Imhoff war ein fortschrittlicher Mann. In seiner Jugend war ihm die bürgerliche Atmosphäre seines Elternhauses zu eng geworden. Er hatte Italien, Griechenland, die Türkei besucht und auch den Norden. So waren weitreichende Verbindungen entstanden. Seine Kontore fand man heute von Venedig bis Amsterdam. Von Nowgorod bis Spanien und Portugal hatte der Name Imhoff einen Achtung gebietenden Klang. – War es da nicht eine Selbstverständlichkeit, daß sich auch Elisabeth, ganz gegen die Sitten der jungen Mädchen, in fremden Ländern ein umfassendes Bild ihrer Zeit zu formen versuchte? Das trug ihr so viel Erfahrung und Urteilskraft ein, wie man sie bei manchen Männern vergebens suchte.

Trotzdem waren die Ereignisse der letzten Tage bis an die Grenzen ihrer Widerstandskraft gegangen.

Während ihres Aufenthaltes in Ulm hatte sich der Konflikt zwischen dem Markgrafen Albrecht von Ansbach und der Stadt Nürnberg zusehends verschlechtert, bis dann vor einigen Tagen die Kunde vom Ausbruch des Fehdezustandes eintraf. Die Ursache dieser Konflikte war schon um die Mitte des 14. Jahrhunderts zu suchen, als Kaiser Karl begann, der seiner Wesensart verwandten Stadt Nürnberg alle nur erdenklichen Vorteile einzuräumen und sie mit seiner Gunst zu überschütten. Im Verlauf des Reichstags im Jahre 1355 erhielt die Stadt jene berühmte Urkunde zum Geschenk, welche unter dem Namen *Bulla aurea* bestimmte, daß fürderhin jeder Kaiser nach seiner Wahl an diesem Ort seinen ersten Reichstag abhalten solle. Dieses Gesetz hatte den Ruf Nürnbergs beträchtlich vermehrt, was gleichbedeutend mit einer ungeheuren Zunahme der Umsätze von Waren aller Art war.

Nach der Geburt seines Sohnes Menzel war der Stolz des Kaisers derart groß, daß er selbst die Reichskleinodien aus Prag nach Nürnberg kommen ließ. Später wurden sie von Kaiser Sigismund zur ewigen Aufbewahrung der Stadt übergeben. Nun setzte eine unvergleichliche Blüte bei Handel und Handwerk ein. Das blieb nicht ohne Rückwirkungen auf Nürnbergs Außenpolitik. Vor noch nicht allzu langer Zeit erwarb die Stadt die Feste Lichtenau, direkt vor der Nase der Ansbacher. Üppiger Wohlstand hielt Einzug und damit auch nachbarliche Mißgunst.

Elisabeth gelang es unschwer, sich in die grollenden Gemüter der Ansbacher Herren zu versetzen. Ihr Grundsatz „Nur Adel berechtigt zur Herrschaft" war aus der Tatsache geboren, daß das Recht nicht immer auf den Wünschen des Kaisers, sondern auf der Streitbarkeit der eigenen Armee beruhte. Bei Abwägung der Kräfte, die nun bald aufeinanderprallen würden, verflog das Lächeln, das den Liebreiz Elisabeths so gewinnend hervorhob.

Die Herren in Ulm, und mit ihnen an die dreißig Städte des Bundes, standen zwar auf Seiten Nürnbergs, doch ihre Streitkräfte lagen weitab. Nürnberg war allein auf sich gestellt und nur ein unscheinbarer Punkt gegen die umfangreichen Ländereien der Ansbacher und ihrer Verbündeten. – Ungeachtet der miserablen Straßen, einmal holpriger, steinhart gebrannter Lehmgrund mit tiefem Schlag, dann wieder tiefe Sandfurten, befand sich der aus fünfzehn berittenen und bewaffneten Knechten und dem schweren vierspännigen Reisewagen bestehende Zug gegen Abend sieben Meilen vor den Besitztümern der Spalter.

Elisabeth Imhoff, die tagsüber die schweren Brokatvorhänge

zum Schutz gegen Staub und die allzu wohlwollende Sonne vor die Fenster des Wagens gezogen hatte, schob diese nun zur Seite. Sie ergötzte sich verstohlen an den derben Witzen und den köstlichen Flüchen der Troßknechte und empfand den spürbar aufkommenden kühlen Abendwind als wohltuend. Selten unterbrachen einsame Gehöfte die endlosen Weideflächen. Dort standen die Landleute schon mitten in der Haupterntearbeit. Heidestriche und Ackerland wechselten mit schattigen Laubwäldern. Elisabeth gab sich der Vorstellung hin, sie befände sich schon im Reichswald vor den Toren Nürnbergs. Hörte sie dann aus der Ferne ein Abendläuten, glaubte sie die vertrauten Klänge von St. Sebald zu vernehmen, die ihr bei ihren weiten Ritten um Nürnberg oft als nächtliche Wegweiser dienten. Fast schon fühlte sie sich wie in den starken Mauern Nürnbergs geborgen. Sie freute sich auf die Stunden im Gespräch mit dem Vater. – Abends würde sie in der holzgetäfelten Halle neben ihm sitzen, seinen Erzählungen lauschen, sich seine gereiften Urteile zu eigen machen und an seinen Sorgen und Plänen Anteil nehmen. Noch nie im Leben war ihr ein Mann in anderer Form nahegekommen denn als Vater oder als wohlmeinender edler Freund. Allen Gedanken um die Liebe mit ihren wundersamen Geheimnissen stand ihr Herz noch offen. Zwar ob ihrer Schönheit und Klugheit viel begehrt, traf sie auf ihren Reisen gar manchen artigen Mann, aber noch nie war ihr der begegnet, der sich ihrer Sehnsüchte hätte bemächtigen können.

Elisabeth empfand das Dröhnen und Holpern der Kutsche nur noch entfernt im Unterbewußten so, als sei es plötzlich einem Schweben gewichen. Der Zug hatte angehalten.

Plötzlich wurde sie durch einen fremden Reiter, der energisch den Verschlag ihres Reisewagens öffnete und in imponierender Größe vor ihr stand, geweckt.

Sie mußte einen reichlich verstörten Eindruck gemacht haben, denn der Fremde sprach mit freundlichem Lächeln: „Verzeiht,

Jungfer, daß ich Eure Reise zu unterbrechen wage, aber ich muß Euch bitten, für einige Zeit mein Gast zu sein und mir mit Euren Knechten zu folgen."

Elisabeth erfaßte blitzschnell die Situation, stellte sich unwissend und sagte barsch: „Wie könnt Ihr es wagen, friedliche Reisende...!"

Bei diesen Worten sah sie, wie sich der Fremde, an ihren Einwänden völlig uninteressiert, abgewandt hatte und seinen Männern Befehle erteilte.

Bald darauf erschien das Gesicht mit dem freundlichen Lächeln wieder vor dem Wagenschlag. Der Fremde erklärte, als hätte er seine Rede nicht unterbrochen: „Sie befinden sich im Gebiete des Markgrafen von Ansbach, Jungfer, und unter seinem Schutze. Markgraf Albrecht hat diesen noch keiner Dame versagt, sofern sie solchen verdiente. Um dieses Schutzes unwürdig zu sein, fände ich Sie viel zu schön. Auf Wiedersehen, edle Dame."

Ehe Elisabeth die Lippen zu einer Widerrede öffnen konnte, war der blonde Bursche wieder zu Roß gestiegen. Die Pferde zogen an, so daß Elisabeth unsanft in die Polster gedrückt wurde. Weiter ging die Fahrt, als sei nichts gewesen. Mit der rasch hereinbrechenden Dunkelheit überkam die sonst jeder Situation gewachsene Elisabeth Imhoff eine Ahnung von Alleinsein und Verlassenheit. Ein zwischen den Bäumen hin und wieder auffunkelnder Abendstern unterstrich diese Beklemmung derart, daß ihr die mürrischen Rufe der Troßknechte und das geisterhafte Aufleuchten eines Windlichtes geradezu vertraut erschienen.

Dem gleichmäßigen und ausgeglichenen Rollen des Reisewagens nach zu urteilen, mußte sie annehmen, daß man inzwischen auf eine oft befahrene und instandgehaltene Straße gekommen war. Die Furcht vor den Ereignissen der nächsten Stunden ließen sie aber keine Minute der Entspannung finden. Weniger, daß sie hierbei die Sorge um die eigene Person berührte als die Verantwortung um die wichtigen für den Nürnberger Rat bestimmten

Schriften und Dokumente, welche wohlversteckt in ihrem Gepäck auf dem schnellsten Wege in die Stadt gebracht werden mußten. Die bedeutendste Nachricht jedoch, die ihr vom Oberhaupt der Ulmer Bürgerschaft, dem greisen Sebastian Vischer, übergeben worden war, trug sie auf der Brust. Nun galt es, sich jeglicher auffälligen und unüberlegten Handlungen zu enthalten, obwohl kaum anzunehmen war, daß man ihr von Seiten der markgräflichen Soldaten zu nahe treten würde.

Immerfort kam ihr der blonde Reiter in den Sinn. Sie glaubte, daß es sich, nach der Sicherheit seines Auftretens und der beinah unhöflichen Art seines Benehmens zu urteilen, nur um einen Kumpan des sattsam berüchtigten Markgrafen Albrecht handeln konnte. Schon in der Klosterschule hatten die ergötzlichen Streiche und Abenteuer des Achilles von Ansbach und seiner Freunde zum Gesprächsstoff der jungen Stiftsdamen gehört. So mancher schwärmerische Wunsch war aus der Abgeschiedenheit des klösterlichen Lebens hinaus in die Nähe des Ansbacher Hofes geflogen. Dort wurde etwas geübt, was die Welt zu verändern begann. Verstanden sich die Edlen bis heute nur auf Ausübung ihrer ritterlichen Händel, häufige Saufgelage, Erpressung des Zehnten, etwas Landwirtschaft und mehr oder weniger erfolgreichen Pferdehandel, kurzum auf die Privilegien des Adels, so war mit dem jungen Markgrafen Albrecht eine neue amüsante Art der Hofhaltung in das fränkische Land eingezogen. Albrecht, mit dem Beinamen Achilles, Markgraf von Ansbach und Kurfürst von Brandenburg, der dritte Sohn Friedrich des Ersten, war mit seinem fünfzehnten Lebensjahr zur Ausbildung an den Hof des Kaisers Sigismund gekommen. Nach Abenteuern, die ihn durch das Abendland bis nach Palästina führten, wurde aus dem schönen und starken Albrecht ein rauflustiger Kämpe, der, in ritterlichen Künsten erfahren, von einem Turnier zum anderen zog. Alle Händel, die er begann, verstand er mit un-

glaublicher Geschicklichkeit zu seinem eigenen Vorteile beizu-
legen. Dies nicht zuletzt durch den Umstand, daß er seinen Geg-
nern nicht nur an Tapferkeit, sondern auch an Bildung und Intelligenz überlegen war. Wen verwunderte es, daß sich eine
solche Natur auch dem zweiten Geschlechte gegenüber als
äußerst sieggewohnter Recke bewies.

Elisabeth Imhoff war von seiten der adligen Herren bisher mit
eher ungeschlachter Verehrung begegnet worden. Nun sangen
aber die Troubadoure von den Liebeskünsten der Ansbacher weit-
aus fröhlicher und beileibe nicht so sittenstreng. Solches Tun erschien der in strenger Moral erzogenen Nürnberger Patriziertochter Elisabeth Imhoff verabscheuungswürdig und sie gedachte
sich ihrer Haut schon zu wehren.

Es mochte kurz vor Mitternacht sein, als die Nürnberger unter
dem Geleit der Ansbacher Reiter in den Schloßpark zu Triesdorf
einzogen. Unweit des Haupthauses, auf dem Platz vor den Ställen und den Gelassen der Domestiken, machte der Zug halt. Ein
Schloßdiener half Elisabeth aus dem Wagen und leuchtete ihr
unter der Versicherung, sich um die Aufbewahrung ihres Reise-
gepäcks zu sorgen, in das Schloß. Es hob sich in seinem Prunk
weit über alle bisher von Elisabeth besuchten Patrizierhäuser hervor. Die Treppen, die Böden waren aus Marmor, die Wände mit
erlesenen Gobelins geschmückt. Das wertvolle Mobiliar, die Di-
wans, Sessel und geschnitzten Truhen verwischten bei Elisabeth
den Eindruck, es könne sich um einen jener einfachen Landsitze
handeln, die nur dem Zwecke der Jagd dienten.

In der Halle, die von einem reich vergoldeten Kandelaber er-
hellt wurde, erwartete sie der blonde wildhaarige Mann, dessen
Bekanntschaft sie wenige Stunden vorher auf so ungewöhnliche
Weise gemacht hatte. – Ein Wink des Mannes, und die Diener-
schaft zog sich bis auf zwei Pagen zurück. Er bat Elisabeth zu
Tisch. Das Mahl bestand aus Fleisch, Geflügel und Gemüse, aus

Brot, Obst und gewürztem Wein. Die Konversation begann erst nach Beendigung des Mahles auf eine Weise, als wäre sie nicht schon seit Stunden unterbrochen. Der Fremde begann ohne die geringste Äußerung zu seiner Person.

„Ihr seid Elisabeth Imhoff?"

„Ihr sagt es."

„Wäre ich ein Strauchdieb oder ein Wegelagerer, würde ich mir Euer Gewicht in Gold aufwiegen lassen." Ohne das Öffnen der auf seinem Teller liegenden Walnüsse zu unterbrechen, fuhr er fort: „Ich kenne Euren Herrn Vater und hätte hinter dem alten Brummbären keine so reizende Tochter vermutet."

Nun hielt Elisabeth nicht mehr länger an sich. Dreist sagte sie: „Auch ich habe vom Markgrafen von Ansbach gehört, hielt jedoch nie für möglich, daß er sich mit Vasallen umgibt, welche nie gelehrt wurden, was es heißt, ritterlich zu sein. Ich möchte ihm fast raten, er möge sie in einem Hause des Nürnberger Patriziats in die Schule schicken."

Nach diesen Worten versuchte Elisabeth so gelangweilt wie möglich in eine der goldgelben Birnen zu beißen. Dabei konnte sie es jedoch nicht unterlassen, versteckt ihren Gastgeber zu beobachten.

Dieser stellte sich auf den Ton seiner Gefangenen ein und entgegnete: „Edle Jungfer, zwischen Bayreuth und Ansbach ist es hinlänglich bekannt, daß des Herrn Werner Imhoff schöne Tochter eine scharfe Zunge führt. Sagt, was führt Euch in unser Gebiet, und auf wieviel Dukaten schätzt Ihr den Wert Eures, wie ich vermute, lieblichen jungfräulichen Körpers?"

„Die liebliche Jungfer", log Elisabeth, „befindet sich auf der Heimreise vom Besuche ihrer kranken Tante in Ulm. Außerdem ist der liebliche Körper ausgesprochen müde von den Strapazen des Tages und verspricht sich von der Unterhaltung mit ihrem Gastgeber kaum jene Erquickung, welche sie in den Stand setzen würde, morgen sehr früh mit dem ersten Hahnenschrei ihre Weiterreise fortzusetzen."

Nun war es an dem Jäger, einigermaßen verdutzt dreinzuschauen. Er antwortete mit spöttischer, aber auch vollendeter Höflichkeit: „Euch, meinem Fräulein, werde ich entschuldigen, daß Ihr streitbare schwäbische Kriegsknechte eine kranke alte Tante nennt. Das schönste Gemach dieses Schlosses soll Euch für diese Nacht sichere Behausung sein."

Er erhob sich artig, erteilte den Pagen einen Wink und verließ nach einem übertrieben freundlichen Gutenachtgruß die Halle. Noch lange verfolgten Elisabeth die knappen und doch so respektlos gewechselten Sätze ihrer Unterhaltung mit dem Fremden.

Schon halb im Schlafe, nötigte ihr die Erinnerung daran ein Kopfschütteln ab, daß sich ihre roten Flechten lösten und sie, unter einem Berg duftenden Haares vergraben, den Schlaf fand.

IV.

Elisabeth Imhoff war bei Gott nicht schreckhaft, aber was bei Sonnenaufgang geschah, war so unerwartet wie Prügel nach einer Liebkosung.

Es begann mit einem Klopfen an der schweren eichenen Türe. Eine junge Magd erschien. Elisabeth dachte gerade, hübsche Weiber haben sie hier, als eine zweite, noch bedeutend reizendere Dienerin in das Gastzimmer trat und ein opulentes Frühstück servierte. Es bestand aus Milch, Butter, Käse, frisch gebähtem Brot, Honig und einer ovalen Platte, beladen mit kaltem Braten, Fisch und Huhn. Elisabeth schätzte das Frühstück als ausreichend für eine Schwadron leichter Reiter. Sie hatten eben anders geartete Bräuche, diese Ansbacher. Wohl auch solche, die mit dem Weibervolk zu tun hatten. Das hätte şie brennend interessiert. Aber eine Nürnberger Patriziertochter pflegte vor dem Segen der Kirche nicht nach so was zu fragen, wiewohl es ihr im Herzen leidtat, danach meist nicht mehr gefragt zu haben. – Kurzum, Elisabeth fragte: „Was hat man euch befohlen?"

Die Mägde erröteten und antworteten: „Euch zu baden und anzukleiden, Fräulein."

Mit gekünstelt strengem Ton forschte sie weiter. „Wer befahl es euch?"

„Der gnädige Herr G.." Die Kleine mit den braunen Locken sprach das Wort nicht zu Ende, sondern hielt erschrocken die Hand vor den Mund.

„Wo ist euer Herr?"

„Der gnädige Herr ritt sehr früh zur Jagd. Im Gebiet der Nürnberger wechselt ein kapitaler Bock, hat mir mein Jörg erzählt."

„Ist das dieser Kerl wie eine Fuhre Heu und schwarz wie der Teufel?"

„Ja, Fräulein."

Elisabeths Hoffnung auf baldige Weiterreise zerbrach. Doch sie bemerkte freundlich: „Ist das Jagen nicht sehr gefährlich? Ich hörte, man steht hierzulande in Fehde mit den Nürnbergern."

Die Mädchen kicherten. „Unser gnädiger Herr nimmt es wohl mit ein paar hundert dieser Krämerseelen auf. Wenn es sein muß. Neulich erst hat er sich den Feldhauptmann von Lichtenau für ein Stündchen zum Würfelspiel abgeholt. Danach mußte der Herr ohne Wams und Beinkleid den Nachhauseweg antreten. Er hatte alles beim Spiel verloren. War das lustig."

„Ihr nehmt den Mund ja tüchtig voll. Hat euer Herr etwas für mich hinterlassen?"

Elisabeth dachte an eine Möglichkeit, die Mädchen zu überlisten. Wenn man ihr nur ein Pferd gäbe, dann wäre sie gerettet.

„Nach der Morgenandacht mögt Ihr Eure Reise fortsetzen,

Fräulein, sagte man uns. Der Wagen steht bereit und eine Eskorte zum Geleit. Nun wünschen wir dem Fräulein eine gute Morgenmahlzeit. Kuhwarme Milch macht leuchtende Augen und eine Haut wie Apfelblüten."

Knicksend verschwanden sie.

Vorlautes Volk, dachte Elisabeth. Sie machte sich, da sich der Knoten auf so angenehme Art zu lösen begann, mit dem Hunger der Jugend über das Frühstück her. Dabei sah sie ihre Silhouette, welche die Morgensonne auf den Boden warf. Gedankenschwer rollte sie ihr Haar um den Zeigefinger der rechten Hand.

Eine Frechheit war es schon von dem blonden Jäger, egal wer sich hinter seiner Maske verbarg, erstens alleinreisende fremde Damen zu überfallen und zu nötigen... Fehde hin, Fehde her. – Numero zwei, diese nun einmal neugierig gemachte Dame ohne Angabe von Gründen nach Hause zu schicken... Elisabeth, du bist einfach zu unwichtig, zu unbedeutend... Aber dieser ungehobelte Kerl soll noch erfahren, was eine freie Nürnbergerin...

„Herein!"

In der Türe standen die Mägde mit Badebottich und heißem Wasser. Elisabeths Zorn entlud sich über sie. „Was wollt ihr schon wieder? Macht, daß ihr euch davonschert. Sagt dem Kutscher, er solle sich bereithalten."

Die Mägde verschwanden eilends. Elisabeth begann sich anzukleiden, das widerspenstig kräftige rote Haar aufzustecken und gleichzeitig von den Hühnerschlegeln abzubeißen.

Wenig später saß sie im Reisewagen. Die ausgeruhten Pferde zogen das Gefährt scharf an. Die schnelle Gangart war Elisabeth nur angenehm und kam ihrer Kampfesstimmung entgegen.

Der Wagen rollte aus dem Park, an niederen sauberen Bauernkaten vorbei am Bach entlang, an der Wassermühle vorüber und nahm den Weg nach Osten. Das Traben der Ansbacher Begleitpferde erstickte bald im weichen Sande des Fuhrweges. Nur ein aufmunterndes „Hüst!" der Männer oben auf dem Kutschbock unterbrach den morgendlichen Frieden. Manchmal klatschte ein Wehrgehänge gegen ein lederbewehrtes Kriegsknechtsbein. Jedermann schien sich seinen Gedanken hinzugeben, atmete in vollen Zügen die taufrische erdige Luft. Die Nürnberger dankten wohl insgeheim ihrem Schöpfer, sie so rasch aus der Gewalt der Feinde befreit zu haben. Ähnliches ging wohl auch durch die Hirne der Ansbacher Eskorte. Aber der Soldat hat im Felde nicht nur zu gehorchen. Es ist ihm bei Strafe verboten, über die Maßnahmen seiner Kriegsherren zu sinnieren. Nur das dreiste Fräulein Imhoff grübelte an dem Motiv der Ansbacher, sie reisen zu lassen, herum. – Was führten sie im Schilde? – Die Koffer waren unangetastet, die Kriegsknechte gut abgespeist worden. Welch eine liederliche Art, Krieg zu führen. – Oder war es Diplomatie? Eine Kavaliersgeste? – Unsinn! Gegen die Rosen am Ansbacher Hofe wirkte sie bestenfalls wie ein Gänseblümchen. – Ob der Führer der Eskorte eine Antwort wußte?

Elisabeth winkte den jungen Offizier auf dem tänzelnden Braunen zu sich heran und sagte: „Hauptmann, haben Sie Anweisung zu schweigen oder mir Gesellschaft zu leisten?"

Der Edelmann trabte auf die Höhe des Wagenschlages und zog mit artiger Verbeugung den Helm. „Das richtet sich nach Eurer Frage, Jungfer."

„Mich interessiert nicht die Stärke Eurer Truppen oder der Standort Eurer Feldlager. Wir Nürnberger fürchten Euch nicht... aber wer ist der Jäger, der mich gestern zu diesem Umweg zwang?"

Der Soldat überlegte eine Weile, blinzelte in die Sonne und antwortete: „Geduldet Euch einen Augenblick, er wird es Euch persönlich wissen lassen."

Sein Pferd trabte unter dem Druck der Sporen nach rechts und verfiel in Galopp. In diesem Augenblick erkannte Elisabeth einen

Trupp, der sich aus dem Buchenwald am Horizont in spitzem Winkel der Kutsche näherte.

Sie sah, wie der junge Reiter auf die Gruppe stieß, hörte ein Gelächter über das Feld schallen und hätte sich wegen ihrer Neugier am liebsten geohrfeigt.

Indessen setzte der Zug der Nürnberger unaufhaltsam seine Reise fort, ohne daß sich die Reitertruppe merklich näherte. Man hatte eher den Eindruck, die Rösser der Nürnberger ahnten eine neue unliebsame Begegnung und legten sich mit doppelter Kraft in die Geschirre.

Doch der Kelch war an diesem Tage noch nicht geleert. Elisabeth kam sich das erste Mal im Leben nicht nur klein und häßlich, sondern wie eine dumme Gans vor. Sie war gewohnt, die Vorgänge um sie herum zu überblicken. Hier durchschaute sie nichts. – Zu Hause befolgte man ihre Wünsche. Hier auch, aber man lächelte dabei verstohlen. Und das beunruhigte sie. Man behandelte sie untadelig, aber mit Ironie. Elisabeth, du Hasenherz, dachte sie.

Plötzlich hielt der Zug an. Das „Brrr" der Fuhrleute war unnötig, denn der blonde Jäger stand mitten im Weg und packte die Pferde an den Zäumen.

Er sah nicht aus wie ein Hexenmeister. Er trug keinen langen schwarzen Rock mit geheimnisvollen Runen. Bewahre! Sein Jagdrock war von Ziegenleder, gelb wie Safran. Anstelle eines Zauberstabes hing ihm die Armbrust über den Rücken. Aber er zauberte dennoch. Elisabeths Züge erhellten sich zusehends, ob sie es wollte oder nicht. Je mehr ihr Grimm anschwoll, desto lieblicher schaute sie drein.

Der Jäger trat an den Wagen, lehnte sich mit dem Oberkörper über den Schlag, blickte sie an und sagte kein Wort. Er sah sie so lange an, bis Elisabeth errötete.

Eher hätte sie sich die Zunge entzweigebissen, als ein Wort an ihn zu richten. Das schien den Jäger nicht im geringsten zu stören. Als er sie genug besehen hatte, sagte er: „Guten Morgen, Fräulein Elisabeth. Bei Licht betrachtet sehen Sie so liebreizend aus wie im Schein von Kerzen. Ich gestehe, ich bin mitnichten enttäuscht. Aber wenn Sie geruhen zu schweigen, macht es mich traurig. Der Klang Ihrer glockenhellen Stimme schwingt noch in meinen Ohren. Darf ich fragen, wohin die Reise geht?"

Elisabeth hatte sich gefaßt. „In den Mauern unserer Stadt blüht gar manche schöne Blume. Steigt ein, Jäger, und begleitet mich. Ich begebe mich eilends dorthin."

„Nun, Jungfer Imhoff, nichts täte ich lieber als das. Für eine Reise durch meine sommerliche Heimat, und dazu an Eurer Seite, gäbe ich Jahre meines Lebens hin. Aber verzeiht, wenn ich mich unvorbereitet fühle, mein grobes Wams, der ungestüme Bart..."

„Man wird Euch, wie immer Ihr beschaffen seid, gar würdevoll empfangen. Ich verbürge mich dafür. Man beherrscht bei uns die Bräuche der großen Welt." Und Balbieren, dachte sie insgeheim.

Der Jäger schien es zu ahnen. „Eure Worte erfüllen meine Seele mit Schmerz. Leider kann ich Euch nicht folgen. Es sind noch andere Dinge als die Jagd, welche mich zwingen, meine Reise nach Nürnberg aufzuschieben. Aber etwas sei Euch insgeheim anvertraut."

„Was denn?" Elisabeth neigte sich zu ihm hin, um seine Worte deutlicher zu verstehen.

„Ich stahl heute nacht, es war das erste Mal in meinem Leben, eine rote Ringellocke. Hier ist sie."

Er öffnete eine goldene Kapsel und reichte sie Elisabeth. „Ihr atmet tief, Jungfer. Seid Ihr erzürnt? Bitte schenkt mir die Locke und seid nicht gram darüber, daß eine fehlt. Ihr habt ja noch tausend davon."

Elisabeth verbarg ihre Überraschung und gab ihm das Medaillon zurück. „Was ich nicht besitze, kann ich nicht schenken. Nehmt es hin und lebt wohl."

„Ihr wünscht also, ich solle wohlleben, Elisabeth. Hoffentlich währt es so lange, bis ich Euch wiedersehe."

„Ich sagte Euch doch, eine Tagereise nach Osten, und Ihr seht die Türme unserer Stadt. Aber verlangt nicht, daß ich Euch erwarte. Habe ich erst die Grenze Eures Landes hinter mir, seid Ihr mir so verabscheuungswürdig wie jeder Eurer Ritter, Knappen und Knechte."

Sie erschrak über die Schärfe ihrer Worte. Aber der Jäger lächelte sie unbeirrt an, als lausche er allein dem Klang ihrer Stimme und nicht dem Sinn ihrer Worte. „Elisabeth, ehe der erste Schnee fällt, besuche ich Euch, küsse Eure Hand und glaubt mir, was er verspricht, das hält er auch, der Markgraf von Ansbach."

Noch bevor er das letzte Wort gesprochen hatte, strich er mit der langen Peitsche über die Kruppe des Handpferdes, daß der Wagen sofort anzog. Er blickte der Kutsche nach, bis sie im Tal der Rezat verschwunden war. Dann schwang er sich auf seinen Braunen und setzte übermütig über Hecken und Gräben. Hinter ihm tobte sein Gefolge wie die wilde Jagd.

V.

Dem heißen August folgte ein milder September. Mit den sich bunt färbenden Wäldern kam unversehens der Oktober mit den ersten Reifnächten, dünnen Frühnebeln, fallenden Blättern und südwärts ziehenden Vogelschwärmen.

Die Flammen des Krieges loderten allenthalben in den Marken. Zerstörte Dörfer, verbranntes Gemäuer, verkohlte Balken waren seine blutigen Spuren, ebenso wie die auf der Flucht verwahrlosten Horden gebrechlicher Männer, Weiber und Kinder.

Die Niederlage an den Pillenreuther Weihern, welche die Nürnberger den Ansbachern dank ihrer tüchtigen Hauptleute beibrachten, stak diesen mächtig in den Knochen. Doch leider verlängerten Niederlagen nur die Kriege und verschärften sie. Auf der einen Seite der frohlockende Sieger, auf der anderen der finster auf Rache brütende Besiegte. Das ging nicht gut. Schnell wenden die Zeitläufte das Blatt des Glückes. Gar manche trillernde Lerche erfror in eisiger Winternacht. Ähnliches dachte wohl auch Markgraf Albrecht von Ansbach, genannt Achilles, der Streitbare, als er mit den Verwegensten seines Gefolges aus dem Gehölz ritt. Er spähte sorgsam um sich, denn der Wald reichte im Norden bis dicht an den Burggraben der Stadt Nürnberg.

Die Pferde dampften vom scharfen Ritt und eine schneidende Kälte ließ die Reiter trotz der dicken Schafpelze frösteln. Schwer und tiefhängend trieben die Wolken, vom fahlgelben Lichthof des Vollmondes für kurze Zeit erhellt, nach Westen. Geruch von Neuschnee lag in der Luft.

An Albrechts Seite ritt wie immer Caspar. Beide sahen hinunter zu der Stadt, wo ein Licht nach dem anderen erlosch.

„Die Stadt geht schlafen."

„Ja, wie eine treubesorgte, ihre Kinder umarmende Mutter", sagte Achilles.

„Schlaft ruhig, meine Lieben, denn ich schütze euch."

„Vor jedem Feind... hahoo! Der Feind sind wir, Caspar. Nur einmal möchte ich ein so zufriedener Bürger sein und in ihren Armen liegen."

„Fragt sie doch, ob sie will, Herr."

„Wie könnte ich das. Sie ist ein zartes Geschöpf und doch eine streitbare Jungfer. Sie hat gewiß Talent zur Geliebten, aber leider nicht zu meiner."

„Wer? Die Stadt Nürnberg?"

„Elisabeth..."

„Immer noch, Achilles?"

„Ja, ohne Pause. – Sonderbar. Es ist nicht zu erklären. Es ist unfaßbar. Jeden Tag aufs Neue. Ach, Elisabeth! Zum Teufel, ich bin bisweilen wohl etwas verrückt und verträumt. Der Grund unseres Rittes ist schließlich ein anderer. Sie haben uns eine empfindliche Niederlage beigebracht. Leider ist es so geschehen. Wir waren in der Minderzahl und sie hatten den Vorteil des Geländes."

Da mischte sich von der anderen Seite Troll von Mergentheim in das Gespräch. „Dank deiner blitzschnellen Entscheidung zogen wir uns nicht in den Steinbruch zurück, der eine Falle war, sondern sprangen in die Weiher. Wir hätten sonst wahrlich keine Gelegenheit mehr, über taktische Fehler kluge Reden zu führen. Abgesehen davon, daß meine Margaretha, welches mein Weib ist, in Trauerkleidern aussieht wie eine gerupfte Krähe."

„Der Wahrheit die Ehre, bester Troll, nicht nur in Trauerkleidern. Doch Margaretha ist ein wundersam biestiges Geschöpf und der Erhaltung deines Stammes würdig."

Caspar versteckte sich schneuzend hinter einem riesigen rotgewirkten Tuch.

„Ja, sie ist sehr wundersam. Auch im Umgang mit der Bratpfanne."

Albrecht machte dem Geplänkel ein Ende, indem er sie in ernstem Tone ermahnte: „Bei aller Munterkeit, Freunde, die ich bei dem Anblick empfand, als Troll zum ersten Mal im Leben badete, kann ich die erlittene Schmach nicht vergessen. Ein Krieg mag so lange angehen, wie er nicht das Glück einer Partei über Gebühr vernachlässigt. Wir haben den Kampf begonnen, weil wir uns im Recht fühlten, uralte Rechte gegen diese Pfeffersäcke zu verteidigen. Bis vor kurzem waren wir immer die Meister der Ereignisse. Die Pillenreuther Weiher lehrten uns, daß Bäume meist im Sturme brechen, bevor sie in den Himmel wachsen. Bedenkt, der Kampf ist unser Handwerk. Er steckt uns seit Jahrhunderten im Blut. Wenn wir darin nicht unsere Überlegenheit beweisen, dann... ja, dann verliert das Rittertum seinen Sinn. Dann ist unsere Überlegenheit ein Trugschluß, ein Wahn, und somit geht auch das Recht auf Besitz und Adel verloren. Ihr wißt hoffentlich, wer uns durch die Sümpfe jagte. Bewaffnete Bürger, Handwerker und Krämer."

„Und gedungene Hauptleute und Landsknechte."

„Sind wir davongelaufen oder nicht?" wandte sich der Markgraf an seine Begleiter.

Der Mergentheimer antwortete: „Das Wort klingt hart, ich weiß. – Je nun, säßen wir etwa lieber in den Lochgefängnissen bei Wasser und schimmligem Gerstenbrot? Das ist nicht gerade mein Ideal. Oder lägen wir lieber draußen auf der Heide ein ganzes Leben tot? Albrecht, mein Herr, ich habe dich reiten, fechten, stechen, bogenschießen, ringen und was es sonst noch an ehrbaren Kampfübungen gibt, gelehrt. Sag an, Herr, wenn der Angriff nicht möglich scheint, ist dann der Rückzug nicht die beste Verteidigung?"

„Schon gut, Troll. Über Können und Tapferkeit steht immer noch eine unbekannte Größe, das sogenannte Glück. Es hat mich bisher nicht verlassen, nicht in den großen, den wichtigen Dingen. – Jetzt hört zu. Vor Tagen fingen wir einen Boten der Nürnberger ab. Unter der Daumenschraube sagte er aus, daß für die Festung Lichtenau Entsatz zusammengestellt werde, bestehend aus einigen hundert Knechten, Proviant und Waffen. Es handelt sich um eine achtbare Streitmacht. Nun ist von Wichtigkeit zu erkunden, wann die Fähnlein losmarschieren, welchen Weg sie nehmen und wie ihre Kampfkraft einzuschätzen ist. Zu diesem Zwecke versuche ich verkleidet in die Stadt zu gelangen. Heute nacht suchen wir nach einer Möglichkeit, unbemerkt aus- und einzugehen, markieren Treffpunkte und verabreden Warteplätze. Die Zeit drängt. Bei Neumond muß ich in den Mauern sein."

In zwei Gruppen tasteten sie sich, stets im Schutze des Unterholzes, in weiten Bögen um die Stadt. Am Sand, bei den Pegnitzarmen, erkannten Albrecht und Caspar eine kleine Pforte, die unbewacht zu sein schien. Man zeichnete ihre Lage auf mitgeführtes Pergament und untersuchte die Machart des Schlosses. Die Höhe der Mauer wurde eingehend studiert, ebenso die Nachgiebigkeit des Bodens und die Tiefe des Flusses in Ufernähe. Man befolgte den bewährten Grundsatz, daß ein gut vorbereitetes Unternehmen schon halb gelungen sei. Gegen Morgen zog sich der Spähtrupp von den Mauern zurück und war bald nicht mehr auszumachen.

VI.

Mit der Lautlosigkeit von Katzenpfoten fiel der erste Schnee. Die Sonne war längst untergegangen. Die Dunkelheit kroch in die Gasse, als das glitzernde Treiben begann. In stummer Hingabe ertrugen Mauern und Türme, Dächer, Giebel und Zinnen, Höfe und Wege das Spiel der Natur, um am Morgen die Menschen mit dem blütenweißen neuen Kleide zu erfreuen. Nur in den träge rauschenden Brunnen und über der Pegnitz besiegte letzte herbstliche Wärme die Flocken. Unhörbar stàrben sie im schwarzglänzenden Wasser.

Die wenigen Menschen, die zu abendlicher Stunde noch unterwegs waren, die Stadtwache auf der ersten Ronde, die heimkehrenden Steinmetze, Schreiber, Lagerer und Fuhrleute, traten tiefbraune Spuren in den Schnee. Wer immer konnte, beschleunigte seinen Schritt, eilte seiner Behausung zu, schüttelte dort stapfend und klopfend die tauenden Kristalle von Schuhen und Kleidern und suchte die Nähe des wärmenden Ofens. An einem vornehmen großen Hause, etwa auf halber Höhe des steil ansteigenden Burgberges, klopfte ein junger Mann und begehrte Einlaß. Nachdem er wiederholt den eisernen Klöppel gegen die kupferbeschlagene Tür gehämmert hatte, vernahm er drinnen eilig schlurfende Schritte. Ein schwarzgekleideter Bediensteter öffnete ihm.

Als der grauhaarige Diener, der im Hause des Patriziers und Ratsherrn Imhoff etwa die Stellung eines Hofmeisters innehatte, den jungen Mann erkannte, erfolgte eine zwar zurückhaltende, aber freudige Begrüßung.

Ulman Stromer, wie der Besucher hieß, war ein im Hause Imhoff gerngesehener Gast. Trotz seiner Jugend hatte er es schon zu Ansehen und Reichtum gebracht. Ihm verdankte die Stadt Nürnberg die Gründung eines neuen Gewerbes, nämlich der Papierherstellung. Die Hadernmühle auf den Wöhrder Wiesen war eine weit über die Grenzen Frankens hinaus bekannte Erzeugungsstätte.

„Schönen Abend, Hans", sagte der Besucher und schüttelte dem Alten die Hand. „Wir haben uns lange Zeit nicht gesehen, was macht die Gicht? Du solltest wie ich nach Italien fahren, einen Sommer lang deine alten Knochen in kochenden Sand stecken und dich dabei von innen heraus mit feurigem Neapolitanerwein erquicken. Wahrlich, ich sage dir, das Zipperlein geht weg wie Raureif in der Sonne."

„Ach junger Herr", sagte der Alte, „ich erinnere nur an die Karthager, an Hannibal in Capua. Die Rückkehr wäre für mich ein zweites Cannae. Da bleibe ich lieber bei meinen Katzenfellen."

„Nun, wie du willst. Mir hat die Reise jedenfalls nicht geschadet. Im Gegenteil, ich fühle mich so voller Kraft wie nie in meinem Leben. Ich konnte den Italienern viel von ihrer Papiermacherkunst abschauen und freue mich auf die Arbeit. Aber sag, erwartet man mich schon?"

„Das Fräulein ist voller Ungeduld und hat oft nach Euch fragen lassen", verriet Hans.

„Da übertreibst du leider. Aber ich wollte, es wäre so. Ich bin halt nur ein lieber Freund."

„Nur ein lieber Freund, sagt Ihr, Herr Stromer? Die halbe Welt dürfte sich glücklich schätzen, von einer Dame wie unserem Fräulein Elisabeth so genannt zu werden. Ihr vergeßt wohl, wie man sie überall liebt, wie gut sie ist und wie schön. Alle Besucher vom Norden wie vom Morgenland, die in unser Haus kommen, sind ihr zugetan."

Ulman Stromer stimmte das eher traurig. „Gerade deshalb. Glaubst du, ich könnte mich ihrem Zauber entziehen, wo ich ihn täglich neu entdecke? Hans, du hast leicht reden. Mit deinen Jahren auf dem Buckel würde ich mir über Gefühle nicht mehr so arg den Kopf zerbrechen. Also laß uns hinaufgehen."

Sie stiegen die breite Treppe mit dem reichgeschnitzten Geländer in das erste Stockwerk und schritten über eine mit edlen Hölzern getäfelte Diele zu der Flügeltür an der Stirnseite. Ulman Stromer verspürte ein Herzklopfen bis in die Nähe der Ohren, als er über die Schwelle in das Kaminzimmer trat.

Was sich ihm darbot, war ein Bild, das er auf seinen weiten Reisen tausendmal geträumt und in Gedanken immer weiter ausgemalt hatte. Vor dem flackernden Feuer saßen in schweren, mit russischem Zobel ausgelegten Sesseln Elisabeth und Herr Werner Imhoff beim Brettspiel. So, wie sie meistens die langen Winterabende, wenn nicht gerade Gäste zu bewirten waren, verbrachten. Der Duft von Äpfeln und Pfeffernüssen hing im Raum. Aus einem glänzenden Kupferkessel dampfte heißgemachter Tiroler Rotwein, vermischt mit Honig und Gewürzen, einer Spezialität der welschen Köchin.

Herr Imhoff ließ die Hand, die sich eben zu einem Spielzuge erheben wollte, sinken und rief erfreut: „Sieh an, Elisabeth! Ein

Weltreisender kehrt zurück in der Mutter Noris Schoß. Grüß Gott, Ulman! Willkommen in der Heimat."

„Wir freuen uns, daß du wieder da bist, Ulman", sagte Elisabeth artig.

Stromer verneigte sich mit Ehrfurcht vor dem Landesherrn und küßte Elisabeth die Hand.

Darauf hub ein endloses Hin und Her aus Fragen und Antworten an, bis Ulman nicht mehr anders konnte, als seine Erlebnisse und Eindrücke in minutiöser Genauigkeit zu schildern. Als er geendet hatte, ergriff Herr Werner Imhoff das Wort und sagte in ernstem Ton: „Deine Berichte decken sich mit dem, was ich vor vielen Jahren, von meiner ersten großen Fahrt zurückgekehrt, meinem Vater berichtete. Mit Ausnahme der natürlichen Veränderungen, die ein halbes Jahrhundert in den Ländern und Sitten bewirkt. Deshalb will ich heute an dich weitergeben, was mir mein Vater als erfahrener weiser Mann mit auf den Lebensweg gab. Du sollst über der Weite der Welt, sagte mein Vater, nicht die Enge der Heimat vergessen. Denn da ruhen die Kräfte deines Daseins. Die Welt ist neu und beglückend überall, wo du nicht Hilfe suchend ihrer bedarfst. In der Not gedenke des Vaterhauses. Aber nicht nur dann, wenn du in Not bist, sondern auch, wenn die Heimat dich braucht. Wir leben in einer schweren Zeit, Kinder. Was uns retten kann, ist die Treue zu unserem selbstgeschaffenen Gemeinwesen, und wenn es sein muß, Opfer dafür zu bringen. – Das Rittertum mit seinen Rechten ist eine unsere Zeit hemmende Herrschaftsform. Glaubt mir, wir stehen erst am Anfang eines unsäglich bitteren Kampfes. Deshalb begrüße ich es, daß du, mein junger Freund Ulman, in der Fremde den Ruf der Heimat nicht überhört hast. Ich verlasse euch jetzt. Ich habe noch zu arbeiten."

Herr Imhoff erhob sich. Bevor er den Raum verließ, reichte er Ulman Stromer noch einmal die Hand und sagte: „Ich danke dir, daß du meinem Wagenzug mit tapferer Hand zur Seite standest. Zum Glück hatten wir seit Beginn der Fehde noch keinen roten Heller Verlust zu tragen, obwohl sämtliche anderen Handelshäuser unserer Stadt erhebliche Einbußen erlitten. Ich finde das zwar sonderbar, nehme aber kaum an, daß die Ansbacher allein meines wohlklingenden Namens wegen Ausnahmen machen. Nun denn, wir sind vorbereitet und werden eines Tages an der Reihe sein. Gute Nacht."

Als der Senator den Raum verlassen hatte, stand spürbar Stille zwischen den zwei Menschen. Gleichsam, als würde damit den innersten Gefühlen der Weg zur Oberfläche freigegeben. Nach langer Trennung war es nötig, sich den Daheimgebliebenen erst vorsichtig zu nähern, um die Brücken der Erinnerung zu erneuern. Die erste Stunde eines Wiedersehens ließ meist mehr erkennen als viele Jahre freundschaftlichen Zusammenseins.

Endlich unterbrach Ulman die Stille. Er nahm Elisabeths Hand. „Auf dem letzten Stück meiner Reise, fast schon vor den Toren der Stadt, hatte ich ein Erlebnis, das für mich sonderbar, ja unfaßbar ist."

„Erzähl davon, Ulman. Ich werde versuchen, dir zu sagen, ob du recht hast. Du neigtest schon immer dazu, einfachen Dingen allzu viel Bedeutung beizumessen."

„In diesem Falle bestimmt nicht. Hör zu, Elisabeth. Wir zogen also die Straße, von Regensburg kommend, über Heumarkt die Höhe hinauf. Die Straße ist dort auf beiden Seiten von dichten Wäldern gesäumt. Du kennst sie von deinen Jagdritten. Heute dürfte die Gegend allerdings nicht mehr so gut für amüsante Streifzüge geeignet sein."

„Weshalb nicht? Wegen der Ansbacher? Sei kein Hasenfuß, Ulman. Ich reite beinahe täglich aus."

„Man sollte es dir verbieten."

„Wer würde das wagen?!" fuhr sie ihn an.

„Dein Herr Vater, Elisabeth. Ich bin in Sorge."

„Mein Vater behauptet, ich könne besser reiten als ein Kalmückenhäuptling. Ein Weib ist längst nicht so gefährdet wie ein waffenstrotzender Kriegsknecht. Die Ansbacher sind Kavaliere."

„Es wäre nicht angenehm, dich in ihren Händen zu wissen", erklärte Stromer.

„Ulman, glaub mir, ich könnte mich schon verteidigen. Du weißt doch, ich verabscheue nichts stärker als Einmischung in meine Gewohnheiten. Egal, wer es versucht, die Strauchdiebe oder..."

„Oder?" Stromer wartete neugierig.

„Oder du. – Aber du vergißt, von deinem Erlebnis zu berichten."

Ulman fuhr fort: „Auf der Höhe des Berges etwa brachen fremde Reiter aus dem Wald und umringten uns in Windeseile. Noch ehe die Kriegsknechte zu den Waffen greifen konnten, hatte man sie überwältigt. Da trat ein stattlicher blonder Ritter zu dem Anführer des Wagenzuges, fragte nach seinem Weg, nach seinem Ziel und wem die Hüter gehörten. Als er erfuhr, daß Ladung und Wagen Eigentum deines Vaters seien, ließ er von uns ab. Er sammelte nur die Waffen ein und verschwand in den Wäldern so plötzlich, wie er gekommen war."

Elisabeth erstarrte, noch bevor Ulman geendet hatte. Er bemerkte ihre Verblüffung nicht, da er, noch gefangen von dem Abenteuer, weitersprach.

„Wir schwebten alle in großer Gefahr. Ohne Kampf hätte sich keiner von uns ergeben, und die Ansbacher waren weit überlegen. In diesem Augenblick, der mir wie noch keiner in meinem Leben den Wert und Sinn des Daseins begreiflich machte, in diesem Augenblick, Elisabeth, da dachte ich nur an dich und nahm mir vor..."

„Hoffentlich nicht zuviel, Ulman."

„Ich nahm mir vor, bei gesunder Rückkehr deine Erlaubnis einzuholen. Elisabeth, laß mich bei deinem Vater um deine Hand anhalten. Ich liebe dich. Du weißt es seit Jahren..."

Sie sagte lange nichts. Dann: „Ulman, du willst also, daß ich dein Weib werde."

„Nichts wünsche ich mir sehnlicher."

„Ulman, das wäre eine Sünde. Nicht gegen mich, sondern gegen dich..."

„Elisabeth, du denkst anders über Sünde als die Frauen allgemein. Wie meinst du das?" Er sah sie ratlos mit seinen dunklen Augen an.

„Es wäre eine Sünde, weil ich dich nicht liebe, Ulman."

Er glaubte ihr nicht. „Elisabeth, seit meiner Jugend hoffe ich, wir würden ein Paar. Die ganze Stadt glaubt es. Dein Vater auch. Wir sind ohne einander nichts, gar nicht denkbar..."

„Ulman, ich würde zugrundegehen in solcher Enge. Versteh mich. Du bist der einzige junge Mensch, den ich Freund nenne. Aber..."

„Elisabeth, du wirst deine Ansicht ändern und begreifen. Die Zeit tut das Ihre."

„Damit trösten sich die meisten. Durch Zeit entstandene Gefühle sind Ergebnisse von Gewöhnung und Bequemlichkeit."

„Elisabeth, was sagt bloß dein Vater zu so einer Einstellung?"

Ihre Miene hellte sich auf. „Mein Vater, o gäbe es noch mehr seines Schlages. Mein Vater liebt mich ohne Bedingungen, so wie er auch meine Mutter geliebt hat. Er haßt jegliche Tyrannei in der Familie. Er ist ein Adler, ein freier Mensch."

Stromer ließ nichts unversucht. „Elisabeth, wir sind beide sehr jung. Laß uns warten. Bitte sage jetzt nichts mehr. Ich kenne dich besser, als du glaubst. Ich kenne deinen Widerspruchsgeist. Etwas, das uns Franken wenig eigen ist. Aber ich schätze ihn. Du bist deiner Zeit voraus. Ich wünsche, du mögest nie an der Härte der herkömmlichen Sitte und Moral Schaden nehmen. Es wäre eine endlose Qual für dich. Willst du daran denken, daß ich immer zu meinem Wort stehen werde, was auch geschehen mag?"

„Ich täuschte mich nicht in dir, Ulman. Morgen ist ein neuer Tag. Bei Licht sind viele Rätsel keine Rätsel mehr. Nun, es ist schon Mitternacht und gefährlich, um diese Zeit von Dingen zu sprechen, die noch im Dunkel der Zukunft liegen. Ich werde nur traurig bei dem Gedanken, wie viele Herzen sich in jeder Minute täuschen lassen. Gute Nacht..."

„Auf Wiedersehen, Elisabeth. Morgen abend hole ich dich ab zum Adventstanz im Rathaus. Wenn es weiter so schneit, komme ich mit dem Pferdeschlitten."

Über Elisabeths Züge glitt ein kaum wahrnehmbares Strahlen. „Wie, es schneit schon?"

„Seit ein paar Stunden erst. Leb wohl."

Ulman Stromer verließ das Zimmer. Bald darauf schlug Hans das Haustor hinter ihm ins Schloß und versperrte es. Mit weitausholenden Schritten ging Stromer den Berg hinunter und verschwand im Dunkel zwischen der Kirche von St. Sebald und dem Rathaus.

Elisabeth war an eines der hohen bunten Glasfenster getreten.

Sie öffnete den rechten Flügel und atmete in tiefen Zügen die frische, schneidende Luft der Winternacht.

Ein paar Flocken wirbelten ins Zimmer und fingen sich in ihrem Haar. Sie sah Ulman Stromer nach, ohne ihn jedoch zu bemerken. So sehr waren ihre Gedanken mit anderen Dingen beschäftigt.

VII.

Der Festsaal des Rathauses erstrahlte im goldenen Glanz unzähliger Kerzen. Teils waren sie auf kunstvoll getriebene Wandleuchter gespießt, teils auf weitarmige Kandelaber gesteckt. Diese hingen an fingerdicken lamettadurchzogenen Kettengehängen von der bemalten Decke bis dicht über die Häupter der Versammelten. Der weite, in solidem Reichtum ausgestattete Saal diente tagsüber dem Rate als Treffpunkt zur Erörterung ernster Regierungsfragen. Die Zeugen dieser Arbeit, der lange Klostertisch mit den hochlehnigen Stühlen, waren entfernt worden. Statt dessen tummelte sich eine ausgelassene Schar junger Menschen im Tanze über den Mosaikboden. An den Stirnseiten des Raumes und in den Nebengemächern konnte man die gereiften Vertreter des Patriziats erkennen, wie sie geruhsam Geschäfte tätigten oder sich in Wortgefechten erhitzend in endlose politische Debatten verfielen.

Ihre Damen fanden Unterhaltung darin, Söhne und Töchter zu beobachten, über Fragen der Mode zu tratschen, über ein Liebesskandälchen zu tuscheln. Kurzum, sie benahmen sich so, wie ihre Mütter es taten und wie es ihre Enkel ebenso wenig anders tun würden. Von der Pracht der Kostüme und des Schmuckes wie auch der Qualität des genossenen Weines und der Gerichte konnte man auf den Stand der Gäste schließen. Namen wie die der Tucher, Haller, Paumgärtner, Imhoff, Fütterer, Welser, Fürer, Koberger, Stromer und der italienischen Viatis durften auf keinem Fest von Bedeutung fehlen. So sehr man sich in seinem Umgang von den Familien der Handwerker und der Bürgerschaft isolierte, ebenso sehr verbanden intime Freundschaft und generationenalte Verbindungen den Kreis der oberen Schicht.

Von den wohlwollenden Blicken des Herrn Werner Imhoff begleitet, tanzte Elisabeth einmal mit Ulman Stromer, ein andermal mit dem begehrten schwarzhaarigen Heinrich Holzschuher, dann wieder mit den Brüdern Haller. Wollte man der Schönsten die Palme reichen, hätte man es schwer gehabt, das Fräulein Imhoff in der moosgrünen Robe nicht als die Königin des Abends auszurufen.

Als eine Reihe von Tänzen beendet war, winkte Elisabeth ihrem Vater verstohlen zu. Vom Tempo der Gavotte ein wenig atemlos, Schultern, Hals und Gesicht zart gerötet, tauchte sie in einem Schwarm eleganter Kavaliere unter, um sich an den dargebotenen Erfrischungen zu laben.

Der alte Koberger neigte sich vertraulich zu dem Handelsherrn Imhoff und sagte: „Eines, Werner, können wir uns mit dem vielen Gelde niemals kaufen. Ratet einmal was."

Da erwiderte der immer heitere Imhoff: „Freund Koberger, ich weiß, was Ihr meint. Aber ich glaube nicht, daß Ihr Euren Teil versäumt habt, als Ihr jung wart. Was man außerdem mit unserem vielen Gelde nicht kaufen kann, ist die Weisheit des Alters. Habe ich recht?"

„Das habt Ihr, Senator. Aber mir wird immer ein wenig weh ums Herz, wenn ich Eure liebreizende Tochter sehe und daran denke, daß mir keine Kinder beschert waren. Das Schicksal hat es anders gewollt. Darum laß uns auf Elisabeth trinken. Ich bin stolz mit dir, alter Freund, stolz, daß ein so herrlich Weib ein Kind unserer Stadt ist."

Sie stießen an.

„Danke dir, Jakob. Alles Glück über uns."

Die Musik besann mit einem neuen Tanze. Die Jugend eilte, sich zum vierzähligen Passamezza aufzustellen. Die Bläser lockten mit tiefen Bässen und die Flöten mit schrillen Obertönen. Der Bursche mit dem Saiteninstrument war eingenickt und bekam von der Fiedel eins über den Schädel, daß er hurtig begann, den Takt zu schlagen.

Elisabeth hatte ihr Glas erst halb geleert. Sie bat Ulman Stromer, mit einer anderen zu tanzen. Sie wollte einmal aussetzen.

„Sieh doch, Ulman, die niedliche Anna Fütterer. Sie schaut so begehrlich zu dir herüber. Schenk ihr diesen Tanz und erzähle ihr etwas Nettes."

Enttäuscht schritt Stromer quer durch den Saal zu der zierlichen Anna Fütterer und bot ihr seinen Arm. Sie reichte ihm kaum bis zu den Schultern, und beim Tanze stellte sie sich auf die Zehenspitzen. Aber sie wirkte dabei so glücklich wie eine gerade durch den Schnee geschmolzene Krokusblüte.

Elisabeth ging das stille Foyer entlang und betrachtete die riesigen Ölgemälde in der Galerie. Dies war eine ihrer Lieblingsbeschäftigungen. Noch nie, selbst an den ausgelassensten Festabenden nicht, hatte sie vergessen, den ernsten Männern, die majestätisch aus den goldenen Rahmen auf sie niederblickten, zuzutrinken.

Heute war sie so andächtig versunken, daß sie den Mann in Mönchskleidern erst bemerkte, als er unmittelbar hinter ihr stand. Seine Stimme ließ sie erschrocken herumfahren.

„Ihr werdet Euch erkälten, Jungfer Elisabeth. Ich bringe Euch Euren Pelz. Bitte nehmt ihn um."

Ohne Umstände legte er ihr den Mantel über die nackten Schultern, nahm sie fest beim Arme und zog sie in das Dunkel am Ende der Galerie.

Sie keuchte maßlos verblüfft, kaum daß es ihr gelang, einen Schrei zu unterdrücken.

„Markgraf Albrecht! Seid Ihr von Gott verlassen! Was sucht Ihr hier?"

„Euch, Elisabeth, bei meiner Ehre. In diesem Hause nur Euch. Habt Ihr mein Versprechen vergessen?"

„Es war kein Versprechen, eher eine Drohung. Wißt Ihr, was geschieht, wenn man Euch hier findet?"

„Ich bin nicht ohne Phantasie, Elisabeth. Zumindest hätte man dann einen Grund, so fröhlich und heiter zu sein, wie man es bereits ist. Nur, fürchte ich, wäre dabei auch das frühe Ende manch blühenden Lebens zu betrauern. Die Chancen stehen gleich, wenn..."

„Wenn?" fragte Elisabeth atemlos.

„Wenn Ihr mich nicht der Wache ausliefert."

„Ihr täuscht Euch, Graf. Ich stehe bis heute in Eurer Schuld. Geht, und niemand wird etwas erfahren. Ich weiß sehr wohl den Anstand, mit dem Ihr mich und meine Leute behandeltet, zu würdigen. Aber geht jetzt, und wir sind quitt."

Sie wandte sich ab und versuchte mit schnellen Schritten den Festsaal zu erreichen. Albrecht eilte ihr nach und packte sie am Gürtel ihres Kleides.

„Elisabeth, wenn Ihr mich nicht anhört, ich schwöre Euch, ich begleite Euch bis in den Saal, und erwartete mich dort ein Rudel reißender Wölfe."

Elisabeth fürchtete, daß er seine Drohung wahr machen würde und folgte ihm, um eine Panik zu vermeiden, in ein Nebengemach, in dem der Rat Schriften aufbewahrte.

„Bei Gott, faßt Euch kurz, Graf. Gleich ist der Tanz zu Ende."

„Bitte sprecht ein wenig leiser, Elisabeth, ich möchte dieses hohe Haus nicht durch das Fenster, sondern über die Treppe verlassen. Hört also zu! Seit zwei Tagen halte ich mich in der Stadt auf. Als Spion, wenn Ihr das so nennen wollt. Im Kriege sind alle Mittel erlaubt. Doch das hat nichts mit dieser Minute zu tun, mit diesen Augenblicken hier bei Euch. Versucht nur einen Herzschlag lang, nicht daran zu denken, daß ich Euer erbittertster Feind bin, sondern ein Mensch, der keine Gefahr scheut, um Euch zu treffen. Ich bin kein tollkühner Schwärmer oder Abenteurer. Mein Mut ist nicht Dummheit, mein Mut ist Sehnsucht nach einem Blick in Eure Augen."

„Also, seht mich an... Ich danke Euch." Elisabeth war fassungslos. Nicht, daß sie Angst verspürt hätte, Angst, man könnte sie mit ihm zusammen finden, nein, das war es nicht.

Sie hörte, wie die Musik verstummte. Der Tanz war zu Ende. Stimmen wurden lauter und näherten sich. Ohne ein Wort zu sagen, hielt Albrecht sie bei den Händen. Die Leere in ihrem Kopf wurde unerträglich, ihr schwindelte, sie fror.

„Ich verlasse Euch nicht, bevor Ihr mir versprecht, daß ich Euch wiedersehe."

„Ihr seid dem Wahnsinn verfallen, Graf. Rettet Euch. Ich bitte darum."

„Elisabeth!" In größter Ruhe fuhr er unbeirrt fort: „Elisabeth, ich sehe Euch wieder. Sagt ja." `

Sie öffnete die Türe und erkannte auf der Galerie wandelnde Gestalten. Wenn auch nur einer auf den Gedanken kam, in den Nebenraum zu treten... Hastig erwiderte sie: „Ja, ja, aber geht, bei der Seele Eurer Mutter! Ich flehe Euch an, geht!"

„Danke, Elisabeth. – Und übermorgen erwarte ich Euch eine Meile vom Laufer Tor nach Osten. Von Mittag ab bin ich zur Stelle. Ich warte zwei Tage später noch einmal am selben Ort. Und dann erst wieder in acht Tagen. Vergeßt mich nicht. Ich zähle die Stunden bis dahin. Die heilige Jungfrau beschütze Euch."

Sicheren Schrittes, die Mönchskapuze tief in die Stirn gezogen, eilte er durch die Türe, die Galerie entlang und nach unten, als wäre sein Besuch im Rathaus zu mitternächtlicher Stunde die natürlichste Sache der Welt.

Er verließ das Gebäude über die breite Treppe, nicht ohne den eigentümlichen Gang der Klosterleute vollendet nachzuahmen...

Das Fest nahm seinen Fortgang. Kaum einem von Elisabeths Freunden war die plötzliche Veränderung ihres sonst so heiteren Gemütes aufgefallen. Später gelang es ihr, eine Unpäßlichkeit vorzuschützen.

In Wirklichkeit jedoch hatte das heimliche Gespräch mit dem Mönch Elisabeths Gleichgewicht aus den Fugen gebracht wie noch nichts in ihrem Leben. Was ihr bisher an Sorgen und Kümmernissen begegnet war, hatten andere Personen für sie geregelt. Hier war sie allein. Wie aus heiterem Himmel war plötzlich etwas Neues in ihr Leben getreten. Ein unbekannter, schwindelnd schmaler Pfad war zu beschreiten.

In diesen Tagen schwand der Rest unbekümmerter Jugend in ihr dahin. Eine unbändige Kraft, gegen die alle Auflehnung Verzögerung war, begann zu wirken. Leidenschaft brach auf und trieb sie unaufhaltsam vorwärts. Sie ahnte die grenzenlose Süße der Erfüllung und ergab sich blind ihrem Schicksal. Was daraus werden konnte, vermochte Elisabeth Imhoff in allen tragischen Ausmaßen gar nicht zu erfassen. Dazu war kein Mensch fähig. Neben einem schwindenden Rest an Vernunft stand in überwältigender Größe das Gefühl und lieferte sie dem Leben aus...

VIII.

Der Morgen begann mit Regen. Der Mittag verging im dämmrigen Grau der tiefhängenden Regenwolken und leitete unmerklich in den Abend über. Der Schnee saugte sich voll mit dem endlos rinnenden Wasser, versulzte und schmolz. Nur in Mulden, in versteckten Waldecken oder im Windschatten der Häuser klebten noch eigensinnig weiße Fetzen.

Elisabeth stand am Fenster ihres Gemaches und betrachtete die veränderte Welt durch die bunten Butzenscheiben. Einmal war der Himmel purpurrot wie über einer riesigen Feuersbrunst, ein andermal die Straße meergrün, als läge sie auf dem Grunde eines Sees. Durch die blauen Scheiben wiederum glichen die Menschen auf dem Markt gespenstigen Schemen. Nur das gelbe Glas versetzte alles in den Frühling, in einen zauberhaften Mai.

Morgen war der letzte Tag im Monat. War morgen gar schon Mai oder etwas Besonderes? Nein, nicht daß sie wüßte. Morgen wollte sie nur ausreiten. – Auch wenn es regnete? – Auf jeden Fall.

Der Braune brauchte Bewegung. Der Pferdebursche meinte, er würde im Stall zu hitzig.

Und du brauchst auch frischen Wind um die Nase, Elisabeth, dachte sie. – Wo willst du hinreiten? In den Sebalder Wald zu den Imkern? – Oder zum Galgenhof, da hängen wieder ein paar Strauchdiebe am Strick. – Nein, dahin nicht. Oder vielleicht das Laufer Tor hinaus? Dort kann man frei dahinjagen, über Sträucher und Büsche setzen. Links von den Höhen gewinnt man einen weiten Blick über das Pegnitztal und die Stadt, und drunten am Fluß bei der Mühle murmelt das Wasser, bevor es über die Räder schäumt. In der Mühle gibt es warme Milch, gebratenen Kapaun und frisches Brot. Das wird uns schmecken. – Uns? Wieso uns?... Natürlich uns. Dem Braunen und mir. – Hoffentlich hörte der Regen auf.

Hin und wieder werden Wünsche erfüllt.

Das Stadttor gähnte müde hinter einer Reiterin, welche zu Pferde saß, als sei sie so geboren. Wie auf allerhöchsten Befehl riß die Wolkendecke auf, um die Straße ins Böhmische mit Sonnenflecken zu betupfen. Die Reiterin verfiel vom Galopp in den Trab, in den Schritt. Die kreuz und quer verlaufenden Gräben nahm sie nach kurzem Anlauf mit sicheren Sprüngen, fast mochte man annehmen, das Pferd überwände die Hindernisse von selbst und ohne Hilfe der Reiterin, so locker wirkte es.

In dem lichten Gehölz voraus wartete ein Mann hoch zu Roß. Er hielt sich nicht verborgen. Wer hätte das auf freiem Felde mit einem edlen Renner unter den Schenkeln nötig gehabt. Aber er wollte Umschau halten, und das läßt sich aus der Deckung heraus leichter bewerkstelligen.

Sein Wams war prächtig. Unter dem Samtbarett quollen blonde Locken hervor. Seine Nase war adlerhaft kühn. Als die Reiterin wieder in Galopp verfiel, sprengte er aus dem Wäldchen und stürmte ein gutes Stück Wegs neben ihr her. Er brüllte „Ha!" und „Ho!" wie ein Reitknecht, aber ein vermutlich sehr glücklicher. Denn wes das Herz voll ist, des geht der Mund über, steht schon im Lukasevangelium. – Dabei schwenkte er sein Barett und rief: „Seid gegrüßt im Gebiet des Markgrafen von Ansbach, Jungfer Elisabeth, dies Land und er liegen zu Euren Füßen."

Elisabeth verhielt den Braunen und rief tief atmend hinüber.

„Daß Ihr das Übertreiben nicht lassen könnt, Albrecht. Diese lieblichen Hügel und soweit Ihr sehen könnt, ist Nürnbergisch Land! Aber nehmt Euch in acht beim Galoppieren, sonst liegt Ihr mir tatsächlich bald zu Füßen. Ansonsten seid Ihr wirklich ein Verrückter. Nie hätte ich geglaubt, daß Ihr zur Stelle wäret."

„Am liebsten hätte mich eine alte Hexe im finsteren Walde als Mittagsmahl behalten. Ich gab ihr mein Wort, nach dem Wiedersehen mit Euch zurückzukommen. Schließlich weiß eine erfahrene Hexe, daß ein glücklicher Mann besser schmeckt als ein unglücklicher. Also ließ sie mich ziehen."

„Wärt Ihr wirklich unglücklich gewesen?"

„Unsagbar, Elisabeth. Ich würde den Rest meiner Tage im Kloster verlebt haben."

„Das wäre gewiß die einzige Rettung für Eure verlorene Seele. Zudem beladet Ihr Euch täglich mit größerer Schuld, Markgraf."

„Schuld? Weshalb, Elisabeth?"

„Ihr wißt, daß es Unrecht ist, daß ich Euch heute hier treffe. Und Ihr allein seid der Verursacher."

„Es ist reiner Zufall, dachte ich."

„Nein, mein Freund, Erpressung ist es. Seid bitte einmal ernsthaft. Wir sind Feinde, ob Ihr wollt oder nicht. Wir stehen im Kriege. Auch ich mit Euch."

„Gebenedeit sei der Krieg, der mich zu diesem Gegner führte. Damit hat der Krieg seinen Zweck erfüllt. Schließen wir sofort Frieden."

„Markgraf Albrecht", erwiderte Elisabeth Imhoff, „So etwa stellte ich mir immer Weltpolitik vor."

„Reicht mir die Hand, Elisabeth." Er nahm sie einfach. „Damit ist unsere Freundschaft besiegelt."

Ohne daß sie es verhindern konnte, steckte er ihr ein kunstvoll bearbeitetes Stück Gold an den Finger, einen breiten Reif mit feurigen Rubinen, und sagte: „Versprecht mir eines: Daß Ihr niemals diesen Ring abnehmt, so lange Ihr Euch außerhalb der Mauern Nürnbergs befindet. Elisabeth, schwört es mir!"

„Wozu das?"

„Schwört, einfach nur schwören. Was ist dabei?"

Elisabeth erhob die rechte Hand. „Ich schwöre!"

Albrecht stieg vom Pferd und half ihr aus dem Sattel. Nebeneinander schlenderten sie dahin und führten die Pferde an den Zügeln nach.

Einmal fragte Elisabeth: „Wie meint Ihr das mit dem Ring? Was bedeutet er? Bin ich jetzt etwa Euer Eigentum mit Brief und Siegel? Pflegt man sich bei Hofe auf solche Weise seines Spielzeuges zu bemächtigen, oder darf ich auch wieder nach Hause? Antwortet, damit ich weiß, ob es angebracht ist, um Gnade zu winseln."

„Elisabeth", sagte Albrecht ernst, „jetzt seid Ihr es, die dem, was mir am Herzen liegt, mit Spott begegnet."

„Also schön, der Ring ist wunderbar, ich freue mich darüber. Aber was soll ich sagen, wenn man mich danach fragt, wer ihn mir verehrte?"

„Nun seid einmal vernünftig, Jungfer. Ich gab Euch den Ring, damit keiner Eurer Feinde Euch ein Leid antue. Zeigt den Reif mit dem Stein, wo immer Ihr auch seid, und mein Schutz ist Euch gewiß. Ihr seid ein unzähmbarer Wildvogel. Das macht mir Sorge. Noch etwas möchte ich Euch versichern. Glaubt nicht, daß mein Wunsch, Euch zu sehen, aus einer Laune oder von ungefähr käme. In jener Nacht vor zwei Tagen hätte ich vermocht, Euch alles zu sagen. Heute fehlen mir die Worte. Ich kenne mich selbst nicht mehr. Es kam wie ein Blitz. Vielleicht werdet auch Ihr es einmal fühlen. Es wäre wunderbar. Aber es ist wohl hoffnungslos, daß Ihr es so empfindet wie ich... Seht, ich glaube daran, daß es einen Menschen gibt, den man lieben muß vom ersten Augenblick an. Liebe, die im zweiten Augenblick beginnt, ist schon nicht mehr so tief. Weil ich daran glaube, deshalb gibt es kein Hindernis, das mich aufhält. Wärt Ihr ein Engel oder ein Teufel, egal, ich käme zu Euch... Und wäre ich der Satan, egal, auch Ihr müßtet zu mir eilen."

„Ihr seid ein Mann, der zum Gesetz erhebt, was ihm frommt", erwiderte sie, „Ihr handelt und alle Welt findet es großartig und nachahmenswert. Ihr habt es leicht, Hindernisse zu überwinden. Ich dagegen, was bin ich schon? Ein Weib, ganz allein mit meinem einsamen Herzen und nicht stärker als ein Schilfrohr. Ich kann Euren Gedanken folgen, aber wie könnten sie so schnell auch die meinen sein?"

„Elisabeth, ich will Euch nicht mit meinen Wünschen und Träumen verwirren, doch eines erklärt mir frei und frank: Wäret Ihr übermorgen noch einmal gekommen, wenn ich heute nicht hier gewesen wäre?"

Elisabeth blickte zur Stadt zurück und dann zu den Waldbergen im Südosten. Zögernd gestand sie: „Ich glaube schon. Und nun reiten wir zu der Mühle. Habt Ihr auch solchen Heißhunger wie ich?"

„Wie ein Wolf. Und wenn der Müller nicht zu Hause ist, freß ich Euch mit Haut und Haaren."

„Aber vergeßt nicht einen kräftigen Schluck Branntwein hinterherzugießen. Ich bin noch nicht ganz abgehangen."

Sie fegte so wild über das Feld, daß Albrecht seine ganze Kunst aufbieten mußte, ihr auf den Fersen zu bleiben.

Ein normaler Sterblicher hätte sich den Hals gebrochen und die Beine dazu. Ein normaler Sterblicher hätte auch nicht den Mut besessen, mitten im Hoheitsgebiet seiner Erzfeinde das Weib seines Herzens zu erwarten.

❧❧❧

Von Ansbach herüber war ihm hin und wieder ein Haufen Söldner begegnet. Er grüßte sie mit derselben Fröhlichkeit wie das zipfelmützige Bäuerlein, das eine störrische Dreizentnersau nach Lauterbach trieb. Nicht genug damit, den Anführer der Söldner zog er noch damit auf, ob sie wohl unterwegs seien, den bösen Markgrafen Albrecht zu fangen.

Der Kriegersmann antwortete ihm mit einem schiefen Blick auf seine gepflegte, geckenhaft edelmännische Kleidung und meinte, daß sie dazu nur noch der Hilfe eines Hänflings wie ihm bedürften. Ohne zu ahnen, wie recht er damit hatte. Mit einem Augenzwinkern auf beiden Seiten war man weitergezogen.

Als Albrecht hinter Elisabeth dahintobte, dünkte ihn, daß sie aussähe wie eine Amazone. Aber die hatten ja einen kleinen Fehler. War es eine abgeschnittene Brust, die beim Bogenspannen störte? Es wollte ihm nicht einfallen, weil er weiterdachte, nämlich was zu tun sei, wenn in der Mühle ein paar durstige Knechte eingekehrt wären, die ihn erkannten und sich aus falscher Bescheidenheit weigerten, mit ihm an einem Tisch zu sitzen.

Verstohlen befestigte Albrecht einen mächtigen blonden Bart unter Nase und Kinn, der neben anderen Utensilien in der Satteltasche lag. Außerdem galt die Sitte, daß ein Bart für männlicher zu betrachten sei als keiner. Als Elisabeth die Verkleidung zu sehen bekam, waren sie schon bei der Mühle angelangt. Somit gab es keine Gelegenheit mehr, vor Heiterkeit aus dem Sattel zu fallen. Die Müllerin, eine verwitwete Liese Knöchlein, wegen ihres enormen Bizeps die Muskelliese genannt, trat aus der Tür, rieb sich verlegen die Hände an der Schürze und begrüßte die vornehme Jungfer und den entfernten Herrn Vetter. Sie führte die Gäste in die Schankstube, schob mit einer Armbewegung zwei Fuhrknechte in die Ecke und bot Elisabeth und dem Blondbärtigen die Plätze am Ofen an.

Nachdem der stattliche Reiter mit einem Beutel voller landesüblicher Münzen geklingelt hatte, begann man köstliche Speisen, vom Schinken des Schweines, der Brust des Huhnes, aus der Milch der Kuh und auch von Acker und Garten aufzutragen.

Albrecht spendierte eine Runde. Die Knechte brachten ein Hoch auf das freundliche Paar aus und stießen mit randvollen Freiweinkrügen an. Der Beifall des gemeinen Volkes stand seit Urzeiten in engem Zusammenhang mit der Zufriedenheit von Gaumen und Magen. Die Knechte wurden allmählich betrunken. Sie sangen fröhliche Lieder.

Albrecht hingegen hatte seinen Wunsch, mit Elisabeth unbeobachtet zu sein, erreicht. „Wenn jetzt die Welt mit Getöse zusammenfiele, wäre ich immer noch der zufriedenste Mensch unter dem Himmel."

Elisabeth legte artig den abgenagten Gänseschlegel zur Seite und erwiderte mit keuschem Augenaufschlag: „Das Getöse habt Ihr schon. Den Rest hebt bitte für heute abend auf, weil ich lieber im Bett sterbe und im Augenblick Eure Gegenwart und Gesellschaft recht angenehm finde."

Sie biß in einen Apfel.

„Ihr Sonnenstrahl meiner müden Greisenjahre", antwortete Albrecht in tiefem Baß. „Ich werde also den Weltuntergang verwünschen und dafür diese Stunde zur Ewigkeit erstarren lassen. Beliebt es so, mein Herz?"

„Auch nicht restlos, weil der Markgraf... o Gott, weil der Herr Vetter heute noch eine Menge zu regieren haben."

„Teufel, horcht Ihr mich etwa aus?" Er zerbiß einen Markknochen.

„Zwar bin ich einfältig, aber nicht so sehr, edler Freund. Wäre es nicht einfacher, Euch zu umgarnen, Euch für Tage zu fesseln, für Wochen dem Feldheere zu entziehen? Wenn ich mich dafür opferte... oder wenn ich Euch verzauberte, daß Ihr keinen kriegerischen Gedanken mehr fassen könntet, was dann? Der Markgraf liegt nur noch mit seiner Kebse zu Bette. Was dann?"

„Tut es bitte. Ich bin Euer eifrigster Schüler. Krempelt mich um, nur verliert nicht Eure Macht über mich. Hört nicht auf, mich zu lieben, Elisabeth."

„Wer sprach von Liebe?" fragte sie erstaunt.

„Ihr."

„Ich? Ich sprach von einer Methode."

„Schade, ich hätte mit Euch Ziegen und Schafe gehütet – Rosen und Bienen gezüchtet, auch geraubt und gestohlen, geflucht und gebetet, geherzt und geküßt."

„Und auch im Loch gesessen."

Er deutete zum Fenster der Gaststube. „Elisabeth, noch eine Stunde und die Sonne geht unter. Sagt mir, sehen wir uns wieder, bevor die Vernunft alles aufs Neue zerstört?"

„Meine Vernunft ist immer und überall stets dabei", erklärte sie. „Aber sie bekommt zittrige Knie."

„Wenn Eure Vernunft nicht gleichzeitig Berechnung ist, dann scheint mir das Wort Hoffnung..."

„Ihr meint Berechnung im politischen Sinne?"

„Und militärisch natürlich."

„Ihr meint, ich versuchte nur, aus Eurer Zuneigung Vorteile zu schaffen, Euch Geheimnisse zu entlocken, Euch auszuhorchen, mich dafür zu verkaufen. Also, das denkt Ihr?"

„Nein, zum Donnerwetter! Ich wünsche, daß es nicht so ist."

„Schreit mich nicht an", drohte sie. „Ihr vergeßt, daß Ihr hier nur ein geduldeter Gast seid."

Er nickte einsichtig. „Ich weiß, wenn Ihr mit dem kleinen Finger winkt, bin ich ein toter Mann."

„Mit Grafen geht man gräflich um. Wer sagt, daß ich Euch tot will? Versteht mich nicht dauernd falsch."

„Jetzt schreit Ihr, Elisabeth."

„Das muß ich. Ihr seid boshaft, hinterlistig und ungläubig."

„Bitte, ich kann Euch hier nicht den Mund verbieten. Aber wenn Ihr einen Tag vor dem vierten Advent nicht auf dem Meierhof hinter Herzogenaurach seid, dann holt Euch der heilige Sankt Nikolaus noch vor dem Fest. Dann hilft dem Kinde kein Flennen, so wahr ich der Markgraf von... der große Rutenschwinger bin."

Den Rest verschluckte er.

Bei dem Gegröle der Fuhrknechte hatte kaum einer bemerkt, wie sich der Platz vor der Mühle mit Berittenen füllte und die Gestalt eines hünenhaften Feldhauptmanns die Türe versperrte. Der Hauptmann blickte ernst in die Runde und prüfte jeden der Anwesenden auf das Genaueste. Bei Albrecht blieben seine Blicke haften.

Er trat näher und fragte: „Wer seid Ihr, Fremder?" Dabei stolzierte er wie ein Hahn, die Hand um den Degengriff, hin und her.

Graf Albrecht entgegnete: „Wer ich bin? Ich bin ich. Und wer seid Ihr? Begrüßt man so einen freien Bürger einer freien Stadt?"

„Ihr werdet doch nicht behaupten, Ihr seid ein Nürnberger Kaufmann?"

„Und Ihr werdet doch nicht sagen wollen, man hätte Euch jemals gelehrt, Euch mit Anstand zu benehmen."

Der Hauptmann reckte das Kinn vor. „Bedaure, mein Herr, aber bei dem Auftrage, der mich hierherführt, hört jeglicher Anstand auf. Uns ist gemeldet worden, der Markgraf von Ansbach befände sich in der Gegend."

Elisabeth erblaßte. Wenn nichts auf der Welt es vermocht hätte, aber das sprach gegen sie. Er, Albrecht, mußte annehmen, sie hätte ihn in die Mühle gelockt, um ihn den Nürnbergern auszuliefern. Sie zerbrach sich schier den Kopf, wer hinter das Geheimnis gekommen war. – Oder war es Zufall? – An ihre eigene sie belastende Lage dachte sie zu allerletzt.

„Ach der Ansbacher, dieser Strauchdieb", tat Albrecht scheinheilig, „den sucht nur eifrig. Wie soll er denn aussehen?"

Elisabeth bewunderte seine Kaltblütigkeit.

„Das werden wir Euch schon erzählen, wenn wir Euch näher besichtigt haben. Seid also so freundlich und folgt mir auf den Hof hinaus."

Die Fuhrleute lärmten unverdrossen weiter. Sie hatten den Vorgang gar nicht bemerkt.

Elisabeth stand voll entschlossener Kampfbereitschaft zwischen Albrecht und dem Hauptmann. Forsch fragte sie den Söldner: „Wißt Ihr, Hauptmann, wer ich bin?"

Der Angesprochene schätzte sie Zoll für Zoll ab. „Ihr seid das Fräulein Elisabeth Imhoff aus dem Hause eines unserer angesehensten Bürger."

„Dann genügt es wohl, wenn ich mich verbürge, daß dieser Mann, den Ihr grundlos so schlecht behandelt, ein Verwandter und Gast unserer Familie ist und in jeder Beziehung ganz auf unserer Seite steht."

Der Hauptmann kämpfte offenbar mit einem letzten Rest Kavaliersgefühl gegen sein Pflichtbewußtsein. Doch zuletzt siegte der soldatische Auftrag über den Charme einer Frau. Er entschied: „So leid es mir tut, Jungfer Imhoff, ich muß diesen Mann festnehmen. Auch auf die Gefahr hin, daß man ihm unrecht tut. Greifen wir lieber einmal zuviel daneben und finden den Richtigen, als umgekehrt."

„Das werdet Ihr noch bereuen, Hauptmann, verlaßt Euch darauf."

Elisabeth erkannte die Ausweglosigkeit der Lage. Wenn es noch eine Möglichkeit gab, Albrecht zu retten, dann lag dies nur bei ihm selbst und seinem Mut.

In seinen hellen Augen glaubte sie noch einen Schimmer Hoffnung zu lesen, denn von solcher Gelassenheit konnte kein Mann sein, der nicht noch einen Trumpf in Händen gehabt hätte.

Der Hauptmann zog seinen Degen und bat Albrecht, vor ihm die Schankstube zu verlassen. Albrecht bückte sich unter der niederen Tür und schritt auf den Gang zum Hofe. Draußen standen die Soldaten bei der Muskelliese und ließen sich die Becher füllen. Die Pferde weideten in einigem Abstand und suchten sich mühsam letzte Gräser.

Elisabeth trat hinter dem Hauptmann aus der Schankstube. In diesem Augenblick, es dauerte alles nur den Teil einer Sekunde, fuhr Albrecht herum, riß dem Hauptmann den Säbel aus den Händen, unterlief ihn, wuchtete ihn hoch und warf ihn mit dem Kopf gegen die massiven Sandsteinquader des Mühlenfundamentes, wo der baumlange Kerl liegen blieb, als gälte es, einen schweren Rausch auszuschlafen.

Elisabeth war von der plötzlichen Änderung der Lage so überrascht, daß sie erst wieder zu sich kam, als Albrecht sie umarmt und geküßt hatte, mit weiten Sprüngen zu seinem Pferde eilte, aufsaß und wie der Satan davonstob.

Indessen ging die Sonne immer tiefer hinter den Häusern und Türmen der Stadt unter. Die Schatten wurden länger. Der Hauptmann, endlich munter geworden, schrie seine Reiter an, sie seien die elendigsten Trottel dieses Jahrhunderts, und nahm die wenig aussichtsreiche Jagd nach dem Blondbärtigen auf. Um Elisabeth kümmerte sich in der Hitze des Gefechtes niemand.

Mit Unruhe im Herzen erreichte sie die Stadt. Zu Hause angekommen, eilte sie auf ihr Zimmer und sperrte sich ein. Angekleidet lag sie auf dem breiten Himmelbett und schloß die Augen, um weiterzuträumen. Aber die Sorge ließ keinen Schlaf aufkommen. Unruhig warf sie sich von einer Seite zur anderen. Erst gegen Morgen begann sie ruhig und gleichmäßig zu atmen.

Nach einer Stunde scharfen Rittes traf Albrecht mit einem Trupp von Reitern, der an diesem Tage, meist unsichtbar, immer in seiner Nähe geblieben war, zusammen. Als man sich im Dunkel erkannt hatte, ritt der baumlange Anführer auf Albrecht zu und wurde von diesem folgendermaßen begrüßt:

„Habt Ihr eine Beule am Kopf, Troll von Mergentheim?"

„Nein, Herr, aber ansonsten bist du prächtig in Übung."

„Weshalb habt Ihr eigentlich eingegriffen, Troll?"

„Caspar, der Späher, meldete uns ein Fähnlein Nürnberger, die den direkten Weg zur Mühle nahmen. Als wir dort ankamen und dich fein säuberlich heraushauten, bogen sie nach Süden ab und passierten durch das Frauentor wieder ein. Du wirst verzeihen, daß wir dein Schäferstündchen unterbrachen, Herr."

„Es wird keine andere Möglichkeit gegeben haben. – Du hast den Nürnberger Hauptmann vorzüglich gespielt, Troll."

„Das Komödiantische liegt uns Mergentheimern im Blut. Aber was ich sagen wollte, die Dame hat sich wunderbar geschlagen."

„Findest du?"

„Wirklich, wie ein Mannsbild, das ein Frauenzimmer ist."

„Danke, Troll..."

In jener Nacht fror es wieder. Sie merkten es an dem härter schallenden Hufschlag und an ihren Flüchen, die, kaum ausgesprochen, wie kristallene Wolken in der Luft hingen. Auf wenig bekannten Pfaden durchritt man die ausgedehnten Wälder im Süden Nürnbergs. Hier und dort schreckte ein Wild, vom Geräusch brechenden Geästes geweckt, über eine Lichtung.

Albrecht und Caspar führten den Trupp an, während Troll die Nachhut übernahm. Das lag dem alten Haudegen besser. Als Nachhut konnte er mitunter ein bißchen eindösen oder wehmütigen Erinnerungen nachhängen. Gedanken an seine Weinberge, an das liebliche Maintal mit seinen fetten Wiesen, an das bequeme Schloß und was man eben so herbeiwünscht, wenn man eine bitterkalte Nacht nicht im Federbett bei seinem Weibe, sondern im Sattel verbringen mußte.

Den Nordstern, der in der oberen Hälfte der Erdkugel schon immer ein zur Wegbestimmung geeigneter Stern war, nahmen sie um Mitternacht vom Nacken auf die rechte Schulter. Das heißt, sie bogen aus südlicher Richtung nach Westen ab. Gegen Morgen hatten sie die Stadt Nürnberg weit im Rücken gelassen...

IX.

Die Glücksgöttin verteilt ihre Gaben nie unberechenbarer als im Kriege. Neigt sie sich heute dem einen zu, verläßt sie ihn am nächsten Tage und schleicht sich übermorgen wieder in seine Arme, als sei nichts gewesen. Ohne Frage kommt derartiges Benehmen nicht von ungefähr. Was heißen soll, daß die Dame Fortuna absolut bestechlich ist – eine Hure. Die erfolgreichsten Mittel seit dem klassischen Altertum sind bekannt. Sie heißen List, Mut, Tapferkeit, Stärke, Ausdauer und Geschicklichkeit. Mit diesen Mitteln kann man sie betören. Wer am besten buhlt, wird am Schluß der Sieger sein. Womit bewiesen sein soll, daß *fortuna belli* nach irdischen Begriffen von seltener Verworfenheit ist.

Zu dieser Überzeugung kamen auch die Ansbacher und frohlockten, denn auf solchem Terrain verstand man sich mit größerer Sicherheit zu bewegen als die schwerfälligen Nürnberger. Markgraf Albrecht hatte auch ganze Arbeit geleistet. Mit Hilfe seiner Mittelsmänner, in der Hauptsache des Weißgerbermeisters Zirngiebl, wohnhaft beim Weinmarkt, hatte er von den Vorbereitungen erfahren. Insgeheim labten sich die Ansbacher schon an dem Inhalt der Weinfässer und an gepökelten Schinken, welche aus den Vorratslagern der Nürnberger auf die Planwagen geladen wurden.

Als der sorgsam bewachte Wagenzug durch das Neutor die Stadt verließ, ahnte niemand, daß ihn vom ersten Augenblick an Ansbacher Späher beschatteten. Zunächst wiegte man die Kolonne in Sicherheit, hütete sich in den ersten Tagen vor Begegnungen und lockerte dadurch die Vorsicht der Begleitknechte. Man ging sogar so weit, daß man den Nürnbergern Spitzel in Bauernkleidung entgegenschickte, welche auszusagen hatten, daß von den Ansbachern nirgendwo eine Spur zu sehen sei.

Bei Leutershausen kam die günstigste Gelegenheit zum Angriff. Die ahnungslosen Nürnberger hatten sich gerade zu mittäglicher Rast hingestreckt, als die Hölle losbrach. Noch ehe die Kriegsknechte zu den Waffen greifen konnten, hatten die aus dem Hinterhalt hervorgebrochenen Ritter schon deren zweihundert gefangen und den Rest getötet. Beute wie Siegesfreude waren groß. Nur die Nürnberger machten lange Gesichter.

Nach diesem Erfolg übten die Ansbacher noch weitere Rache für die Niederlage bei den Weihern. Man unternahm Raubzüge und Brandschatzungen gegen die Zeideldörfer, die Dörfer Buch, Schniegling, Schnepfenreuth, gegen Kornburg und sogar Altdorf. Besonders hatte man es auf die prunkvollen Landsitze der Patrizier vor den Toren der Stadt abgesehen. Mit dreistem Übermut zerstörte man zu Pferd die liebevoll nach italienischem Vorbild angelegten Gärten und Parks. Die in den Pomeranzenhäusern gezogenen Früchte des Südens, wie Orangen und Feigen, genoß man ebenso mit gesundem Appetit wie die drallen Mägde, die sich nach anfänglichem Sträuben bald in den sehnigen Armen der Ansbacher wohlfühlten.

Diesem Treiben sahen die Pfeffersäcke mit gallbitterer Miene zu und waren dennoch machtlos. Setzte man ein Vergeltungsunternehmen gegen die Feinde an, stieß man damit meist in eine Leere, die sich jedoch später als Hornissennest entpuppte. Kurzum, der Krieg machte keinen Spaß mehr und verdarb zusehends die gute Laune.

Der Rat, gekleidet in wertvolle, mit nordischen Pelzen verzierte Mäntel, sah finster drein. Der Stadtschreiber bohrte mit dem Federkiel in der Nase und wartete auf Order. Nach fruchtlosen Debatten war man müde geworden. Der Wortführer der gemäßigten Linie, Senator Imhoff, war dafür eingetreten, bis zur Heranführung ausreichender Ulmer Hilfstruppen den Ansbacher nicht mehr sonderlich zu reizen und sich lieber so aufzuführen, als wäre er gar nicht vorhanden. Da mit dem Eintreffen von Verstärkungen seitens der schwäbischen Städte nicht vor dem Frühjahr zu rechnen sei, schlug Imhoff vor, erst einmal weiter den Geschäften nachzugehen und die Aufregungen zu überschlafen.

Damit erntete er den ungeteilten Beifall des Stadtrates, wobei einige der Herren schon dazu übergegangen waren, den Worten auch die Tat folgen zu lassen, indem sie kräftig schnarchten.

Der ob seiner Trunkfestigkeit berühmte Stadtmedikus Mulzer erhob sich. Mit einem *ceterum censeo*, im Übrigen brauche ich jetzt einen Schluck Burgunder, ging er nach Hause. Ein Signal zum allgemeinen Aufbruch. Nur der Bürgermeister blieb zurück. Nicht aus Diensteifer. Auch er war eingeschlummert.

Herr Imhoff ging noch einmal durch die Kontore seiner Lagerhäuser und dann erst heim. Auf dem Weg rechnete er in Seidenballen, italienischen Fayencen, Gewürzen, ungarischer Wolle, multipliziert mit flandrischem Tuch, seine Gewinne aus.

Als er Elisabeth gegenübersaß, kreisten seine Gedanken noch immer um den Handel. Er überdachte Briefe an seine weitverzweigten Niederlassungen, die am nächsten Tage zu schreiben waren. Auch nahm er sich vor, dem Karmeliterkloster eine größere Summe zum Geschenk zu machen. Erstens förderte solches Tun die Seelenruhe, zweitens erwartete man von einem reichen Handelsherrn Großzügigkeit, und drittens hatte man bisher noch nicht die geringsten kriegsbedingten Verluste zu spüren bekommen. Im Gegenteil, der Ausfall vieler Sendungen der Konkurrenzen erhöhte die Imhoffschen Gewinne und Umsätze so beträchtlich, daß man Mühe bekam, die Gelder sicher in Gold anzulegen.

Vater Imhoff teilte seine Überlegungen wie stets seiner Tochter mit. Dabei äußerte er den verwegenen Gedanken, es möge sich in nächster Zeit doch ein Überfall auf den erwarteten Wagenzug aus Thüringen ereignen, da man sonst in Handelskreisen nicht mehr an reinen Zufall glauben könne.

„Ich würde mir darüber den Kopf nicht zerbrechen, Herr Vater", sagte da Elisabeth. „Nehmt an, der Markgraf Albrecht sei ein besonderer Freund von Euch und erteile Euren Waren Geleitschutz."

„Kind, ich kenne meine Freunde genau. Ein Ansbacher zählte niemals zu ihnen", erwiderte Imhoff.

Da schlug Elisabeth die Augen nieder. „Haltet Ihr es für möglich, daß ein Ansbacher je Euer Freund sein könnte, Vater?"

Imhoff zögerte erst. „Warum nicht. Man soll Menschen nie danach beurteilen, wie sie uns schaden oder nützen, ob die politischen Standpunkte die unseren sind oder nicht, ob sie eine Spanne unseres Lebens einmal Feinde waren oder uns aus der Überzeugung heraus, im Recht zu sein, Schmerz zufügten. Der Mensch wird nicht gemessen nach der Seite, auf der er kämpft, sondern wie er kämpft. Oft geschehen Grausamkeiten unter dem Mantel einer großartigen Idee, geschieht Abscheuliches unter dem Banner der Menschlichkeit. Ich denke an den großen Kaiser Karl und die Sachsen."

Nach diesen Worten herrschte drückende Stille, bis Elisabeth das Gespräch weiterführte: „Nehmt einmal an, Herr Vater, ich sei mit dem Markgrafen Albrecht seit jenem Zwischenfall im Sommer befreundet."

Werner Imhoff musterte seine Tochter erstaunt und schwieg lange Zeit. „Gut, ich nehme es einmal an. Damit wäre unser Haus abtrünnig geworden. Es steht so außerhalb der Lebensgemeinschaft dieser Stadt. Der Krieg, der damit verbundene Verlust unserer Landsleute, wäre für uns zur fetten Pfründe geworden. Das Wort Verräter ist hart, aber in diesem Falle angebracht... Nur eines, mein Kind, wäre wohl zu bedenken."

„Was denn, Herr Vater?" Elisabeth errötete bei seinen Worten und neigte sich wieder über ihre Handarbeit.

„Für den Fall, du liebtest ihn und er liebte dich..."

Sie wagte kaum zu atmen. „Angenommen, es sei so."

„Und es wäre jenes Gefühl, das unausreißbar in den Herzen ruht, dann, ja dann wünschte ich mir zutiefst, es möge bald ein ehrlicher dauerhafter Friede über unsere Länder kommen. Der

Sinn des Lebens, die Wohlfahrt der Menschen ist ohne wahrhafte Liebe unmöglich. Aber wir fabulieren wohl nur."

Elisabeth setzte sich auf seine Knie und legte ihre Arme um seinen Hals, wie sie es als Kind so oft getan, wenn er ihr von der Mutter erzählte. Sie preßte ihr heißes Antlitz in den Samt seines Wamses und weinte lautlos.

X.

Die Glocken von Elisabeths Reiseschlitten bimmelten hell wie die beim Sanctus in der Messe. Der Braune zog das zierliche Gefährt so spielerisch durch den stillen klaren Morgen, daß der festgefahrene Schnee unter den geschärften Hufeisen in Brocken zur Seite sprang.

Es war der Tag vor dem vierten Advent, kalt und klar in seiner winterlichen Pracht.

Elisabeth Imhoff hatte den weißen Winterwald hinter sich gelassen und näherte sich voller Erwartung ihrem Ziele. Beiderseits des Weges dehnte sich in sanften Wellen das verschneite fränkische Land. Nur selten wurde es von einem einsamen Gehöft oder einem Dorf unterbrochen, wo Schornsteine rauchten und mitunter das Brüllen von Vieh aus den Ställen drang.

Elisabeths vorauseilende Gedanken waren von überaus angenehmer Art. Wiewohl es ja nicht schwer ist, in warme Pelze verpackt, von der glückseligen Unruhe des Herzens dahingetrieben, fröhlicher Stimmung zu sein.

In der Ortschaft Herzogenaurach fragte sie im Schnee sich balgende Buben nach dem Meierhof und erhielt zur Antwort, sie möge immer der Nase nach geradeausfahren. Doch geradeaus lag der Dorfweiher. Da die Buben nicht aufhörten, sich mit Schnee einzureiben, warf sie ihnen ein paar Münzen vor die Füße.

Dadurch gewann sie im Handumdrehen zwei fährtenkundige Führer, was sich jedoch als unnötig erwies, denn der Weiler eine halbe Meile hinter dem Dorf war der gesuchte Meierhof. In munterer Fahrt bog Elisabeth zwischen Haus und Scheune und hätte den Markgrafen beinah unter die Kufen genommen.

Albrecht war gerade dabei, mit seinen Gefolgsleuten um die Wette Holz zu hacken. Als er Elisabeth sah, hieb er die Axt in den Wurzelstock, hob Elisabeth samt Reisedecken und Pelzen aus dem Schlitten und trug sie in das schloßartige Hauptgebäude.

In der Halle, vor dem Kamin, stellte er die ob des stürmischen Empfanges reichlich verdutzte Nürnbergerin auf die Füße und begann damit, sie aus sämtlichen Hüllen zu schälen. Dies so lange, bis sie meinte, nun sei es aber genug. Eine Dienerin brachte Glühwein und Lebzelten. Mit zufriedenem Stöhnen sank Elisabeth in den gepolsterten Stuhl.

„Da bin ich also, hoher Herr."

„Und da bin ich, Elisabeth, schon lange."

„Während der ganzen Fahrt fragte ich mich, ob es noch tugendsam oder schon verworfen ist, dem Herren der Schöpfung eine Tagesreise entgegenzufahren."

„Nächstens besuche ich Euch zu Hause, Elisabeth."

„Lieber nicht. Ich wäre in dauernder Angst um Euch. Dann komme ich lieber bis Ansbach, wenn es sein muß."

Albrecht lachte. „Bis Ansbach, das würdet Ihr wirklich tun?"

„Ohne Frage, wenn Ihr mich so sorgsam beschützen ließet wie heute."

Da war es an Albrecht, sich zu wundern. „Habt Ihr die zwei Reiter bemerkt, welche Euch begleiteten?"

„Gleich hinter der Stadt, dort wo der Weg in den Wald führt, trabten sie aus einer Senke und blieben mir auf den Fersen. Doch plötzlich wart Ihr mir nahe und ich hatte keine Lust mehr umzukehren."

„Ich war Euch nahe, was soll das heißen? Sprecht, Elisabeth, ich habe verdient, die Wahrheit zu erfahren. Zu lange mußte ich Euch vermissen."

„Ihr erfahrt es noch beizeiten." Sie nahm einen Schluck von dem heißen gewürzten Wein. „Warum glaubt Ihr wohl, bin ich hier? Etwa um Euch zu sagen, daß ich nicht komme? Tut nicht so scheinheilig. Ihr kennt doch die Frauen recht gut."

Er stand am Feuer. Der Schein der Flammen belebte seine Züge. „Ihr macht mich glücklich damit, Elisabeth. Es hat sich soviel ereignet, seit ich Euch traf, daß ich kaum zu hoffen wagte, meine Gedanken drängen bis hin zu Euch."

„Habt Ihr wirklich an mich gedacht?"

„Immerzu."

„Was denkt Ihr eigentlich, Albrecht, wenn Ihr nicht an mich denkt?"

„Nichts, weil mein Tag nur vierundzwanzig Stunden hat. Während dieser Zeit habe ich ohne Pause zu überlegen, was geschieht, wenn Ihr mich lieben solltet."

„Nebenbei regiert Ihr und kämpft. Ihr tötet Menschen und bringt Frauen und Kinder in tiefste Not. Dies alles in Gedanken an mich. – Verlangt Ihr da, daß ich glücklich bin?"

„Bitte verknüpft nicht die schlimmen Dinge des Alltags mit dem, was zwischen uns ist, Elisabeth. Jeder echte Mann kämpft um das, was er für sein Recht hält. Keine Frau ließe sich ihr Kind wegreißen, ohne es mit Zähnen und Klauen zu verteidigen. Nun, Ihr versteht mich schon. Eure Einwände sind nur ein Versuch der Rechtfertigung. Doch Ihr habt diese wahrhaftig nicht nötig. Entweder Ihr liebt mich, dann gibt es für Euer Tun keine Anklage, oder Ihr liebt mich nicht, dann, ja dann opfert Eure Gesinnung nicht einer Laune, sondern kehrt in Eure Stadt zurück."

Er stützte seine Hände auf den Kaminsims und blickte in das Feuer. Sie trat zu ihm, schlang ihre Arme um seinen Hals und sagte: „Markgraf Albrecht, habt Geduld. Muß eine Frau so rasend schnell erobert sein? Ich laufe Euch nicht weg. Im Gegenteil, da bin ich doch. Ich genieße es eben, mich mit Bedacht zu verlieben, auch wenn ich Euch..."

„Nun, Jungfer Imhoff?"

„Euch in einem fort küssen möchte."

Da wirbelte der kräftige Mann sie wie eine Feder empor und durch die Halle, bis sie schrie: „Hört auf, Albrecht! Wenn man Euch so sähe, wo bliebe da der Respekt? Seit wann küssen Grafen wie Bauernknechte?"

„Und woher wißt Ihr, wie Bauernknechte küssen, he?"

„Vom Zusehen."

„Ihr lügt!"

„Nein, wirklich. Und mir wird ganz wirr im Kopf."

„Na schön, dann liebe ich eben wie ein Bauer. Hauptsache, ich darf es Euch beweisen."

„Ihr macht es mir leicht, es zu glauben." Sie holte erschöpft Luft. „Aber nun kühlt Euch ein wenig ab. Jetzt bauen wir einen Mann und ein Weib aus Schnee. Einen Mann mit einer Kohlrübennase im Gesicht, das seid Ihr."

„Und die Frau mit einen Mund so rot wie Erdbeeren. Das seid Ihr."

„Dann los, Achilles von Ansbach! Ihr werdet Euch wundern über Euren Kürbiskopf. Erwartet kein Kunstwerk aus höfischem Anstand. Vergeßt nicht, ich bin eine freie Patriziertochter mit vielleicht mehr Gold im Keller, als Eure Staatskasse je gesehen hat."

Die Edelleute aus Albrechts Begleitung rollten die Rümpfe, Arme und Köpfe. Caspar suchte die längste Kohlrübe, Troll von Mergentheim schabte vier Stückchen Holzkohle rund und befestigte sie an die Stelle der Augen. Albrecht band einen Besen für den Mann, und Elisabeth suchte in Truhe und Schränken nach einem bunten Kopftuch für die Dame. Dann warf man mit Bällen aus Schnee. Zuerst gegen das eiskalte Paar, dann gegen Troll und am Ende alle gegeneinander, bis der Hochadel der Ansbacher aussah, als käme er samt und sonders aus der Mehlkiste. Ihr Appetit war dem entsprechend. Sie schmausten, tranken und schwatzten und waren ausgelassen. Elisabeth konnte sich des Eindrucks nicht erwehren, als behandele man sie schon wie die Herrin. An Albrechts Seite fühlte sie sich ebenso umsorgt und sicher wie im Schoße des Elternhauses, und sie wurde sich für wenige Stunden des Unterschiedes zwischen hier und dort gar nicht bewußt. Ihr Glück war so groß, daß sie erst in die Wirklichkeit zurückkehrte, als die Stunde des Abschieds gekommen war.

Albrecht gab ihr das Geleit bis weit über sein Gebiet hinaus. Neben ihr im Schlitten sitzend, führte er die Zügel. In höflichem Abstand folgten seine Knechte mit dem Rappen.

„Die Stunden bei Euch, Albrecht, sind immer so voller Leben, daß ich Tage benötige, um wieder in meine Welt zurückzufinden", gestand sie ihm. „Aber es war wunderwunderschön."

Unter dem Pelz legte Albrecht seinen Arm um ihre Schultern und sagte: „Ich wollte Euch einmal zeigen, was für Menschen es sind, mit denen ich täglich zusammen bin. Ich hoffe, Ihr seid nicht enttäuscht. Es sind Männer, die sehr rauh und grob behauen erscheinen. Aber glaubt mir, sie sind gar fromm und sittsam, wenn sie in der Residenz durch die Gänge schreiten."

„Der Troll auch?"

Da mußte Albrecht von Herzen lachen. „Nein, der Troll nicht. Aber er ist der Treueste und Tapferste von allen. Er hat mich erzogen. Was ich kann und weiß, mit Ausnahme meiner Kenntnisse in den Wissenschaften, ist das Ergebnis seiner Schule."

„Und Caspar?"

Albrecht schnalzte mit der Zunge, damit der Braune in schnellere Gangart verfiele. „Caspar war mein Begleiter auf den Universitäten in Prag und in Wien. Er ist mein Freund und Berater."

„Werden Eure Freunde wieder dabei sein", setzte sie vorsichtig an, „wenn wir uns einmal wiedersehen?"

„Ich glaube nein. Und wißt Ihr auch warum, Liebste?"

Sie schüttelte den Kopf und rückte nahe zu ihm hin. Sie fühlte jetzt seine Wärme.

„Weil ich endlich mit Euch allein sein möchte. Ist das verwerflich?"

„Nein", gestand sie, „denn es ist auch mein Wunsch. Ich könnte mir nichts Schöneres vorstellen. Gerne wäre ich noch einen Tag geblieben, aber ich muß gestehen, es fiel mir keine Ausrede ein. Mein Vater ist immer sehr besorgt, wenn ich in kriegerischen Zeiten nachts nicht in der Stadt weile."

„Bei mir seid Ihr sicherer als irgendwo."

„Zum Glück weiß das niemand außer uns. Kehrt jetzt um, Albrecht, Liebster. In drei Stunden kann ich in den Mauern sein. Eure zwei Reiter werden mich trefflich behüten."

Sie hielt den Schlitten an und Albrecht schwang sich auf sein Pferd.

„Ich danke Euch, Elisabeth", rief er, „für das, was Ihr mir heute schenktet. Ihr werdet es nie erahnen."

„Da übertreibt Ihr schon wieder. Es ist kein einseitiges Geschenk. Lebt wohl und bitte... achtet auf Euch."

„Lebt wohl, Liebste, wir sehen uns bald. Vergeßt nicht Tag, Ort und Stunde."

Als Bestätigung schüttelte sie den Kopf so heftig, daß die Pelzkapuze in den Nacken fiel, und gab dem Braunen die Zügel frei.

Das war die vierte Begegnung zwischen Achilles von Ansbach und Elisabeth Imhoff.

XI.

Das ereignisreiche Jahr 1440 war zu Ende gegangen. Trotz des allenthalben spürbar lastenden Krieges hatte man in der Ansbacher Residenz den Beginn des neuen Jahres in gewohnter Pracht und Fröhlichkeit begangen. Nur Markgraf Albrecht, sonst der Heiterste von allen, stand einsam am Rande des Trubels und dachte voller Sehnsucht an sein Mädchen. Er hatte große Macht in seinen Händen gesammelt, aber eines schien unmöglich, nämlich Elisabeth für immer zu sich zu nehmen. So leicht es einerseits gewesen wäre, sie zu entführen oder sie zu überreden, nicht mehr in die Stadt zurückzukehren, so sehr scheute er vor impulsiven Entschlüssen und vor Entwicklungen, die nicht vorhersehbar waren, zurück. Nur zu gut wußte er, daß Elisabeth alles für ihn aufgegeben hätte. Sowohl die Heimatstadt wie das Vaterhaus. Er wußte aber auch, daß dann jede Brücke zurück für immer abgebrochen worden wäre. Elisabeths Wesensart bedurfte bei aller Selbständigkeit doch immer einer Verbindung zu dem Lebenskreis ihrer Kindheit. Albrecht zweifelte auch, ob es ihm gelänge, Elisabeth in einer neuen Umgebung bei Hofe jene Erfüllung zu schenken, die sie haben mußte, um nicht eines Tages tiefe Reue zu empfinden. Selbst wenn sein Gefühl für sie immer unverändert blieb, so mußte das Leben im Blickfeld eines Hofstaates doch zermürbend sein im Vergleich zu den unvergleichlichen Wonnen heimlicher Begegnungen irgendwo in den fränkischen Landen.

Januar und Februar vergingen. Mit der steigenden Sonne wurden die Tage länger und wärmer. Wenige unwiederbringliche Stunden für Albrecht und Elisabeth lagen dazwischen. Man nahm zusammen an höfischen Jagden teil, ebenso wie man unerkannt in ländlicher Verkleidung an derben Bauernfesten und Dorftänzen Vergnügen fand. Immer begleiteten sie nur wenige Knechte, aber stets Troll und Caspar. – Wurde man durch irgendeinen Umstand auf das stolze Paar aufmerksam oder näherte sich per Zufall eine Streife Nürnberger Reiter, dann pflegte man in Ruhe seinen Wein auszutrinken, schwang sich auf die im Hofe immer bereitstehenden Pferde und stob in die Nacht hinaus.

Wo immer Elisabeth neben Albrecht erschien, rätselte man, wer die Schöne wohl sei und wohin sie so plötzlich immer wieder verschwand. Oft sah man sie tagelang zusammen, um sie dann erst Wochen später wieder einmal Seite an Seite zu entdecken. Aber eines wurde offenbar: Waren die beiden vereint, dann strahlte eine tiefe innere Glückseligkeit auf ihren Gesichtern. Begegnete man dem Markgrafen Albrecht allein mit seinem Gefolge, dann schien es, als leide sein Herz unter verzehrender Wehmut.

In jener Zeit spürte Ulman Stromer bei Elisabeth eine Veränderung, die ihn beunruhigte. Durch die Beanspruchung infolge ausgezeichneten Geschäftsganges war Herr Werner Imhoff oft in Regensburg, in Würzburg oder Ulm. So bemerkte der Vater nichts von Elisabeths häufigen Ausritten, wiewohl er sich ohnehin nie in die Unternehmungen seiner Tochter einzumischen pflegte. Ulman Stromer jedoch, der mehrmals Elisabeth seinen Besuch abstatten wollte, fand sie oft tagelang abwesend. Er glaubte, sie deshalb zur Rede stellen zu müssen. Er betrat das Imhoffsche Haus, als sich Elisabeth gerade anschickte wegzufliegen. Mit heimlichem Vorwurf in der Stimme sagte er: „Guten Morgen, Elisabeth. Wir haben uns lange Zeit nicht gesehen. Wie geht es dir?"

Ärgerlich über sein unangemeldetes Erscheinen antwortete sie knapp: „Grüß Gott, Ulman. Nun, du lebst ja noch, wie mich dünkt."

Unschlüssig stand er neben ihr und konnte nicht umhin, ihre voll erblühte Schönheit, ihre blendende Figur in dem eng sitzenden Reitkleid zu bewundern. Dabei nagte ein unbestimmtes Gefühl in seinem Inneren. Er fürchtete, es müsse Eifersucht sein. So schmerzhaft war es noch nie gewesen.

„Du reitest aus?"

„Wie du siehst."

„Schon wieder?"

„Muß ich dich um Erlaubnis bitten?"

„Darf ich dich begleiten?"

Elisabeth überlegte eine Antwort. „Ein Stück Wegs vielleicht, wenn es dir Spaß macht. Aber ich komme erst morgen zurück, oder übermorgen."

Ulman brannte vor Unruhe. „Warum erst morgen? Darf ich fragen, wohin du reitest?"

Elisabeth blickte ihn wütend an. Nichts fand sie abstoßender als Neugierde und Aufdringlichkeit. „Nein, das darfst du nicht."

Er fühlte sich in seiner Ehre als Freund gekränkt. „Ich darf also nicht. Aber wir werden ja sehen. Ich begleite dich auf jeden Fall. Ich muß wissen, wo du dich herumtreibst, vor allem in den Nächten."

Da war es Elisabeth zu viel. Rot vor Zorn schrie sie ihn an: „Woraus leitest du das Recht zu solcher Unverschämtheit ab? Du wagst also, mir nachzuspionieren. Du maßest dir Ansprüche an, die bisher kein Mensch erhob. Ich kann tun, was ich will. Du vergißt den Unterschied zwischen deiner engstirnigen und meiner freien Erziehung. Ich verbiete dir, Ulman Stromer, noch einmal mein Haus zu betreten!"

Er schien völlig außer sich vor Entsetzen. „Elisabeth, du weißt nicht, was du sprichst. Du solltest dereinst mein Weib werden. Und es ist mir nicht gleichgültig, was man über dich redet. Ich gehe sofort zu deinem Vater."

Da ergriff Elisabeth heftiges Mitleid für ihn. Sie erwiderte in beherrschtem Ton: „Hör zu, Ulman Stromer. Schlage dir das alles aus dem Kopf. Ich werde nie die Deine. Im Hause Imhoff pflegt man nicht die Tochter zu verheiraten oder zu verkaufen, sondern sie nach dem Herzen wählen zu lassen. Ich liebe dich nicht, weil keine Frau zwei Männer lieben kann. Begnüge dich damit und sei weiterhin mein Freund. Wie ich es dir schon einmal anbot. Nie zwängst du mich in deine fragwürdigen Moralgesetze. Mißfällt dir das Gerede der Leute über mich oder beschmutzt es gar deine Ehre, dann geh! Lebe wohl. Ich habe keine Zeit mehr für solch kleinlich dummes Verhalten."

Sie ließ ihn stehen, eilte in den Hof, wo der Stallbursche mit dem Pferd wartete.

Es war äußerst fehlerhaft von Ulman Stromer, Elisabeth gegen ihren Willen zu folgen.

Kaum hatte er das Neutor in einiger Entfernung hinter sich gelassen, wurde er von zwei Reitern in ein höchst peinliches Gespräch verwickelt. Nicht genug, man zwang ihn mit unsanften Hieben zwischen die Rippen beim nächsten Wirtshause zu einem Spielchen. Man ließ ihn nicht nur verlieren, sondern auch noch den Roten bezahlen.

Die Dame Imhoff war inzwischen längst seinen Blicken entschwunden.

Gegen Abend klopfte Ulman Stromer am Hause des Herrn Werner Imhoff und bat den Patrizier sprechen zu dürfen. Sein Erlebnis mit den fremden Reitern vertiefte weiter die Rätsel um

Elisabeth. Deshalb hatte er sich vorgenommen, mit Herrn Werner seine Sorgen und Kümmernisse zu erörtern.

Er traf den Handelsherrn zwar von der Reise erschöpft und in schlechter Laune an, trotzdem schüttete er ihm sein Herz aus. Er teilte ihm seine Beobachtungen mit und wiederholte das Gespräch mit Elisabeth am Vormittag Wort für Wort. Indem er seinen Vortrag schloß, sagte er: „Herr Imhoff, ich bitte Euch, helft mir, Elisabeth auf den rechten Weg zurückzubringen, denn mein Einfluß ist zu Ende."

Werner Imhoff nahm einen kräftigen Zug aus dem Kelch mit Dattelwein, einer ganz neuen Handelsware, und wandte sich an Ulman. „Gemach, gemach, mein Bester. Wie ich dem Gespräch entnehme, denkt Elisabeth nicht daran, dein Weib zu werden. Glaubst du denn, es ließe sich bei ihr je etwas erzwingen, wenn sie nicht will? Denkst du denn, ich wäre so einfältig, sie darin zu beeinflussen? Wenn deine Kraft versagt, dann bist du nicht der richtige Mann für sie. Außerdem sprichst du von dem rechten Weg, den meine Tochter angeblich verlassen haben soll. Ist etwa nur der Weg an deiner Seite der einzig selig machende und jeder andere von Übel? Ich hielt dich für einen reifen, in der Fremde gefestigten und toleranten Mann. Verdirb nicht meine gute Meinung durch unwürdige Eifersucht. Sieh doch, mein Sohn, es gibt so viele allerliebste Jungfrauen in unserer Stadt. Muß es denn gerade meine Tochter sein?"

Ulman fiel die Antwort schwer. „Ihr habt ja so recht, Herr Imhoff, aber es ist unsagbar hart, wenn man die Hoffnungen, ein ganzes Leben betreffend, begraben soll. Ich will versuchen, Elisabeth ohne Neid alles Glück zu gönnen. Aber glaubt Ihr, daß sie glücklich ist?"

Herr Imhoff hob zweifelnd die Schultern. „Ich weiß es nicht, Ulman. Aber ich glaube, es ist aussichtslos für dich."

Als Ulman Stromer gegangen war, suchte Herr Werner seine Tochter voll Unruhe im ganzen Hause. Als er in ihr Zimmer trat, fand er es leer. Auf ihrem Schreibtisch entdeckte er einen versiegelten Brief, der an ihn gerichtet war. Er erbrach das Siegel und las:

Liebster Herr Vater!

Verzeiht mir, wenn ich Euch ohne Abschied verließ. Aber es gibt einen Menschen auf der Welt, den ich noch mehr und anders liebe als Euch. Denkt nicht, ich sei von Sinnen. Ich weiß wohl, was ich tue, aber es gibt nichts, was mich zurückhielte.
Was mich mein Glück restlos empfinden läßt, ist der Glaube daran, daß Ihr mich versteht. Denn was könnte ich je tun, das nicht auch von meinem Vater käme.
Bald bin ich wieder bei Euch

Elisabeth

Imhoff überflog die Zeilen immer wieder, setzte sich auf das Himmelbett und fand sein Leben mit einem Male öd und leer. Er fröstelte in dem kalten ungeheizten Zimmer. Ohne Elisabeths heiteres Lachen schien ihm sein Haus tot und verlassen...

XII.

Nach dem einundzwanzigsten März gibt es Tage, da scheinen sich, so um die Mittagszeit herum, die Minuten in die Länge zu dehnen, als wollten sie uns den Rausch einer neuen Lebens-epoche bis in die feinsten Nervenäste spüren lassen. Die Vögel unter dem blauen Himmel fliegen langsamer und spreizen ihre Flügel, im Kreise schwebend, der neugeborenen Sonne hin. Der Wolf streicht ruhelos am Waldrand entlang und zieht den Duft frischer Beute in die geblähten Nasenlöcher. Die Bäume, Sträu-cher, alle Pflanzen, die den Winter überlebten, fühlen ein Ziehen in den Wurzeln, das mit jedem Tag höher wandert und bald warmfeucht ihr Herz umschließt.

Auf einer Rodung inmitten stundenweit reichender Wälder, umgeben von schilfbegrenzten Fischweihern, liegt ein einsa-mes Gehöft, das sich seit Generationen der besonderen Vor-liebe der Markgrafen von Ansbach als Jagdsitz erfreute. Ein grauköpfiger Verwalter versah mit seinem Weibe die kleine Wirtschaft.

Es war nicht immer leicht, ein Paar zu finden, das bereit war, abgeschieden von aller Welt dieses Kleinod der Landesherren zu hüten. Wer jedoch den Schritt in die Einsamkeit gewagt hatte, wurde von der Schönheit dieses Fleckchens Erde so belohnt, daß er nie mehr Lust verspürte, in die lärmende Welt außerhalb die-ser Insel der Ruhe zurückzukehren. In dieses Paradies waren auch Elisabeth und Albrecht für einige Tage geflohen. Sie ge-nossen dort, ohne jegliche Begleitung, das seltene Glück von Liebesleuten, deren heißester Wunsch es ist, allein und unge-stört die Tage zu verträumen.

Sie waren von der letzten Ortschaft aufgebrochen, hatten die treuen Vasallen zurückgelassen und waren viele Stunden durch den Kranz dichter Wälder geritten, ohne einer Seele zu begegnen. Am späten Nachmittag erreichten sie den Jagdhof.

„Meine Mutter nannte ihn immer Wasserburg. Nachdem mein Vater sie das erste Mal hierhergebracht hatte, mußte er ihr versprechen, die ersten Tage im Wonnemond hier zu verbringen, nur mit ihr. Ich glaube, dafür verzieh sie ihm für den restlichen Teil des Jahres einfach alles."

Albrecht hatte das Pferd angehalten und richtete sich im Sattel auf, um genau sehen zu können, ob sich während seiner Abwesenheit auch nichts verändert hätte.

„Ich glaube, ich könnte das auch." Elisabeth spielte gedankenvoll mit der Reitgerte.

„Was solltest du mir je verzeihen, Liebste? Daß ich dich liebe? Meine Liebe wird dir nie Schmerz zufügen."

„Niemals?"

„Niemals, so lange ich lebe."

„Deine Liebe nicht, Albrecht, aber vielleicht die Erinnerung an unsere Liebe."

„Das würde bedeuten, daß sie eines Tages nicht mehr vorhanden wäre. Und das ist genau so unmöglich, wie daß die Erde in die Sonne stürzt."

„Vielleicht sind wir eines Tages nicht mehr so wie jetzt. Ich meine, nicht mehr so verliebt wie heute. Oder willst du bestreiten, daß das Leben schon vieles entzweit hat, was sich unteilbar dünkte?"

„Wozu so trübe Gedanken, Elisabeth? Komm mit, eine besondere Zeremonie erwartet uns. Das Bad im Wäschezuber. Damit wusch die markgräfliche Familie nicht nur von jeher den Reisestaub vom Leibe, sondern auch den Unrat aus den Fugen der Seele."

„Ihr scheint schon immer ein sehr praktisch denkender Stamm gewesen zu sein." Sie drohte ihm lachend mit dem Finger. „Zwei Finger im Weihwasser ersetzen nicht den unterlassenen Kirchgang, Liebster."

„Bei uns schon. Wasser säubert alles und es würde gar mancher Kutte gut tun. Wenn ich den nackten Leib abseife, fühle ich, wie meine Sünden durch das Spundloch abfließen. Aber mir scheint, du hast etwas gegen eine solche Art von Beichte?"

„Von heute an nicht mehr. Ich dringe erst langsam in eure Sitten ein. Ich finde sie schlicht, aber wirkungsvoll."

„Gleich kannst du mir deine Empfindungen genau schildern. Dein Zuber steht auf der Tenne und mein Zuber steht auch dort. Dicht neben dem deinigen."

„Warum gibt es keinen Doppelzuber für zwei? Du kannst mich bei solch sakraler Handlung nicht allein lassen, Liebster. Ich kann zwar schwimmen, brauche aber jemand, der mich dauernd unterhält, weil ich im warmen Wasser sonst einschlafe."

„Dafür werde ich sorgen. – Du bist wunderbar. Wenn Heilige eine Auszeichnung für etwas Jenseitiges ist, dann bist du eine Irdische. Meine irdische Elisabeth."

„Sag doch gleich die Wahrheit, du Lügner."

„Und die wäre?"

„Die Reinigung wirkt nur, wenn sie gemeinsam mit einer Jungfrau vorgenommen wird."

„Jungfrau? Sagtest du Jung-Frau?"

Elisabeth verstand seine Anspielung. Sie errötete heftig und schlug ihm mit der Gerte über den Rücken. „Wegen deiner doppelsinnigen Reden wirst du heute nacht kein Auge schließen, Achilles von Ansbach."

„Die zärtlichste Justiz, die ich mir denken kann, von einer Liebenden."

Sie gab ihrem Pferd die Sporen und wollte davon, er aber beugte sich zu ihr, nahm sie um die Hüfte und zog sie aus dem Sattel auf seinen Rappen herüber. Sie lag in seinen Armen und war fast ohnmächtig vor Begehren nach ihm.

„Wie schön du bist, wenn du keusch tust."

Er küßte ihren offenen Mund.

„Dann werde ich immer so tun müssen, weil ich dir immer gefallen möchte", flüsterte sie mit geschlossenen Augen.

„Das ist nicht nötig. Allein dein Alltagsgesicht ist schon so verführerisch, daß ich fürchte, du habest mich verhext. Dein Lottergesicht erst macht mich vollends verrückt."

„Damit ginge mein Traum in Erfüllung, Albrecht. Einen verrückten Landesherrn kann keiner gebrauchen. Dann jagen sie dich zum Teufel und dann heiraten wir."

„Abgemacht."

„Behaupte aber hinterher nicht, die Weiber hätten an allem schuld. Sonst erzählt man sich in hundert Jahren, das Nürnberger Frauenzimmer sei die Ursache am Versagen deiner geschichtlichen Sendung gewesen."

Inzwischen waren sie vor dem Tor des Jagdschlosses angelangt, beachteten aber weder die zwei Alten noch den Esel, die sie fassungslos anstarrten. Elisabeth lag noch immer quer über dem Pferd in Albrechts Armen und hatte die Augen geschlossen.

„Sag mir, Elisabeth, woher hast du dieses lose Mundwerk und diese freche Art, mit einem Manne von Adel zu reden?"

„Das macht die Nürnberger Luft." Sie schlug die Augen auf. „Albrecht, warst du schon in Venedig?"

„Nein."

„Aber ich. – Und in Amsterdam?"

„Auch nicht."

„Und Rom?"

„Leider nein."

„In Paris?"

„Wo liegt das?"

„Daher kommt es wohl. Ich habe die Welt gesehen und du nicht. Lieber Gott, in Ansbach lernt man wohl keinen Umgang mit Damen von Welt."

„Nun aber langsam. Schließlich war mein Kreuzzug bis Jerusalem auch kein Tagesausflug."

„Ja, ja, die Kreuzfahrer!" Sie lachte. „Die Türken haben schöne Töchter. Das spricht sich herum. In Jerusalem warst du also. War es schön dort? Was hast du gemacht da drunten?"

„Gekämpft, mein Schatz. Du hast die Narben gesehen, oder nicht?"

„Sie sind gut verheilt. Aber glaubst du etwa, Köpfespalten forme den Charakter oder die Bildung? Ich habe in Frankreich mit Fürsten gespeist und mit Kardinälen über Seelenläuterung debattiert."

Albrecht zog ein Hofnarrengesicht, spitzte den Mund klein, ahmte ihren Tonfall nach und sagte: „Das ist gar nichts, Elisabeth, denn ich trage über dem Herzen die rote Stirnlocke einer hochgebildeten Nürnberger Patriziertochter und werde gelegentlich nicht umhin können, derselben das nackte Hinterteil zu verdreschen."

Er küßte sie so lange, bis sich die zwei Alten durch schüchternes Räuspern bemerkbar machten.

Elisabeth glitt vom Pferde, streckte den Lehensleuten, die vor dem Grafen auf die Knie gesunken waren, die Hände zur Begrüßung hin und rief zu Albrecht. „Wenn du dich nicht beeilst, bade ich allein. Wollen wir wetten, daß ich die erste bin, die im Wasser sitzt?"

„Wetten wir!" rief er. „Worum wetten wir?"

„Um eine goldene Kette, die dreimal um deinen Hals bis zur Brust reicht mit Rubinen und Smaragden."

„Einverstanden. Aber nun laß dir Zeit, damit ich die Wette auch gewinne."

„Sonst müsste ich dir die Kette ohne sichtbaren Grund schenken."

Sie verschwanden eilends im Haus.

Zum Abendbrot trug Elisabeth das kostbare Schmuckstück. Die Kerzen in den Geweihleuchtern warfen flackernde Schatten an die Wände und entlockten dem polierten Gold glitzerndes Gefunkel.

„Beim Satan, Elisabeth, du bist die schönste Frau, der ich je begegnet bin. Wenn ich daran denke, wie sehr du mir gehörst und wir im Umkreis von zwanzig Meilen das einzige Liebespaar sind, dann... heilige Madonna, dann vergeht mir vor Glück der Hunger."

Albrecht, der ihr gegenübersaß, fühlte, wie er in den Liebreiz ihrer Gegenwart versank.

Elisabeth antwortete: „Es ist alles so unfaßbar, daß ich mitten in der Nacht erwache und Angst bekomme. Bedenke, noch im Sommer waren wir zwei Menschen unter vielen. Jeder ging seinen Weg. Kein Umstand sprach dafür, daß wir uns je begegnen würden. Ich stand auf der einen Hälfte der Erdkugel und du auf der anderen. Dazwischen tiefe schwarze Abgründe. Dann kam Krieg, und ich fuhr nach Ulm. Auf dem Weg über Nördlingen brach uns ein Rad. Das hielt uns einen halben Tag auf. Die übermüdeten Pferde zwangen uns, das nächste Tagesziel kürzer zu wählen. Wir gerieten auf hoffnungslose Irrwege. Dann kamst du. Ein einziges Glied in dieser Kette, nur um einen Bruchteil kürzer oder länger, und wir wären aneinander vorbeigegangen. Das ist kein Zufall, das ist ein Gottesgeschenk. Aber gibt er je ohne zu fordern?"

Albrecht sagte lange nichts. Dann endlich: „Ich unterwerfe mich der Fügung Gottes – aber nicht bedingungslos. Er schenkt, um zu beglücken. Er nimmt wieder, verlangt jedoch, daß wir darum kämpfen. Frömmliches Ergeben in seine Befehle ist nicht in seinem Sinne. Seine Absicht ist, Trotz, Unwillen und Beharrlichkeit zu spüren. Wie lächerlich zu glauben, der Mensch verbessere sich durch Hinnahme des Schicksals und Kasteiung seiner Seele. Das Streben nach dem irdischen Glück und der Kampf darum macht den Sinn unseres Daseins aus. Hierin liegt der Ursprung der göttlichen Idee, uns seinem Bilde zu nähern. Ich liebe dich. Und wer dagegen ist, der ziehe das Schwert."

„Auch ich liebe dich", versicherte sie, „aber ich lege den Wunsch Gottes anders aus." Elisabeth sprach gefaßt und ruhig. Albrecht konnte nicht umhin zu bewundern, wie weit sie ihm in vielen Dingen voraus war. „Wenn Gott will, zerreibt er dich im Kampfe zu Staub. Du glaubst, du hättest gesiegt, in Wirklichkeit ist er der Sieger. Du bist nur erschöpft und nimmst am Ende seine Wünsche für die deinen. Kampf ist nur angebracht, wenn er verbessert, zumindest aber erhält. Wenn ich heute sage, ich liebe dich, laß uns darum kämpfen gegen alle Welt, gegen Unterschiede des Standes, gegen Intrigen und Haß, gegen jegliche Sitte, dann bleiben wir vielleicht Sieger. Aber welch ein Sieg ist das, Liebster? Ein Sieg, dessen Palmen einen dünnen Schatten werfen gegen die bittersüßen Erinnerungen eines freiwilligen Verzichtes. Sage nun nicht, wir gingen daran zugrunde, sag es nicht. Nicht heute... Heute haben wir wieder einen Schluck aus dem Becher unseres Glücks getrunken. Wie viele es noch sind, weiß keiner. Ich wünsche mir nur, es seien unzählige. – Ich bin müde, Liebster. Gehen wir zu Bett."

Sie flüsterte ihm ein zärtliches Wort ins Ohr. Er nahm sie auf die Arme und trug sie in das Zimmer mit dem großen bunt bezogenen Bauernbett.

Als Elisabeth erwachte, war der Morgen noch nicht angebrochen. Reglos lag sie in Albrechts Armen und lauschte seinen sorglos gleichmäßigen Atemzügen.

Das Dunkel der Nacht wich langsam dem Grau des Morgens. Die Kühle des neuen Tages ließ sie die Wärme des Geliebten noch inniger empfinden.

Die seligen Tage hier draußen in der Einöde gingen heute zu Ende. Sie waren durch die Wälder gestreift, waren in den hüfthohen eingefetteten Ziegenlederstiefeln durch Sümpfe und Weiher gewatet, auf der Jagd nach Wasserhühnern. Sie hatten stundenlang im Schilf gekauert, Wildenten und Biber beobachtet. Sie waren auf dem Findling im Heidekraut gelegen, hatten den Rücken an dem uralten rissigen Stein gewärmt, bis die Sonne hinter einer Wolkenbank verschwunden war. Sie hatten nützes und unnützes, aber meist verliebtes Zeug gesprochen. – Jede Stimmung, jede Umarmung Albrechts prägte sich unauslöschlich ihrem Gedächtnis ein. Im Unbewußten nahm sie schon leise Abschied von der Zeit mit ihm.

Ängstlich vermied es Elisabeth, an das Gespräch vom ersten Abend anzuknüpfen, denn sie wußte, mit welcher Schärfe er immer die Möglichkeit einer Trennung zurückwies. Nicht im Innersten dachte er daran, je allein und ohne sie zu sein. So war er, Achilles von Ansbach, ein Hitzkopf, notfalls ein rücksichtsloser. Dabei wußte er, daß gerade regierenden Geschlechtern in Dingen des Herzens mitunter unsagbare Pein abverlangt wurde. Zur Stärkung der Hausmacht verschacherten sich bildschöne Edelfräulein an sabbernde Greise, nur um ein Tal abzurunden, eine Anhöhe, ein Waldstück dem väterlichen Gebiet einzuverleiben oder eine Hundertschaft Kriegsknechte in das eigene Lager zu ziehen. Unter Umständen nützte dem Markgrafen Albrecht eine kleine Landadelige mehr, als Elisabeth es bei all ihrem Reichtum je vermocht hätte. Der Stand, dem sie angehörte, konnte sich im Hinblick auf seine finanzielle Unabhängigkeit den Luxus freier Wahl erlauben, niemals jedoch konnte dies ein Adelsgeschlecht, dessen erste Pflicht es war, für Land, Leute, Haus, Hof und Tier alle persönlichen Gefühle in die Waagschale zu werfen.

Elisabeth wollte Albrecht nie, auch nach vielen Jahren nicht, von Reue geplagt sehen. Vor ihren Augen zog ein Heer von Männern, Weibern und Kindern, die vertrauend zu ihm aufsahen, vorbei. Gerade ihnen glaubte sie die ungeteilte Liebe ihres Herrn nicht rauben zu dürfen.

Albrecht würde sie erst nach langer Zeit verstehen. Eines Tages aber würde er ihr dankbar sein. Er war es, der diese wunderbare Liebe in ihr entflammt hatte, der ihre geheimsten Wünsche erfüllte. Deshalb würde sie es sein, die ihm den Abschied leicht machte.

Ihr schwindelte, wenn sie daran dachte, was danach sein würde. Welche Sehnsucht, welche Einsamkeit, welche Trauer. Doch immer, wenn sie seinen Namen hörte, würde sie denken: Er hat mich geliebt und ich ihn.

Sie drehte den Kopf zur Seite, um ihn nicht zu wecken, und sah, daß er mit geöffneten Augen dalag.

„Woran denkst du?" Sie küßte seine nackte Brust.

„An dich, Elisabeth, immer nur an dich."

„Und wenn ich meine Augen schließe, Albrecht, dann sehe ich dich über ein Feld davonreiten. Die Hügel ragen noch dunkel gegen das Morgenrot. Ich stehe auf der Heide und blicke dir nach. Du reitest weg von mir. Und doch bin ich nicht traurig. Ich hoffe, du kommst noch einmal zurück, weil wir noch vieles nicht zusammen erlebt haben. Noch nie waren wir zusammen in einer Kirche."

„Möchtest du mit mir in eine Kirche gehen, Liebste?"

„Nicht daß ich deine Braut sein will, aber in einer Kirche werde ich dir die Hand reichen. Wenn es geht, sollten Glocken dazu läuten. Ist das zuviel verlangt?"

„Eher zuwenig. Aber zuwenig ist schöner als zuviel, weil bei wenig immer noch eine Zugabe möglich ist. Viel ist beinahe schon alles und ohne Rest. Verzeih, ich denke auch bei Gefühlen in Mengen."

„Und welche Menge liebst du mich, Albrecht? Was in einen Krug geht, in ein Faß, in einen See?"

Er spielte mit ihren Fingern und nahm die Spitzen abwechselnd zwischen die Lippen. „Wie in ein Meer, das von einem Ende der Welt zum anderen reicht. Genug?"

„Bis zu den Sternen", antwortete sie, „wäre noch soviel Platz gewesen."

„Das ist der Rest. Den überlasse ich dir."

„Du Lügner. Dabei hat der Hahn noch nicht gekräht, Achilles von Ansbach."

„Kann er auch nicht."

„Warum nicht? Ich möchte mit dir beim ersten Hahnenschrei spazieren gehn."

„Du hast ihn gestern abend verspeist."

„Schade", sagte sie, „aber er war vorzüglich."

Sie kniete neben ihm. „Los, auf, marsch marsch!"

„So nackt wie du bist? Nun, mich stört es nicht."

Sie zog ihm das Federbett vom Leib und drohte mit dem irdenen Wasserkrug. Worauf der Markgraf geruhte, bedächtig und ohne Hast das Lager der Nacht hinter sich zu lassen.

❧

Sie schritten nebeneinander durch den Frühnebel. Er dachte: Welch einen wundervollen Gang sie hat.

Weiße Schwaden hingen in dünnen Streifen über den Büschen und dem Moor.

Die ersten Sonnenstrahlen beleuchteten Elisabeths Profil, daß es aussah wie ein Scherenschnitt aus rosa Papier. Es wirkte stolz, aber auch weich, denn tiefes Glück ließ es von innen heraus erstrahlen.

XIII.

Der April brachte Stürme und Gewitter. Oft regnete es tagelang in Strömen. Wenn es blitzte und donnerte, oder wenn kurz der Himmel aufriß und Sonnenflecken über die Schluchten, Täler und Höhen jagten, dann schlugen die Alten beschwörende Kreuze in die Luft. Die Kinder rückten am warmen Ofen zusammen und murmelten ein Gebet. Denn das wilde Heer raste durch die Lüfte und Thor schwang seinen Hammer, daß ferne die Wetter leuchteten. Uralter Götterglaube stak den Menschen auf dem Lande noch im Blut. Lieder und Sagen erzählten noch von Donar, dem Einäugigen, Loki, dem Schlauen, von Riesen und Asen, von Midgard und Walhall.

Gleich den Bauern, die den fruchtbringenden Aprilregen nicht scheuten, oft mit vor Nässe dampfenden Kleidern ihrem Tagewerk auf den Feldern nachgingen, genauso trotzte Elisabeth der Natur und ritt bei jedem Wetter über das Land. Sie liebte es, im Schutze eines Felsvorsprunges oder einer einsamen Futterhütte stundenlang dem Trommeln der Tropfen zu lauschen, das Reifen der Fauna zu empfinden. Dann war ihre Verzückung mitunter so groß, daß sie auf den durchnäßten Waldboden sank, an einen Baum gelehnt einschlief und irgend etwas Neues, Unbekanntes tief in sich spürte.

Wenn sie auf dem Heimwege mit wehender Pèlerine an den ärmlichen Lehmhütten vorbeigaloppierte, schwenkten die Leute ihre Mützen. Nicht wie den Herrn grüßte man sie, oder den fremden Reisenden, nicht voll falscher Ehrfurcht, sondern mit echter Zuneigung. Nicht selten hielt Elisabeth an den Hütten, half den Frauen mit einem Goldstück aus den Sorgen um das tägliche Brot oder riet, was bei Krankheit zu tun sei. Den Kindern brachte sie Kleider, Schuhzeug, gar manchmal einen Leckerbissen. Oft waren die Tore der Stadt dann schon geschlossen und es bedurfte heftiger Schläge mit dem Knauf der Reitgerte, bis sich ein Stadtknecht bereit fand zu öffnen.

Seit Tagen schon warteten die Köhlerkinder vergebens auf das versprochene Zuckerwerk. Elisabeth Imhoff lag mit hohem Fieber im Haus am Burgberg. Keine Nacht ging das Licht hinter den bunten Scheiben aus.

Der Medicus Mulzer hatte gemeinsam mit Elisabeths treuer Amme zwei Nächte lang am Bette der Kranken gewacht. Endlich schien es, als hätten Schüttelfröste und Fieber ihren Höhepunkt überwunden und einer langsamen, aber stetigen Genesung Platz gemacht.

Blaß und erschöpft lag Elisabeth in den Kissen. Immer nur dachte sie an den Markgrafen Albrecht, den sie vor zwei Tagen bei Altdorf treffen wollte. Ständig kreisten ihre Gedanken darum, was er empfunden haben mochte, als sie lange nach der vereinbarten Stunde noch nicht bei ihm war.

Sie erlebte seine Sorgen und Ängste mit und sann nach einer Möglichkeit, ihm Nachricht zukommenzulassen.

Da fiel ihr ein, daß Albrecht den Namen eines Gerbermeisters erwähnt hatte. In ihrer Not schrieb sie an Albrecht einen Brief, in dem sie alles erklärte, mit der Bitte, er möge eine neue Nachricht abwarten.

Diesen Brief trug die beleibte Amme, mit geschürzten Röcken hurtig über die Pfützen hüpfend, in die Weißgerbergasse.

Meister Zirngiebl, ein listiger Mann, nahm brummend das Papier in Empfang. Auf seine Frage, wer der Absender sei, bekam er keine befriedigende Antwort, dafür aber einen Golddukaten. Die schnelle und zuverlässige Bestellung wurde ihm so sehr ans Herz gelegt, daß er keine Minute zögerte, das Schreiben dem Geheimkurier mitzugeben.

Hierbei muß erwähnt werden, daß der Gerbermeister nicht eines jener nichtswürdigen käuflichen Subjekte war, die im Kriege um des Geldes willen schnöden Verrat treiben. Zirngiebl war von den Ansbachern vor vielen Jahren schon nach Nürnberg geschickt

worden, um ihnen unter der Maske des biederen Handwerks-
meisters gar manche wertvolle Beobachtung weiterzuleiten.
Zirngiebl, ein tüchtiger Gerber, hatte mit der Zeit mehr Talent
zum Handwerk des Kundschafters entdeckt als zum Aufbereiten
der Felle. Kurzum, er war ein kühner Ansbacher Bürger, für
Nürnberg jedoch ein Verräter, auch wenn er der Stadt brav seine
Steuern entrichtete. Allerdings waren die Goldfüchse mit seiner
Hilfe vorher den Pfeffersäcken aus den geschwollenen Taschen
geraubt worden.

In jenen Zeiten funktionierte erstaunlicherweise der Nach-
richtenverkehr mit dem feindlichen Hauptquartier vorzüglich,
während die Warenabrechnungen der Nürnberger Kontore selten bis Augsburg gelangten, sondern meist schon in der über-
nächsten Ortschaft einem Ansbacher Troßweib zum Feuer-
machen dienten.

Kaum war Achilles von Ansbach in den Besitz des Briefes ge-
langt, entschloß er sich, auf dem kürzesten Wege nach Nürnberg
zu eilen. Troll und Caspar waren bei solch halsbrecherischen
Unternehmungen wie immer die zuverlässigsten Begleiter. Man
besorgte sich aus dem Arsenal härene Mönchsgewänder mit langen Kapuzen und Stricken um den Leib. Caspar war anzusehen
wie der Heilige Franz von Assisi, und Troll übte, wie wohl am ge-
schicktesten das kurze Schwert aus den Falten der Kutte zu ziehen sei.

Nach einem Schluck sauren Frankenweines auf das Unternehmen bestieg man die Rösser.

Gegen Nachmittag desselben Tages ließ man die Pferde in
treuen Händen zurück und passierte mit dem Abendläuten ge-
senkten Hauptes das Hallertor. Die Wache rief den Mönchlein
lästerliche Worte wie *Kuttenbrunzer* nach. Doch man schenkte
dem unfrommen Gesindel keinen Blick. So sehr war man in Andacht vertieft.

Bei der Kirche des Heiligen Sebald trennte man sich. Während der Hagere und der Dicke nach rechts gegen den Weinmarkt abbogen, wandte der Stattlichste der drei seine gemessenen Schritte dem Rathaus zu. Von dort stieg er den Burgberg hinan. Im Anblick eines großen, vornehmen Hauses verspürte er heftiges Herzjagen.

Dessen ungeachtet klopfte er dreimal bedächtig an, schob seine Hände übereinander in die weiten Ärmel des Gewandes und wartete.

XIV.

Der weite Ritt dünkte Albrecht nur ein kurzes Stück des Weges, im Vergleich zu der Ewigkeit, die es dauerte, bis ihm geöffnet wurde, bis man den ehrwürdigen Padre um sein Begehren fragte, ihn in das obere Stockwerk führte und ihn bat, vor dem Zimmer der Kranken zu warten. Drinnen glaubte er ein Flüstern, ein geschäftiges Hin- und Hergehen zu vernehmen. Endlich ließ man ihn ein.

Im Scheine der Kerzen waren seine Züge nicht deutlich auszumachen, zumal er in Unkenntnis klösterlichen Gebarens die Kapuze noch immer tief in die Stirne gezogen hatte. Elisabeth saß halb aufgerichtet in dem breiten Himmelbett, einen Berg seidener Kissen im Rücken, und las in dem kunstvoll bemalten Sankt Gallener Bilderbuch, das auf ihrem Schoße lag. Erstaunt wandte sie sich dem Besucher zu und sagte: „Vater, was führt Euch her? Ihr wollt sicher zu Senator Imhoff. Ich muß Euch jedoch bitten, mit mir fürlieb zu nehmen, Herr Werner wird erst spät in der Nacht zurück sein. Aber sprecht getrost. Ich bin in die Angelegenheiten meines Vaters eingeweiht."

Albrecht antwortete mit verstellter Stimme: „Ich danke Euch für Eure Freundlichkeit, Jungfer. Darf ich Euch also mein Begehr vortragen?"

Dabei warf er einen schiefen Blick auf die anwesende Amme. Elisabeth verstand. „Anna-Kunigunde, laßt uns allein. Ich werde Euch läuten, wenn ich Euch brauche."

Die Amme verließ zwar lautlos das Zimmer, schloß aber scheppernd die Türe.

Demütig stand der Mönch da, bis Elisabeth ihn bat, näher in den Schein der Leuchter zu kommen.

Albrecht neigte den Kopf erneut und folgte ihrem Wunsche. Als er dicht bei ihr stand, entblößte er rasch Gesicht und Haupthaar. Mit einem seligen Aufschrei lag Elisabeth an seiner Brust und zog ihn zu sich nieder. Sie war sprachlos vor Glück. Sie vermochte nur zu stammeln.

Er küßte sie und berührte liebkosend ihre roten Flechten.

„Elisabeth, daß ich dich nur genesend wiedersehe. Ich war in tiefer Sorge. – Sieh, was ich dir außer mir selbst noch mitgebracht habe."

Aus den Taschen seiner Kutte zog er ein Sträußchen Gänseblumen und befestigte es mit einer Diamantspange an den Spitzen ihres Nachtgewandes. „Sie sind noch feucht von Erde. Sie sollen dich nicht nur von da draußen grüßen, auch von Troll und Caspar. Sie halfen beim Pflücken."

Lächelnd lag sie in den Kissen und hielt stumm seine Hände. Mit einem Seufzer des Glückes schloß sie die Augen und sagte: „Du bist und bleibst ein unüberlegter Junge, Achilles von Ansbach. Wegen eines verliebten Weibes wagst du dein Leben abermals. Und das Schlimmste, du machst mich noch glücklich damit. Ach Albrecht, bringt Liebe alle Menschen so aus den Fugen, daß sie Dinge tun, die ein Normaler für verrückt hält? Ich nahm mir vor, dich nur noch einmal zu sehen, dann nie wieder. Und nun? –

In meiner Not rief ich dich. Ich weiß nicht, was ich getan hätte, wenn du nicht gekommen wärst."

„Aber ich weiß es", antwortete er, „du hättest dich noch dümmer benommen als ich. Du hättest dich, kaum gesundet, aufs Pferd gesetzt und wärst mit entzündeter Lunge bei mir angekommen. Dem versuchte ich nur vorzubeugen."

„Um eine Ausrede warst du nie verlegen, Albrecht. Heute ist ein Tag, an dem ich dir auch ohne Erklärung alles verzeihe. Erzähl mir, wie es dir ergangen ist, wie oft du an mich gedacht hast und warum immer noch Krieg ist zwischen Ansbach und Nürnberg herrscht."

„Das ist zuviel für eine kurze Stunde."

„Aber nicht zuviel bis morgen früh", deutete sie an.

„Morgen, Liebste, mit dem ersten Sonnenstrahl, sind wir längst fort."

Bei diesen Worten erwachte sie wie aus einem Traume. Die Wirklichkeit begann mitleidlos Besitz zu ergreifen. „Albrecht, welch einfältiges Herz bin ich manchmal. Ich wünsche immer nur, daß du bei mir bleiben sollst. Doch wenn die Stadtwache unten lärmend vorbeizieht, wird mir bewußt..."

„... daß ich gekommen bin wie ein Dieb in der Nacht."

Sie verschloß seine Lippen mit einem Kuß. „Sprich nicht so. Kein Mensch hat mehr Recht, zu mir zu kommen und mich in die Arme zu nehmen als du. Nicht einmal der Kaiser, und dem gehört doch fast die halbe Welt, sagt unser Stallbursche."

„Mag sein, Elisabeth. Aber immer noch besteht ein Unterschied zwischen gehören und besitzen. Du gehörst mir. Es ist dein Wunsch und der meine. Aber wir besitzen einander nicht, obwohl es mein Wille ist. Elisabeth, ich bitte dich angesichts dieser ungewöhnlichen Stunde, werde mein Weib."

Da zog sie ihn ganz nahe an ihren Mund und flüsterte ihm ins Ohr: „Albrecht, Liebster, wie oft soll ich dir noch sagen, daß das nicht geht. Aber höre mir gut zu. Nicht weit von hier ist eine Kirche. Sie wurde zum Andenken an den Heiligen Sebaldus gebaut. Ich ziehe mich an. Still jetzt! Ich bin gesund und darf das. An deinem Arm gehe ich in die Kirche. Es ist dunkel. Niemand wird uns erkennen. Eine solche Hochzeit hat noch niemand gefeiert."

Sie entwand sich seinem Arm, sprang aus dem Bett und begann sich anzukleiden. Er stand am Fenster und sah in die Stadt hinunter.

Wie der Unterschied zwischen ihm und den zwergenhaft erscheinenden Menschen unten auf dem Marktplatz, genauso schien ihm der Ablauf seines Lebens. Hier die Lebenslinien des Bürgers, arm an Sensationen, vorbestimmte Höhepunkte, vorbestimmte Leidenschaften, erträgliche Schmerzen und vor allem enge Grenzen. Und auf seiner Seite die Macht, der Reichtum, mitunter die Gesetzlosigkeit dessen, der seine eigenen Gesetze macht. Doch nichts hatte Gewicht, bis auf Elisabeth. Die Kraft, mit der sie ihrem Herzen Gehör verschaffte und sich ihm trotzdem nicht unterwarf. Was auch immer sie von ihm verlangte, er würde es mitmachen. – Er bewunderte sie. Albrecht drehte sich nach ihr um. Sie trug eine weiße Robe und einen grünen Umhang aus Samt darüber. Sie nahm seinen Arm.

Im edelholzgetäfelten Speisesaal mit den Bildern der Ahnen war das Mahl bereitet.

Sie aßen wenig und wandten die Blicke kaum voneinander. Dann führte Elisabeth ihn durch das Haus und in die Gärten. Sie sprach von ihrer Jugend, zeigte ihm hier und dort Dinge besonderer Bedeutung. Einen Apfelbaum, ein Becken mit Seerosen und Fischen, eine Steinbank. In der Diele waren es eine Truhe, ein Krug, eine Vitrine, darin seine goldene Kette mit Rubinen und

Smaragden. Sie nahm die Kette um den Hals und verließ mit ihm durch die Seitenpforte das Haus. Durch die schlafende Stadt gingen sie zu der Kirche. Vor dem Portal rauschte ein Brunnen. Er nahm ihre Hand und tauchte sie in das kühle Wasser.

„Mit dir verbunden für immer. Ob wir wollen oder nicht. Das Element ist unser Zeuge."

„Der Himmel und die Sterne."

Sie sagte es leise und ohne Trauer.

In der Kirche, unter dem hohen Gewölbe mit den Rosetten und steinernen Blumen, sprach sie ein Gebet. Ein schlichtes, einfaches. Sie knieten nebeneinander vor dem Grabmal des wundersamen Einsiedlers aus dem Reichswald. Ihre Worte waren wie eine Melodie, die in dem weiten Raum verhallte.

Ungestüm zog er sie an sich und küßte sie eine Ewigkeit lang. Es schien ihnen, als würden alle Glocken dazu läuten. Noch stundenlang wanderten sie durch die Stadt. Der Nachtwächter blickte dem seltsamen Paare neugierig nach. Aber schließlich besann er sich seiner Pflicht und blies in sein Horn.

„Hört, ihr Leute, laßt euch sagen..."

Sie gingen immer weiter über Plätze, durch Gassen, bergauf, bergab und am Fluß entlang. Keine Seele begegnete ihnen. Kein Mensch störte ihren Abschied.

„Sehe ich dich noch einmal, Liebster?"

Sie lehnte mit dem Rücken an einer Mauer. Sternenlicht erhellte ihre Züge unwirklich.

„Ich bitte dich darum. Unser Abschied soll dort sein, wo wir uns zum ersten Mal trafen, draußen in der freien Natur. Du kennst die Stelle nördlich des Flusses in Osten."

„Und ich erwarte dich dort am letzten Tag im Mai, Liebster."

„Ich werde den Rappen, den schwarzen Teufel, reiten. Und du?"

„Den Braunen. Er war immer dabei."

„Dann gute Nacht, Liebste."

Sie schlang ihre Arme um seinen Hals. Sie mußte sich auf die Spitzen der Zehen stellen, um seinen Mund zu finden. In der Ferne rührte ein weinseliger Kriegsknecht die Trommel. Als der Lärm zu Ende war, hatten die Schlagschatten Albrecht schon geschluckt. Elisabeth hörte noch seinen leiser werdenden Schritt.

XV.

Die Zeit an sich ist nichts. Die Existenz der Zeit beweist nur das Ding. Seine Entstehung, seine Entwicklung, seinen Zerfall und seine Auflösung. Das Ding wiederum wird durch die Zeit bewiesen, in der es sein Wesen treibt. Der Dinge sind viele, die Zeit ist einmalig. Wenn die Zeit abgelaufen ist, dann gibt es keinen Schlußpunkt, keine Nacht, keinen Tag, kein Ende, nicht einmal ein Nichts. – Was dann ist, darüber zerbrechen wir uns vergeblich die Köpfe. Mitunter ist es angenehm zu spüren, wie man nicht mehr weiter weiß. Erstaunlich ist, welch buntes Nebeneinander die Zeiten immer wieder hervorbringen. Neben Reichtum und Wohlstand haust die Armut, neben Hoffnung die Verzweiflung. Der Tod geht mit Leben und Schönheit Arm in Arm, wie der Mut und die Angst.

Die Sonne strahlt in traurige Herzen, ein fröhliches Gemüt vertreibt den grauen Tag. – Die Troßknechte lachen und fluchen, der Kaufmann errechnet seinen Profit. Hinter dem Hügel lauert der Feind. Neben dem Mächtigsten steht der Unerbittliche mit dem Stundenglas.

Die Halme des Kornes strecken sich gelb und stark in den Himmel, ehe sie das Rauschen der Sichel vernehmen. Was der Mensch im Leben aufeinander häuft, ob Gold, gute Taten oder Verbrechen, alles ist vergänglich.

Alles zerrinnt dir unter den Händen. Nur die Liebe bleibt. Wenn wir über das Meer vor ihr fliehen, in die Wälder oder in die Berge, sie folgt uns in die entlegensten Winkel und läßt uns nimmer los. Sie ist überall. Sie ist die Kraft, die zusammenreimt, was nicht harmoniert, und alle Gegensätze überbrückt. Sie steht an der Wiege wie an den Gräbern. Dort, wo Menschen in die Ferne ziehen, und da, wo sie sich nach langer Trennung die Hände reichen. Sie steht hinter uns in den verkommensten Kaschemmen und auf den elegantesten Festen. Sie hört das Weinen in der stillen Hütte, die Schwüre der Leidenschaft im hohen Gras und in den Himmelbetten.

Liebe war es auch zwischen den zwei Menschen, die mit langsamen Schritten über eine Heidelichtung wanderten und ihre Pferde neben sich herführten.

Worüber sie sprachen, was sie verschwiegen, alles kam von der Liebe. Was an Schmerzen in diesem Augenblick geboren wurde, aber auch an Unvergänglichem, entstand durch sie.

Der Mann faßte das Mädchen bei den Händen. Das Mädchen wandte ihm das Gesicht zu. Ihre Züge waren mühsam beherrscht. In ihren Augen schimmerten Tränen.

Der Mann nahm ihren Kopf in beide Hände und sagte: „Ich gehe jetzt, Elisabeth."

Sie antwortete kaum hörbar: „Ich bitte dich, reite am Waldrand entlang, damit ich dich sehen kann, bis du im Tal über die Brücke bist."

„Das wird eine Stunde dauern, Liebste."

„So lange werde ich dich noch fühlen können, Albrecht. Dann werde ich nur noch in Gedanken bei dir sein." Sie barg ihren Kopf an seiner Brust. Er spielte zärtlich mit ihren roten Locken.

„Ich werde dich nie vergessen, Elisabeth. Leb wohl."

Der Mann löste sich von ihr und bestieg sein Pferd. Der Rappe tänzelte, bis er den Schenkeldruck des Reiters zu spüren bekam, und trabte über das Feld davon. Das Mädchen preßte sich an den Hals ihres Hengstes und wandte keinen Blick von Albrecht.

Sie stand noch so, als er längst verschwunden war. Bei jeder Bewegung im Dunst glaubte sie, er müsse zurückkehren. Im Raunen des Windes glaubte sie seine Stimme zu vernehmen. Bei jedem fliegenden Vogel dachte sie, es wäre eine Botschaft von ihm.

Und im Pochen ihres Blutes in sich spürte sie die Frucht, die von ihm war.

Plötzlich herrschte eine Stille im Walde, die unwirklich schien. Das fröhliche Gezwitscher, das hurtige Gekrächze, das Rascheln und Scharren, das Kriechen und Hüpfen verstummte.

Alle Kreatur schien in Verzückung zu geraten bei dem Gedanken, was einmal wäre, wenn die Stunde kam und neues Leben hervorbrachte.

Immer nur konnte es von der Liebe kommen, denn die Liebe überdauert jegliches.

Und siehe da, der Wald und die Wiese, der Bach und der Himmel, füllten sich mit neuer unversiegbarer Kraft...

Nachwort des Hieronymus Henlein, Stadtschreiber von Nürnberg

Verzeiht mir. Ich bin kein großartiger Fabulierer. Aber was weiter geschah, wollt Ihr wissen.

Nun, die Zeit lief dahin in unbarmherziger Folge. Mit dem Ende unserer Geschichte war auf beiden Seiten, bei Nürnberg und Ansbach, bald die Lust am Kampfe erschöpft. Die anschließenden

Friedensverhandlungen in Wien dauerten bezeichnenderweise länger als der ganze Krieg. Das Reich hatte andere Sorgen: Im Osten drohte stärker denn je die Türkengefahr und verlangte den Zusammenhalt aller Völker des Abendlandes. Über die Episode zwischen Elisabeth und Achilles wurde wenig bekannt, Elisabeth in den Urkunden der Stadt kaum erwähnt. Sie war zu belanglos. Nur ihr unehelicher Sohn lebte lange und schrieb manches auf.

Albrecht Achilles, Markgraf von Ansbach, betätigte sich nach wie vor in der Reichspolitik mit Geschäftigkeit, Scharfblick und Weitsicht. Die Geschichte seines Lebens nur annähernd zu erfassen, hieße ein umfangreiches Buch zu schreiben, voller Abenteuer und bedeutender Ereignisse. Achilles von Ansbach war ein Mensch mit hervorragenden Gaben. Er verkörperte das mittelalterliche Mannestum in seltener Qualität. Wollt ihr mehr von ihm wissen, wer hindert euch, dicke Folianten zu wälzen...

***

19.

Der Schnellzug Nürnberg-Hamburg stand auf Gleis sechs. Abfahrt neun Uhr fünfundvierzig. In elf Minuten also.

Cramer hatte den kürzesten Weg gehabt. Mit seinem abgewetzten Vulkanfiberkoffer war er der erste am Bahnsteig. Nach ihm kam Elisabeth. Sie hatte einen eng gegürteten hellen Staubmantel an, nackte Beine, Söckchen in Golfschuhen. Ein hellblaues Band hielt ihr Haar.

„Noch keiner da?"

„Nur ich."

„Und die anderen?" fragte sie.

„Keine Sorge, diesen Sträflingstransport versäumt keiner. Sonst holen sie dich mit der Feldgendarmerie."

Elisabeth nahm ihn beim Arm. Sie gingen ein paar Schritte auf und ab.

„Ganz gut so", fing sie an. „Ich habe mit dir zu reden, Curti."

„Bitte nichts Dramatisches."

„Es muß sein."

„Über Marina?"

Sie nickte. Er hatte es erwartet. „Du warst gestern noch einmal bei ihr im Krankenhaus?"

„Es geht ihr besser", sagte Cramer nebenhin, „nach dem Unfall."

„Nein, es geht ihr ganz schlecht", bedauerte Elisabeth.

„Sie hatte Glück. Das linke Bein liegt noch in Gips, die Rippen schmerzen, aber sonst..."

„Das ist es nicht", deutete Elisabeth an. „Sie bekam Blutungen."

„Du meinst Blutergüsse. Das ist völlig normal, oder?"

„Gar nichts ist normal", erwiderte Elisabeth verärgert. „Blutungen an den weiblichen Reproduktionskörperteilen."

Cramer verstand noch immer nicht.

„Reproduktions... was bitte?"

„Eierstöcken."

„Ach so. Ist das gefährlich?"

„Für eine Frau unter Umständen schon. Sie wollte immer Kinder. Daraus wird wohl nichts mehr."

Ehe er auf irgendeine Weise reagieren oder entkommen konnte, tauchten Jus und von Klett auf. Beide mit feinen Lederkoffern. Jus hatte einen aus gelber Schweinshaut mit Reißverschluss und von Klett einen aus dunkelbraunem Kroko.

„Ist das hier der Express nach Chattanooga?" fragte Jus, der schon in Würzburg aussteigen mußte, von Klett erst etwas weiter nördlich in Hildesheim.

„Unser Herr Jazztrompeter hat den Herrn Rekrutenunteroffizier noch pis Wilhemshaven vor sich", höhnte von Klett.

„Nur heißt der bei der Marine Bootsmaat", bemerkte Cramer, „oder so ähnlich."

Verlegen steckten sie sich Zigaretten an. An Cramers altfränkischem Sturmfeuerzeug.

Durch den Zug lief von vorn nach hinten ein harter Stoß. Die Schnellzuglok hatte aufgesetzt und eingekuppelt. Von Klett küßte Elisabeth kurz auf die Wange und eilte davon, um schon mal Plätze zu belegen.

Cramer verabschiedete sich ebenfalls. Er wollte Jus und Elisabeth die letzte Minute alleinlassen.

„Denk daran", sagte Elisabeth zu Cramer.

Seine Verlegenheit verbergend, fragte er: „Wie geht es deinem Vater?"

„Man hat ihn auf Ehrenwort entlassen. Er steht unter Offiziersarrest."

„Gute Besserung deiner Mutter."

Ein Händedruck und ein leises Servus. Das war alles.

„Schreib auch mal!" rief Elisabeth hinter ihm her. Rasch wandte sich Cramer ab.

Von Klett streckte den Kopf aus einem heruntergeschobenen Abteilfenster. Die Bahnhofsuhr zeigte 09.44 Uhr. Der Fahrdienstleiter mit der roten Mütze stand schon, die Signalkelle unter dem Arm, auf dem Bahnsteig. Eine Durchsage kam. „Einsteigen zum Schnellzug nach Hamburg über Fulda, Kassel, Hannover. Und Türen schließen."

Die schweren Schläge knallten zu. Elisabeth hatte Jus umarmt, ließ ihn aber plötzlich los und rannte weg.

„Tränen auch noch", lästerte von Klett. „Mir weint keiner nach."

„Ich verabschiede mich immer zu Hause", sagte Cramer.

„Ich nicht", bemerkte von Klett bitter. „Pei mir interessiert es eh keinen, wohin ich gehe."

Die Lok pfiff und zog an. Jus sprang als letzter durch die offene Tür. Beim Vorbeirollen sahen sie noch einmal Elisabeth. Sie stand da und blickte ihnen nach, ohne zu winken.

„Ihr sollt auf euch aufpassen", übermittelte Jus Elisabeths letzten Wunsch.

„Kein Problem", meinte von Klett. „Polen ist erledigt. Pis die Engländer tran sind, pin ich ausgebildeter Me-hundertneun-Pilot."

⨠⨠⨠❈⨠⨠⨠

Ende Februar erreichte Elisabeth eine Karte von Cramer. Ihre Mutter hatte sie nach Tübingen nachgeschickt.

Die Karte trug als Absender eine M-Feldpostnummer. Cramer erwähnte nicht, was er machte und wie es ihm ging. Offenbar schrieb er von irgendeinem Vorpostenboot. Auf der Karte stand nur eine Art Gedicht, bestehend aus zwei Strophen in kurzen Zeilen. Es lautete:

> *Ich liege an Deck*
> und denke an den Zweck
> meiner Reise.
> In dunkle Wolken
> zieht der Mast eine Furche
> ganz leise.
>
> Möwen fliegen Ringelreihn
> da fällt mir ein,
> warum ich fuhr.
> Ich wollte nur
> ganz nah dir sein...

Unten ein kurzer Gruß: Dein bester Freund Cramer.

Und noch ein Postskriptum: Am schönsten klingt es auf der Trompete geblasen.

Elisabeth heftete die Karte an die Wand ihrer Tübinger Studentenbude. Dorthin, wo auch das Tanzstundenfoto hing und der Fächer mit den Sinnsprüchen.

Männer richten nach Gründen. Des Weibes Urteil ist seine Liebe. Wo es nicht liebt, hat schon gerichtet das Weib.

Das hatte Julius auf den Fächer geschrieben. Sie hatte es damals verblüfft gelesen und gefragt: „Stammt das von dir, Jus?"

„Nein, wo denkst du hin, von Schopenhauer."

„Und ich dachte, es ist ein original Julius-Greiner-Spruch", hatte sie ihm geantwortet.

Sie wußte es noch ganz genau.

III. TEIL

RIGOLETTO-BAR

1.

Dr. phil. Elisabeth Imhoff-Pestalozzo saß zwischen Aktenstößen an ihrem Schreibtisch im Germanischen Nationalmuseum zu Nürnberg. Der Stapel links war einen halben Meter hoch. Er enthielt fein säuberlich archiviert alle Exponate, beginnend bei der Nummer 001. – Der zweite Stapel bestand nur aus schmalen Leitz-Ordnern. Darin waren die nach den Fliegerangriffen und der Zerstörung des Museums noch vorhandenen Ausstellungsstücke registriert.

Aufzuspüren, was ausgelagert und noch vorhanden war, darin bestand Elisabeths Aufgabe. Oft legte sie niedergeschlagen den Bleistift weg und ging nach Hause. Drinnen, in der Altstadt, sah es noch weit schlimmer aus. An warmen Tagen, so wie heute, stanken die Trümmerhaufen wie damals in den Bombennächten, als der Feuersturm durch Straßen und Gassen raste. – Nürnberg war ein verkohlter Leichnam, bei dem man die Knochen eingesammelt und sortiert hatte. In kaum besserem Zustand befand sich die Pestalozzo-Villa an Egidienplatz Nr. 7a, die Elisabeth nach fünfundzwanzig Minuten erreichte. Nur die klassisch elegante Fassade stand noch und im Keller die ehemalige Bedienstetenwohnung. – Elisabeth hatte sie mit den Resten einstiger Pracht eingerichtet. Mit angeschmorten Teppichen, Polstermöbeln mit Löschwasserflecken, einem Nürnberger Renaissanceschrank, ein paar Ölbildern, vergoldeten Spiegeln, zwei gläsernen

Wandleuchtern aus Murano. Immerhin gab es seit kurzem wieder Strom und Wasser.

Auf der Kochplatte wärmte sie sich in Scheiben geschnittene Klöße vom Vortag sowie blinde Soße aus einem Maggiwürfel. Dazu trank sie Tee. Bei Tee reichten die Vorräte bis ins Jahr 2080. Ihre Mutter war eine begeisterte Teetrinkerin gewesen. Sogar eine Büchse voll Indischem Darjeeling hatte sich gefunden.

Ein letzter Lichtstrahl fiel durch das Souterrain-Fenster herein und über die Fotos auf der Rokokokommode. Eines zeigte ihren Vater, den General, den sie als Mitverschwörer des 20.-Juli-Attentats erschossen hatten – ein anderes ihre Mutter, noch blendend aussehend, bevor sie wenige Monate später an Herzschlag verstorben war. – Neben Bildern von Verwandten gab es eines von Julius Greiner in seiner schwarzen Uniform als Panzerkommandant und das schon vergilbte Tanzstundenfoto.

Sieben Jahre waren vergangen, seitdem sie sich am Hauptbahnhof von den drei Noris-Banditen verabschiedet hatte. Sie wußte so gut wie nichts von ihnen. Über von Klett hieß es, daß er mit seiner Messerschmitt abgestürzt sei. Von Jus stammte das letzte Lebenszeichen aus den Dezemberwochen 1944, vor Beginn der Ardennen-Offensive. Curt Cramer hatte in langen Abständen Karten mit Gedichten geschrieben und immer nur, daß es ihm und seiner Trompete prächtig gehe. Die Klettschen Stahlwerke im Pegnitzgrund waren zum größten Teil zerstört. Die Eltern von Greiner lebten irgendwo auf dem Lande. Der Oberlandesgerichtspräsident – er war Nazisympathisant gewesen – versteckte sich offenbar vor einem Prozeß bei den Spruchkammern. Und Cramer, mein Gott, Curti Cramer – dort, wo er gewohnt hatte, lagen ganze Straßenzüge in Trümmern.

Elisabeth hätte viel darum gegeben, die Freunde einmal wieder zu treffen. Aber sie sah keinen Weg. Einwohnermeldeamt, Adreßbücher, Telefonbücher, das alles gab es nicht mehr. Dir wird etwas einfallen, Mädchen, dachte sie oft. Irgendetwas fiel ihr immer ein.

Wie jeden Abend ging sie los und sammelte Trümmerholz für den kleinen Kanonenofen. Es hieß, ein strenger Winter stehe bevor.

～～❀～～

In ihrem kleinen Büro im Museum stand ein schlaksiger Bursche in umgearbeiteter Landseruniform und abgeschabtem Ledermantel. Er zeigte seinen Presseausweis. Er war Lokalreporter der neulizenzierten Nürnberger Nachrichten NN. Der Museumsdirektor hatte ihn an seine Assistentin weitergereicht, Elisabeth blickte kurz auf.

„Muß ich etwas für Sie tun?"

„Typisch Museum", bemerkte der von der Zeitung forsch. „Die schönsten Dinge werden meist im Keller oder in Hinterzimmern deponiert."

„Welche?"

„Sie, Frau Doktor."

Er zog einen Hocker heran, setzte sich unaufgefordert und zückte seinen Notizblock. Mit einem Bleistiftstummel schrieb er irgend etwas hin.

„Wie läuft es bei Ihnen, Doktor?"

„Gar nicht", sagte Elisabeth. „Seit meinem Gespräch mit Ihrem Redakteur vor einem halben Jahr hat sich nichts geändert. Wir bekommen keine Bezugsscheine für Baustahl, Zement oder Holz, um die dringendsten Schäden zu beheben. Wir bekommen keine Benzinmarken, um die ausgelagerten Stücke aus dem Umland hereinzuholen. Es wird nicht besser. Im Gegenteil, es wird immer schlimmer."

Der weißblonde Reporter saß da und wirkte recht verzweifelt.

„Was soll ich bloß berichten? Überall derselbe Mist. Ich fürchte, eine Artikelserie über den Wiederaufbau der Stadt ist reichlich verfrüht."

In diesem Moment hatte Dr. Imhoff-Pestalozzo einen Einfall.

„Wie wäre es mit Artikeln über alte Nürnberger Familien?"

Das Kinn des Reporters ruckte interessiert nach oben.

„Zum Beispiel?"

Elisabeth dachte nicht lange nach. „Über die Tucher und die von Kletts."

„Die von Kletts sitzen auf ihrer Ranch in Argentinien, die so groß ist wie Mittelfranken, zusammen mit einer Million Rinder. Sie rühren für ihre kaputten Werke nicht einen Finger." Er musterte sie mit Albinoaugen. „Wie wär's denn mit Ihnen, Baronin? Sie sind doch eine von Imhoff?"

„Den Adel haben wir nach dem Tod des letzten männlichen Imhoff abgelegt. Seitdem führen wir einen Doppelnamen. Meine Mutter hat einen Pestalozzo geheiratet."

„War Enrico Pestalozzo nicht ein bekannter Architekt?"

Sie weihte den Zeitungsreporter in die Geschichte ihrer Familie ein. Sie fing im Mittelalter an. Dort faßte sie sich aber kurz, denn es ging wohl nur um die letzten zehn Jahre. Sie erzählte. Dabei schlug sie die schönen langen Beine in den kunstgestopften, plattierten Strümpfen übereinander. Was sie sonst noch anhatte, verriet die einstige Klasse. Der schottische Wollrock, der Kaschmirpullover, die Jagdweste aus gelbem Saffianleder.

„Sie haben mich gerettet", erklärte der junge Mann. „Das mit den Nürnberger Familien lege ich bei der Redaktionskonferenz vor und bringe es. Sowas interessiert den Leser."

„Na schön, dann fangen Sie an", riet Elisabeth.

Zwei Wochen später erschien der erste Artikel über große Nürnberger Familien und ihr Schicksal. Gemäß Elisabeths

Wunsch kamen erst die Tucher, die Haller und die Pirkheimer. Über die Pestalozzo schrieb der Reporter, daß der letzte Sproß der Familie, Dr. Elisabeth Imhoff-Pestalozzo, im Germanischen Nationalmuseum als Assistentin des Direktors arbeite und in ihrer Freizeit Ziegelsteine ihres zerstörten Hauses abkratze, jener Villa, die einmal ein Stadtpalais gewesen war, erbaut von Enrico Pestalozzo. Er schrieb vom Tod ihrer Mutter, die den Prozeß und die Verurteilung des Generals nicht überlebt hatte. Er schrieb von dem General, der an allen Kriegsschauplätzen an vorderster Front gekämpft habe, als suche er den Tod. Am 20. Juli 1944 sei Pestalozzo mit Goerdeler, Stauffenberg und Witzleben, die versucht hatten, Hitler zu beseitigen, hingerichtet worden. – Das alles stand in dem Artikel. Er zeigte auch ein Foto von Elisabeth und erschien irgendwann im Herbst.

Die Zeitung hatte zunächst nur eine begrenzte Auflage, aber jedes einzelne Exemplar wurde von mindestens sechs Leuten gelesen.

Der Winter kam früh mit viel Schnee und Eiseskälte. Die Versorgung der Bevölkerung war schlechter als in den schlimmsten Kriegsmonaten. Die Kommunisten und die Sozialdemokraten in der neuen Stadtverwaltung konnten es einfach nicht. Ihnen fehlte die Verwaltungsroutine.

Durch Tausch- oder Schwarzhandel versuchten die Hungernden sich mühsam durchzuschlagen. Letzte Schmuckstücke und Kunstgegenstände wanderten aus den Trümmerwohnungen hinaus aufs Land zu den Bauern oder zu Schiebern.

Eines Sonntagmorgens hielt vor den Trümmergrundstück Egidienplatz Nr. 7a eine auf Holzgas umgebaute Mercedeslimousine. Den hinteren Teil hatte man abgeschnitten und mit einer

Ladebrücke versehen. Der Fahrer, ein einarmiger Kriegsinvalide, etwa Mitte zwanzig, stieg aus und suchte den Eingang zu der Kellerwohnung im Pestalozzo-Grundstück. Als er den von Schnee freigeräumten Weg gefunden hatte, kehrte er zu seinem Auto zurück und holte einen Korb. Den schleppte er hinten herum durch den Garten zu der Kellerwohnung.

Endlich wurde auf sein Klopfen geöffnet. Der junge Mann hatte sich wegen der Kälte bis unter die Nase vermummt.

„Dr. Pestalozzo?" fragte er durch den Wollschal.

Elisabeth, eingewickelt in einen mottenzerfressenen Nerzmantel, nickte nur.

Stumm gab der junge Mann den Korb ab.

„Was soll das?"

„Vom Gut", sagte er.

„Von welchem?"

Der Mann übergab den Korb und ging rasch.

Elisabeth trug ihn hinein und war einer freudigen Ohnmacht nahe. Im Korb lagen ein Kilo Butter, Eier, ein dickes Stück Speck, ein halber Schinken, Mett- und Rohwürste, ein Laib Brot, ein kleines Säckchen mit Zucker, ein großes mit weißem Mehl.

Sie eilte hinter dem jungen Mann her, um wenigstens zu erfahren, von wem das lebensrettende Geschenk komme. Doch der hatte sein Auto schon angelassen und rollte bergab Richtung Behaimplatz davon.

Ziemlich ratlos saß Elisabeth da und drehte sich eine Zigarette aus Eigenbautabak. Dann aber integrierte sie den Inhalt des Korbes in ihre Nahrungsversorgungskette. – Die anonyme Lebensmittelspende wiederholte sich regelmäßig im Dezember, im Januar und im Februar.

Offenbar um ihren Fragen zu entgehen, stellte der einarmige Bote den Korb meist nur an ihrer Haustür ab. Einmal erwischte ihn Elisabeth noch, als er wegfuhr. Sie versuchte das Nummernschild zu entziffern. Es war eine verbeulte rote Blechtafel. Außer einem Buchstaben und zwei Ziffern war nichts darauf zu erkennen. Unmöglich also, damit den Halter des Wagens und den Namen des Gutes herauszufinden. Sie gab auf und kam durch die Spende einigermaßen heil durch den Hungerwinter.

❧❦❧

Mitte-März stand der Gutsbote in ihrem Büro. Am Armstummel trug er jetzt eine Prothese. Er wirkte gepflegt und außerordentlich gut gekleidet. – Es war Werner von Klett. Sie umarmten sich. Minutenlang waren sie sprachlos. Langsam begann von Klett zu erzählen.

Zurückgekehrt aus amerikanischer Gefangenschaft, hatte er das Familiengut bei Lauf übernommen.

„Komm mit", sagte er rasch. „Laß alles liegen. Komm mit!"

In seinem Mercedes, der schon wieder auf Benzin lief, fuhren sie hinaus Richtung Erlenstegen. Unten im Pegnitzgrund rollten sie durch das Tor der Klett-Werke, wo jetzt überall Schutt abgefahren wurde. Die Arbeiter buddelten Maschinen aus und überholten sie. Sie legten Grundmauern frei und zogen neue hoch. Eine Halle stand schon. Die Eisen- und Stahlwerke wurden wieder aufgebaut.

„Ohne Hilfe meiner Eltern wäre tas nicht möglich", sagte von Klett nicht mehr ganz so konsonantenzickig. „Ich meine, mit ihren Tollars. Sie leben in Argentinien. Meinem Vater geht es nicht gut. Er ist ja schon über sechzig, ter alte Herr."

„Was hast du von Jus und Cramer gehört?" fragte Elisabeth.

Von Klett ging nicht darauf ein.

„Tie Schinken in ten Körben", sagte er, „sandte ich anonym. Ich wollte nicht, taß du mir auf irgendeine Weise tankbar sein mußt."

„Ich bin es trotzdem", betonte sie.

„Wunderpar!" sagte er, so forsch und arrogant wie einst. „Tann kannst tu mir meinen Wunsch ja nicht abschlagen."

„Welchen?" Sie erblaßte. Ihr Herz schlug bis zu den Ohren.

„Taß du meine Frau wirst", sagte er, ohne sie anzusehen.

Er stieg aus, verhandelte mit Ingenieuren und Bauleitern. Dann kam er wieder, so als habe keine Unterbrechung stattgefunden.

„Na unt?"

„Das kommt recht plötzlich", wich Elisabeth aus. „Es muß ja nicht gleich sein. Oder?"

„Teine Antwort schon", beharrte er. „Ich bin für Ordnung und Zukunftsplanung."

Nach längerem Zögern sagte sie: „Laß mir Zeit, Werner. Oder noch besser, warten wir ab, bis sich die Zeiten ändern."

Kopfschüttelnd saß er da und lachte kehlig. „Verstehe schon. Tu willst abwarten, bis tu etwas von Jus hörst oder von tiesem halbseidenen Cramer, unserem Mister Jazz."

Sie wollte es nicht tun, aber sie nickte. „Die Zeit ist chaotisch", sagte sie. „Nichts ist reif. Auch ich nicht. Aber ich danke dir für dein Angebot, Werner."

„Millionen Frauen würden es sofort annehmen", äußerte er kopfschüttelnd. „Toch damit eines klar ist: Mein Angebot gilt weiterhin bis auf Widerruf."

So hatte sich Elisabeth den ersten Heiratsantrag ihres Lebens nicht vorgestellt. Benommen saß sie im Auto und hatte nur den Wunsch auszusteigen.

Von Klett ließ an. Sie fuhren in die Stadt zurück.

„Oder", fragte er kühl, „liegt es daran, daß ich nur noch einen Arm habe?"

„Idiot", erwiderte Elisabeth, weil ihr nichts anderes einfiel.

Von Klett rief Elisabeth im Büro an. „Ich hab da eine persönliche Einladung von einem Colonel Jack P. Winters in ten Stork-Club. Muß so ein Ami-Offiziers-Amüsierladen sein, in einem Keller unter dem Opernhaus. Gehst tu mit mir mit?"

„Ich bekam auch eine Einladung", sagte sie erstaunt.

Wie sich ergab, sogar eine für den selben Abend. Elisabeth bügelte ihren besten dunklen Fummel auf. In früheren Zeiten sagte man Kleines Schwarzes dazu.

Von Klett holte sie mit dem Taxi ab. „Wer weiß, wie sie einen tort abfüllen", sagte er. „Einarmig und besoffen fahre ich ungern selbst."

Nach einundzwanzig Uhr betraten sie den Stork-Club. Typisch amerikanische Atmosphäre empfing sie. Swingmusik, dicke Teppiche, rotes Licht, eine Duftmischung aus Whisky, Chanel 5 und American-Blend-Zigaretten. Auf der kleinen Empore, gegenüber der Kapelle, war ein Tisch für sie reserviert. Die Band nannte sich Bobby Görtz und spielte fast so gut wie Glenn Miller damals, als er *In the mood* komponierte. Es gab kleine Happen, die die Amerikaner Snacks nannten, und jede Menge Cocktails, harte Drinks und Champagner.

Elisabeth war schön wie Venus, der Abendstern. Sie tanzten. Später machte die Kapelle Pause.

„Kennst tu diesen Colonel Winters?" fragte von Klett.

„Bin ihm nie begegnet."

Ein Mann, der vom Parkett heraufkam, schien die letzten Sätze ihrer Unterhaltung gehört zu haben.

„Dafür kenne ich die Herrschaften um so besser", sagte er.

Als sei sie an ihm festgewachsen, hatte er die Trompete unter dem Arm. Außerdem trug er einen gutsitzenden Smoking.

„Übrigens, ich bin Curti Crämer."

Er sprach es amerikanisch aus... Dann herrschte erst einmal Funkstille. Elisabeth stand auf, kippte dabei vor Hast ein Weinglas um. Stumm umarmte sie Cramer. Sie hatte Tränen in den hellen Augen.

Von Klett machte es auf Männerart. Er reichte Cramer nur die Hand.

„Servus, alter Junge. Tanke für die Einladung. Tu bist also dieser Colonel Winters, schätze ich."

„Man darf hier ab und zu Gäste bitten", sagte Cramer. „Ich blase die erste Trompete."

„Dir geht es gut", stellte Elisabeth zufrieden fest, „man sieht es."

Cramer nahm neben Elisabeth Platz, was von Klett offenbar mißfiel. Er lästerte auf seine bekannte Art.

„Er kommt ohne den geringsten Kratzer aus dem Kriege zurück. Nur unsereins mußte die Knochen traußen lassen."

Er hob den Arm mit der Prothese. Zum Glück war es der Linke. Trotzdem hatte er beim Trinken und Anstecken der Zigarette Probleme. Cramer gab ihm Feuer, noch mit dem altfränkischen Sturmfeuerzeug.

„Ich übe noch", erklärte von Klett. „Aber jetzt gibt es in ter Schweiz schon fabelhafte neue automatische Kliedmaßen."

Hastig zog er an der Chesterfield. „Was war tein letzter Dienstgrad, Cramer?"

„Matrose Arsch", sagte Cramer. „Ich war auch mal Maat. Aber ein Cramer behält nie lange, was er hat. Du bist am weitesten gekommen, Elisabeth, Dr. phil, ich las den Artikel. Mannomann, große Hochachtung!"

„Ich war Hauptmann und Staffelkapitän", erwähnte von Klett nicht ohne Stolz.

Der Innentasche seines Sakkos entnahm er ein Foto. Es zeigte ihn mit Ritterkreuz vor einer Messerschmitt-109.

„Du bist ein Held", erklärte Cramer, obwohl er es besser wußte, wie und wo von Klett seinen Arm verloren hatte. Die Band kam auf das Podium zurück. Cramer mußte arbeiten. Er empfahl sich für eine halbe Stunde.

Sie spielten alles, von Goodman und Kern, von Miller, Irving Berlin und Cole Porter. – Alles, was gut war und ins Ohr ging.

～～～❀～～～

Um Mitternacht kam Cramer wieder an den Tisch seiner Freunde. Elisabeth saß allein da.

„Werner mußte mal raus."

„Kann er das schon allein?" fragte Cramer, bereute aber sofort seine Taktlosigkeit.

„Er hat seinen Arm im Luftkampf über Berlin verloren, als er einen Liberator-Bomber abschoß", erklärte sie ein wenig vorwurfsvoll.

„Während ich nur Trompete blies", stellte Cramer fest. „Tapfer, tapfer!"

Er kannte die Geschichte mit von Klett ein wenig anders. Von Klett hatte im schlimmen Bombenwinter 1944 mit seiner Staffel südlich von Nürnberg auf dem Fliegerhorst Roth gelegen. Wegen der ständigen Feindeinflüge hatten sie Sitzbereitschaft. Das bedeutete, die Jägerpiloten mußten startklar im Cockpit ihrer Maschinen verharren, um minutenschnell in der Luft und auf Angriffshöhe zu sein. Das dauerte meist so lange, bis Entwarnung gegeben wurde. Da im Januar wegen schlechten Wetters die Bomberströme drei Tage ausgeblieben waren, fuhr Hauptmann von Klett mit dem Kübelwagen der Staffel nach Nürnberg. Offenbar einer Liebesaffäre wegen. Prompt kam ein Alarmstartbefehl. Nur von Kletts Maschine blieb am Boden. An diesem Tag erlitt seine Staffel schwere Verluste. Gegen Hauptmann von Klett wurde ein Kriegsgerichtsverfahren eingeleitet. Normalerweise wäre er zum Tode wegen Desertion und Feigheit vor dem Feind verurteilt worden. Man degradierte ihn aber nur zum einfachen Luftwaffensoldaten und schob ihn zu einer Bewährungskompanie an die Westfront ab. Dort hatte er dann, bei einem Vorstoß der Amerikaner, den Arm eingebüßt. So war es gewesen. Das waren die Tatsachen. – Doch Cramer verlor darüber kein Wort.

Als von Klett kam, wirkte er schon stark angetrunken.

„Weiß nicht", lallte er, „tem Burschen auf dem WC muß ich schon mal begegnet sein."

„Welchem Burschen?", wollte Cramer wissen.

„Dem, der tie Brillen und tie Pissoirs sauber hält, dem Klomann. Wo habe ich ten schon gesehen?"

Von Klett dachte nach. Dabei stürzte er einen Bourbon nach dem anderen hinein.

Cramer wandte sich an Elisabeth. „Hast du je etwas von Jus gehört?" wollte er wissen.

„Nichts", sagte Elisabeth mit kehliger Stimme.

„Und von der blonden Marina, von Kletts schöner Mutter?"

„Wenig", antwortete sie merkwürdig einsilbig.

Ahnungslos fuhr Cramer fort: „Hat sie Kinder? Sie wollte immer welche."

Da blickte Elisabeth mehr als erstaunt, fast schon ärgerlich auf. Sie fuhr ihn an. „Wo lebst du eigentlich, Cramer?"

„Na wo schon, hier und heute und prächtig."

Das brachte sie offensichtlich auf Hundert. „Kinderkriegen! Nach diesem tragischen Unfall am Kalvarienberg bei Greding war das für Marina nicht mehr möglich."

Von unten winkte der Bandleader herauf. Die Musiker versammelten sich auf dem Podium. Es ging weiter.

Trotzdem fragte Cramer noch: „Wieso war das nicht mehr möglich?"

„Marina hatte damals eine Fehlgeburt. Stellst du dich nur so blöd, oder bist du wirklich ein so verdammter Vollidiot?"

Wortlos nahm Cramer seine Trompete und eilte hinunter zu der Band. Sie fingen mit etwas Langsamem, mit *Blue Moon*, an. Cramer spielte automatisch, fast wie im Traum. Jeder Ton der guten alten Swingnummer versetzte ihn zurück, viele Jahre, bis zu jener Nacht im Steinbruch bei Hetzles und bis zu jenem Nachmittag hoch über den Altmühltal, der alles änderte.

~~~~~~~⊛~~~~~~~

„Cramer, du bist ein Arschloch", hatte Marina gesagt, „ich suche und suche dich wie eine Wahnsinnige. Ich renne hinter dir her wie eine Hure hinter einem Freier. Du versteckst dich. Aber ich kriege dich." Sie nahm das Gas weg. „Bald muß die Abzweigung auftauchen."

„Erst kommt der Einödhof, dann ein Marterl. Hundert Meter weiter zweigt der Feldweg links ab", sagte er, „wahrscheinlich."

Bei der Einmündung ging sie in den zweiten Gang. Es nebelte. Der Weg war vom Regen aufgeweicht und hatte tiefe Radspuren. „In so einer Straße bin ich im Herbst hängengeblieben. Ich habe meinen Mann von der Wochenendjagd abgeholt. Auf dem Heimweg geriet ich mit der Hinterachse in den Graben. War dann die halbe Nacht unterwegs, um einen Bauern mit Pferden aufzutun."

„Und dein Mann?"

„Der Herr Kommerzienrat von Klett hat im Wagen geschnarcht. Er muß jede Anstrengung vermeiden. Seine Herzkranzarterien sind hochgradig verengt."

„Die Dinger werden immer enger, bis sie eines Tages ganz zu sind", sagte Cramer, „und dann päng! Aber es geht schnell. Man nennt es Herzinfarkt oder so. Er soll sich bloß halten."

„Er hält sich", sie lachte, „in allem, worin ein Mann sich überhaupt halten kann. Nur fressen tut er zuviel, vor allem Austern, Hummer und Kaviar."

„Demnach besteht die Aussicht, daß du bald eine junge Witwe sein wirst."

„Praktisch bin ich es schon. Ich meine in den Dingen, die eine Ehe ausmachen. Aber ich werde es durchstehen, solange es Cramer gibt." Sie blendete die Scheinwerfer auf. „Ich will nicht viel mehr von dieser Welt als das, was ich habe. Ich bin zufrieden so. Nur, wenn ich mal Witwe sein werde, dann gibt es dich nicht mehr, Cramer. – Doch daran möchte ich nicht denken." Sie machte eine schnelle Lenkradbewegung. Der Wagen scherte leicht aus. Plötzlich stoppte sie. „Fahr du, Cramer." Sie sagte immer Cramer, nie Curt.

„Ohne Führerschein?"

„Das ist wie ein Privatweg."

Sie wechselten die Plätze, ohne auszusteigen. Als sie in dem engen Wagen über ihn glitt, drehte sie sich wie eine Katze um und küßte ihn.

„Später, Blondhaar", sagte er, „heb es auf. Erst die Fische."

„Ach ja, die Fische."

„In einer Viertelstunde sind wir im Steinbruch."

Sie breitete die Arme aus und dehnte sich wohlig. „Hast du eine Ahnung, wie ich mich freue. Mein Mann ist in Indien. Ich habe Zeit bis September. Ich bin frei, frei, hurenhaft frei."

„Ich bin auch so frei." Im Fahren zog er den Korken von einer Weinflasche. In tiefen Zügen trank er.

„Mir auch", bat sie. „Schmeckt immer so komisch beim Knutschen, wenn nur einer getrunken hat."

„Stell das Radio an, Marina."

Seine Stimme trug den forschen Ton, den sie liebte.

Im matten Licht der Armaturen suchte sie an den Einstellknöpfen. Ihre Hände waren schmal, aber von der sinnlichen Weichheit von Tierpfoten. Er nahm die Rechte vom Lenkrad, suchte nach der ihren und küßte ihre Fingerspitzen. Mit den Lippen fühlte er die Glätte der Nägel, die vom Lack herrührte.

Wenn sie bei ihm war, ließ sie alles mit sich geschehen, was auch immer. Dann war sie eine junge Katze, mit der man herumspielte, die schnurrend ertrug, daß man sie in die Luft warf und wieder auffing, und die am Ende aus Übermut auch einmal kratzte.

Der Radiosender Nürnberg brachte heroische Musik. Offenbar hatten die Nazis in der Tschechei wieder einmal einen ihrer politischen Siege errungen.

Cramer äffte Goebbels nach: „Und weil unsere Gegner behaupten, wir verstünden nichts von Kunst", er sprach es wie Gunst aus, „habe ich meinen Freund Göring beauftragt, Gunsthonig noch und noch herzustellen."

Marina kugelte sich vor Lachen. „Noch so einen und es geht mir ins Höschen."

Die Musik wühlte ungeheuer auf. Als das Stück zu Ende war, erfuhr Cramer, daß es eine *Elegia passionata* von einem Mann namens Hentschel war.

„Das paßt hierher", sagte Marina, „wie Würstchen mit Sahne."

„Was paßt her?"

„Eigentlich müßte die Sonne scheinen."

Dabei kam gerade der Mond aus den Wolken.

Sie durchfuhren einen schlafenden Weiler. Ein Hund bellte.

Hinter dem Ort stieg die Straße kurvig an. Der Nebel blieb im Tal zurück. Auf einem Wegweiser stand handgemalt ein Name – Hetzles – dazu eine verblichene Kilometerangabe.

„Gleich sind wir da", sagte Cramer.

Sie nahm seinen Arm, drängte sich warm an ihn.

„Du bist noch sehr jung, Cramer, aber ich liebe dich. Wie ich dich heute liebe, könnte ich glauben, es sei für ewig. Aber keiner kann wohl für ewig lieben. Oder?"

Sie schwieg lange.

„Was denkst du", fragte er, „jetzt?"

„Nur an meine Liebe."

„Warum nicht an meine?"

Sie drückte sich noch fester an ihn. „Weil ich deine Liebe nicht kenne. Ich spüre sie, aber ich weiß nicht, ob sie nicht bloß Neugier ist oder Geilheit. Ich weiß, ich bin hübsch. Und weil ich das weiß, deshalb befürchte ich, daß man mich belügen könnte. Wer häßlich ist, hat es leichter. Einer häßlichen Frau kann man Liebe nur schwer vormachen. Dazu kommt noch, daß ich...", sie unterbrach sich. Es schien, als erwarte sie seinen Widerspruch.

Er war in den zweiten Gang des 328er-Cabrios gegangen. Der BMW-Motor schnurrte heftig, deshalb mußten sie lauter sprechen, als man ein Gespräch gewöhnlich führt.

„Sag mir, was du über uns denkst, Marina. Wir wollen immer ehrlich sein. Siehst du am Himmel das große W? Das ist die Kassiopeia. Man belügt sich nicht unter den Sternen. Einverstanden?"

Er deutete durch die Frontscheibe auf das Sternbild im Osten.

„Also, ganz offen", sagte sie, „Ich war dir von Anfang an verfallen. Noch nie ist einem Mann eine Frau so in den Schoß gefallen wie ich dir. Denkst du noch an den Abend in der Villa? Ich war so verdammt neugierig auf dich. Ich hatte mich extra hübsch gemacht, für dich."

„Und für ein paar andere", schränkte er ein.

„Ohne dich je gesehen zu haben. Ich habe den ganzen Tag geschlafen, um hübsch zu sein. Nur weil mir Elisabeth von dir etwas erzählt hatte, was mir gefiel."

„Was hat sie erzählt?"

„Ich hab's vergessen. Man kann von einem Menschen Sachen hören, daß man sich einfach in ihn verknallen muß."

„Dazu gehört Phantasie", warf er ein. „Und ich habe nicht gewußt, daß Elisabeth überhaupt erzählen kann. Mich hat sie neulich gebeten, ihr bei einem Aufsatz über Hindenburg zu helfen."

„Hindenburg, du erlaubst, daß ich lächle."

„Tu's!"

„Das war doch nur ein Vorwand."

„Wofür?"

Marina starrte in die Nacht hinaus, als denke sie nach und suche eine Erklärung für einen nicht genau erfaßbaren Zusammenhang.

„Von dir hat Elisabeth immer wunderbar gesprochen."

Sie hat von mir wunderbar gesprochen, dachte Cramer, dabei haben wir uns kaum sechsmal gesehen. Warum hat sie nicht wunderbar von Jus gesprochen. Sie sollte von Jus erzählen. Das wäre besser für uns.

„Warum reden wir von Elisabeth und nicht von dir?" fragte er.

Marinas Augen mußten im Dunkel irgendetwas entdeckt haben. Aber es war wohl nichts Konkretes.

„Ich weiß mehr von dieser Elisabeth Imhoff-Pestalozzo, als du denkst", deutete sie an.

„Du weißt gar nichts. Du glaubst vielleicht, etwas zu wissen. Erzähl mir nicht, was du nur glaubst. Elisabeth liebt Jus. Meinen Kumpel Julius Greiner. Das wollen wir nicht vergessen. Es gibt kein anderes Mädchen auf der Welt für ihn und ich kenne keinen Besseren für sie als ihn."

„Glaubst du, daß sie sich schon geküßt haben?" fragte Marina leise, denn sie fühlte, wie reserviert er das Thema Jus und Elisabeth behandelte.

„Klar. Ich denke schon."

„Nein, sie haben sich *nicht* geküßt."

Es fühlte sich an wie ein Wespenstich.

„Ich weiß es. Vielleicht hat Jus es noch nicht versucht. Jedenfalls hat Elisabeth es auch gar nicht gewollt. Bisher."

„Schweig jetzt!" befahl er hart. „Was geht uns das an, ob Elisabeth Jus küssen will."

„Oder vögeln", setzte Marina berlinerisch frech hinzu.

Sie waren im Steinbruch unterhalb der Hügel angelangt. Cramer fuhr den Wagen durch eine Kehre und wendete ihn mit der Nase in Richtung bergab. Dann löschte er die Scheinwerfer und zog die Handbremse fest.

„Cramer!" Sie war in ihre Ecke an der Türe gerückt.

Marina war so weit weg von ihm, daß er nur einen Schatten sah.

„Cramer, du weißt nicht, was an dem Abend des Geburtstags sonst noch war. Ich mußte mich rasch in dich verlieben. Ich mußte mich bei dir beeilen, um Elisabeth zuvorzukommen. Als ich zu Bett ging, war es, als hätte ich eine Sekunde in den Himmel geschaut. – Ich bin keine Frau, die schnell lodert wie ein Scheiterhaufen. Ich bin wie dreißig, obwohl ich erst neunzehn bin. Das alles wußte ich, als ich den Kommerzienrat heiratete. Ich träumte nicht von Dingen, die ich nicht erwarten durfte. Aber ich möchte mir diese Dinge jetzt so zurechtlegen, wie sie sein sollen, ohne Krampf und Verlogenheit. – Ich brauchte einige Wochen, um mir über alles klar zu sein. Dann traf ich dich wieder ganz zufällig. Schicksalsmäßig."

„Wirklich zufällig, in der King-Street?" zweifelte er. „Sollte ich mich so geirrt haben?"

„Zufall oder nicht. Ich spürte, daß auch du mich haben willst. Also packte ich das Problem auf meine Art an", gestand Marina.

„Entschuldige, daß ich so dusselig bin, aber du sprichst von einem Problem?"

Seine Stimme klang weder weich noch einschmeichelnd.

Das Dunkel um sie ließ ihre Worte offener geraten, als sie beabsichtigte. Aber Worte in der Nacht hatten immer ein leichteres Gewicht.

„Natürlich", fuhr sie fort, „wird es mit uns mal zu Ende sein.

Nicht heute und nicht morgen, aber eines Tages. Auch dem Glücklichsten nähert sich die Pein in gebückter Haltung. Mein Problem ist von biologischer Natur. – Mein Mann will noch ein Kind. Wir waren kürzlich beim Arzt. Der hält es für absolut unmöglich. Trotzdem hat er mich etwas präpariert, damit es leichter geht. Es gibt da so Instrumente. – Ich möchte ja gerne ein Kind. Am liebsten, bevor ich zwanzig bin. Frauen sind nur halbe Menschen. Deswegen wollen sie Kinder. Verstehst du das?"

„Warum soll das ein Unglück sein?" wollte er wissen.

Sie öffnete die Türverriegelung und dann die Tür. Sie war bereit auszusteigen.

„Ich will ein Kind von dir. Oder gar keines", entschied sie.

Ehe er nachdenken konnte, war sie aus dem Wagen geglitten und hatte die Tür zugeschlagen. Sie stöckelte vorsichtig um den Wagen herum. Im Steinbruch lagen überall Kalkbrocken. Sie hatte Mühe mit ihren hohen Absätzen.

Als sie auf seine Seite kam, stand er vor ihr, hoch aufgereckt.

„Die Heringe sind ausgenommen", sagte sie. „Ich ziehe sie auf Weidenstöcke, du machst Feuer. In meiner Tasche ist eine Tüte mit Salz und Gewürzen."

Sie tastete im Dunkel der Notsitze nach dem Proviantkorb. Sie fühlte das Papier mit den Fischen, das Reisigbündel, die Flaschen, die Brote, den Kanister mit Spiritus, den Cramer mitgenommen hatte, damit das Feuer schneller brannte.

Marina wußte nicht, was er über die Sache mit dem Kind dachte. Aber sie fühlte sich leicht, weil jetzt endlich alles gesagt war. Sie glaubte, daß nun nicht mehr darüber gesprochen werden mußte, weil ihren Wunsch zu verwirklichen mehr bei ihr lag als bei ihm. Darüber war sie plötzlich sehr glücklich...

Als das Feuer zwischen den Steinen brannte, die grünen Heringe eine braune Kruste bekamen und sie dahockten und auch sonst alles getan war, warteten sie hungrig auf das Brutzeln und Garwerden. Das Feuer warf ihre Schatten riesengroß gegen die turmhohen Kalksteinwände. Ständig nährten sie die Flamme mit Rindenstücken, mit Abfallholz und dürren Ästen, aber so, daß sie nicht zu groß loderte. Sie hielten es gerade so, daß die Zungen der Flammen an den glitzernden Fischleibern leckten.

Marina hatte vor der Feuerstelle einen bulgarischen Reiseplaid ausgebreitet. Sie schnitt römisches Weißbrot in dicke Scheiben und packte Gläser aus.

„Ich habe auch eine Flasche Sekt dabei", sagte sie, weil sie wußte, daß er ihn mochte.

„Und ich Musik."

Kaum war der Satz verklungen, setzte er noch das Wort „Mutti" hinzu.

Übermütig warf sie Kiesel nach ihm. Dann kniete sie auf der Decke, gruppierte Brot, Gläser und Servietten. Sie wußte nicht, ob sein letztes Wort Ironie war oder Ernst, Zynismus oder Spott. Sie wußte nicht, ob sie weinen sollte oder lachen. Aber als sie sah, wie hungrig er den Duft der Fische einsog, wie in seinem Gesicht das unbesorgte Lachen oder mehr der Anfang eines Lachens stand, da wurde sie froh. Sie summte eine slawische Melodie. Sie klang nach aufkommendem Steppenwind mit den Untertönen eines siedenden Samowars. Dazwischen lagen Stakkatotöne wie Kosakengalopp mit Peitschenknall von im Krakowiak-Tanz torkelnden Männern, Wodkarausch, verhallendem Flußschiffergesang.

Ein Wunderwerk, dachte er, so eine Nacht und solch ein Weib.

„Meine Ahnen waren Russen", beantwortete sie seine unausgesprochene Frage, „von der Wolga."

„Meine Großmutter war französische Äbtissin."

„Und ich bin keine dünne blonde Berliner Göre, mein Großvater saß am Tisch des Zaren. Nicht neben dem Herrscher aller Reußen, aber dicht dabei. Wir haben einen endlosen unaussprechlichen Adelsnamen. Das ist alles, was ich vom Russischen kann. Und das Lied eben. – Und was bist du, Cramer?" fragte sie.

„Paß auf!" Dabei deutete er an die Stelle, wo sein Herz saß, holte die Trompete aus dem Cabrio und überlegte einen Augenblick, bevor er sie an den Mund setzte.

Erst erklangen heisere Töne, bis das Instrument warm war. Dann gaukelte das Lied vom lieben Augustin durch den Steinbruch über den Berg in die Nacht hinaus...

... alles ist hin, ist hin...

Gespielt wie ein New Orleans-Blues.

Aus fünfzig Meter Entfernung wirkte das Segelflugzeug wie eine Schwalbe aus weißem Karton auf grünem Papier. Es war ein Typ Grunau-Baby/Doppelsitzer.

Curt Cramer nahm den Platz hinter von Klett ein. Die Motorwinde schleppte sie hoch. Sie ließen sich von der Thermik weit über die bewaldeten Hügel bis Berching tragen. Schließlich schwang von Klett wieder herunter und setzte zur Landung an.

Cramer paßte die Lederhaube schlecht. Er hatte den Riemen gelockert. Werner deutete in die Tiefe, wo der Landeplatz lag. Sie schwebten über die neugebaute Autobahn, zogen über Greding eine weite Schleife und nahmen die Nase auf die Hallen der Flugschule am Kalvarienberg.

Es pfiff um die Plexiglashaube. – Weil die Maschine beim Tiefergehen Fahrt aufnahm, rüttelte sie wie eine Straßenbahn auf alten Schienen. Das Doppelsteuer vor Cramer folgte den Bewegungen, die von Klett mit seinem Knüppel durchführte. Da der

Wind von Westen her über dem Berg stand, mußten sie in der gefährlichen Richtung landen. Gefährlich deshalb, weil am Ende der Landebahn der Berg senkrecht abfiel. Vielleicht hundert Meter tief.

Von Klett brachte die Maschine erstklassig an den Platz heran. Wenige Meter über der Grasnabe slippte er und setzte so weich auf, als flöge er eine Kiste mit Eiern. Als er aus dem Sitz kletterte, sagte er: „Ter nächste Herr, tieselbe Tame!"

„Lange kannst du mit Marina nicht oben bleiben", meinte Cramer. „Eine Stunde noch, dann wird es Nacht."

Werner lächelte. Er war inzwischen ein ziemlich erfahrener Segelflieger und hatte alle Scheine, die man erwerben konnte. – Kein Wunder bei den finanziellen Möglichkeiten eines reichen Erben. – Und er betrieb sein Hobby mit Leidenschaft, aber auch mit der Vorsicht dessen, der sein Leben über alles liebt.

❧❧❧❀❧❧❧

Die Bodenmannschaft klinkte das Schleppseil an den Bughaken und rannte zur Motorwinde. Alles war klar. Nur der Fluggast fehlte noch.

Elisabeth schlenderte mit Marina von der Kantine herüber, wo sie Kaffee getrunken hatten.

„Beeilung, Herrschaften!" drängte der Flugleiter, „Der letzte Start heute."

Dabei ließ er die Mädchen nicht aus den Augen. Besonders Marina gefiel ihm. Galant reichte er ihr die gepolsterte Fliegerhaube.

Aber Marina zögerte und deutete auf Elisabeth. „Eigentlich ist sie dran."

„Es war so ausgemacht", beharrte Werner. „Stiefmütterchen first."

„Ich bin schon mal mitgeflogen. Elisabeth noch nie. Laß sie zuerst."

Es gab ein Hin und Her. In der Höhe verwirbelten indessen Zirren, unter ihnen schob niederes Gewölk Schatten über den Berg.

Cramer fiel ein, was von Klett auf der Autofahrt hierher gesagt hatte: Mir ist so komisch heute, hatte er gesagt, tabei findet gar nichts Besonderes statt. Es kommt mir merkwürdig von Innen hoch, wenn ich an ten Abend tenke, als wäre es ein besoffener Geburtstag, und tu hättest wieder mal mit dem Luftgewehr in die Torte geschossen.

An der Winde hatten sie den Opel-Motor angelassen und klargewinkt. Marina zögerte immer noch.

„Laß uns nach Hause fahren", sagte sie zu Cramer gewandt. Er faßte sie tief am Hinterkopf, wo ihr blondes Haar so störrisch wurde.

„Na mach schon, Gnädigste!"

Der Wind blies gegen sie, als wolle er den Einstieg verhindern. Er preßte ihr das Kleid eng um die Hüften und in die Vertiefung zwischen den Schenkeln.

„Na gut, wenn du meinst, Cramer."

„Fliegen Sie nur mit", riet der Flugleiter. „Wenn das Büchsenlicht kommt, ist es die schönste Stunde da oben."

„Los, mach tich fertig", sagte von Klett.

Cramer bekam gar nicht richtig mit, daß Marina ihn vor all den Leuten küßte, bevor sie den Sitz erkletterte. Es war so schnell geschehen, daß er sich später immer wieder fragte, ob es überhaupt passiert war.

Sie kippten das Plexidach zu. Es rastete ein. Der Start wurde freigeben. Die Motorwinde straffte das Seil. Von Klett zog den Knüppel hart heran. Die Maschine ging, nach Höhe gierend, steil hinauf. 120 Meter über der Winde klinkte von Klett das Seil aus, daß es sirrend zu Boden fiel.

Das weiße Baby zog Kreise. Aufwind, der am Bruch des Berges von der Waagerechten in die Senkrechte strömte, riß es in die Höhe.

❧❀❧

Elisabeth hatte ihre dunkle Brille abgenommen und schützte sich, mit der Hand über den Augen, gegen das Licht der untergehenden Sonne. Unvermittelt fragte sie, ohne den Blick vom Himmel zu nehmen:

„Würdest du je aus Liebe Veronal nehmen, Curt?“

„Lieber Cognac.“ Und nach einer Pause: „Wie kommst du auf die Idee? Ist dir nach Veronal zumute?“

Sie schüttelte den Kopf, daß sich das glänzende schwarze Haar, das im Nacken einen gezirkelten Halbkreis beschrieb, aufspaltete.

„Ich bin nur traurig. Wenn Jus nicht dabei ist, fehlt mir etwas. Nicht, daß ich unglücklich bin. Ich wäre schon zufrieden, wenn er hier wäre. Nicht zu nah, nicht zu fern.“

„Warum nicht nah? Du liebst ihn doch, Elisabeth?“

Jetzt schaute sie nicht mehr in den Himmel. Sie blickte ihn auch nicht an. Nebeneinander schlenderten sie zur Kantinenterrasse. Elisabeth vermied die Antwort auf Cramers Frage. Sie sagte etwas anderes. „Ich kenne ja deine Meinung. Ich kann sie auswendig hersagen. Sie lautet: Jus ist der beste Kerl der Welt. Er liebt dich über alles. Für ihn gibt es kein anderes Mädchen neben dir. Er betet dich an. Folglich hast du ihn zu lieben. Basta.“

Nach einer Weile fuhr sie fort: „Ich mag Jus wirklich sehr. Das soll ja eine ausgezeichnete Basis sein. Ich schätze ihn, achte ihn, verehre ihn, bewundere ihn. Vielleicht wird sogar einmal Liebe daraus. Vielleicht aber erst dann, wenn ich vergessen habe, wie ich mir die Liebe einst vorgestellt habe.“

„Stimmt nicht, was du da sagst. Reine Sentimentalitäten. Du belügst dich", tat es Cramer ab.

„Falsch. Ihr alle verlangt, daß ich mich belüge. Du liebst Marina ja auch nicht wirklich."

Cramer suchte nach dem weißen Segler, nach dem verschwindenden Punkt am Himmel. Seine Gedanken waren anderswo.

„Der Fall liegt weit tragischer", sagte er, „selbst wenn ich Marina lieben sollte, was würde es ändern? Marina ist Ehefrau eines Mannes, eines Giganten. Tausend Nächte Bettnähe verbinden jede Frau mit ihrem Mann. Auch wenn sie ihn nie geliebt hat. Gewohnheit klebt besser als Holzleim."

„Wir beide hätten es so leicht", antwortete Elisabeth erschreckend offen.

Er schüttelte den Kopf und machte ein gequältes Gesicht, als habe er einen Kinnhaken erhalten. „Wenn ich mir das vorstelle, du und ich..."

„Stell es dir vor. Nur einmal."

„Ich will nicht", gestand er. „Herrgott, bist du bescheuert? Ein Mann stirbt auf dem Schlachtfeld und kann dennoch ein Feigling sein. Er richtet einen Verbrecher und kann selbst einer werden. Er geht in die Kirche und mag ein Sünder sein. Doch wenn dieser Mann einen Freund hat und achtet das Mädchen seines Freundes nicht, dann ist er Hundescheiße."

„Oder sein Gefühl für diese Frau ist nicht allzu überwältigend", erwiderte sie.

„Selbst dann", fuhr er versonnen fort, „wenn sie verführerisch ist wie Heliogabals Schwester, geheimnisvoll wie schwarze Perlen, schön wie..."

Sie unterbrach ihn. „Das stammt doch aus einer Zeit, wo man die Frauen einfach in den Himmel hob. Heute teilt man die geraden Nummern nach rechts, die ungeraden nach links. Herrgott, im zwanzigsten Jahrhundert ist alles anders. Niemand muß den Verlobten heiraten, wenn ein anderer dazwischenkommt, den man echt liebt."

„Den zu lieben man sich einbildet", ergänzte er zynisch.

„Klar, man bildet sich alles nur ein", sagte sie, „denn die Liebe ist sowieso der größte Irrtum aller Zeiten."

〜❈〜

Die Wirtin kam. Sie trug eine weiße Schürze und war noch jung. Eine ländliche Schönheit, etwas stämmig, aber sinnlich. Sie kochte den Fliegern hier oben nicht nur den Eintopf.

„Darf ich noch etwas bringen?"

Cramer verneinte. „Wir fahren gleich nach Hause, wenn die Maschine hereinkommt."

Die Kantinenwirtin schaute mit fachkundigem Blick nach Süden, in Richtung Altmühltal. Mit seinem weißen Anstrich glänzte das Hochleistungsbaby wie ein Abendstern.

„Da können Sie lange warten. Die sind im Aufwind am Kindinger Berg. Die kommen nicht so schnell. Manche hat es da schon hochgerissen, daß sie bis München geflogen sind."

Die Wirtin hatte in ihrem Gang das gewisse wiegende Etwas, das viele Frauen nachahmten, aber nie erreichten. Der Gang sagte fast alles über Menschen aus.

„Die hätte es leicht bei dir. Leichter als ich", bemerkte Elisabeth anzüglich.

„Prinzipiell ja", gestand er.

„Sonderbar. Heute, wo man über Kontinente fliegt, gibt es auf dieser Welt noch zweierlei Varianten von Frauen. Solche zum Anschwärmen und solche zum Ins-Bett-Gehen."

Vielleicht hatte sie recht. Aber mit Jus würde sie nie so reden. In seiner Anwesenheit wurde sie steril wie eine Operationsschwester. Wenn sie mit Cramer zusammen war, dann sagte sie

Dinge, die sie sonst wohl nicht einmal dachte. Reizte sie die Gefahr eines Flirts? Sie wußte, wie es mit Cramer und Marina stand. Frauen sprachen darüber genauso wie Männer über Autos. Und weil sie von Cramer und Marina alles wußte, dachte sie offenbar, mit Jus müßte es ähnlich sein. Vielleicht wollte sie es gar nicht soweit kommen lassen, sondern wünschte nur, daß Jus es wenigstens versuchte. Sie wollte geliebt werden. Unter geliebt verstand sie auch begehrt zu werden. Und Jus wollte sich das aufheben. Meist war es andersherum. Da zwangen junge Mädchen aus Prüderie ihre Freunde, in den Puff zu gehen. Später war ihr erster Liebhaber oft ein Kerl, ein Kotzbrocken, den man besser mit Handschuhen anfaßte. – So lief das Leben.

Cramer wurde in seiner Gedankenkette von Elisabeth unterbrochen. „Glaubst du, Marina wird den Flug vertragen?"

„Warum nicht. Sie ist kerngesund."

„Ich dachte nur. In letzter Zeit wird ihr oft übel. Man denkt, sie sei in einem Auto zur Welt gekommen, doch vorgestern ist ihr im Wagen plötzlich schlecht geworden."

Er winkte ab. „Mir ist im Auto immer schlecht geworden", log er. „Als Kind habe ich es überhaupt nicht vertragen. Meine Eltern nahmen stets große Tüten mit. Wenn sie voll waren, warf sie meine Mutter aus dem Busfenster in den Straßengraben."

„Ich bin davon überzeugt", deutete sie an.

„Wovon?"

Er verstand nichts. Er war einfach stur an diesem Tag. Überhaupt hatte er bei Dingen, die ihn nicht näher berührten, eine enorm lange Leitung. Vielleicht lag seine außergewöhnliche Begabung darin, bei Sachen, die ihn nicht interessierten, einfach abzuschalten. – Er konnte das Mittagessen vergessen, wenn er über etwas nachdachte. Er konnte durch das hübscheste Mädchen hindurchsehen, wenn er in Gedanken den Aufbau eines Songs rekonstruierte. Dann war er total abwesend.

Draußen auf dem Platz gingen die Lichter an.

Der Flugleiter kam vorbei.

„Sie müssen bald runter!" rief er zu ihnen herüber. „Wir schießen auf jeden Fall eine Leuchtkugel."

„Von Klett muß selbst wissen, wann es genug ist", äußerte Elisabeth.

„Droben in der Sonne ist es noch hell. Wenn man da fliegt, denkt man nicht an die Rückkehr. Benzin kann ihm nicht ausgehen. Nur der Wind kann einschlafen. Aber dann hat er immer noch genügend Höhe, um zwanzig Kilometer über Land zu segeln", versuchte Cramer zu erklären.

Doch seine Argumente klangen nicht überzeugend.

„Kann eigentlich viel passieren?" fragte Elisabeth.

Sie wußte nur zu gut, daß immer etwas passieren konnte. Sie wollte beruhigende Worte hören, zumindest irgendwelche Formulierungen aus dem Handbuch für Segelflieger.

„Sie sollten Funkgeräte an Bord haben. Dann könnte man sich mit ihnen unterhalten."

„Warum haben sie keines?"

Sie fragte danach wie ein reiches Kind, das nur ein Pony besaß, nach einem Pferd.

„Es ist nicht Vorschrift. Außerdem sind die Dinger teuer. Sie bauen sich schon die Maschinen selbst. Dazu langt es gerade noch."

Was verstand Elisabeth, die Tochter einer stinkreichen Mutter und eines Generals, davon, daß einem die Groschen fehlen konnten, um Tabak oder Papier für eine Zigarette zu kaufen. Stolz hatte sie Cramer erzählt, daß ihr Vater eine neue Panzerdivision übernommen und ihre Mutter einen Häuserblock mit vierzig Wohnungen gekauft habe, damit Elisabeth später auf jeden Fall abgesichert sei. Mieteingang fünftausend im Monat.

„Es gibt Leute, die sind zufrieden, wenn sie es warm haben und Kartoffeln mit Quark", sagte er, „oder Gemüsesuppe mit Maggi-Würfel und trocken Brot, etwas Licht dazu, um ein Buch zu lesen. Es gibt auch welche, die geben ihr letztes Hemd für die Fliegerei."

„Na fabelhaft", bemerkte Elisabeth versnobt, „ohne Hemd, aber mit Flugzeug. Ich möchte darauf hinweisen, daß wir kein eigenes Flugzeug besitzen."

„Aber deine Mutter", konterte er, „hat Aktien von Leuten, die welche bauen."

„Woher weißt du das? Das weiß nicht einmal ich."

„Ich kenne einen jungen Diplomingenieur, der hat sich bei einem Werk beworben, wo man Jägermotoren konstruiert. Sie haben ihn abgewiesen. Er kam zu mir und sagte: Du kennst doch die kleine Pestalozzo. Ihre Mutter sitzt im Aufsichtsrat der Brandenburgischen Motorenwerke. Kannst du da nichts machen? – Auf diese Weise erfährt man von so was."

„Und warum hast du meiner Mutter nichts gesagt? Du kennst meine Mutter doch. Sie hat was übrig für dich."

Der Flugleiter lief wieder vorbei. Etwas aufgeregt diesmal.

„Sie kommen jetzt herein. Aber er hat einen Zahn zuviel drauf."

Die Landebahn war nur noch mit Falkenaugen klar auszumachen. Von der Höhe aus wohl noch schlechter.

Von Klett drückte aus Osten auf den Platz. Dadurch hatte er ein höllisches Tempo. Aber er konnte nichts anderes mehr tun als landen. Hochziehen und wieder durchstarten gab es nur bei der Motorfliegerei.

Von Klett drückte und drückte. Immerhin wollte er landen und nicht stürzen. Deshalb mußte er die Maschine zwischendurch abfangen und horizontal stellen. Jedes Mal verlor er dabei von der Länge der Landebahn wichtige Meter. Auf die letzten hundert schien er es endlich zu schaffen.

Sie hielten den Atem an.

Schon am Ende, wo sich die Wiese stark zum Plateaurand neigte, setzte von Klett endlich auf und schliff dahin. Cramer und Elisabeth liefen der zu schnell gleitenden Maschine hinterher. Der Abstand wurde nicht geringer. Er wuchs eher. Mit Schrecken sahen sie, wie sich das „Baby" immer noch zu schnell dem Kliff des Urstromtales näherte.

„Verflucht, wenn er nur eine Bremse hätte!" schrie Cramer.

Zwar hatte man vor der Steilkante eine Böschung aufgeworfen, sie hielt vielleicht einen bergab rutschenden Schulgleiter, aber kein Baby in vollem Tempo.

Die Maschine raste auf die Böschung zu. Am Hang nahm sie eher noch Fahrt auf, als langsamer zu werden.

Cramer dachte an Marina. Er dachte an von Klett, der jetzt voller Entsetzen, voll schierer Panik sein mußte. Ein Segelflugzeug, das über den Steilhang stürzte, konnte das Ende bedeuten.

Das Baby fetzte, holperte unaufhaltsam weiter. Alle rannten sie los. Der Flugleiter, die Windenbedienung, die Flugschüler, die schon in den Unterkünften waren, die Wirtin mit dem Koch.

Die Maschine war jetzt dicht an der Böschung angelangt. Der Wall schien sie zu stoppen. Aber das Heck hob sich, weil der der Bug mit der Kanzel vom Erdreich gehalten wurde. Die Ruder bewegten sich wild in den verzweifelten Knüppelausschlägen des Piloten. Wie mochte von Klett in der Maschine arbeiten.

Niemand wußte, was sich in den letzten Minuten abgespielt hatte. Ob im Aufwind vielleicht ein Ruder geklemmt hatte. Es brauchte ja nur ein Holzspan eine Umlenkrolle zu blockieren.

Atemlos wurden sie Zeuge, wie sich der Schwanz der Maschine, das so wunderbar elegante Babyheck immer weiter hob, in der Senkrechten verharrte, als gälte es, einen Augenblick vor dem Tod zu zögern. Doch dann überschlug es sich in fürchterlicher Langsamkeit weiter und riß die Maschine mit einem Salto in die Tiefe.

Sie hörten das krachende Abbrechen der Flächen, das schrille Fetzen der Leinwand, das Poltern der Steinbrocken, die der stürzende Rumpf aus der Wand riß, und den dumpfen Aufschlag in der Tiefe. Dann war es Nacht...

Sie konnten es nicht fassen. Der Schock lähmte ihre Gedanken und ließ sie verstummen.

Sie holten Fackeln und stiegen hinunter ins Tal. Sie schnitten den Weg ab, warfen sich in sperriges Gestrüpp wie Springer ins Wasser. Sie zerschunden sich an Dornen, ohne Schmerz zu fühlen.

Als sie keuchend ankamen, hatten Waldarbeiter von Klett und Marina schon geborgen. Sie lagen auf Pferdedecken im flackernden Laternenlicht.

Marina brauchte dringend Hilfe. Sie war bewußtlos, hatte Schrammen im Gesicht und blutete aus dem Mundwinkel. Werner hingegen war völlig unverletzt. Seine Hände steckten noch in den Handschuhen. Er hatte kaum einen Kratzer. Aber es schien, als gäbe es keinen Tropfen Blut mehr in ihm. Taumelnd richtete er sich auf, den Kopf schräg links zur Seite. Man hatte ihm die Fliegerhaube abgenommen. Sogar sein Scheitel war noch akkurat, wie frisch gezogen. Die Lippen hatte er leicht geöffnet, als wolle er etwas sagen. Und er sagte auch etwas. Er bat nicht um Verzeihung. Er sagte nur:

„Scheiße vertammte!" und immer wieder: „Tas ist toch die allerletzte Scheiße!"

– Ja vor sieben Jahren war das gewesen. – Nein, Irrtum, vor acht Jahren. – Wie die Zeit doch verging.

In der nächsten Pause ging Cramer wieder zu seinen Freunden auf die Empore. Werner von Klett saß an der Bar und ließ sich mit Gratisbourbon vollaufen.

Cramer gab sich einen Ruck, um Elisabeth ein Geständnis zu machen. Gerade jetzt, wo alles mit Marina wieder so frisch hochgekommen war, glaubte er, daß es an der Zeit sei. Doch dann erschien von Klett. Bald darauf war im Stork-Club Schluß. Cramer telefonierte nach einem Taxi. Weil keines kam, fuhr er von Klett und Elisabeth in seinem klapprigen DKW-Reichsklasse nach Hause.

Zuerst zu der Klett-Villa in Erlenstegen, dann wieder stadteinwärts, vom Rathenauplatz, der jetzt wieder hieß wie früher, durch das Laufertor zum Egidienberg.

Den tuckernden Zweitakter-Motor abstellend, sagte er: „Was ich schon immer erwähnt haben wollte, Elisabeth, nur, damit es nicht im Heer der Ewigkeit versinkt, möchte ich es erwähnt haben... ich liebte dich.“

Sie starrte geradeaus hinauf zum Reiterdenkmal Wilhelms des Ersten.

„Ich weiß“, sagte sie fast tonlos.

„Und ich tu es noch.“

„Ich weiß.“

Sie sprachen mit langen Pausen.

„Und du?“ fragte er.

Sie zögerte. „Soll das ein Heiratsantrag sein?“

„Legst du Wert auf so etwas Altmodisches?“

„Das nicht, aber es wäre der zweite binnen weniger Wochen.“

„Von Klett?“ fragte Cramer bestürzt.

Sie nickte mehrmals.

„Und?“

„Ich sagte“, antwortete sie, um die richtige Formulierung bemüht, und setzte neu an: „... ich werde dir sagen, was ich auch ihm sagte. Ich sagte, bevor ich irgendeinen Schritt wage, müssen sich die Zeiten normalisieren."

„Normalisieren, was ist das, Elisabeth? Was hat das mit Liebe zu tun?"

„Ich hasse das Chaos."

„Und schätzt die Ordnung. Wobei die Klettschen Stahlwerke einen höheren Bedeutungsgrad einnehmen als Cramer mit der Jazztrompete."

Das war hart, und sie verstand es wohl auch so, denn sie reagierte aggressiv. „Du suchst ja doch nur eine warme Bude und eine Frau zum Herumschlafen."

Soweit es ging, drückte sich Cramer in die linke Türecke.

„Ich spreche von Liebe", sagte er, „nicht von einem Bratkartoffelverhältnis. Von Liebe, die schon sieben Jahre andauert."

„Es tut mir leid, Curt." Sie hob ihre Hand, wie um die seine zu berühren, zog sie aber zurück und gab keine weitere Erklärung ab. Klarer Fall, sie hatte ihn auf ihre Art zurechtgewiesen. Daß sie sich so reserviert verhielt, nur um sich nicht von einem Gefühl überrennen zu lassen, schloß er aus. Den wahren Grund glaubte er zu kennen. Genau genommen war er ein Nobody, ein Nichts. Ein Mann ohne Zukunft.

Welche Frau von Elisabeths Format ließ sich schon mit einem Musiker ein, der in amerikanischen Clubs aufspielte? Er war nicht besser als die reisenden Zigeunergeiger damals auf den Jahrmärkten in Böhmen.

„Hab schon verstanden."

„Bist du jetzt traurig, Curti?"

„Nein, es ist schon okay."

„Wir brauchen Zeit", betonte sie noch einmal.

Er orgelte den Motor an. „Zeit", antwortete er, „Zeit haben wir keine."

Sie stieg aus und ging hinüber zur Pestalozzo-Ruine. Sie

schaute sich nicht um und war bald im Dunkel verschwunden. Diese Frau war für ihn Himmel und Hölle. Aber noch einmal wollte er sich von diesem verdammten Gefühl nicht unterkriegen lassen – wie all die Jahre bis heute.

Auf der Heimfahrt in seine kalte möblierte Bude kam er über den Rathausplatz. Von der Selbalduskirche waren das nördliche Seitenschiff, das Dach und die Türme schwer beschädigt. Alles lag in Trümmern.

Was war das damals 1938 doch für ein Jahr gewesen. Man konnte es so oder anders sehn. Als eine glückliche Zeit oder als den Anfang vom Ende.

2.

Curt Cramer lag auf seiner Couch in der Einzimmer-Küche-mit-Bad-Wohnung in dem alten Bürgerhaus am Albrecht-Dürer-Platz, gleich hinter dem Denkmal.

Er dachte an nichts Schlimmes, als er Schritte hörte. Solche von Damenabsätzen. Und schon schwang die Tür auf. Ricky, die Sängerin der Bobby-Görtz-Kapelle, stand da. Sie war ein Mädchen vom Lande, kam von irgendwoher aus der Oberpfalz. Sie war recht niedlich, ein wenig puppenhaft geschminkt, aber sie hatte zwei kolossale Begabungen: eine für Sex und eine in Bezug auf ihre Stimmbänder. Im Dämmerlicht sah sie Cramer liegen.

Schon begann sie sich auszuziehen. Das Glitzerkleid, ihre Nylons, die schwarze PX-Unterwäsche. Bald hatte sie nur noch einen Hauch von Chanel Nr. 5 an sich. Ungeniert legte sie sich neben Cramer und sagte: „Beim Besuch in meinen Dorf hat mich so ein Rotzlöffel von Bauernburschen doch Ami-Hure genannt."

„Rotzlöffel und Ami-Hure, das gleicht sich aus", sagte Cramer. „Mit wem warst du da?"

„Mit Captain Collins und seinem Cadillac."

Collins war Schwarzer und sein Straßenkreuzer ein Cabrio in Rosa. Cramer konnte sich vorstellen, wie man Ricky, die eigentlich Erika hieß, in ihrem Dorf ausgepfiffen hatte.

Sie drängte sich eng an ihn.

„Wenn du es mir gut machst, erzähle ich dir etwas."

„Erst erzählen", verlangte er.

„Collins hat zehn", sie streckte alle Finger weg, „zehntausend Stangen Camel. Findest du dafür einen Abnehmer? Cash in Gold. Nach dem Friedenswert. Das Gramm Gold umgerechnet auf zwei Dollar."

Cramer faßte über den Kopf nach seinen Notizbuch und blätterte es durch. Es kannte da einen, mit dem konnte man sowas drehen. Er wollte ihn am Abend aus dem Club anrufen. Zunächst forderte Ricky die Bezahlung. Sie nannte es Vergeltung. In dem Augenblick, als es am allerschönsten war, sagte sie: „Plus dreißig Prozent von deinen fünfzig."

„Zwanzig", handelte er sie herunter.

Wenige Tage später, bei einer Orchesterpause, fragte er Ricky, die sich gerade als Ella Fitzgerald-Imitation heißgesungen hatte: „Die Gräfin von Unterbühl hat einen Teppich, einen persischen Krönungsteppich. Vier mal sechs Meter. Kirman. Fünfzigtausend Knoten pro Quadratmeter. Sie will zehn Waggons Luzernenheu dafür."

„Wo soll ich Heu hernehmen?" fragte Ricky.

„Du bist vom Dorf."

„Und du bist doof."

„In München-Riem gibt es einen Armyreitstall. Major Masterson ist leidenschaftlicher Reiter. Gehört er nicht zu deinen Klienten?"

Das Geschäft kam zustande. Allerdings nicht mit Heu, sondern mit einer fünfundzwanzig-Tonnen-Lastwagenladung Futtermais.

Zwei Tonnen davon konnte Cramer abzweigen und im Landgut von Werner von Klett einlagern. Für bessere Zeiten.

Wieder einmal besuchte ihn Ricky, der Liebe und der Geschäfte wegen. Es war genau am 10. Juni 1948.

Wieder lag sie ohne einen Faden am Körper nackt neben ihm auf der Couch. Sie hatte eine Platte von Nat King Cole aufgelegt. *Walkin' my baby back home.*

Sie nippte am Bourbon und steckte sich eine Zigarette an.

„Colonel Winters hat Benzin. – Dreißig."

„Dreißig was?" fragte Cramer. „Dreißig Kanister?"

Sie lachte wie immer etwas zu grell. „Dreißig Kesselwaggons natürlich. Sie stehen irgendwo auf einem unbenutzten Fabrikgleis in Unterfranken."

„Das ist ja ein ganzer Güterzug."

„Winters sprach von sechshundert Tonnen Sprit."

„Fast eine Million Liter. Die muß ich erst mal unterbringen. Welche Bezahlung?"

„Wie immer. Dollar, Ölgemälde mit Echtheitszeugnis, Antiquitäten oder Gold. Er akzeptiert auch Schmuck mit Brillanten."

Das war das größte Geschäft dieser Art, das Cramer je gemacht hatte. Aber er brachte es unter Dach. Dabei hatte er unerhörtes Glück. Das Geschäft ging erst acht Tage später über den Tisch und am Wochenende fand die Währungsreform statt. Cramer kassierte bei verschiedenen Großtanklagern in der neuen D-Mark. – Plötzlich gab es in ganz Mittelfranken rotes Ami-Benzin ohne Marken. Und Curt Cramer hatte einen Gewinn von 80.000 DM in der Tasche.

Da dachte er zum ersten Mal daran, seinen Job als Trompeter bei Bobby Görtz hinzuschmeißen.

Im Stork-Club ging es bis zwei Uhr morgens rund. Als letzte verließen ihn die Angestellten und die Musiker.

Cramer beobachtete, wie sich der Klomann mit seinem Beutel direkt in seinen Weg putzte. Der Alte richtete sich auf und sagte: „Kann ich Sie mal sprechen, Herr Cramer?"

„Wo drückt der Schuh, Opa?" fragte er den mageren grauhaarigen Klosettmann, der ganz und gar nicht hierherpaßte.

Der Alte stand auf und begann verlegen: „Die Spruchkammer hat mich als Nazi eingestuft. Das bedeutet zwei Jahre einfache Arbeit. Dann kriege ich meine alte Stellung wieder. Doch nun muß mir sowas passieren."

Cramer hatte davon gehört, ließ sich den Hergang aber noch einmal schildern.

„Major Maxwell verlor auf dem Klo seine Brieftasche. Ich trug sie zum Colonel, aber Maxwell behauptet, es fehlten fünfzig Dollar."

„Wieviel hast du herausgenommen, Opa?" fragte Cramer.

Der Alte druckste schwer herum. „Zehn, wirklich nur zehn Dollar. Maxwell gab ja nie Trinkgeld."

„Maxwell, diese verdammte Fettsau!" fluchte Cramer. „Einen alten Mann so reinzuhängen."

„Sie feuern mich", jammerte der Klomann, „aber nicht genug damit. Sie werden mich anzeigen. Das gibt eine Verhandlung und eine Verurteilung wegen Diebstahls. Als Vorbestrafter kann ich meinen alten Job nicht mehr übernehmen."

„Was für einen Job?" wollte Cramer wissen.

Wieder dieses verlegene Zögern bei dem Alten. „Ich war Oberlandesgerichtspräsident, mein Name ist Greiner."

Da konnte Cramer nicht anders, als den alten Mann zu umarmen.

„Ihr Sohn Julius war ein guter Freund von mir. Der beste, den ich hatte."

„Das weiß ich", gestand der Alte.

„Wie geht es Jus?"

„Der arme Junge", schluchzte der Alte. „Ich weiß es nicht, nicht genau, nicht in allen Einzelheiten. Ich bin noch dabei, es zu recherchieren. Aus Briefen von ihm, aus seinem Tagebuch und bei seinen Kameraden aus dem Bataillon. Wenn ich weiß, wie es damals zuging, sind Sie der erste, der es erfährt."

„Abgemacht, Professor. Und ich werde einen Stoß mit Colonel Winters, diesem großartigen Ehrenmann, reden."

Alle bescheißen sie die Army um Millionen, dachte Cramer, und wegen zehn Dollar ruinieren sie einen alten Knacker. Manchmal kotzte ihn alles an. Auch seine geliebte Jazzmusik wurde anders. Sie wurde progressiv und atonal, wie Stan Kenton und andere sie heute spielten. No, das war seine Musik nicht mehr.

Noch anderes kam hinzu. Das Ende des Krieges bedeutete auch ein Ende der Roosevelt-Ära. Sie standen am Anfang einer Periode, in der die Vereinigten Staaten die wohl tiefgreifendste Veränderung seit 1929 erlebten.

Cramer ging nach Hause, wie immer durch die Königstraße. Er wußte noch immer nicht, woran es lag, aber die Bummelmeile vom Hauptbahnhof bis zur Lorenzkirche hatte ihn stets inspiriert. Sie hatte ihn angeregt zu Ideen, die ihn beinah katapultartig bis ins Universum schossen. – Aber wie lange noch? – Wenn sich der Jazz änderte, änderte sich auch der Rest der Welt.

Zu Hause schrieb er einen Artikel darüber, und die NN druckte ihn ab. Sie hielten ihn für gut. Zwar zahlten sie nur Pfennige als Zeilenhonorar, aber sie wollten gern mehr von ihm und alles bringen, was er lieferte.

Zum ersten Mal ging Cramer auf, daß man Musik auch durch Dichtung ersetzen konnte.

Von Klett lud ihn in eine neue Kneipe ein. Sie lag in der Klaragasse, nannte sich Rigoletto-Bar und war intim geschmackvoll eingerichtet.

Cramer kam spät. Von Klett und Elisabeth saßen längst da. Von Klett im neuen Seidensmoking mit neuer Schweizer Armprothese, Elisabeth mit Hochfrisur. Doch kein Friseur der Welt konnte ihrer Schönheit je etwas anhaben.

„Gibt schwer was zu feiern", sagte von Klett. „Ich kaufe teine zwei Tonnen Futtermais zum Tagespreis. Seit Anfang tieser Woche arbeiten wir wieder mit zweitausend Mann."

„Gratuliere!"

„Du tarfst mir auch kontolieren", bemerkte von Klett. „Mein Vater ist gestorben. Er fiel tot vom Gaul. Seine Gauchos fanden ihn traußen in der Pampa. Jetzt bin ich alleiniger Konzernherr."

„Und Marina, deine Stiefmutter?"

„Keine Ahnung", tat von Klett es ab. „Tas Erbe ist geregelt. Sie kriegt ein paar Häuser in Puenos Aires und tie Villa in Cannes. Nein, tie kriegt sie nicht. Übrigens, wir beginnen Elisabeths Palazzo aufzubauen."

„Werner hilft mir dabei." Es klang, als sei Elisabeth diese Erwähnung peinlich.

„Zu welchen Bedingungen?" fragte Cramer penetrant.

„Natürlich zu ihren", erklärte von Klett. „Im Gegensatz zu anteren bin ich schließlich ein geborener und gelernter Gentleman. Kostet fast eine Million, ter Neubau. Aber es wird was ganz Feines für unser heißgeliebtes Luxusweip."

Von Klett schwadronierte, Cramer hielt sich zurück und Elisabeth war es peinlich, wie von Klett den netten kleinen Oberkellner herumkommandierte und wie er sich betrank. Dann holte er noch Cramers Trompete aus der Hülle und versuchte darauf zu blasen, bis Cramer sie ihm wegnahm.

„Bei Ungeübten führt das zu Gehirnschlag."

„Dann spiel tu, Mister Jazz."

„Nicht hier."

„Wo tann?"

Von Klett schlug vor, er solle dort oben, wie damals an Silvester vor zehn Jahren, einen Blues loslassen. Jetzt sofort.

„Du bist ja ein Romantiker", stellte Cramer fest.

„Ja, pin ich, trotz allem."

Von Klett zahlte, indem er lässig Hundertmarkscheine aus der Reverstasche zog.

Sie fuhren erst zur Pegnitz hinunter und über das Kopfsteinpflaster am Rathaus. Auf den Trümmern von St. Sebald blies Cramer den großen Zapfenstreich in die Stille der Nacht.

„Tas war aber nicht lustig", lallte von Klett.

„Je nach Gefühl", sagte Cramer, packte die Trompete ein, winkte Elisabeth zu und ging nach Hause.

***

Vor Cramers Wohnungstür lag links etwas Sackähnliches. Es war ein zusammengesunkener, schlafender Mensch. Cramer erkannte Professor Greiner. Vorsichtig weckte er ihn, half ihm hoch, bugsierte ihn hinein und brühte einen Nescafé auf. Der Alte hatte ein Päckchen unter den Arm geklemmt. Gewickelt in schwarzes Wachstuch, mochte es das Format eines Briefbogens und die Dicke eines kurzen Romans haben.

„Wie versprochen", begann der ehemalige Oberlandesgerichtspräsident. „Dieses Konvolut enthält alles, was ich über meinen Sohn Julius weiß, oder vielmehr, was ich seinen Briefen und seinem Tagebuch entnehmen konnte. Ich sprach mit seinen Regimentskameraden, sogar mit Amerikanern, und habe alles niedergeschrieben. Bitte lesen Sie es. Ich bekomme es zurück. Ja?"

„Selbstverständlich. Aber darf ich es auch... Sie wissen schon...
seinem Mädchen von damals zeigen? Sie hat ein Recht darauf."

„Sie meinen Elisabeth Imhoff."

Cramer nickte, und der Alte nickte ebenfalls. Rasch leerte er
die Tasse mit dem Pulverkaffee und erhob sich. An der Tür drehte
er sich noch einmal um, mit einem Lächeln in den abgehärmten
Zügen. „Ich denke, meinem Jungen geht es besser als uns. Doch
auch mir geht es bald wieder gut. In drei Monaten sitze ich an
meinem Schreibtisch im Gerichtsgebäude."

Damit ging er und schloß die Tür so leise, wie es seine Art war.

Cramer öffnete das Päckchen. Es enthielt feinsäuberlich mit
Maschine getippte und gebundene Seiten. Der Kaffee hatte ihn
munter und neugierig gemacht. Er wollte sie gleich durch-
schnüffeln, und wenn es die ganze Nacht kostete. Er las bis zum
Morgen, bis die Sonne aufging.

BEGEGNUNG IM NIEMANDSLAND

Winter 1944/45 – Deutsche und amerikanische Soldaten erleben die Ardennen-Offensive

Zusammengestellt von Erich Greiner in Erinnerung und zum Gedächtnis an seinen Sohn Julius.

Zur Lage

In der Morgendämmerung des 6. Juni 1944 landeten die Alliierten an der Küste der Normandie. Mit dieser glänzend vorbereiteten Invasion begann die Endphase des Zweiten Weltkrieges.

Die Landung der angloamerikanischen Armeen erfolgte mit der Präzision einer Quartzuhr.

Am 2. und 3. Juni fielen 5.000 Tonnen Bomben auf die deutschen Verteidigungswerke am Ärmelkanal.

Drei Tage später standen 4.000 Schiffe mit zwei vorfabrizierten Häfen vor der französischen Küste.

Hinter dem lückenlosen Feuerschirm von Schiffsartillerie und Kampfflugzeugen gingen täglich 35.000 Soldaten an Land.

Rommel stellt sich dem Invasionsheer mit fünfzehn Divisionen entgegen. – Aber der Atlantikwall fällt.

Am 25. Juni geht Cherbourg verloren. Deutschland ist nicht mehr in der Lage, seine Armeen so mit Material zu versorgen, daß sie der erdrückenden Übermacht der Alliierten standhalten können.

Am 7. August ist die Bretagne besetzt. Am 15. August landet

das französische Invasionsheer an der Mittelmeerküste bei St. Raphael. Orleans fällt am 17. August. Eine Woche später stehen die ersten Panzer vor Paris.

Nachdem am 7. September Brüssel genommen worden ist, vereinigen sich am 13. die feindlichen Süd- und Nordarmeen. Ende September sind ganz Frankreich und Belgien befreit. 600.000 deutsche Landser geraten in Gefangenschaft. Zur Erlangung des Gleichgewichtes im Westen bereitet die deutsche Führung einen Gegenschlag vor. Er beginnt am 16. Dezember morgens fünf Uhr dreißig. Er wird von der Heeresgruppe B getragen und erhält den Namen Ardennenoffensive.

1.

Ein Mann stapfte durch das Dunkel des nächtlichen Waldes. Unter den Schritten seiner Stiefel raschelte das frostharte Laub. Er kam nur langsam voran, weil er die jungen Bäume des Unterholzes ertasten mußte, um nicht dagegenzulaufen. Trotz der Kälte war ihm warm geworden. An Rand einer Lichtung orientierte er sich nach einem entfernt glühenden Punkt, der in Abständen immer wieder aufleuchtete, sich hin- und herbewegte und manchmal einen halbkreisförmigen Bogen beschrieb.

Als er näherkam, fuhr das Licht, welches kaum stärker als ein Johanniskäfer leuchtete, wieder in die Höhe, glühte auf und erhellte das Gesicht eines anderen Mannes. Plötzlich verdunkelte es sich jedoch, und ein Ruf drang durch die Stille.

„Parole?"

„Quatsch Parole! Hier ist Oberfeldwebel Jäger. Bist du's, Meixner?"

Anstelle einer Antwort zog der Posten wieder an seiner Zigarette und gab sich zu erkennen.

„Natürlich", bemerkte der Oberfeldwebel, „so einen Eierkopf hat nur einer in der Kompanie."

Es war keine Beleidigung, der Ton unter ihnen war zuweilen etwas rauh.

„Saukälte!" der Oberfeldwebel fluchte. „Schon sechs Grad minus. Wenn es so weitergeht, dann springt uns der Motor von Zwo wieder nicht an."

Er schaute hinüber, wo Nummer Zwo stand. Ein hoher Schatten am Waldrand. Weil man keine Einzelheiten sehen konnte, verschwammen die Umrisse und der Schatten wirkte wie ein Möbelwagen, dem vorn ein langes Rohr heraushing.

Die Männer standen jetzt dicht beieinander. Nun wieder die Stimme des Postens. Sie war hell und jung. Dazu von leicht sächsischer Mundart.

„In Richtung Dräsdn däd er schon anschbringen", meinte Meixner ungerührt.

„Wir fahren aber nicht nach Dresden. Es geht wieder westwärts."

Der Posten trat die Zigarette aus. „Meine Güde. Mit so een ausgeleierdn Modor."

„Schnauze!" unterbrach ihn der Oberfeldwebel. „Die Motoren haben uns aus Rußland herausgebracht, dann schaffen sie auch den Ardennerwald. Nur vierzig Kilometer weiter, bei Bastogne, liegen die amerikanischen Benzindepots. Dort bekommt er prima roten Amisprit. Wenn er bis Antwerpen hält, dann wird er pensioniert, dort steigen wir auf einen nagelneuen Sherman-Panzer um."

Meixner pfiff durch eine Zahnlücke. „Das glom Se aber selber nich!"

Der Oberfeldwebel glaubte es tatsächlich nicht, aber er gab es nicht zu. Was half es, wenn er dem Jungen das sagte, was er wirklich dachte. Dann war nur ein Mann mehr von der Kompanie angeknackst. – Meixner war der Fahrer eines Tiger, der die Nummer

II trug. Auf den Fahrer kam es ebenso an wie auf den Richtkanonier. Die Leute gingen nur dann in einen guten Kampf, wenn sie
noch an den Sieg glauben konnten. Deshalb verschwieg der Oberfeldwebel lieber, was er am Nachmittag vom Unteroffizier des
Tankwagens erfahren hatte.

Man hatte ihnen die Treibstoffbehälter des Tiger gefüllt und
dann noch die Reservekanister in den Außenbordhalterungen.

Doch als der Oberfeldwebel den Fahrer von der Tankkompanie
gefragt hatte, wann sie sich wieder sehen würden, da hatte der Unteroffizier den Kopf geschüttelt.

Allmählich erfuhr Jäger, was los war. Anfangs konnte er es nicht
glauben, aber dann wurde es ihm von den anderen Panzerkommandanten bestätigt. Man füllte ihnen den Tank nur ein einziges
Mal. Der Sprit, den die Heimat für die Offensive zusammengekratzt hatte, der reichte pro Panzer für hundertfünfzig Kilometer Kriegsmarsch – auf der Straße, verstand sich, nicht etwa im
Gelände. – Dann hatten sie entweder die Tanklager der Alliierten
erreicht, oder die Tiger waren zu Schrott degradiert. – Es war wie
ein Marsch in die Wüste mit einer Feldflasche voll Wasser. Der Befehl lautete, eine Oase zu erobern oder zu verdursten.

Der Marsch führte durch den Ardennerwald. Über verminte
Straßen, über Sperren mit Pakgeschützen, die auch fünfzehn Zentimeter Bugpanzerung durchschossen. Sie sollten gegen einen
Gegner anrennen, bei dem es auf zehntausend Schuß Munition
gar nicht ankam. Und dazu gab es einen Befehl, der den Gebrauch der eigenen Kanone nur unter direktem Feindbeschuß er-
laubte.

Von diesen Dingen sagte der Oberfeldwebel seinem Fahrer kein
Wort.

Er sah auf die Uhr. Es war kurz vor ein Uhr morgens. „Ich
übernehme die letzte Stunde für dich, Meixner. Wärm dich in der
Scheune, hau dich aufs Ohr. In fünf Stunden geht es los."

Der Gefreite Meixner übergab dem Kommandanten von Panzer I die Maschinenpistole, drückte sich noch etwas herum und zündete sich für den Rückweg eine Zigarette an.

„Nu gude Wache", sagte er und stiefelte davon.

Jäger schrie ihm noch etwas nach. „Und friß nicht die ganze Einsatzverpflegung auf einmal!"

„Geene Bange!" gab der Gefreite zurück, „die is schon alle. Mer weeß egal nie, was gommt. Was weg is, is weg. Lieber vorher giedlich dun. Däd mich ewig ärchern, wenn ich geen Gopp nehr hädde und war was iebrich von der Schogagola."

Er verschwand in Dunkel des Waldes.

Oberfeldwebel Jäger machte seine Runde um die vier Tigerpanzer des ersten Zuges. Reif lag auf den Stahlplatten. Die Balkenkreuze an den Türmen schimmerten mit ihren schwarzen Rändern.

Hier Kreuze, und dort drüben ein weißer Stern, dachte er. Hier ein Tiger aus siebenundfünfzig Tonnen Stahl, dort drüben Sherman-Panzer. Ihre Farbe ist grün. Auch toter Stahl. Dann kommen Soldaten wie ich und springen hinein, lassen die Motoren an, zermalmen alles, was ihnen in den Weg kommt. Fahren, schießen, vernichten. – Hier, weil ein Befehl dafür gegeben wurde, und drüben aus dem gleichen Grund. – Irgendwo liegt ein Infanterist im Straßengraben, und der hat eine Panzerfaust oder eine Bazooka. Er zielt, zielt noch einmal, und drückt ab. – Das Geschoß rast heran, bohrt sich in den Panzer, schmilzt mit seiner Glut jeden Stahl, dringt in das Innere und verbrennt einen menschlichen Körper wie Zunder. – Der Mensch hält gerade sechzig Grad aus. Was ist das schon, wenn man mit zweitausend über ihn herfällt?

Jäger unterbrach die Gedankenkette und blickte in den Himmel.

Die Wolken hingen tief.

Zum Kriegsglück gehört auch das Wetter, dachte er. Hoffentlich bleibt es so. Wenn die Wolkendecke niedrig ist, dann können sie ihre Jagdbomber nicht zum Einsatz bringen. Das wäre schon viel wert. Ein Jagdbomber ist gegen einen Panzer wie der Schuh eines Spaziergängers gegen eine Schnecke.

Die Wolkendecke war dicht, kein Sternenlicht kam hindurch.

Trotzdem hörte der Oberfeldwebel irgendwo einen Flugzeugmotor.

Das Geräusch kam aus dem Osten und zog über ihn hinweg. Seit Wochen versuchten sie hinter den deutschen Linien aufzuklären, aber es war zweifelhaft, ob sie etwas von der bevorstehenden Offensive ahnten.

Die großen Bewegungen wurden nur in den Nächten durchgeführt. Tagsüber lagen die Fronten auffallend ruhig. – Würde die große Täuschung aber auch gelingen?

Seitdem sie aus dem Osten abgezogen worden waren, hausten sie in den Wäldern. Zuerst in den Tälern der Eifel. Vor wenigen Tagen waren sie in die Einsatzräume abgerückt. Jeder Panzer zog dabei einen anderen Wagen seines Zuges hinter sich her, um Sprit zu sparen. Die Fahrzeuge der Instandsetzungskompanie waren schon mit Holzgasgeneratoren ausgerüstet. Holz gab es noch in Massen.

Jäger wußte, daß man in den Werken sogar Versuche mit Holzgasanlagen für Einsatzwagen durchführte.

Sie schneiden sich noch die Haare ab und weben Tarnnetze daraus, dachte er. Sie tun alles, wenn man es befiehlt. Es gibt überhaupt nichts, was man noch nicht befohlen hat. Es gibt auch wenig, was man mit einem Befehl nicht erreichen könnte.

Wir werden ja sehen, überlegte er, wenn der Morgen kommt.

Nach einer Stunde erschien die Ablösung für Meixner. Es war der Ladeschütze von Tiger IV.

„Alles klar", sagte Jäger und übergab die Maschinenpistole.

Der Soldat sog die Luft hörbar durch die Nase.

„Riechen Sie nichts, Oberfeld? Es stinkt verdammt nach Benzin."

Der Oberfeldwebel nickte. „Wagen eins verliert Sprit aus dem rechten Tank. Nicht viel, aber es sickert irgendwo durch die Wanne. Geben Sie acht, wenn Sie rauchen."

Der Soldat zeigte „verstanden".

Dann ging Jäger durch den Wald hinunter in das Flußtal, wo die Kompanie in der Scheune einer verlassenen Schneidemühle untergebracht war.

2.

Das Schnarchen der Männer drang durch die dünne Bretterwand. Die meisten schliefen trotz des bevorstehenden Einsatzes mit beneidenswerter Ruhe. Bis auf wenige Ersatzleute waren es alte Rußlandkämpfer, die den Einsatz im Westen, so nahe an den Grenzen des Reiches, noch immer für einen harmloseren Krieg hielten als den mörderischen Rückzug aus dem Donezbecken.

Als Jäger das Scheunentor öffnete, schlug ihm Wärme entgegen. Jäger war noch nicht nach Schlafen zumute. Zu dieser Stunde hatte er im Frieden stets damit begonnen, die Tagesabrechnung aufzustellen. Er war ein Mensch, der vom sechzehnten Lebensjahr an am Tage geschlafen hatte und erst am Nachmittag zu leben begann. – Deshalb war er noch hellwach und ging langsam hinüber zum Stall, wo flackerndes Kerzenlicht brannte. Die Tür quietschte in den Angeln, die Männer sahen von ihren Spielkarten auf und blickten den Eintretenden an.

Das Hindenburglicht stand auf einer Futterkiste, beleuchtete die Gestalten und warf große Schatten an die Wände.

Einer der Männer, ein Unteroffizier, legte seine Karten auf die Kiste, sagte: „Einundzwanzig!" und sprach Jäger an: „Wo kommst du her, Alter?"

Ein Leutnant, der etwa dreiundzwanzig Jahre alt sein mochte, rückte zur Seite. Jäger setzte sich neben ihn auf die eiserne Bettstelle.

„Trink erst einen Schluck!" forderte ihn der Kommandant von Tiger I auf und hielt ihm eine Flasche hin.

Jäger suchte im Dunkel nach seinem Brotbeutel und löste den Feldbecher vom Riemen.

„Immer feudal, der Herr Ober", frotzelte der Leutnant.

Jäger goß ein und trank. „Man hat mehr vom Aroma", sagte er nebenhin.

Der Leutnant grinste jungenhaft. „Bei Kartoffelschnaps pfeife ich aufs Aroma."

Der Offizier nahm die Karten auf und mischte. „Wo waren Sie so lange, Jäger? Wir warten schon eine Stunde auf Sie."

Der Oberfeldwebel erklärte, daß er einen Teil von Meixners Wache übernommen hatte.

Einer der Feldwebel schüttelte den Kopf. „Du hast den Marschallstab nicht im Tornister, sondern in der Hosentasche. Wer hätte uns jemals eine Wache abgenommen. Mein damaliger Zugführer bestimmt nicht."

Jäger zündete sich eine Zigarette an, goß noch einmal den Becher voll und trank. Er fühlte, wie ihn der Fusel wärmte.

„Damals war nicht heute", erklärte er. „Damals hatte man Wache, und dann haute man sich vier Stunden aufs Ohr. Dann ging man noch einmal vier Stunden, und dann war dienstfrei. Du hattest die Wahl, ins Kino zu gehen oder in ein Tanzlokal. Aber heute? Heute bleibt uns keine andere Möglichkeit, als im Morgengrauen anzugreifen. – Wann soll es losgehen? Ist die Uhrzeit schon durch?"

Der Leutnant nickte. „Bei der Zugführerbesprechung kam der Einsatzbefehl. Punkt fünf Uhr dreißig rollen wir an."

„Am sechzehnten Dezember 1944, fünf Uhr dreißig morgens", wiederholte ein anderer präzise.

„Genau eine Woche vor Weihnachten. Stille Nacht, heilige Nacht."

Der Leutnant setzte die Flasche an die Lippen und trank sie leer. „Ich weiß ein Lied, das besser paßt", sagte er dann. „Morgen Kinder, wird's was geben..."

Der Unteroffizier hatte die Spielkarten zur Seite geschoben und streckte sich auf dem Bettgestell aus. „Wir rennen sie über den Haufen, das ist doch klar. Was glaubt ihr, wie die da drüben laufen werden. Diese Kaugummifiguren. Die haben noch kein Dünkirchen erlebt."

Der Schnaps machte ihm Mut und er prahlte ohnehin gern. Der Leutnant sah ihn nur an und machte eine kurze Bemerkung. „Drüben hat Montgomery den Abschnitt übernommen. Bei Monty, da laufen sie nicht so schnell."

Jeder wußte, wer Montgomery war. Der Name des englischen Marschalls hatte einen Klang wie der von Rommel. Nur daß man von dem Wüstenfuchs Rommel nichts mehr hörte. Er war in der Versenkung verschwunden.

„Ich möchte wissen, was mit Marschall Rommel los ist", fragte Jäger in die Stille, die plötzlich aufgekommen war. Der Kommandant von Tiger I wandte sich an seinen Kameraden.

„Da kannst du ebenso gut nach ein paar anderen Leuten fragen. Nach Udet, nach Mölders, nach Prien, nach Brauchitsch. Soll ich noch andere nennen?"

Jäger sah auf die Uhr. „Noch zwei Stunden."

Leutnant Greiner gähnte.

Alle dösten vor sich hin, rauchten und tranken.

„Genauso wie neununddreißig, als wir gegen Polen marschierten", bemerkte der aktive Unteroffizier von Tiger-I. „Damals war ich noch Gefreiter und Fahrer in einem Panzer III. Was waren das windige Mühlen gegen unsere Tiger von heute."

Jäger nahm nach einer Weile den Faden wieder auf.

„Wollt ihr wissen, wo ich damals war? Gerade als der Polenfeldzug begann, hatte ich eine neue Stellung als Personalchef in einem Rivierahotel angetreten. Einem Riesenkasten in Nizza. Ich hatte Aussichten, Direktor zu werden, weil ich der Tochter von meinem Brotgeber gut gefiel. Als mich ein Telegramm nach Deutschland zurückrief, lagen wir am Strand. Ich erzähle euch das Drama ein andermal."

„Wenn wir in Antwerpen aussteigen", meinte einer, „dann kannst du die Geschichte beenden. Jetzt möchte ich mich nicht gern an Frieden erinnern lassen. Wenn man in den Kampf zieht, soll man nur an den Kampf denken. Vielleicht noch an sein Ende. Stimmt es, daß man Antwerpen das Paradies der Seefahrer nennt?"

„Ich war noch nie in Antwerpen und noch nie ein Seefahrer", murmelte der Leutnant vor sich hin. „Aber als der Polenfeldzug begann, schrieben wir in der Schule gerade eine Lateinarbeit über Caesars gallische Kriege. De bello gallico. – Wer hätte damals gedacht, daß wir ein Jahr später ebenfalls durch Gallien marschieren würden. – Meinen Lateinlehrer traf ich einundvierzig auf den Champs-Elysées in Paris. Er hatte ein Bein weniger und ein Kreuz erster Klasse. Er war stolz auf beides. Er begrüßte mich mit dem Gladiatorenwort: Die Todgeweihten grüßen dich!"

Ein Unteroffizier füllte die eingetretene Stille mit einer Melodie, die er ganz leise auf der Mundharmonika blies. Sie klang, als gehöre sie zu einem Wienerlied: *Sag beim Abschied leise servus...*

Eine Stunde später war Wecken.

Die Männer wühlten sich aus dem Stroh, rafften ihre Ausrüstung zusammen und marschierten ungeordnet den Hohlweg entlang auf die Höhe, wo die Panzer am Rand der Lichtung standen. Sie fühlten die harte Kälte der Winternacht, als sie über die gefrorenen Kettenspuren zu ihren Fahrzeugen stolperten.

Der Spätherbst hatte Tage mit Regen gebracht und die Aufmarschwege waren bis in den Grund aufgewühlt worden. Dann hatte über Nacht der Frost eingesetzt. Die tiefen Rinnen in den Straßen und Wegen froren fest und tauten kaum in der schwachen Mittagssonne.

Ab und zu geisterte der Schein einer Taschenlampe durch das Dunkel. Wenn einer gegen einen Steinbrocken rannte oder über Astwerk stolperte, das man über die tiefsten Löcher gelegt hatte, dann hörte man Flüche. Die Panzersoldaten hatten nur leichtes Gepäck. Ihre Ausrüstung lag in den Wagen verstaut. Sie hatten nur ihren Einsatzproviant bei sich, eine Feldflasche mit heißem Rumtee, Schokolade, Zigaretten und zwei Verbandspäckchen. Die Kommandanten trugen eine Pistole am Koppel und eine Kartentasche. Ihre große Waffe war der Tigerpanzer. Seine 8,8-cm-Kanone, seine zwei Maschinengewehre, die alles zermahlenden Ketten, die fünfhundert Pferdestärken des Maybachmotors.

Wo der Hohlweg am Wald endete, teilten sich die Männer der Kompanie, zwanglos, wie sie heraufgekommen waren, in die einzelnen Züge auf.

Die vier Tiger des zweiten Zuges standen in einer Schneise weiter nördlich auf Dasburg zu. Die Besatzungen des dritten Zuges wandten sich nach Süden in das Dickicht hinein zu ihren Wagen.

Aus der Richtung, in die sie sich begaben, drang fernes Geschützfeuer. Es kam vom Mittelabschnitt. Irgendwo duellierten sich Fernbatterien. Sie schossen, um die Ruhe auf dem Nordabschnitt nicht auffällig werden zu lassen. Denn diese Ruhe war nur scheinbar.

⤜⤛✲⤜⤛

Die Front des Offensivabschnitts wimmelte wie ein Ameisenhaufen. Die Artillerie war feuerbereit. Tage vorher hatten sie sich vorsichtig auf feindliche Ziele eingeschossen und warteten jetzt nur noch auf die Minute X.

Zwischen die Panzerkeile war in der Nacht Infanterie eingesickert. Sie kampierte in den Wäldern, in den Tälern, auf den Höhen, in den Dörfern und Städten längs der Frontlinie. Die Troßverbände standen hinter den Angriffsspitzen, um nachzustoßen. Die Reserven lagen in Bereitschaft, die Stäbe waren abmarschfertig, um den vordringenden Einheiten nachzufolgen.

Die Straßen füllten sich mit Fahrzeugen, Kolonnen, Abteilungen. Aber es herrschte preußische Ordnung in dem Durcheinander. Jeder Mann, jedes Fahrzeug hatte einen Befehl, eine klare Marschanweisung.

Die Offensive war perfekt vorbereitet, soweit man darunter die Arbeit des I-A-Stabs verstand. Aber gegen mangelhafte Ausrüstung und gegen fehlendes Material half auch beste Generalstabsarbeit nicht.

Den Soldaten der Infanterie waren die Patronenrahmen vorgezählt, ebenso die Handgranaten. Den Männern in den Sanitätswagen waren die Spritzen vorgezählt, die ihnen für Verwundete zur Verfügung standen. Die Ampullen mit Tetanus, Morphium und Lobelin, die Mullbinden, die Verbandsmittel, die Instrumente und das Chloroform.

Jeder, der die Wagen mit den roten Kreuzen sah, dachte dasselbe: Wer wird morgen noch von uns übrig sein. Du oder du oder ich? – Wer wird in so einem Wagen liegen und in die Heimat zurückfahren? – Wer wird unterwegs krepieren und wen werden sie gleich dort begraben, wo ihn die Kugel oder der Splitter erwischt?

„Kein Licht!" schrie einer.

Das erinnerte sie daran, daß ihre Aufmarschstellung vom Feind einzusehen war und daß es nur noch kurze Zeit dauern würde, bis es losging.

3.

Der Panzerfahrer Meixner öffnete die Einstiegsluke und zwängte sich in das Innere seines Wagens. Neben ihm stieg der Funker ein und ließ sich auf das Lederkissen seines Sitzes fallen. Meixner schaltete die Armaturenbeleuchtung an. Der Funker ließ seine Geräte warm werden.

Mit quäkenden Blechstimmen in den Kopfhörern lief die Verständigungskontrolle ab. Zwischen Meixner und dem Funker lag das mächtige Getriebe des Tigerpanzers. Der Fahrer schielte zu dem Funker hinüber und grinste, weil der Kamerad gemütlich an seinen Skalen drehte und abstimmte.

„Wenn ich noch einmal off de Weld gomme, wer 'ch ooch so een Gwasseloddo wie du."

Der Funker sah ihn nur schief an. „Dann mußt du erst mal Deutsch lernen, Bliemchengaffee. Besser, du fährst unsere dicke Berta. Dabei kannst du dein Maul halten."

Der Sachse tat beleidigt. „Vielleicht bin ich een gliegerer Schieler gewäsn als du, Gwasselgopp."

So ging es immer hin und her zwischen dem Funker und dem Fahrer.

Der Rest der Besatzung von Tiger II stieg zu. Richtkanonier, Ladeschütze und Kommandant, Leutnant Greiner. Sie legten die Kehlkopfmikrophone und die Kopfhörer der Bordsprechanlage an. Jeder prüfte seine Gefechtsstation. Die Turmhydraulik, die 8,8-cm-Kanone, die Gurtkästen der Maschinengewehre, das Zielgerät. Nacheinander meldeten sie klar. Der Funker gab die Meldung an die Kompanie weiter.

Der Kompaniechef, Hauptmann Hahn, reichte seine Meldung an die Abteilung weiter, der Regimentskommandeur an die Division. Die Division wiederum gab bei der Armee Klarzeichen. Die Uhren waren schon verglichen. Sie zeigten auf dem Zifferblatt am Arm des Marschalls dieselbe Zeit wie auf der alten Ankeruhr, die Meixner von seinem Großvater geerbt hatte. Alle Uhrzeiger standen bei fünf Uhr zehn.

Da setzte massiertes Artilleriefeuer ein. Die schweren Granaten orgelten über sie hinweg, dann erst kam das Donnern der Abschüsse. Der Schall benötigte für dreihundertdreißig Meter eine Sekunde, während die Granaten den Schallwellen vorauseilten. – Die Einschläge blitzten aus der Ferne herüber. Immer stärker schwoll das Eisengewitter aus den Tälern herauf, wo die Batteriestellungen lagen.

Die ersten Wellen der Angreifer standen unter dem Schirm des eigenen Vernichtungsfeuers. Würde es der Artillerie gelingen, Breschen in den feindlichen Linien aufzureihen? Das Feuerkonzert dauerte genau fünfzehn Minuten. Dann waren die Vorräte verschossen, die für Nahziele vorgesehen waren. Die Artillerie gönnte sich eine kurze Verschnaufpause. Sie richtete die Rohre ihrer Geschütze auf weiter entfernte Objekte ein. Sie verlegte das Feuer weiter nach vorn. Der neue Granathagel setzte ein, als die

Uhrzeiger auf die X-Zeit rückten. Um fünf Uhr dreißig nahm die Offensive Tritt auf. Die Soldaten rafften sich hoch, formierten sich, je nachdem, wie es das Gelände verlangte. In Schützenreihe oder -kette marschierten sie dem Feind entgegen. In den Wäldern aufrecht, zwischen den Bäumen sichernd. Auf freiem Feld von Deckung zu Deckung springend.

Sie drangen vor und warteten auf den ersten Schuß. Wo Panzerfahrzeuge in der Nähe waren, fühlte mancher Erleichterung. Die mächtigen Kolosse der Tiger und Panther schenkten Vertrauen.

Noch steckten die Panzerkommandanten die Köpfe aus den Türmen. Solange es ging, atmete man lieber reine Winterluft. Die Hitze aus den Motoren und der Gestank des heißen verbrennenden Öls würde den Sauerstoff in den engen Wagen noch früh genug aufzehren.

Auch bei den Tigern des ersten Zuges waren die Motoren angelassen worden. Aufheulend waren die Maybachs angesprungen. Auspuffflammen zuckten in die Winternacht.

Die Wagen I, III und IV waren längst die Anhöhe hinuntergerollt, um auf die Straße nach Clervaux zu gelangen, als Meixner seinen Motor noch immer nicht in Gang hatte. Er drückte verbissen auf den Anlasser und fluchte.

„Was ich gesachd hab. Bei Frosd hat er seine Muggen."

„Immer ruhig, Bliemchengaffee", sagte Lt. Greiner, „wir kommen noch früh genug."

Der Fahrer unterbrach das Anlassen und wartete eine Minute. Dann nahm er den Versuch wieder auf.

„Nu gomm schon, Berda!" streichelte er den Kranz des Dreiviertellenkrades.

Der Anlasser heulte wieder. Nach wenigen Umdrehungen begann der Motor mit einigen Zündungen einzusetzen. Bald lief er schon auf fünf Zylindern. Endlich kamen auch die restlichen sieben dazu.

„Na also!" sagte der Kommandant.

Der Motor drehte rund. Lt. Greiner wunderte sich nun doch, wie schnell es gegangen war. Bei der letzten Kompressionsprüfung hatten die Ergebnisse bei den meisten Zylindern weit unter dem Sollwert gelegen. Kein Wunder, die Maschinen des Tiger II waren mehr als überholungsreif. Die Einsätze im Osten, die Rückmärsche nahmen Kolben, Pleuel und Kurbelwelle mörderisch her. Die Marathonstrapazen der endlosen Weiten Rußlands verbrauchten alles: Menschen, Tiere und Material. Jeder, der von drüben kam, war gezeichnet. Auch ein Tigerpanzer. Lange wird es dauern, bis der Krieg aus uns verschwindet, dachte Lt. Greiner. Dabei ist er noch nicht einmal zu Ende. – Nur in einem Fall werden wir ihn sehr schnell vergessen können, nämlich dann, wenn wir tot sind.

Der Tiger ruckte an und preßte den Kommandanten an den Lukenkranz. Der Wagen rasselte über die Lichtung und nahm den Weg durch das Unterholz, den die anderen schon ausgewalzt hatten. Dann senkte er seine Nase abwärts.

Meixner schaltete in den dritten Gang. Auf der Talsohle riß die linke Kette den Wagen in eine Rechtskurve. Er nahm Fahrt auf. Lt. Greiner hatte zwar mit Meixner die Route abgesprochen, trotzdem gab er Anweisungen, bis sie den Schlußwagen des ersten Zuges erreicht hatten. Nach etwa einem Kilometer sah er in der Nacht die Auspuffflammen des Tiger IV.

Über die Sprechanlage meldete er: „Zugführer aufgeschlossen."

Noch hatte die Dämmerung nicht eingesetzt. Sie rollten durch das Dunkel der Nacht.

Bis sieben Uhr müssen die Stoßtrupps die Panzersperren auf der Straße nach Clervaux gesprengt haben, dachte Lt. Greiner. Genau dann beginnt die Dämmerung. Der Sonnenaufgang ist genau acht Uhr zwölf. Sie müssen es geschafft haben, sonst zwingen sie uns, einen Umweg zu suchen. Alle möglichen Wege im Umkreis einer Panzersperre sind vermint. Anzunehmen, daß sich die Amis die Zeit dazu genommen hatten.

Eine Panzermine war für die Laufkette eines Wagens dasselbe wie ein Hufnagel für einen Autoreifen. War eine Kette gerissen, dann blieb der Wagen bewegungsunfähig liegen. Im feindlichen Feuer war es unmöglich, Reserveglieder einzusetzen. Das konnten sie nur beim Instandsetzungszug, mit Spezialwerkzeugen. Aber der Werkstattzug war weit zurück.

Nicht an Minen denken, nicht an Jagdbomber und nicht an Panzerabwehrkanonen, befahl er sich.

Die Aussichten waren immerhin siebzig zu dreißig, daß man durchkam. Jeden konnte es nicht erwischen. Drei Viertel blieben meistens übrig. Nicht jedes Haus brannte ab, manche wurden alt, uralt, und fielen dann zusammen. – Hoffen wir, daß es keine Feuersbrunst gibt, überlegte Lt. Greiner, kein zweites Stalingrad im Ardennerwald.

„Meixner!" rief er über die Bordsprechanlage, „Sie können jetzt Abstand halten."

Der Fahrer ging mit dem Gas etwas zurück und vergrößerte die Entfernung zum anderen Zug um hundert Meter.

„Was macht der Öldruck?" fragte Lt. Greiner. Er wartete auf die Stimme Meixners im Kopfhörer.

Endlich kam sie. Leicht vorwurfsvoll, wie die Stimme eines Kindes, das zu den Eltern sagt: Warum sind wir so arm?

„Öldruck han mer geen. Links een Adü, rechts null gomma fünf. Awer mer bleibn weiterhin uff Drahd, Herr Leutnant."

Auf Draht waren sie, aber was half es. Mit jedem Kilometer

wurde der Treibstoffvorrat um sechs bis acht Liter weniger. Je nachdem, mit welchem Gang sie fuhren. Allmählich drang die Wärme über die Trennwand des Motorenraumes in den vorderen Teil des Panzers. Das heiße Öl wurde in den Motorlagern bei jedem Umlauf dünner. Einmal war es so dünn, daß es die Pleuel des Panzers nicht mehr ausreichend schmierte, weil die Pumpen es ohne Widerstand durch die angeschlagenen Schalen jagten. Dann liefen die Lager trocken und aus.

Wenn das nicht ausgerechnet während eines Angriffs geschieht, ist immer noch einer in der Nähe, der uns abschleppt, dachte der Leutnant. Einer von den Kameraden wird uns schon aus dem Feuer ziehen.

Sie rollten weiter.

Voraus war eine Brücke zu erkennen. Erstaunlicherweise war sie unbeschädigt. Als sie über den Eisenbahnviadukt fuhren, stiegen auf beiden Seiten die Trägerbogen in den Himmel. In der Mitte der Brücke, nachdem die Eisenarme ihren höchsten Punkt erreicht hatten, fielen sie in sanfter Kurve wieder ab und drangen auf der anderen Seite des Tales in die Fundamente.

Wir haben sie nicht zerbombt, weil wir eine Offensive planten, überlegte Lt. Greiner. Die anderen haben sie nicht gesprengt, weil sie für ihren Vormarsch wichtig ist. Auf diese Weise wird sie vielleicht den Krieg überdauern.

Jenseits des Tales wand sich die Straße in die Höhe. Dort, wo sie sich nach Westen richtete, waren am Vortage noch die vorgeschobenen Stellungen der Amerikaner gewesen. Eine Artilleriebeobachtungsstelle und ein MG-Nest, das die Straße nach Dasburg hinüber bestreichen konnte und abriegelte.

Auf den Höhenzügen hatten die Amerikaner überall solche Einzelposten stehen. Sie waren in den Wochen vorher beliebte Ziele nächtlicher Stoßtruppunternehmungen gewesen. Lt. Greiner hatte mehrmals die Angriffe deutscher Stoßtrupps verfolgt, wenn sie um Mitternacht ihre Wagen passierten, die Gesichter geschwärzt, verbissen vorwärtseilend.

Stunden später, wenn sie die Höhen drüben erklommen hatten, hörte man das Feuer ihrer Sturmgewehre, detonierende Handgranaten und das abwehrende Stakkato der amerikanischen Maschinenwaffen.

Manchmal drang Schreien durch die Nacht. Der Todesschrei eines Getroffenen oder das Hurrageschrei beim Sturm. – Vor der Dämmerung kamen sie dann meistens zurück. Abgekämpft, zerschlagen, verwundet. Manchmal hatten sie einen Gefangenen dabei. – Meistens aber erreichte nur ein Teil von ihnen die eigenen Linien. Die anderen lagen irgendwo im Wald auf der anderen Seite. Sterbend oder schon tot.

4.

Meixner mußte in den nächstniederen Gang zurück, weil die Straße Steigung bekam. Der Motor drehte hoch.

Lt. Greiner sah die Umrisse des Vordermannes deutlicher. Er erkannte auch schon vereinzelte Infanteriegruppen, die links und rechts von der Straße der Höhe zustrebten.

Weiter droben allerdings warteten die Infanterieverbände noch auf das Vordringen der Panzerwagen. Zuerst mußten die Tiger die Höhe erklommen haben, dann erst stießen sie nach. Die vier Wagen von Lt. Greiners Zug waren jetzt die vorderste Spitze des Angriffs geworden. Wie eine Schlangenzunge stießen sie aus dem Taleinschnitt und wußten nicht, wie es jenseits des Höhenzuges aussah.

Lt. Greiner blickte prüfend in den aufgrauenden Morgenhimmel. Die Wolken hingen tief. Es sah nicht so aus, als würden sie aufreißen. Für Schneefall war es zu kalt. Lt. Greiner rechnete damit, daß es den ganzen Tag über so blieb.

Der Richtkanonier links neben Lt. Greiner erschien unter dem Turmdeckel. Er sah von seinem Platz aus einen Fetzen Himmel.

„Wo bleiben unsere Jäger? Die zählen noch die Läuse unterm Hemd, was?"

Lt. Greiner verneinte.

„Kaum. Sie werden genug mit dem Jagdschutz für die Fallschirmjäger zu tun haben. Mit direkter Unterstützung brauchen wir nicht zu rechnen. Die Sicht ist zu schlecht. Aber es hat was Gutes für sich. Wenn unsere nicht eingreifen, dann müssen die anderen auch zu Hause bleiben. Was glauben Sie, wie die in einer Stunde herüberkämen. Wie Hornissenschwärme! Wenn sie mit ihren Spitfires, Hurricans und Lightnings in den Erdkampf eingreifen, bleibt kein Auge trocken. Stattdessen liegen sie auf ihren Plätzen herum und können nicht starten. Schwein für uns."

Da kam ein Befehl über die Kompaniewelle: „Zug Greiner anhalten!"

Tiger II hatte die Höhe erreicht, fuhr ein Stück in den Wald hinein, um den nachfolgenden Wagen Platz zu machen, und wartete.

Es war wenige Minuten vor sieben Uhr. Die Höhe war ohne Feindberührung unter Planzeit genommen worden. Die anderen Wagen kamen herauf und scherten aus.

Vor ihnen dehnte sich eine weite Ebene. Sie zog sich ansteigend hin und mündete in die Ardennenhöhen. Die Panzer bildeten eine Kette, um im Seitenabstand von hundert Metern über die Felder und Wiesen zu rollen. – Aber noch lagen sie auf ihren Positionen gestoppt. Die Infanterie rückte nach.

Lt. Greiner nahm sein Zeiss-Glas und beobachtete das Gelände nach rechts. Sein Wagen stand am dichtesten an der Straße, weil er als erster die Höhe erklommen hatte.

Drüben am Waldrand warteten die Tiger des anderen Zuges. Links im Süden mußten die acht Wagen der Züge drei und vier bereitstehen. Lt. Greiner konnte sie nicht erkennen, weil der Waldrand dort in eine Senke abfiel.

Meixner hatte die Motoren abgestellt. Das sparte Benzin. Ein Landser kam heran und schrie etwas zu Lt. Greiner hinauf. Er wollte Zündhölzer. Der Leutnant warf sie ihm zu. Nach einer Weile kamen sie zurückgeflogen.

„Was war mit der Höhenstellung?" fragte Lt. Greiner den Gefreiten.

Der verzog sein Gesicht. Er machte eine Faust, spreizte den Daumen ab und drehte ihn nach unten.

„Alle hin. Unsere Artillerie hat sie im Schlaf zusammengeschossen. Wann geht's weiter?"

Lt. Greiner deutete auf die Uhr und hob die Schultern.

„Müdes Volk!" schimpfte der Infanterist. „Beim nächsten Mal etwas lebhafter, wenn ich bitten darf."

Er grinste den Panzerkommandanten an.

Ehe Lt. Greiner wußte, was los war, hatte sich der Soldat plötzlich hinter den Tiger geduckt. Dann erst sah der Leutnant den Einschlag dicht an der Straße. – Infanteristen hatten einen sechsten Sinn für Artilleriebeschuß. Es war die erste Granate, die man gegen ihren Abschnitt gefeuert hatte. Der Dreck prasselte in dicken Brocken nieder. Lt. Greiner zog den Kopf ein. – Die Amerikaner hatten sie also entdeckt und begannen mit der Abwehr.

Meixner startete den Motor. Schon kam der Befehl zum Weiterrollen.

Die Panzerkompanie schob sich aus der Walddeckung. Die Richtschützen suchten nach den Mündungsfeuern des Gegners, um sie unter Beschuß zu nehmen, aber die amerikanischen Stellungen waren nicht zu erkennen. Sie schossen indirekt aus großer Entfernung.

Schon nach wenigen Einschlägen, die sehr gestreut und ungenau lagen, stellten sie das Feuer ein.

„Sie hauen ab!" hörte Lt. Greiner den Kommandanten eines anderen Panzers im Sprechfunk. „Was habe ich gesagt! Sie türmen! Trotz Montgomery, dem General der schnellen Truppen. Sie ziehen ihre flinken Gummisohlen an und wetzen davon. Wie die Franzosen an der Maginotlinie. Merkt ihr was, Kameraden? Wir befinden uns auf dem Vormarsch!"

Lt. Greiner schaltete sich ein.

„Bis jetzt sind wir kaum fünf Kilometer vormarschiert. Kein Grund zur Heiterkeit."

„Wetten, daß wir am Nachmittag in Bastogne Hotelzimmer suchen?" antwortete der andere Zugführer.

„Wenn es stimmt, dann bezahle ich die Rechnung", gab Lt. Greiner zurück, der jetzt ein Stück vor der Kette herfuhr. Sein Tiger schwankte wie ein Schiff über die Weiden der Hochfläche. Immer wenn sich der Wagen federnd aus einer Welle hob, zitterten die langen Antennenstäbe wie hohes Herbstschilf im Wind.

Sie überquerten das flache Land in schneller Fahrt. In Mulden lagen Reifstreifen über den unbestellten Äckern. Der Krieg hatte den Bauern gerade noch Zeit gelassen, ihre Felder abzuernten. Schon war ihr Land Frontgebiet geworden.

In manchen Schlägen lag noch das Kartoffelkraut in den Furchen. Die Getreidestoppeln waren an kaum einer Stelle unterpflügt. Lt. Greiner sah einen verwilderten Kater durch den Morgen streichen. Er blickte dem heranrollenden Ungetüm erstaunt entgegen, ehe er ausriß.

Über das Fahrgeräusch der Tiger hinweg scholl vom Himmel das Donnern von Motoren. Die Flugzeuge zogen wie die Panzer nach Westen.

Der Richtschütze neben Lt. Greiner wandte sich wieder an seinen Kommandanten.

„Es können Liberator-Bomber auf dem Rückflug sein. Haben über Frankfurt oder Köln wieder abgeladen."

Lt. Greiner wußte es auch nicht. „Vielleicht sind es unsere Fallschirmjäger. Sie springen über den Depots hinter Bastogne ab, damit die Amis nicht den ganzen Kram in die Luft jagen. Zu beneiden sind sie nicht, die Burschen da droben."

„Nein", meinte der Unteroffizier. „Mein Bruder ist über Kreta gefallen. Sie haben ihn in der Luft abgeschossen, wie er am Fallschirm hing. Als er auf die Erde pendelte, hatte er nur noch ein halbes Gesicht. Mag einer sagen, was er will, auf dem Boden ist es immer noch am besten, da kann man sich hinlegen und reinkrallen. Aber auf dem Wasser und in der Luft, da ist es anders. Grausam ist es da. Wir sind nicht Vögel und nicht Fische. Im Wasser und in der Luft sind wir einfach nicht zu Hause."

Recht hat er, dachte Lt. Greiner. Da eroberte sich der Mensch die Meere und den Himmel. Bei diesen friedlichen Eroberungen war nicht ein Zehntel jener Anzahl Menschen verunglückt wie in den Kriegen, die zu Wasser und in den Wolken stattfanden. Es gab Menschen, die in ihren Köpfen erstklassige Gedanken herumtrugen, dann kam einer, der hat soviel im Hirn, daß er gerade einen Knüppel schwingen kann. Damit zertrümmert er das klügste Gehirn und die guten Gedanken werden nie zur Wirklichkeit.

Eine Burgruine auf der Anhöhe rechts riß ihn aus seinen Gedanken. Die Panzerkette hatte einen leichten Schwenk gemacht und hielt auf den Berg zu, der von der Ruine gekrönt wurde. Der erste Zug hatte beinahe das Ende des Plateaus erreicht und formierte sich wieder zu einer Reihe. Tiger II mit dem Zugführer preschte voran in seine Position.

„Achtung! Pakstellung voraus!" kam ein aufgeregter Spruch durch.

„Wo?"

„Hundert Meter bergwärts von der Buschgruppe, hinter dem Trafohäuschen."

Die Augen der Richtschützen suchten das Ziel und faßten es auf. Schon fuhr der erste Schuß des Gegners dicht neben Tiger I vorbei.

Der Wagen schlug, so schnell es für sein Gewicht von vier Eisenbahnwagen möglich war, einen Haken, daß auch der zweite Einschlag danebenging.

Jetzt feuerte die Acht-Komma-acht des Tiger III. Zischend fuhr die Granate aus dem Rohr. Für Sekunden verhüllte schwarzer Rauch die Mündungsbremse. – Der Einschlag lag zu kurz. Aber er wirbelte einen Erdregen hoch, der den Amerikanern an der Panzerabwehrkanone die Sicht nahm.

Panzer II hielt an.

„Entfernung siebenhundert. Richtung ein Uhr!" gab Lt. Greiner durch die Bordsprechanlage.

Der Unteroffizier schwenkte den Turm nach rechts. Der Ladeschütze schob die lange 8,8-cm-Granate in das Rohr. Der Verschluss klickte fettig. Der Unteroffizier löste aus. Der erste Schuß war draußen. Lt. Greiner beobachtete durch das Periskop.

„Ich glaube, der saß ganz gut."

Die anderen Panzer hatten ebenfalls gestoppt. Jetzt prasselte eine Maschinengewehrgarbe gegen die Flanke von Panzer II. Im Wagen hörte es sich an wie das Klopfen eines Spechtes. Das regte die Männer nicht auf. Ein MG war ungefährlich. Die Seitenpanzerung hielt auch eine normale Zwozentimeter aus. Aber Lt. Greiner gab den Befehl, den Wagen nach rechts zu ziehen. Meixner brachte ihn in die Stellung. Der Kommandant suchte das Gelände ab.

Auf dem Übergang eines Rübenackers zu einem Graben sah er Bewegung. Ein paar kugelige Stahlhelme duckten sich in die Erde. Er wies den Funker mit seinem MG ein.

Die Garbe vertrieb die Amerikaner. Der Funker hielt in die aufspringenden Männer hinein. Entfernung kaum dreihundert Meter. Sie stürzten und fielen.

Lt. Greiner konnte nicht ausmachen, ob sie getroffen waren. Er nahm es an, weil ihr MG schwieg.

Derweil hatte die Acht-acht noch zwei Wirkungseinschläge in dem Trafohäuschen erzielt. Das obere Stück des Turmes war zusammengestürzt. Das Dach war mitsamt dem Stuhl und den Ziegeln heruntergekommen und hing baumelnd an den Überlandleitungen.

Auch das Pakgeschütz schoß jetzt nicht mehr. Zwar hatte es bei Tiger III einen Turmtreffer erzielt, aber in einem so stumpfen Winkel, daß die Panzerplatten das Geschoß ablenken konnten. Nur eine schwarze Schramme war zu sehen. Die Besatzung hatte es tüchtig hin- und hergeschüttelt, doch der Treffer blieb nichts anderes als ein Kratzer.

Die Panzer nahmen wieder Fahrt auf und preschten mit hoher Geschwindigkeit hinter den fliehenden Amerikanern her. Ein Stück weiter sichteten sie auf der Straße die Zugmaschine der amerikanischen Pak. Einen Dreiachser. Der Fahrer bemühte sich, ihn flottzubekommen. Aber seine Männer waren noch nicht heran. Er wartete auf sie. Das besiegelte sein Schicksal.

Ein Volltreffer aus dem rechts vorstürmenden zweiten Zug kippte ihn um. Ein abgerissenes Rad wirbelte hoch. Der Kraftwagen geriet sofort in Brand. Die Tiger aber stürmten weiter.

5.

Bis an die Hauptstraße zur Stadt fanden sie kaum Widerstand. Was sie dazwischen an feindlichen Stellungen liegenlassen mußten, fegte die nachrückende Infanterie aus. Nur der vierte Zug hatte ein längeres Duell mit einer gut getarnten Flakbatterie. Die Amerikaner trafen einen Tiger schwer. Er blieb bewegungsunfähig liegen. Die Besatzung stieg aus. Die Männer standen um ihren Wagen herum und besahen sich den Schaden. – Die linke Kette war nur noch ein Klumpen Stahl und die Laufrollen hingen an ihrer Aufhängung querab. Außerdem hatten sie einen Einschuß auf der Fahrerseite.

Die Bugpanzerung hatte gehalten, aber ein Mann bekam einen Splitter in den Oberschenkel, der den Knochen durchschlug. Sie verbanden ihn. Er stöhnte vor Schmerzen.

Die anderen rauchten und tranken aus ihren Feldflaschen. Sie waren dem Flakgeschütz gar nicht so böse. Für die Ausgestiegenen war die Offensive zu Ende.

～～～❀～～～

Die Panzersperre vor Clervaux war offen. Der Stoßtrupp hatte gute Arbeit geleistet. Die Tiger rollten ungehindert durch. Um neun Uhr dreißig, als sich die Wintersonne kraftlos in flachem Bogen mehr südlich als von Osten über die Wolken schob, standen sie dicht vor der Stadt.

Dann rollten sie in die Stadt hinein. Das Rasseln der Ketten, das Brüllen der Motoren hallte von den alten Häusern wider. Sie waren verlassen, wie die ganze Stadt.

In Eile waren die Einwohner vor den Heranstürmenden geflohen. Wenige Zivilisten, meist alte Leute, warteten in den Kellern auf das Vorüberziehen des Gewitters und auf die Rückkehr ihrer Befreier.

Die Amerikaner hatten ihre Trucks und Jeeps angeworfen und Hals über Kopf die Flucht ergriffen. Auf dem Rathausplatz stand unter einer Zeltplane eine dampfende Feldküche. Ein Berg mit Kartons voll C-Rationen lagerte unter Persennings. Die deutschen Soldaten wußten seit der Invasion sehr gut, welche Leckerbissen sich in diesen Kartons befanden. Sie deckten sich ein und versorgten auch die Männer in den Panzern damit.

Eine Straße weiter sah Lt. Greiner einen Tankwagen stehen. Er gab es an den Kompaniechef weiter. Aber der hatte das westliche Ende des Städtchens schon erreicht und konnte nicht mehr umkehren.

„Wir sind noch drei Viertel voll", gab er an Lt. Greiner zurück, „liegen aber schon eine halbe Stunde hinter der Planzeit."

Es würde schon einer kommen, der den Sprit nötiger hatte, das war sicher. Aber es verursachte eben ein beruhigendes Gefühl, wenn die eigenen Tanks randgefüllt waren.

Als sie aus Clervaux hinausrollten, schlug eine Turmuhr die zehnte Stunde.

Soviel Lt. Greiner aus den Funksprüchen zwischen den Verbänden entnehmen konnte, lief die Offensive auf Hochtouren. Die Infanteriedivisionen konnten Anschluß an die Panzerspitzen halten, weil sich bisher noch kein nennenswerter Widerstand entgegenstellte. Dort, wo der Gegner in günstigen Stellungen zäh verharrte, wurde er umgangen und eingekesselt. Dann rückte die Artillerie nach und nahm ihn unter Feuer.

Die Panzerkeile aber stießen weiter nach Westen. Gegen Mittag meldeten einzelne Panzereinheiten, die im Zentrum der Offensive operierten, das Überschreiten der belgisch-luxemburgischen Grenze. Die Offensive schien Luft zu schaffen und den Raum vor den Toren des Reiches, den man so dringend benötigte.

In den ersten Nachmittagsstunden riß über Wiltz für Minuten der Himmel auf. Die Truppen auf den Vormarschstraßen sahen es besorgt. Aber ehe noch gegnerische Jagdbomber und Kampfflugzeuge heran waren, zog sich das Stückchen blauer Himmel wieder zu. Es war nur ein schneller Fleck durch ein Fenster gewesen.

Ein Glück für die Truppen. Sie kannten die verheerenden Angriffe der überlegenen gegnerischen Luftwaffe. Daß die Engländer und Amerikaner den Luftraum beherrschten, darüber bestand nirgends Zweifel.

Aber auch ohne Einsatz ihrer Flugzeuge versteifte sich langsam der Widerstand der Alliierten gegen die Offensive. Montgomery hatte die zurückströmenden Verbände aufgefangen und begann seine auf Angriff eingestellten Truppen defensiv zu formieren.

Diese Maßnahme war schon am Spätnachmittag spürbar. Zuerst fühlten es die hinter den Panzern nachrückenden Infanterieeinheiten. Die Amerikaner verteidigten den vor Wochen eroberten Boden immer hartnäckiger. Die Ortschaften und Dörfer wurden nicht mehr überstürzt geräumt.

Gelang es den Deutschen jedoch, sie nach zügigem Angriff zu nehmen, dann setzte sofort scharfes Geschützfeuer ein.

Durch die niedere Wolkendecke tauchte hin und wieder ein Aufklärer, beobachtete den Frontverlauf und verschwand schnell wieder in der schützenden Waschküche.

Es gab nun häufiger Verwundete und an manchen Stellen stockte der Vormarsch. Die Infanterie mußte Feuerunterstützung anfordern.

Sie gruben sich mühsam in die frostharte Erde, wenn sie keine natürlich Deckung fanden, und warteten.

War keine Artillerie greifbar, dann befahl man Panzereinheiten zurück, um den Weg freizukämpfen.

Die Offensive war für die Alliierten zwar völlig überraschend gekommen, aber sehr bald verpuffte die Wirkung des unerwarteten Angriffs. Das Überraschungsmoment hatte seine Rolle als Waffe ausgespielt. Der Einsatz des überlegenen Materials begann die Waage auszupendeln.

Noch marschierten die Tigerpanzer des Zuges Lt. Greiner zügig voran. Sie hatten die Straßengabel erreicht, wo sich die Überlandstraße aus Clervaux mit der Strecke von Bastogne nach St. Vith vereinigte. Damit waren sie dem eigenen Gros schon drei Kilometer voraus.

„Bis jetzd wars een Schbaziergang", beurteilte Meixner die Lage aus der Tiefe seines Fahrersitzes heraus.

Sie standen jetzt zweiundzwanzig Kilometer Luftlinie vor der Ausgangsstellung. Der Tag würde noch zwei Stunden halten.

Sonnenuntergang war sechzehn Uhr achtzehn.

Aber um neunzehn Uhr war Nacht.

Zu Hause, im Frieden um diese Zeit, bereitete man sich schon auf den Feierabend vor.

Meixner, der gelernte Autoschlosser, bewegte sich gegen fünf meist erheblich langsamer. Er überlegte dann, ob diese oder jene Arbeit überhaupt wert sei, noch angefaßt zu werden. Man schraubte hier noch ein wenig an einem Vergaser, dort stellte man einen Zündverteiler ein. Dann schloß man die Motorhaube. Paßt! – Wenn das Hupsignal ertönte, legte man das Werkzeug weg. Nicht so schnell wie ein Maurer, aber auch nicht viel zögerlicher. Dann wusch man sich, zog sich um, nahm das Fahrrad. Die Mutter wartete schon. Nach den Abendessen las man ein Buch. Mittwochs traf man Erna, ging spazieren, in den Auwald oder ins Kino.

Meixner fuhr aus der Erinnerung hoch. Er war dicht aufgeschlossen und nahm Gas weg. Der Funker neben ihm hatte alle Hände voll zu tun. Befehle und Durchsagen am laufenden Band. Zwischendurch fluchte er manchmal.

„Steif wie eine überjährige Rohwurst wird man in der Kiste!" Meixner besänftigte ihn.

„Besser schlecht gefahren als gud geloofen."

Weiter! Der Fahrer schaltete in die großen Gänge, die Straße war gut und flach. Sie stoben mit vierzig Kilometern dahin.

„Gefällt mir aber nicht, die Gegend", ließ sich der Richtschütze vernehmen. „Bis zur nächsten Ortschaft sind es sieben Kilometer. Wir fahren wie auf einem Servierteller."

Die Straße wurde von Napoleonpappeln gesäumt, ansonsten war das Land bis zu dem Städtchen bretteben.

„Wie heißt das Nest?" fragte der Ladeschütze.

„Keine Ahnung", antwortete Lt. Greiner. „Meine Karte hat an der Stelle einen aufgerauhten Knick."

Meixner studierte ebenfalls sein Kartenblatt.

„Gann 'ch nich läsn. Die Giste schiddeld so."

Er konnte den Namen nicht entziffern, weil der Tiger bei hohen Geschwindigkeiten seine ganze Aufmerksamkeit am Steuer forderte.

6.

Um siebzehn Uhr erreichten sie den Rand der Ortschaft. Sie waren jetzt beinahe zwölf Stunden unterwegs. Der Angriff lief noch programmgemäß, wenn es auch viele Halts gegeben hatte. Aber noch war ein weiter Weg bis Bastogne. Auf Anweisung des Zugführers Lt. Greiner hatten die vier Tiger gestoppt. Sie warteten, bis die anderen Züge an den Flanken aufgeschlossen waren, dann kam ein Befehl der Abteilung durch.

„Die Division nimmt bis Einbruch der Dunkelheit die Linie Houffalize-Martelange ein. Der Nachtmarsch läuft erst nach Aufschluß der Grenadierverbände weiter."

Das bedeutete, daß die einhundertsechzig Tigerpanzer der Division vor der Stadt Bastogne weitere Befehle abzuwarten hatten.

Wird nichts mit Hotelbetten in Bastogne, dachte Lt. Greiner. Er wußte, daß sie versuchen würden, die Stadt zu umgehen, weil sie stark verteidigt wurde. Trotzdem ging es in den letzten Stunden verdammt langsam vorwärts. Sobald im Süden oder Norden der Angriff stockte, hielt man die Panzer auch auf dem Mittelabschnitt an.

Dabei warten die Fallschirmjäger auf uns, überlegte Lt. Greiner. Wenn wir nicht kommen, sind sie in vierundzwanzig Stunden aufgerieben. Sie besitzen nur Infanteriewaffen. Damit sollen sie die Depots nehmen und halten, bis wir anrollen. – Ob die das schaffen?

Die Männer in den Wagen dachten tatsächlich weniger an sich als an die Kameraden, die wie auf verlorenen Inseln nach Osten lauschten und auf Entsatz warteten.

„Wir kommen schon", sagte Lt. Greiner halblaut vor sich hin. „Wir wären längst dort, wenn man uns ließe."

Aber darin irrte der Panzerzugführer.

Vom Rande des Städtchens setzte plötzlich starker Beschuß ein.

$\approx\!\!\!\approx\!\!\!\approx\!\!\!\approx$

Der Befehl zum Anrollen kam durch.

Feuernd erreichte der Spitzenwagen die ersten Häuser. Im Abstand von wenigen hundert Metern folgte Tiger II. Lt. Greiner sah, wie sich das feindliche Feuer auf seinen Vordermann konzentrierte. Die Schüsse lagen gut. Vor und seitlich von Tiger drei schlugen die Geschosse ein, aber nicht dicht genug, um ihn zu verwunden.

Mit Höchstfahrt preschte er ihnen davon, um in den Schutz der ersten Häuser zu gelangen. – Der Leutnant wußte, was jetzt gleich geschehen würde. Wenn der Wagen vor ihm in den toten Winkel des amerikanischen Pakgeschützes geriet, dann schwenkte das Rohr auf das nächste Ziel. – Dann waren sie selbst dran.

„Hol raus, was in der Kiste drin ist!" schrie er Meixner zu. Der Fahrer tat schon, was in seinen Kräften stand. Viel zu langsam kam der alte Motor auf Drehzahlen. Siebenundfünfzig Tonnen wollten bewegt sein.

Meixner schaltete die Gänge durch, so schnell es ging. Die Sekunden verstrichen endlos.

„Verdammt!" rief der Richtschütze. Der erste Schuß der schweren Panzerabwehrkanone saß dicht vor ihnen. Sie spürten den Krater des Geschosses, als der Tiger über ihn hinwegrumpelte. Nun hatte der Unteroffizier die Stellung des Gegners ausgemacht. Die Pak stand in der Bresche einer Mauer, die zwei Häuser am Rande des Städtchens verband.

Der Tiger feuerte trotz der hohen Fahrt, was die Kanone hergab. Es war die einzige Möglichkeit, die Häuser zu erreichen, wenn sie den Gegner mit allem, was sie hatten, zudeckten. Lt. Greiner bediente das Turm-MG. Auch der Funker jagte Gurt um Gurt hinüber. Noch einen Viertelkilometer, schätzte der Leutnant, dann hatten sie den toten Winkel des Pakgeschützes erreicht.

Das Feuer lag unheimlich dicht. Sie hörten, wie die Asphaltbrocken auf den Wagen herunter kamen und Splitter gegen den Stahl klirrten.

Ein Treffer in die Kette, dann ist es zappenduster, dachte Lt. Greiner.

Der Motor heulte jämmerlich. – Noch zweihundert Meter. – Ein Geschoß fegte über den Wagen und riß die Antennenhalterung weg. Ein Splitter fuhr scheppernd in die Reservekanister. Aber ihr Feuer zeigte auch bei dem Gegner Wirkung. Seine Schußfolge wurde langsamer.

„Wir schaffen es!" rief der Kommandant. „Nicht nachlassen!"

Von dem anderen Wagen war schon nichts mehr zu sehen. Er war hinter einer Straßenbiegung verschwunden.

Lt. Greiner hörte aus der Ortschaft Schüsse und vermutete, daß auch die anderen Panzer im Gefecht waren. Es konnte nur noch Augenblicke dauern, dann hatten sie Deckung durch die Häuser.

Lt. Greiner führte einen neuen Gurt ein. Als er das Maschinengewehr herumschwenkte, blitzte wieder ein Abschuß bei der Mauer auf.

Fast im gleichen Augenblick durchfuhr den Tiger ein Ruck. Eine Riesenfaust schleuderte den schweren Wagen nach links. Meixner riß das Steuer ausgleichend herum, aber ohne Erfolg.

„Treffer im Antrieb rechts!" schrie er.

Die linke Kette mahlte weiter und riß den Panzer in eine Kreisbewegung. Ehe der Motor abwürgte, vollführte er eine Schwenkung um 180 Grad. Sie boten dem Gegner damit ihre verwundbare Seite.

„Aus!" schrie Lt. Greiner. „Herum mit der Kanone!"

Sie schossen und luden, schossen, schossen... ihre Maschinengewehre spien aus, was in den Gurten war. Sie mußten den Gegner niederringen, um aussteigen zu können. Ihr Tiger war nur noch ein Wrack.

Lt. Greiner öffnete die Turmklappe. Rauch und Feuer schlugen ihm entgegen. Das Benzin aus den Reservekanistern lief durch Splitterlöcher aus und hatte sich am Heck entzündet. An einer heißen Motorstelle war es verdampft und der Funke eines Einschlags hatte den Brand angefacht.

„Aussteigen!" befahl Lt. Greiner. Die Luken des Fahrers und des Funkers öffneten sich. Der Unteroffizier feuerte immer noch weiter. Da fetzte erneut etwas in die Flanke des Tigers. Ein Treffer hatte ihn diesmal auf der rechten Seite an der Trennwand zu den Tanks erwischt.

Das Wageninnere war sofort ein Hochofen. Lt. Greiner roch den Benzinschwall, der sich entflammend aus den Tanks ergoß. Er wand sich aus dem Turm, den Richtschützen nachziehend. Dabei sah er, wie sich die Deckel über den Ausstiegsluken der zwei Männer im vorderen Wagenteil wieder geschlossen hatten. Ihnen war nicht mehr zu helfen. Entweder sie waren schon tot oder verbrannten gerade.

Er hörte noch einen Schrei aus dem Inneren, aber er verstummte schnell.

Der Unteroffizier fiel neben ihm vom Wagen herunter und sprang auf den Graben jenseits der Landstraße zu. Im Sprung traf ihn eine Maschinengewehrgarbe.

Lt. Greiner erreichte ein schützendes Deckungsloch und sah gerade noch, daß es auch den Tiger IV erwischt hatte.

Die Amerikaner waren die Sieger dieses Zweikampfes. Sie hatten das Feuer eingestellt. – Zogen sie sich zurück, oder war die Pak ebenfalls getroffen worden?

Lt. Greiner sah nach vorn zu seinem Wagen, der am Rand der Straße zwischen zwei Pappeln stand und verbrannte. Bald mußte die Bereitschaftsmunition hochgehen. Deshalb zog er sich kriechend weiter zurück.

Es dauerte auch nicht lange. Das Feuer hatte die Kartuschen bis zur Glut aufgeheizt. Krachend explodierten sie. Tief im Bauch des Tigers gingen ratternd die Patronen in den MG-Gurten los. – Eine schauerliche Begräbnismusik.

Weiter hinten brannte schwarz qualmend Tiger IV aus. Von der Besatzung war nichts zu sehen. Sie hatte also nicht mehr aussteigen können.

Lt. Greiner überlegte, sollte er zurückgehen und nach der Besatzung des anderen Wagens sehen? – Mit einer Handbewegung wischte er diesen Gedanken beiseite. Da gab es nichts zu helfen.

Seine Uhr zeigte siebzehn Uhr dreißig . – Vor einem halben Tag waren sie losmarschiert. – So schnell ging das mit dem Heldentod.

Wir sind zum Sterben abgeteilt, wir wissen nur nicht genau, wann wir sterben müssen. Aber es ist mir egal, dachte er weiter, egal, was jetzt geschieht.

Er richtete sich auf, suchte nach den Zigaretten und brannte sich eine an. Die monotone Beschäftigung des Rauchens beruhigte ihn. – Er beschloß, auf die nachrückende Infanterie zu warten.

⚜

Lt. Greiner wartete in der Dämmerung. Die Straße nach Clervaux blieb leer. Kein Mensch und kein Fahrzeug waren mehr zu hören.

Er wartete weiter. Mit dem letzten Licht jagte eine tieffliegende Jagdmaschine aus Osten heran.

Sie sind also doch unterwegs, dachte er. Für uns kommst du zu spät, Tommy. Uns hat schon ein anderer fertiggemacht.

Die Maschine flog eine weite Kurve und jagte weiter gen Westen. Lt. Greiner hörte, wie ihre Kanone und die Maschinenwaffen einsetzten. Er vernahm aber auch das Ballern deutscher Flakabwehr.

„Gebt ihm Saures, Kameraden", sagte er bitter.

Die Stille um ihn herum wurde unheimlich.

Dann hörte er wieder den Flugzeugmotor. Er sprang in Deckung. Der Motor des Jägers lief jetzt unsauber. Lt. Greiner erkannte es mit geschultem Ohr. Als die Maschine über dem Städtchen war, zog sie einen fetten schwarzen Rauchstreifen hinter sich her. Lt. Greiner konnte es nicht weiter beobachten, denn mit einem Mal setzte von den Amerikanern herüber starkes Geschützfeuer ein. Sie versuchten den Angriff abzuriegeln.

Lt. Greiner war unschlüssig, was er tun sollte. Der Frost begann in seine Knochen zu dringen. Er erhob sich und lief instinktiv auf das Städtchen zu.

Der Angriff wird weitergehen, überlegte er. Ich werde versuchen, für die Nacht ein Quartier zu finden. Einen Keller oder einen Stall, wo man vor Kälte geschützt ist. Morgen melde ich mich bei der nächsten Einheit. Jetzt in der Nacht hat es keinen Sinn.

Er kam an seinem Tiger vorbei. Die Flammen züngelten noch schwach aus dem Turm. Sie hatten die Tarnfarbe in Fetzen abgelöst. Er blieb bei dem Unteroffizier stehen. Mit einem Blick sah er, daß er sofort tot gewesen sein mußte. Sein ganzer Rücken war aufgerissen.

Lt. Greiner schleppte den Körper des Toten an den Straßenrand.

Dann humpelte er weiter.

Die Amerikaner verlegten das Feuer näher heran. Kurz nachdem Lt. Greiner das Städtchen erreicht hatte, schlugen die Salven schon am Ortsrand ein. Er hastete durch die Straße. Atemlos erreichte er den Marktplatz.

Der Ort war von Mensch und Tier verlassen. Er spürte, daß er das einzige Lebewesen in den Mauern war. Die Einschläge im Osten erhellten die hohen Fachwerkhäuser wie fernes Wetterleuchten. Unweit der Kirche sah er ein dreistöckiges Gebäude. Es stand im ersten Drittel einer Straße, die zum Nordtor der Ortschaft führte, und schien unzerstört.

Das Gebäude war in modernem Stil erbaut. Ein guter Betonkeller mit einem dicken Gewölbe hätte Sicherheit geboten. Lt. Greiner hoffte in dem Gebäude das Passende gefunden zu haben. Im Hof stand eine offene Garage ohne Auto. Daneben ein Niedergang zur Kellertür. An der Tür stak noch der Schlüssel.

Lt. Greiner drang in das Dunkel, tastete sich durch die Gänge und fand im Licht des Feuerzeugs in einem Nebenraum zwei Bettstellen. Er legte sich nieder und schlief trotz des Artilleriefeuers schnell ein.

Nicht bemerkt hatte er, daß von dem Gebäude nur noch die Umfassungsmauern standen. Aber diese Tatsache war für ihn jetzt unwichtig. Sie war ebenso unwichtig wie das Straßenschild, das in doppelter Mannshöhe an der Frontseite des Gebäudes hing. Mit der nichtssagenden Aufschrift: Rue Madeleine 17.

Zwei Männer kamen noch hinzu. Die einzigen Überlebenden ihres Panzers. Es waren der Funker, ein älterer grauhaariger Obergefreiter und der Kommandant, ein Oberfeldwebel. Der

Funker war noch vorn durch das Luk herausgekommen. Trotz Eile hatte er sogar seine Maschinenpistole greifen können. Der Oberfeldwebel hatte sich durch das Luk der Kommandanten-kuppel gerettet. Vor ihm war schon der Fahrer draußen gewesen, doch da hatte ihn der Splitter einer dicht neben dem Tiger ein-schlagenden Granate erwischt und geköpft. Der Rest war wohl durch den Treffer im Panzer verwundet oder getötet worden. – Als sich der grauhaarige Funker zum Panzer zurückwandte, um nach den anderen zu sehen, explodierte der Benzintank. Wa-bernde Lohe hüllte alles ein. Dann waren sie losmarschiert, vor-sichtig nach allen Seiten sichernd.

Auch sie waren heil bis vor das Haus mit dem Schild Rue Ma-deleine 17 gekommen.

7.

Auf der anderen Seite hatte der 16. Dezember anders begonnen. In den ersten Tagesstunden bildete sich trotz der Kälte Nebel über dem Maasbogen. Der Fluß hatte noch Wärme gespeichert und dampfte sie in den frostigen Morgen.

Der Feldflugplatz südlich von Namur hatte demzufolge neun Zehntel Bedeckung. Der Nebel schlug sich auf den Flächen und Rümpfen der Maschinen nieder und reifte die Tarnanstriche zu einem weißen Winterkleid.

Auf dem Platz war Ruhe bis auf den Betrieb in der Küche und in der Funkzentrale.

Die Uhr zeigte sieben Uhr dreißig, als allmählich Leben in die Unterkunft der Piloten kam. Die Flieger schälten sich aus ihren Decken. Es waren im Wesentlichen zwei Dinge, die sie von ihren Feldbetten trieben: Der Duft von Bohnenkaffee, der durch die Baracke strich, und die Hoffnung auf Flugwetter.

Seit Tagen zwang sie die Bedeckung, den Flugverkehr einzustellen. Deshalb warteten die jungen Piloten gierig auf jeden Wetterbericht und auf jeden Fetzen blauen Himmels. Am Vortag war auf dem weiten Platz mit seiner guten Startbahn nur eine einzige Maschine gelandet. In einer langsamen Kuriermaschine kam der Colonel zu einer Inspektion herübergeflogen. Der erfahrene Fliegeroberst hatte wegen des Wetters nicht gewagt, seine eigene Mustang, die schnelle *Green Seven*, zu benutzen. Die Tagjäger waren nicht mit Blindfluggeräten ausgerüstet und die tiefen Wolken ließen keine Erdsicht zu.

Der Alte versammelte seine Piloten. Die Besprechung war kurz. „Die Lage ist unverändert", sagte der Colonel. „In diesem Jahr wird nicht mehr berauschend viel los sein, wir haben unsere Ziele im Wesentlichen erreicht, machen Sie sich auf triste Monate gefaßt. Damit wir nicht festwachsen, starten wir bei jedem Flugwetter. Wir werden uns angewöhnen, auf jedes Ziel Jagd zu machen, das größer ist als eine Maus. Damit Sie nicht trübsinnig werden, habe ich einen neuen Film mitgebracht. Schicken Sie ihn morgen zurück."

Damit grüßte der Alte und haute ab. In der Pelzkombination schlenderte er hinaus zu seiner Kuriermaschine und startete. Er hielt sich immer dicht am Boden und flog hinüber nach Andenne, wo der Hauptteil des Geschwaders lag. Sie sahen sich den Film schon am Nachmittag an und am Abend noch einmal. Es war ein mittelmäßiger Südseestreifen in typischer Hollywoodmanier. Insulanerinnen, mit Blumen bekleidet, und Hawaiimusik. – Insgeheim fluchten sie über den Unterschied zwischen Film und Wirklichkeit und heizten den Kanonenofen in der Kantine, den die Deutschen zurückgelassen hatten, als sie den Platz räumten.

Dann holten sie Bier und tranken, so viel sie konnten. Sie hörten AFN London, redeten von der Heimat und schimpften über den lausigen Krieg.

„Was waren das noch für Zeiten im September und im Oktober."

„Da ging es noch vorwärts."

Und: „Wie haben wir die Krauts aus dem Land gejagt."

Andere pokerten oder spielten Canasta.

Gegen elf wurde der Kantinenbetrieb für die meisten langweilig. Nur noch ein paar Unentwegte verloren oder gewannen Dollars bis weit nach Mitternacht.

Am nächsten Morgen war es zunächst nicht anders. Gereiztheit schon beim Frühstück, Warten auf die neue Ausgabe von *Stars and Stripes*, Rauchen, Umherfläzen. Man überlegte, ob es Zeit wäre, einen Brief nach Hause zu schreiben. Aber man hatte keine Lust. Die ungestillte Gier, an die Maschinen zu stürzen, zu starten, sich in den Luftraum zu schwingen, verdarb jede Stimmung.

Die Jagd war in den letzten Monaten keine allzu gefährliche Sache gewesen. Das Material war ausgezeichnet, es gab genug Maschinen, jede Menge Sprit und Munition. Die Deutschen spürte man kaum. Sie hüteten sich, ihre letzten Messerschmitts und Focke-Wulfs zu verschleißen. Nur ab und zu fegte eine Rotte niedrig über den Platz. Immer dieselben.

Es war wie in jener Stadt, die durch Belagerung ausgehungert werden sollte. Jeden Tag führten sie den letzten Geißbock an die Stadtmauer und kniffen ihn, daß er meckerte. Die Belagerer sollten glauben, daß sie die Stadt nicht aushungern konnten, und abziehen.

Aber die Amerikaner hier zogen nicht ab. Im Gegenteil. Ihr Ring schnürte sich immer enger. Die Jabos beharkten jeden Eisenbahnzug, der drüben fuhr, jedes Auto und jeden Spaziergänger.

Sie flogen die deutschen Fronthorste an. Wo sich eine Maschine zeigte, da wurde sie bebombt. Es war ein einseitiger Kampf. Deshalb machte ihnen das Fliegen auch soviel Spaß. Sie redeten darüber, und sie sprachen auch davon, daß es vor Jahren einmal anders gewesen sein mußte. Aber sie kannten diese Zeit nicht aus eigener Erfahrung. Damals flogen nur englische Spitfires und Hurricans gegen die Deutschen.

Ein Funkoffizier trat in die Kantine. Die Flieger beachteten ihn kaum. Erst als er eine Meldung verlas, horchten sie auf.

„Mal herhören, Boys! Hier ist eine Nachricht, die uns betrifft. Heute in den frühen Morgenstunden sind die Krauts zu einer Offensive angetreten. Etwa im Raum zwischen Aachen und Trier. Wir liegen also am Nordflügel des Offensivabschnittes. Sie gehen mit einer Menge Panzer vor und haben uns ziemlich überrascht. Sie setzen östlich vom Maasbogen auch Fallschirmjäger ein, und wir müssen annehmen, daß ihr Endziel in Richtung Antwerpen liegt. Wenn es ihnen gelingt, die Küste zu erreichen, dann haben sie eine prima Ausgangsstellung für einen Flankenangriff. Es wird also wieder etwas aktiver in unserem Abschnitt."

Sie waren still geworden. Einer unterbrach den Offizier vom Stab.

„Was macht das verdammte Wetter, Lieutenant?"

Der Offizier zuckte mit den Schultern. „Unverändert. Wir können nicht starten, sie stoßen vor und wir können unsere Luftüberlegenheit nicht ausnutzen. Ihr könnt euch vorstellen, wie sie überall auf den Plätzen beten, daß die Wolkendecke hochgeht. Aber tut mir leid, euch enttäuschen zu müssen, das Wetter bleibt. Die Krauts haben sich den günstigsten Zeitpunkt ausgesucht, den es überhaupt gibt. Goddam! Ich glaube, das genügt euch."

Der Leutnant nahm sich einen Becher Kaffee und ging wieder hinüber in die Flugleitung.

Der Pilot der Maschine *Green Twenty-one* angelte sich ein Magazin und las das alte Heft zum dritten Mal. Er blätterte über die Seiten, ohne Text oder Bilder bewußt aufzunehmen. Er benutzte die Zeitschrift nur als Tarnkappe für seine wirklichen Gefühle. Er war einer der jungen Flieger, die von der Schule herunter im Schnellverfahren zum Jägerpiloten ausgebildet worden waren und nun darauf brannten, Krieg zu führen. Man hatte ihnen den Gegner nicht anders geschildert als mit dem Begriff „verdammte Nazis". – Ihr Wunsch nach Kampf war nicht nur von dem Bedürfnis bestimmt, ihre Welt zu verteidigen. Sie waren gar nicht reif genug, ihre Welt so gut zu kennen, um den Wert oder Unwert ihrer Verteidigung zu beurteilen. – Es war etwas anderes, was sie gegen den Feind trieb. Es war ein Mosaik aus Gefühlen und Komplexen. Der Reiz, mit dem Leben zu spielen, die Lust an einer trügerischen Romantik, die Aussicht auf Ruhm, die Hoffnung, der Monotonie eines Daseins im Frieden entronnen zu sein. Denn das an Frieden übersättigte Leben gebiert den Krieg.

Sergeant Woof verließ die Kantine und stiefelte auf den Platz hinaus. Ein Jeep kam vorbei mit ein paar Flugzeugwarten. Sie nahmen ihn mit hinüber zu seiner P 47 Thunderbolt mit der grünen Nummer einundzwanzig.

„Nichts zu machen bei dem Fog", sagte einer.

Woof schüttelte den Kopf. „Ist meine Maschine klar?"

„Everything perfect", sagte sein erster Wart. „Der neue Motor dreht wie 'ne Eins. Er war schon im Werk ein gutes Stück. Ich habe es aus dem Bremsdiagramm gesehen. So etwas bekommen sonst nur Dienstgrade vom Captain aufwärts."

„Ein guter Motor ist auch nötig", erwiderte Woof, „bei dem Kram, den sie uns an die Vogel hängen. Bordkanonen, MG, Bomben, Zusatztanks. Kein Wunder, wenn die Kisten sensibel wie Teenager werden."

Bei seiner Maschine sprang er vom Jeep und lief wie ein lauernder Hund um sie herum. Dann schwang er sich auf die Fläche und versuchte das Kabinendach zu öffnen.

Es war zugefroren. Er würde seinen Wart noch einmal herausschicken, damit er die Laufschiene mit Glyzerin einrieb.

„Schweinerei!" fluchte er vor sich hin.

Es war nicht herauszufinden, ob er das Dach meinte, die Nachlässigkeit des Mechanikers oder das Wetter.

Aus Osten klang fernes Rollen von Geschützfeuer herüber. Bei bestimmten Luftverhältnissen hörte man Abschüsse über fünfzig Kilometer und noch weiter.

Woof sprang von der Tragfläche und trabte zurück in die Unterkunft. Die Sonne war hochgekommen und hing wie ein heller Fleck im Nebel. Zu kraftlos, um ihn zu vertreiben. Deshalb blieb er stehen. Erst gegen Mittag lichtete er sich zögernd.

❧❧❧

Ein Pilot stürzte in die Unterkunft. „Drüben in Sedan haben sie Starterlaubnis", berichtete er atemlos.

„Was ich für ein Gerücht halte", sagte ein Dicker und schlief weiter.

Der andere ließ sich nicht erschüttern. „Die Funker müssen es wissen."

„Und wenn schon", bemerkte ein Dritter, „wenn es aufreißt und wir starten, dann kann es in einer Stunde wieder so dicht sein, daß du die Kiste in einem Rübenacker auf den Bauch schmeißen mußt. – Was läuft heute im Kino?"

„Noch einmal die Girls aus Honolulu."

„Shit! Gibt's hier keinen Scotch, Amigos?"

Der letzte in der Stube las in einem Roman namens Ulysses. Er schien unbefriedigt, denn er warf das Buch in die Ecke.

Aus dem Radio kamen die Mittagsmeldungen. Die ersten Nachrichten von der deutschen Offensive. Die Stimme des Sprechers klang zuversichtlich. Auch der Text, den er sprach. – Dann redete er von Weihnachten, von der Heimat, wie sie dort an ihre Boys dachten, und daß es das dritte Kriegsweihnachten war, in dem sich die USA befanden. – Es folgten Nachrichten vom asiatischen Kriegsschauplatz, von Kämpfen auf den Philippinen, Dschungelkrieg, Luftkrieg und Seekrieg. – Immer die gleichen Phrasen. Abschüsse, Versenkungen, Verluste und Siege. Dann eine Frauenstimme und Musik. Erst anstandshalber ein Marsch, dann Swing.

Aus Langeweile begaben sich die Flieger in die Kantine. Das Mittagessen war schnell verschlungen. Boston Beans, Büchsengemüse und ein Stück Fleisch, groß wie eine Grobschmiedspranke. Danach eine süße Creme.

Immer wieder starrten sie in den Himmel. Dazwischen kamen Berichte von der Front: Zurückweichen der eigenen Verbände. Der Ansturm der Deutschen war massiver als erwartet. Einzelne Abwehrkämpfe. Sammeln der Einheiten in neuen Räumen.

Meldungen vom Absprung deutscher Fallschirmjäger. Hinter Bastogne hatten sie ein Depot genommen und eines vor Lüttich. Die Front schrie nach Unterstützung aus der Luft. – Vergebens. Der Himmel war auf Seiten des Angreifers.

8.

Sergeant Woof begann einen Brief an sein Mädchen. Aber er war nicht bei der Sache. Außerdem fiel ihm das Briefeschreiben nicht leicht. Er hatte jenes Maß praktischer Intelligenz, das man benötigte, um ein guter Pilot zu sein.

Seine Intelligenz reichte für die Beherrschung einer schnellen Jagdmaschine aus, um zwei Dutzend Instrumente zu beobachten, zu navigieren, zu schießen, die Maschine in Kunstflugfiguren zu zwingen, um einen Gegner abzuschütteln. Es war eine Intelligenz der Hände, der Augen und der Sinne. Doch wenn er vor unbeschriebenem Papier saß, dann fehlten ihm die Worte.

Er begann: Dear Lana... es geht mir gut...

Ein Kamerad unterbrach ihn. Die Unterbrechung war ihm nicht unangenehm, obwohl er so tat.

„Paß auf, Woof", sagte der andere. Es war sein Rottenflieger und vom gleichen Jahrgang wie er. „Eben kam durch, daß die Plätze an der Küste frei sind. Wir sehen zu, daß wir Starterlaubnis kriegen. Heimwärts fliegen wir die offenen Plätze an der See an, bis Namur wieder klar ist."

Woof sah ihn an. „Hast du mit dem Major gesprochen?"

Der andere verneinte.

„Dann gehe ich selbst rüber zu ihm."

Der Staffelkapitän war eben dabei, Post zu erledigen. Woof mußte noch ein Telefongespräch abwarten, ehe er sein Anliegen vortragen konnte. Als er es los war, sah ihn der ältere Offizier an.

„Mensch Woof, so was von Geilheit muß man gesehen haben."

Der Pilot wurde ungeduldig. „Sie warten auf uns, da drunten. Die haben eine Rückenstärkung verdammt nötig, Sir."

Der Major sah ihn an, als wolle er sagen: Das weiß ich besser, bin schon vier Jahre dabei. – Aber er hob den Hörer ab.

„Ich spreche mit der Gruppe."

Die Verbindung kam zustande. Die Offiziere redeten hin und her. Es kam nichts dabei heraus.

„Tut mir leid, Woof", antwortete der Major schließlich, „der Gruppenchef ist dagegen."

Sergeant Woof ging enttäuscht.

Daß die Alten immer warten müssen, bis es brennt, dachte er. Man sollte jeden Stabsoffizier über fünfzig pensionieren. Er wußte, daß dieser Wunsch kindisch war, aber er hatte eine Wut im Bauch, und Wut macht immer ungerecht.

Er setzte sich wieder über den Brief und quälte sich unpersönliche Sätze aus dem Kopf.

Gegen sechzehn Uhr war der Punkt erreicht, wo die Bodentruppen ohne Luftunterstützung ihre rückwärtigen Stellungen nicht mehr halten konnten.

Was den Alliierten-Armeen seit dem Invasionstags unerhörte Durchschlagskraft gegeben hatte, war nicht allein der unbegrenzte Materialnachschub, sondern auch die Auswirkung dieser materiellen Überlegenheit auf die Moral der Truppe. Wurde, wo immer es auch war, an irgendeinem Abschnitt der Front der Widerstand steifer, dann hieß es: Halt! – Über Funk forderte man Artillerie und Luftunterstützung an, stets nach dem Grundsatz: Erst hundert Bomben und tausend Granaten, bevor ein Mann zuviel geopfert wird.

In dieser Nachmittagsstunde nun forderte die weichende Front vergebens Luftunterstützung an. Die GIs in den Höhenstellungen im Wald, an den Straßen und in den Ortschaften schauten vergebens in den Himmel. Sie funkten von massierten Panzerangriffen, von starkem Wirkungsfeuer, das auf ihren Stellungen lag, und von anstürmender deutscher Infanterie. Sie meldeten ihre Beobachtungen an die Kompanien und die Kompanien an die Regimenter. Sie baten um Entlastungsfeuer, doch die eigene Artillerie war noch damit beschäftigt, die neuen Stellungen zu beziehen. – Sie baten immer dringender um Unterstützung durch Jabos. Aber die Jabos konnten nicht starten.

Schließlich hatten sich die Infanteristen verschossen und ersuchten um Genehmigung, die Stellungen aufgeben zu dürfen. Kam der Rückzugsbefehl, dann räumten sie. Kam der Befehl zu spät, dann wichen sie von selbst der Übermacht.

Die deutsche Offensive lief planmäßig weiter. Vormarsch konnte man kalkulieren, Rückzug nur in den seltensten Fällen. Zwei Stunden vor Einbruch der Nacht führte der Oberkommandierende mit dem Chef der taktischen Luftwaffe ein Gespräch. Es war eine Unterredung unter Generälen, von denen jeder mehrere Sterne auf den Schulterklappen trug.

Die Unterredung umriß klar und rückhaltlos die Lage. Sie ergab, daß ohne Luftunterstützung keine Abwehr aufgebaut werden konnte, weil in jeden Ansatz einer rückwärtigen Linie die deutschen Panzerkeile vorstießen.

Nach dem Grundsatz: Wenn es um die eigene Haut geht, gibt es kein Unmöglich – befahl man rücksichtslosen Einsatz der Jagdverbände.

„Wir riskieren den größten Teil unserer Maschinen und unersetzliches Pilotenmaterial", sagte der General, „aber die Infanterie riskiert noch mehr. Wenn es den Deutschen erst gelingt, unsere Flanke aufzureißen, dann wird man fragen, wieso wir noch übrig sind. – Wenn im Krieg eine Katastrophe droht, dann fragt man jeden Überlebenden, warum ausgerechnet er noch lebt. – Also, es wird gestartet!"

Als der Alarm kam, hatte Sergeant Woof seinen Brief an Lana beendet. Die Sirene hallte über den Platz und rief die Piloten aus den Unterkünften.

Die Flugzeugführer stürzten sich in ihre Winterkombinationen, setzten die FT-Hauben auf, griffen im Hinausstürzen die Fallschirme und prüften mit letztem Griff Pistolen und Signalmunition. Auf die gelben Schwimmwesten verzichteten sie, solange sie ihre Einsätze nur über dem Festland flogen. Sie versammelten sich wenige Minuten nach dem Alarm in der Baracke um den Einsatzoffizier und erhielten ihre Flugaufträge.

Der Captain faßte in Eile die Befehle zusammen: „Erstes Ziel: die Panzerspitzen. Wenn ihr eure Bomben loshabt, dann mit Kanonen und MG über die Vormarschstraßen. Wir wissen, was das für Probleme geben wird. Ihr könnt nicht höher gehen als dreihundert Fuß. Auf dem ganzen Flug könnt ihr nicht höher, weil euch sonst die Bedeckung die Sicht nimmt. Spätestens siebzehn Uhr dreißig wird der Rückflug eingeleitet. Seht zu, daß euch Reserve in den Tanks bleibt, und fliegt die Küstenplätze an. Sobald die Sicht besser wird, verlegen wir zurück. Wer keinen Platz erreicht, der legt die Kiste irgendwohin. Zwischen den Ardennen und dem Meer ist genügend Platz. Merkt euch: Maschinen sind leichter und schneller zu ersetzen als Piloten. – Das wär's! So long!"

Der Captain grüßte und bestieg mit seinen Männern mehrere Jeeps, um zu den Maschinen hinauszufahren.

Sie rasten über das harte Gras zu ihren Thunderbolts. Draußen sprangen sie von den Jeeps, lachten sich zu, schwangen sich auf die Tragflächen und stiegen in die Kabinen. Sie prüften die Armaturen im Cockpit, die Gängigkeit der Ruder. Es war Routinekram und dauerte nur kurze Zeit. Dann rollten die Startwagen mit den Batterien an die Maschinen. Die Warte stellten die Stromanschlüsse her.

Zündung ein. Ein Druck auf den Anlasser. Die Schraube begann sich zu drehen. Langsam, schneller. Dann ruckte der Motor an. Die Dreiflügelschraube peitschte die Luft. Die Zylinder stießen ihren Feueratem durch die Auspuffrohre ins Freie. Schnell kamen die Motoren auf Temperatur. Die Klötze vor den Fahrwerken flogen zur Seite. Die Schraube drehte auf 1.500 Touren. Sergeant Woof winkte zu seinem Rottenflieger hinüber. Die ersten Thunderbolts rollten schon an. Sie schwenkten auf die Startbahn ein. Von der Grasnarbe herunter, dann eine Linkskurve und vor ihnen lag die Piste, auf der sie sich in den Himmel heben konnten.

Einer nach dem anderen ordnete sich ein. Die Maschinen bebten unter der Kraft der Motoren. Wo noch Reif auf den Flächen haftete, barst er unter dem Luftstrom und stob zerplatzend irgendwohin.

Woof sah auf die Uhr.

Sechzehn Uhr fünf.

Er meldete seine Startzeit. Der Tower gab sofort frei. – Eine Seitenkorrektur, Gas rein, Startleistung!

Er rollte an. Die vollbeladene Maschine kam in Fahrt. Das Spornrad hob ab. Das Fahrwerk sprang. Dann hatte die Thunderbolt genügend Speed drauf. Im Abheben fuhr Woof das Fahrwerk ein. Kaum hatte er hundert Fuß Höhe, rastete es in den Flächen ein.

„Wenn wir das Zeug erst loshaben", sagte er zu seiner Maschine, „dann fliegt es sich leichter, Baby."

Mit dem Zeug meinte er Bomben, Munition und den Treibstoff in den Zusatztanks. Kein Wunder, wer einen Zweizentnersack trug, war nicht mehr leichtfüßig.

Er zog nach Süden und blieb auf zweihundertfünfzig Fuß Höhe. Man muß verflucht aufpassen, überlegte er. Bei dreihundert Stundenmeilen Speed ist ein Berg schneller heran, als man denken kann.

Das Land wischte unter ihm weg, auch die Maas, graugrün sich ins Holländische wälzend. Dann die Straße Lüttich-Sedan. Kaum gesichtet, schon war sie vorbei. Er überflog einen kleinen Fluß. Die Ourthe. Hinter ihr stieg das Land schon an. Die Hügel mehrten sich, die Bewaldung wurde dichter. Die Ardennen kamen auf ihn zu.

Über ihren Höhen dampften tiefhängende Wolken. Er mußte höhergehen, um nicht die Baumspitzen zu streifen. Aber die Wolken nahmen ihm jetzt die Sicht. Weiße Fetzen fegten vorbei. Er flog blind durch die Watte.

Woof stieß tiefer, um sich zu orientieren. Gerade noch konnte er die Maschine über einen Hügel ziehen.

„Verdammt!" fluchte er.

„Was ist los?" fragte sein Rottenflieger, der mit ihm durch die Funksprechanlage verbunden war.

„Zieh hoch, Mann!" hörte er den Sergeanten. „Bin schon auf tausend. Immer noch keine Sicht. Ich stoße weiter nach oben durch."

Woof flog in der Waschküche und wartete auf die Meldung seines Kameraden, der irgendwo neben ihm in der Wolkenbank emporjagte. Endlich kam die Stimme wieder: „Hallo, *Green Twenty-one!* Liege auf zwotausenddreihundert. Ende der Bedeckung. Es gibt sie noch, die Sonne."

Der Sergeant konnte sich die Dicke der Bedeckung ausrechnen. Bei sechshundert begann sie und bei zweitausenddreihundert hörte sie erst auf. Also war sie über eine Viertelmeile dick. Sie flogen auf Südostkurs schon fünfzehn Minuten. Nach ihren Karten lag die Front etwa fünfundfünfzig Meilen von Namur entfernt. Demnach standen sie jetzt über dem Kampfgebiet. Also runter.

„Ich stoße nach unten", hörte der Rottenflieger Woofs Stimme im Kopfhörer.

„Ich folge."

Sie wußten, daß die Spitzen der Deutschen noch vor den Höhen standen. Woof drehte nach Norden ab und drückte den Knüppel. Bei vierhundert Fuß war er durch die Watte und hing unter den Wolken.

9.

Wenig später löste Woof die erste Bombe über drei Panzern, die aus einem Gehölz drangen. Er konnte beobachten, wie der mittlere von ihnen hochsprang und in einer Dreckwolke liegenblieb.

Sein zweiter Anflug wurde vereitelt, weil ihm von irgendwoher die Leuchtspur einer Zwei-Zentimeter entgegenflog. Er schwenkte ab, löste eine Garbe aus Kanonen und Maschinengewehren, konnte aber keine Wirkung beobachten, weil das Abwehrfeuer aus einer Buschgruppe kam. In weiten Schleifen fegte er über die rückwärtigen Linien und sah, daß die Straßen vor Menschen, Waffen und Fahrzeugen barsten.

Aus einen Waldstück heraus fegte er tief die Straße entlang. Als er sie vor sich im Reflexvisier hatte, drückte er verbissen den Schußknopf. Seine Waffen spien aus, was in den Gurten war.

Er sah, wie die Soldaten, Deckung suchend, auseinanderspritzten und sich die Fahrzeugkolonnen zu Klumpen ballten. Wo er geschossen hatte, lagen Verwundete, zerstörte Wagen, brennender Troß.

In der Einsamkeit seiner Maschine schien es ihm wie ein unwirkliches Puppentheater, was sich in der Tiefe unter ihm abspielte. In einer Maschine, die mit dreihundert Meilen Geschwindigkeit dahinflog, verlor ein Mensch den Maßstab für die Vernichtung, die er damit bereitete. So wie ein Bergsteiger in der

Höhe des Gipfels den Maßstab zur Welt vergißt. Noch hatte Sergeant Woof eine Bombe unter dem Rumpf der Thunderbolt. Er kurvte tanzend über das Land, schwang sich über eine Ortschaft und achtete nicht auf das Feuer, das man vereinzelt hinter ihm hersandte.

Er zog nach Süden und fand über Wiltz eine Batterie motorisierter Artillerie, die sich auf einem Feld auseinanderzog, um in Stellung zu gehen. An ihrer Ahnungslosigkeit und wie sich ohne Tarnung bewegten, erkannte er, daß sie nicht mit dem Einsatz amerikanischer Jagdbomber rechneten. – Er kurvte sie an, löste die letzte Bombe, schleuderte sie mit seiner Höllenfahrt im Bogen zwischen die Geschütze und wußte, daß er getroffen hatte. Im Abflug sah er auf die Borduhr.

Eine halbe Stunde war er jetzt in der Luft. Nun beschloß er, einen Platz anzufliegen und nach dem Tanken noch einmal zu starten.

Woof steuerte Recogne an, einen Ausweichhafen, der am günstigsten zu seiner Position stand. Dieser vorgeschobene Horst lag noch in den Südausläufern der Ardennenhöhen. Woof hoffte, daß er nicht geräumt sei.

Das Licht war noch gut, als er einschwebte. Doch die Männer auf dem Platz bereiteten schon den Rückzug vor. Die deutschen Panzer standen nur noch wenige Kilometer von dem Feldflughafen entfernt.

Die Warte wiesen Woof ein. Er rollte an den Tankwagen heran. Das letzte Stück brummte der Dreiachser schaukelnd herüber.

„Macht schnell!" drängte Woof und blieb in der Maschine.

„Vor dir waren schon *Eleven* und *Fourteen* da", sagte einer der Männer.

Woof kannte die Piloten dieser Maschinen. Sergeant Creefer und ein Lieutenant, dessen Name ihm nicht einfiel. Gemeinsam hatten sie schon den Panzerdurchbruch bei Avranches gedeckt.

„Beeilung, Boys!"

Sie taten, was sie konnten.

Ein Jeep zog auf Schlitten die Bomben heran. Auf jeder Fläche munitionierte einer.

„Wie sieht's aus?" fragte ein Wart.

Woof schob einen Kaugummi in den Mund, weil beim Tanken nicht geraucht werden durfte.

„Wie es eben von der Luft her aussieht. Sie karren allerhand heran. Aber ich habe das Gefühl, daß sie keine Reserven besitzen. Sie werfen alles hinein, was sie haben."

Er wandte sich an einen technischen Offizier.

„Fertig?"

„Werden Sie nicht ungeduldig, junger Mann. Haben Sie bemerkt, daß Sie einen Einschuß bekamen?"

„Kann sein", antwortete der Sergeant.

„Dicht hinter dem Fahrwerkgelenk. Schwein gehabt."

„Ich habe immer Schwein!" rief Woof. Dann schob er das Kabinendach zu.

Der Tankwagen entfernte sich federnd. Sie sprangen zur Seite. Der Sergeant startete. Mit einem Handzeichen dankte er noch einmal für die prompte Bedienung.

„Howdy, boys!"

Es hatte keine zehn Minuten gedauert, da rollte er schon wieder an.

Noch eine Stunde, dachte Woof, dann ist Nacht. Ich werde aus diesen sechzig Minuten rausholen, was drin ist. Er hob ab. Wieder das zögernde Steigen der überladenen Maschine, ihr schwerfälliges Reagieren auf die Ruderdrücke, das so gefährlich war, wenn man dicht über der Erde dahinschwebte. Aber Woof hatte das, was man fliegerisches Gefühl nennt. Ein Gefühl für Geschwindigkeit, Tragfähigkeit der Luft und die Leistungsgrenze von Motor und Zelle. Ein Gefühl, das man langsam in den Händen und im Rücken züchtete, und das so wenig in Worte zu kleiden war wie der Tastsinn eines alten Handwerkers für Material oder Werkzeug.

Woof schaute nach dem Himmel. Etliche hundert Fuß starke Wolkendecken gaben nicht so schnell nach. Sie mußten sich ausregnen oder Schnee fallen lassen, anders wurden sie nicht dünner. Woof richtete die Rumpfnase nach Norden, wo er vor einer halben Stunde so erfolgreich gewesen war. Die Sicht über dem Boden verschlechterte sich.

Sonnenuntergang war sechzehn Uhr achtzehn gewesen. Eine halbe Stunde nach diesem Zeitpunkt hatte man noch letzte Sicht. Dann mußte er auf dem Rückflug sein.

Seine Uhr zeigte sechzehn Uhr fünfundvierzig. Der Ort Wiltz lag wieder unter ihm. Um bessere Sicht zu kriegen, kippte er leicht über die rechte Fläche.

In einer weiten Kurve machte er vor dem Ort ein Rudel Panzer aus, das mit hoher Fahrt dahinrollte.

Woof löste die Sicherung der Bombenaufhängung. Er brach die Kurve ab, als er die Reihe der Wagen vor sich hatte. Ich muß sie von der Flanke nehmen, dachte er, so sind meine Chancen am größten. – Er drückte, hielt vor und löste die rechte Bombe, dann die linke. – Schon zog er nach links weg und kreiste, bis die Explosionswolke zusammengefallen war. Einer der Tiger brannte. Der zweite fuhr im Kreis.

„First class, Woof!" lobte er sich selbst.

Dann drang auf seiner Sprechwelle etwas durch. Es war die Stimme seines Rottenfliegers. Er mußte also in der Nähe sein.

„Hello, *Green Twenty-one!* Ich kehre um und versuche *Texas* anzufliegen."

Texas war der Deckname für den Platz Namur.

Mit jeder Minute krochen längere Schatten über das Land.

„Ich folge!" gab Woof zurück.

Drei Panzer und eine halbe Geschützbatterie, vom Rest nicht zu reden, rechnete der Sergeant, das sollte für heute genügen. Wenn jeder soviel geschafft hat, haben sie unten Luft bekommen.

Die Propellernabe der Thunderbolt zeigte auf Kurs Namur. Die *Green Twenty-one* fegte die Straße nach Bastogne entlang.

Links tauchte ein Städtchen auf, von dem Pappelchausseen nach allen Himmelsrichtungen führten. Aus dem Städtchen schoben sich drei dunkle Kolosse. Es waren Tigerpanzer. Woof bedauerte, keine Bomben mehr zu haben.

Neugierig drehte er auf das Städtchen zu. An seinem Ortsrand beobachtete er das Duell einer Pakstellung mit zwei Tigerpanzern. Er kreiste über der Stelle. Aber beide Gegner hatte es schon tödlich getroffen. Die Panzerabwehrkanone reckte ihr Rohr gegen den Himmel, als wolle sie einen letzten Salut schießen. Die Zugmaschine stand dahinter. Aber kein Mensch bewegte sich. Auch die Panzer waren fertig. Sergeant Woof sah, wie sie im Abstand voneinander seitlich an der Straße lagen und brennend durch die eigene Munition auseinanderbarsten.

Er kreiste, zog noch eine weite Schleife bis hinüber nach Clerveaux. Truppenverbände bewegten sich durch die Stadt.

Deutsche!

Der Sergeant löste die MG-Sperre am Knüppel.

„Die paar Schuß noch!" befahl er sich.

Er stürzte sich wie ein Amokläufer hinein. Pendelnd schoß er sich leer. Er feuerte, bis nichts mehr in den Magazinen war. Als er endgültig den Rückflug einleitete, kam ihm schlechtfliegendes Flakfeuer entgegen. Er lachte über den Versuch, ihn zu treffen. Siegestrunken flog er nach Norden ab.

Die enge Kurve, die er mit hoher Geschwindigkeit nahm, preßte ihn so in seinen Sitz, daß er den dumpfen Ruck nicht spürte, der aus seinem Motor kam.

Noch ehe er auf Westkurs lag, fiel die Drehzahl des Motors ab. Die Latte quirlte unregelmäßig, kam auf Touren und blieb wieder wie gebremst zurück. Ölspritzer schlugen gegen die Frontscheibe. Bevor er die Instrumente ablesen konnte, stand Rauch in seiner Kabine.

10.

Da blieb Woof keine Wahl.

Er sprengte das Dach ab. Es flog davon und wirbelte in den schwarzen Todeskondens, den die Maschine hinter sich herzog. Er mußte aussteigen.

Verdammt wenig Höhe, dachte er. Kaum siebenhundert Fuß. – Seine Feststellung benötigte kaum Zeit, sie war wie ein Blitz. Er stand über dem Westrand des Städtchens, als er sprang. Es gelang ihm, von der Maschine freizukommen. Er fiel. Wenige Meter über dem Boden öffnete sich der Schirm.

Es war kaum Turmhöhe, von der er langsam in den Gurten zur Erde schwebte. Aber es genügte. Ein leichter Bodenwind erfaßte den Fallschirm und trieb den Piloten über eine Schafweide. Woof sprang auf und rollte ab, wie er es am Sprungturm gelernt hatte.

Reglos blieb er auf der kühlen Erde liegen, bis die weiche Schirmseide auf ihn heruntersickerte und ihn zudeckte. Seine Gedanken arbeiteten trotz der Belastung des Absprungs logisch. Liegenbleiben, dachten sie. Wenn sie dich gesehen haben, dann kommen sie und haben dich. – Liegenbleiben, nicht rühren. Es dauert nur noch Minuten, dann ist die Nacht da. – Aber kein Mensch hatte seinen Absprung beobachtet. Die Deutschen sahen nur die dunkle Brandspur, welche die Thunderbolt hinter sich herzog.

Die Amerikaner registrierten den Aufschlag der Maschine zwischen ihren Linien. Im Durcheinander des Rückzugs kümmerte man sich aber nicht um die Wrackreste nach der Aufschlagsexplosion.

Nicht einmal die zwei Tigerpanzer, die sich unmittelbar vor der Landungsstelle des Sergeanten Woof bewegten, wurden Augenzeugen. Sie sahen nicht nach rückwärts, weil sie Eile hatten, vor Einbruch der Nacht ihre befohlenen Positionen zu erreichen. Eine halbe Stunde später erhellte nur noch fernes Geschützfeuer auf beiden Frontseiten den Horizont.

Woof begann sich aus der Fallschirmseide zu wühlen und raffte sie weit ausgreifend zu einem dichten Bündel zusammen. Er verschnürte den Ballen mit den Gurten, schulterte ihn um und lief damit, immer auf Deckung bedacht, auf die ersten Häuser des Städtchens zu.

Zuerst waren es Schrebergärten, die er durcheilte, aufgeräumte kleine Parzellen mit zusammengebastelten Sommerhäuschen und verspielt angelegten Zementburgen. Obwohl er die Hütten verschlossen fand, wäre es ein Leichtes gewesen, sie zu öffnen. Bei einer hing der Schlüssel hinter dem Fensterladen. An anderer Stelle fühlte sein Fuß den Schlüssel unter dem Sack, der als Abstreifmatte diente. Die dünnen Bretterwände versprachen jedoch wenig Schutz vor der Nachtkälte. Außerdem war das Artilleriefeuer unberechenbar. Hin und wieder ging eine Salve über dem Städtchen nieder. – Woof war kein Infanterist, aber sein Verstand sagte ihm, daß ein guter Keller die beste Voraussetzung bot, die

Nacht sicher zu verbringen. – Daß die eigenen Verbände den verlorenen Raum zurückgewinnen würden, daran zweifelte er keinen Augenblick. – Zudem schien es ihm wichtiger, die Kräfte zu schonen, als in einem Nachtmarsch gegen Westen die eigenen Linien zu suchen.

Zwar schätzte er seine Marschleistung auf zwei Meilen in der Stunde, auch traute er sich zu, trotz der Bedeckung die Richtung zu halten, aber er wußte, daß man in solchen Nächten auf jeden Baum zielte, der sich im Wind bewegte. In den Wäldern war man noch vorsichtiger und schoß auf jedes Geräusch ohne Anruf.

Die Unternehmungen der deutschen Stoßtrupps hatten die Amerikaner übervorsichtig gemacht. Wie oft war es geschehen, daß man auf ein Geräusch hin in das Dunkel gerufen hatte. Als Antwort kam ein Feuerstoß aus einer deutschen MP, und der Rufer lebte nicht mehr.

Woof drang weiter gegen das Städtchen vor, fand die Reste einer alten Befestigungsanlage und streifte an der Mauer entlang, bis er an ein Turmpaar gelangte, welches das Nordtor begrenzte. Die hohen mittelalterlichen Holzflügel standen weit geöffnet. Niemand wäre auf die Idee verfallen, sie zu schließen. Etwa in der Hoffnung, der Feind ließe sich dadurch abhalten, wie es vor vierhundert Jahren der Fall war.

Der Sergeant strich an den Mauern entlang in das Innere des Städtchens, immer wieder verhielt er seinen Schritt und lauschte. In einer Gasse prasselte ein brennender Dachstuhl.

Sobald einer der verkohlten Sparren unter der Last der Ziegel zusammenbrach, stoben Funken in den schwarzen Himmel. – Noch andere Häuser brannten.

Mit ihm schlich eine Katze ein Stück Wegs, schmiegte sich in Verlassenheit an sein Bein und blieb zurück. Vielleicht hatte sie eine Witterung aufgenommen, die ihr besser schien als die des Menschen.

Woof erreichte den Marktplatz und beobachtete aus guter Deckung das Rechteck. Nichts Lebendes war zu sehen. Kopfsteinpflaster, über das kein Fuß hinwegschritt, schmalbrüstige Fachwerkhäuser, deren Fensterhöhlen kein Menschenantlitz belebte, ein Brunnen, der kein Wasser gab, weil er versiegt war.

Im Schutz der Häuser umging er den Platz. In einer Seitenstraße sah er die Ruine eines modernen Gebäudes. Der Dachstuhl war zwischen die Umfassungsmauern gestürzt. Hohl gähnten die Schaufenster im Erdgeschoß. Aber das Haus schien Woof in seinen Grundmauern stabil. Er erinnerte sich des alten Spruchs, daß in ein- und dasselbe Loch selten zweimal eine Granate schlägt.

Er tastete sich in den Hof des Gebäudes, fand die Treppen, die zum Keller führten, und verschwand in dem Labyrinth des Betongewölbes.

Seine Hände fühlten den Boden ab und fanden ihn trocken. Er breitete den Fallschirm aus und hüllte sich hinein. Er wußte, daß Seide bei Frost besser die Körperwärme hielt als Wolle. Müdigkeit übermannte ihn.

Die Offensive, der Frontverlauf, sein ungewisses Schicksal wurden in seinen Träumen unwichtig wie das Straßenschild, das in doppelter Mannshöhe an der Vorderseite des Gebäudes hing, mit der nichtssagenden Aufschrift: Rue Madeleine Nr. 17.

11.

Gegen Morgen verstärkte sich das Artilleriefeuer. Von beiden Fronten hagelte es auf das Städtchen nieder. Manchmal lag es näher, dann wieder weiter ab.

Im Keller des Hauses Nr. 17 spürte man nichts. Nur wenn ganz schwere Brocken herüberorgelten, bebte er leicht unter dem Druck der Aufschlagwellen, die sich durch die Erde fortpflanzten.

Dann hörten die Männer im Keller ein dumpfes Wummern, das schnell vorbei war.

Als das graue Licht des Wintertages durch die Spalten der Kellerfenster fiel, war Lt. Greiner als erster erwacht. Er verließ die Kammer mit den Feldbetten, um draußen nach der Lage zu sehen.

Auf dem Weg zum Hof stolperte er über das Bein eines offenbar toten Panzersoldaten. Er stieg darüber hinweg und suchte im Gewirr der Kellergänge nach dem Ausgang.

Er kletterte in den Hof hinaus und fand ihn mit Mörtelstaub und Trümmerbrocken bedeckt. Der Himmel war wie am Vortag. Dunkle Wolken zogen langsam nach Südosten.

Ein Geräusch ließ ihn herumfahren. Ein Feldwebel stand hinter ihm und senkte die Mündung seiner Maschinenpistole. Sie erkannten die Situation und lachten darüber.

„Nichts für ungut, Herr Leutnant. Aber es konnten ja auch Amerikaner im Keller sein."

„Schon in Ordnung", sagte Lt. Greiner.

Sie brannten sich Zigaretten an und hockten sich auf ein umgestürztes Regenfaß. Der Inhalt des Behälters war ausgelaufen und in der Nacht festgefroren. Da ließ sich der Feldwebel wieder hören.

„Ob die Unseren schon hier sind?"

„Kaum, sonst würden sie nicht so ziellos hereinballern."

Ein Stück die Straße hinauf krachte wieder ein Einschlag. Steinbrocken flogen bis zu ihnen herüber.

„Gehen wir besser in Deckung."

Sie stellten sich unter den Kellereingang, jeden Augenblick bereit zurückzuweichen.

„Das fehlt uns noch, daß die Amis das Nest angreifen."

„Möglich ist alles. Wie steht es überhaupt?" fragte der Leutnant.

Oberfeldwebel Jäger bewegte den Oberkörper hin und her.

„An den Flanken scheinen unsere schon weiter westlich zu stehen. Aber irgendetwas stimmt nicht."

Lt. Greiner nahm einen langen letzten Zug von seiner Juno.

„Ja, irgendetwas stimmt nicht. Mein Eindruck ist, wir sollten hier raus, und zwar so schnell wie möglich. Sie würden nicht reinschießen, wenn sie nicht die Absicht hätten anzugreifen. Wenn aber die Amis angreifen und gleichzeitig die unseren, dann möchte ich mir das lieber vom Balkon aus ansehen."

Der Feldwebel nickte. „Sie hauen das ganze Nest zusammen. So eine Ortschaft ist schneller fertig, als man glaubt."

Lt. Greiner schob die Hände in die Taschen. „Es ist eine Schweinerei. Da steht so ein Haus nun fünfhundert Jahre oder noch länger. Mittelalter, Kaiser, Könige, Landsknechte, Kriege, Pest, Feste, Hochzeiten, Geburten, Tod, alles hat es gesehen. Dann kreiselt eine Fünfzehner herüber. Einschlag, Detonationen und aus."

Angeekelt wandte er sich ab.

„Ich hole meine Klamotten und ziehe Leine."

Er drang in das Gewölbe, tippte an seine Mütze, als er den grauhaarigen Funker sah, und machte sich fertig.

❧❀❧

Er wollte die Kammer mit den Feldbetten verlassen, da sah er im Gang eine breitschultrige Männergestalt. Der Fremde kehrte ihm den Rücken zu und versuchte unbemerkt den Kellerausgang zu gewinnen.

Lt. Greiner kannte die Ausführung einer deutschen Flieger-kombination nicht genau, aber das, was der Lange trug, war keine deutsche Pilotenausrüstung. Darüber bestand kein Zweifel.

Er zog seine Pistole und ging langsam hinter dem Fremden her. Seine Gedanken arbeiteten ziemlich schnell.

Er mußte Gewißheit haben, was mit dem vierten Mann los war. Warum verhielt sich der Flieger so auffällig? Wenn er ein Deutscher war, dann mußte er froh sein, Stimmen in der eigenen Sprache zu hören.

Die Farbe, dachte Lt. Greiner, die Farbe seiner Kombination stimmt nicht. Und die Stiefel. Bei unseren Fliegern sind sie schwarz, die Schäfte aus Wildleder...

Der Fremde machte eine Bewegung. Lt. Greiner duckte sich in eine Nische, preßte sich zwischen eine Wasseruhr und einen Heizungskessel. Dann hörte er den Feldwebel rufen.

„Da ist noch einer!"

Ein erstaunter Aufschrei folgte.

Lt. Greiner war mit einem Satz aus seinem Versteck, sprang durch den Gang und stand hinter dem Fremden. Er packte ihn und hinderte ihn daran, daß er zwischen dem Gefreiten und Jäger den Ausgang erreichte.

„Erst mal Hände hoch, Kamerad!" rief er. Der andere blickte sich um, sah die Waffe und hob zögernd die Arme. Nun erkannte Lt. Greiner die amerikanischen Dienstgradabzeichen.

„Wait a moment, please!"

Lt. Greiner beherrschte das Englische vom Gymnasium her einigermaßen. Aber der Oberfeldwebel kam ihm mit flottem Amerikanisch zu Hilfe.

„Take a seat!"

Der Amerikaner setzte sich. Die Hände erhoben, sprach er die Deutschen an: „I understand German well. Ich verstehe Deutsch."

„Um so besser", sagte Lt. Greiner. „Wo kommst du her, wo willst du hin? Schieß los!" Er steckte seine Waffe weg, als er die Maschinenpistole in Jägers Händen sah.

Der Amerikaner schielte noch zum Ausgang hinüber, hatte aber wohl die Aussicht begraben, gegen die Übermacht das Weite zu gewinnen. Zögernd beantwortete er die Frage des Leutnants.

„Ich wurde über der Stadt abgeschossen."

„Aufklärer?" fragte Lt. Greiner.

Der Amerikaner nickte.

Oberfeldwebel Jäger musterte ihn scharf. „Stimmt nicht, Sergeant. Sie flogen einen Jagdbomber. Vor Clervaux haben Sie in unsere Verbände Ihre Bordwaffen verschossen, und dabei bekamen Sie einen Treffer in Ihren Motor."

Der Amerikaner schwieg betreten.

„Glauben Sie, daß wir Sie deshalb umlegen, weil Sie Jägerpilot sind und kein Aufklärer? Sie haben ja ulkige Vorstellungen, Mann."

Der Oberfeldwebel reichte ihm eine von seinen Zigaretten, und der Sergeant teilte von seinen Lucky Strikes aus.

Wie eine private Friedenskonferenz, dachte Lt. Greiner.

Dann ergriff Jäger wieder das Wort. „Sie werden verstehen, daß uns der Zufall in eine sonderbare Lage gebracht hat. Ich will nicht sagen, daß Sie unser Gefangener sind, aber wir sind zufällig drei Mann, und Sie nur allein. Daraus ergibt sich von selbst ein bestimmtes Verhältnis. Sie müssen eine Weile bei uns bleiben. Oder anders ausgedrückt: Wir bleiben zunächst einmal zusammen."

„Warum das?" fragte der Amerikaner. Er gab noch nicht auf.

„Ganz einfach", erklärte Lt. Greiner nun. „Es ist nicht raus, wer die Stadt nimmt. Ich vermute, daß wir sie in unsere Hand bekommen, dann ist für Sie der Krieg zu Ende. Sollten aber wider Erwarten Ihre Truppen die Stadt nehmen, dann laufen wir Gefahr, durch Sie verraten zu werden. Sie werden Ihren Leuten ebenso wenig unser Versteck verschweigen, wie wir Sie ohne weiteres laufen lassen werden. Nicht aus Prinzip, nur wegen der Sicherheit."

Der Sergeant blickte von einen zum anderen.

„Ich schlage ein Agreement vor", sagte er. „Jeder von uns verläßt die Town. Wir haben uns nie gesehen. Wir wissen nichts voneinander. Is that okay?"

Keiner von den Deutschen wollte dem Vorschlag des Amerikaners zustimmen. Der Funker und der Oberfeldwebel wären wohl damit einverstanden gewesen, aber sie kannten den Leutnant nicht gut genug. Sie wollten dem Ranghöchsten die Entscheidung überlassen.

Aber auch Lt. Greiner zögerte. Er wäre ebenfalls bereit gewesen, den Flieger laufen zu lassen, aber er wußte nicht, wie sich die zwei anderen dazu stellten. Hinter jedem Gesicht konnte ein *Hundertprozentiger* lauern, ein NS-Blockwart in Uniform.

„Sagen Sie was, Leutnant", forderte ihn Jäger auf.

Lt. Greiner sah den Grauhaarigen an. Dessen Kopf paßte so gar nicht zu der abgerissenen Funkeruniform.

Lt. Greiner überwand seine Zweifel. Er wollte gerade seine Meinung äußern, da begann der Amerikaner wieder. „Die Chancen für mich, zu meinen Linien zu gelangen, sind bedeutend schlechter als Ihre. Trotzdem würde ich es versuchen, wenn Sie so großzügig sind, mich laufen zu lassen."

„Quatsch großzügig", fiel ihm Lt. Greiner ins Wort. „Wenn sich vier Mann in einem Keller treffen, legt man die Gesetze des Krieges anders aus. Du hast uns nichts getan, und wir haben nichts davon, wenn wir dich umlegen. Also, hau ab, Sergeant!"

Der Amerikaner erhob sich. Er reichte jedem von ihnen noch eine Zigarette und gab ihnen die Hand.

„Wie nennt man es, wo wir uns befinden? Ich glaube, ich werde das Wort nicht richtig treffen."

Der grauhaarige Funker sah auf. „Niemandsland nennt man es."

„Niemändsländ...", wiederholte der Amerikaner. „Ich werde es nicht vergessen."

Der Sergeant rauchte seine Zigarette zu Ende. Dann verließ er sie. Sie sahen ihm nach, als seine massige Gestalt die Tür ausfüllte.

12.

Der Sergeant blieb in der Deckung des Kellers, denn das Geschützfeuer nahm an Heftigkeit zu. Dicht neben dem Gebäude schlugen Treffer ein.

„Jetzt kann er weg", sagte der Gefreite, „Na ja ein Flieger, was versteht ein Flieger von Artilleriebeschuß. Jetzt müßte er loslaufen. Bis die nächste Salve kommt, hat er Zeit."

Der Amerikaner war auch verschwunden. Sie hörten ihn mit seinen schweren Stiefeln die Kellertreppe hinaufstapfen. Aber schon orgelte, schneller als erwartet, die nächste Salve herein.

„Täte mir leid, wenn es ihn erwischte. Ein verdammt junger Spund."

„Aber alt genug, um einen Jagdbomber zu fliegen."

„Das lernt eure Generation vor dem Beten", sagte der Grauhaarige.

Ein schwerer Einschlag lag dicht in der Nachbarschaft. Schuttbrocken rollten bis in den Keller.

Plötzlich sahen sie einen Schatten und einen Körper in den Niedergang stürzen. Es war der Sergeant. Fluchend erhob er sich und klopfte den Kalkstaub von der Kombination.

„Ich habe meinen Fallschirm vergessen."

„Dachte, den schenkst du uns", sagte Feldwebel Jäger.

Der Sergeant verschwand in dem Gewirr der Gänge und kam mit dem Berg aus Seide wieder zum Vorschein. Sie halfen ihm, das Bündel zusammenzufalten.

Ein neuer Einschlag erfolgte. Schutt regnete die Treppe herunter.

„Du kannst jetzt nicht raus", warnte Jäger. „Es wäre Selbstmord."

Sergeant Woof verstand.

Sie standen dicht beieinander, etwa fünf Meter vom Kellerausgang entfernt. Ein Einschlag ließ das Fundament erzittern. Gleich darauf folgte ein zweiter. Die Detonation war so stark, daß sie die vier Männer zu Boden schleuderte.

„Volltreffer!" fluchte der Funker-Gefreite. „Der saß auf der Kinnspitze."

Sie rafften sich auf, tasteten sich ab.

„Achtung!" brüllte in diesem Augenblick der Leutnant und riß mit beiden Händen seine Kameraden vom Eingang zurück. Donnernd schoben sich Berge aus Betontrümmern, Eisenträgern und Schutt vor die Kellertür.

„Mensch, das war die Hausrückwand!" rief der Gefreite. „Der Volltreffer hat die Umfassungsmauern auseinander gerissen."

Sie standen im Dunkel. Das Tageslicht, das durch den Kellereingang gefallen war, wurde durch den Schuttberg ausgesperrt. – Sie tasteten sich tiefer in das Gewölbe. – In die Kammer mit den Feldbetten drang durch schmale Gitterroste etwas Helligkeit von oben herein.

„Besser als nichts", meinte Oberfeldwebel Jäger.

Sie hockten sich auf die eisernen Bettgestelle und warteten das Ende des Beschusses ab. Der Funker verschwand und kam nach einer Weile wieder. Er machte ein Gesicht, als würde er angestrengt überlegen.

„Der Keller hat nur den einen Ausgang."

„Aber er hat genug Fenster", bemerkte Jäger.

Der Funker deutete auf den Spalt seitlich unter der Decke.

„Genug Fenster, stimmt, aber lauter solche wie das da."

„Wie?" fragte der Amerikaner entsetzt. „Nur solche Schießscharten?"

„Bedaure, Mac, oder wie du heißt. Nur solche Dinger, durch die ein Mann nicht mal den Kopf kriegt."

Der Grauhaarige legte sich auf der Bettstelle zurück und zog an seiner Zigarre.

„Den Dingern verdanken wir unser Leben. Seht euch das Gewölbe einmal genau an. Die Betondecke wurde schon unter Berücksichtigung eines Luftkrieges angelegt. Deshalb auch die schmalen Fensteröffnungen."

„Dann haben sie auch an einen zweiten Ausgang gedacht", folgerte Lt. Greiner.

„Möglich."

„Ich werde nachsehen", sagte der Amerikaner.

Der Beschuß hatte nachgelassen. Für Minuten hörte er ganz auf.

„Wenn wir Pech haben, dann sitzen wir wie in einer Mausefalle fest."

Der Leutnant schwieg. Er war an Enge gewöhnt und an die Aussicht, einmal lebend eingeschlossen zu werden. So erging es jedem Panzersoldaten, der lange genug dabei war.

„Ich bin immer aus meinem Wagen herausgekommen", sagte er vor sich hin. „Oft im letzten Augenblick. Dann werden wir auch aus diesem verfluchten Loch hinauskommen."

Der Amerikaner tauchte wieder auf. „Der Notausgang führt in den Hof. Aber der Deckel klemmt. Dafür habe ich etwas anderes entdeckt." Er hielt ein paar Weißblechbüchsen hoch. „Kirschen", buchstabierte er, „und Hühnchen in Aspik."

„Der Vorratsschrank des Herrn Bankdirektors", meinte Jäger.

„Und der Weinkeller", ergänzte Sergeant Woof.

Der Oberfeldwebel wandte sich an den Flieger. „Sag mal, woher kannst du so ausgezeichnet Deutsch?"

Der Sergeant stellte seine Schätze auf einen Klapptisch.

„Ich war schon auf dem College der Beste. Meine Mutter ist aus Stuttgart. Mein Vater lernte sie nach dem Weltkrieg kennen und nahm sie neunzehn mit in die Staaten."

„Nun möchtest du gerne Stuttgart besuchen", bemerkte der Funker.

Der Amerikaner nickte.

„Da hast du dir die billigste Tour ausgesucht. Ganz gratis auf Staatskosten nach Stuttgart, wie?"

Sergeant Woof wußte, worauf der Deutsche hinauswollte. Er schwieg verlegen. Aber Lt. Greiner nahm ihn am Arm und zog ihn aus dem Raum.

„Du hast alle Aussichten dazu, Sergeant. Aber sprich nicht darüber. Jetzt brechen wir erst einmal den Notausgang auf, sonst wird nichts mit Stuttgart."

Sie arbeiteten viele Stunden an dem Notausstieg, dann mußten sie aufgeben. Es war ohne Aussicht. Zwar lag das Mannloch eine ganze Gebäudelänge vom Kellereingang entfernt, aber die Rückwand des Hauses war im Detonationsdruck des Volltreffers einfach nach außen gekippt. Weil sie aus Eisenbeton bestand, hing sie noch, von ihren Moniereisenverbindungen gehalten, zusammengefaltet im Hof.

Lt. Greiner hatte es fertiggebracht, den Kopf durch eine Lücke zu schieben, aber mit einem Fluch tauchte er wieder in den Keller.

„Allein schaffen wir das niemals. Auf dieser Seite nicht. Vielleicht in zehn Jahren, wenn wir uns mit den Fingernägeln durchgraben wie der Graf von Monte Christo."

„Dann müssen wir uns die Vorräte verdammt einteilen", bemerkte Lt. Greiner mit einem Anflug von Galgenhumor.

Sie wankten ermüdet in die Kammer hinüber. Nach einem kalten Mittagessen, das sie mit einem Schluck Wein hinunterspülten, begann das lange Warten.

„Wir werden es noch einmal versuchen", riet Woof, „wir können nicht herumsitzen, bis man uns findet."

Auf seinen Vorschlag hin durchsuchten sie den Keller sorgfältig. Mit Feuerzeug und Streichhölzern leuchteten sie alle Räume aus, fanden aber nur Dinge, die man bei der Räumung des Gewölbes in der Eile zurückgelassen hatte. Gegenstände, die man in allen Kellern vorfindet. Altes unbrauchbares Gerümpel, leere Einmachgläser, eine Puppenküche, Heizungskoks.

„Fahrräder!" Der Funker deutete dabei auf zwei französische Velos.

„Zu spät!" Lt. Greiner leuchtete weiter. „Hier, das ist mehr wert." Er hatte einige ungleiche Kerzenstümpfe entdeckt, die auf einem Obstregal klebten.

Der Funker angelte sich einen Apfel herunter und biß herzhaft hinein. „Ausgezeichneter Boskop. Ein guter Winterspeiseapfel. Versuchen Sie mal. Ich verstehe was davon. Meine Tante hatte einen Gemüseladen. Der Boskop ist wie eine Kokosnuß. Die Haut wird im März ledern. Sie schrumpft ein, aber der Saft bleibt drinnen."

„Schon gut, Gefreiter, aber mit noch so feinen Boskops bringen wir die dreißig Tonnen Schutt nicht weg."

Sie suchten weiter. Als sie den Keller durchforscht hatten und wieder auf die anderen trafen, stellten sie fest, daß Jäger noch eine Kohlengabel gefunden hatte. Sonst nichts.

„Ohne Pickel ist kaum etwas zu machen."

Sie mußten Jäger recht geben.

„Was können wir tun?"

„Nichts, gar nichts."

„Nur warten."

Das Licht über dem Fensterspalt wurde trübe und grau. Die Dämmerung setzte ein.

Der alte Funker befestigte die Kerzenstümpfe auf der Innenseite der Deckel, die er von den Einmachgläsern abgehoben hatte. Eine davon brannte er an, als die Dunkelheit draußen vollständig war. Sie blickten in das rußende Stearinlicht und hingen ihren Gedanken nach.

Der Leutnant erörterte die Lage. „Sie werden Bastogne genommen haben und über die Ourthe gesetzt sein. Vielleicht haben sie die Ardennen schon hinter sich und rollen auf Namur zu, auf Lüttich, wo die Fallschirmjäger warten."

Sergeant Woof saß ihm gegenüber und brannte sich an der Kerze eine Virginiazigarette an.

„Kann sein und kann nicht sein", ergänzte er Lt. Greiners Rede. „In den Ardennen stehen starke Verbände von uns. Sherman-Panzer und schwere Artillerie. Ich denke, Eisenhower und Monty werden nicht schlafen. Unsere Infanterie ist in bester Verfassung, und wenn sich erst das Flugwetter bessert, dann wird eure Offensive zum Stehen kommen. Sie muß es einfach. Das Verhältnis ist sechs zu eins."

Sie beurteilten die Lage und die Entwicklung ohne Groll und Haß. Jeder sagte seine Meinung. In ihrem Kellerloch entwarfen sie großartige strategische Pläne und Gegenschläge. Sie sprachen von neuen Waffen, vom Sieg, vom Ende des Krieges und vom Frieden.

Aber jeder dachte dabei immer wieder an das eine: Wie kommen wir da raus? – Wer wird als erster das Städtchen besitzen und uns herausholen?

Den deutschen Einheiten war es nicht gelungen, Bastogne zu nehmen. Die Stadt wurde hartnäckig verteidigt. Deshalb sah die Heeresführung davon ab, durch ständige Angriffe wertvolle Regimenter an die Stadt zu binden. Sie verriegelten die Nachschubwege der Verteidiger und konzentrierten sich auf das Vortreiben ihrer Offensivkeile.

Weil aber die Front in ihrer ganzen Breite den einzelnen Panzerspitzen nicht zu folgen vermochte, kam es, daß sich das Lagebild immer stärker verzahnte. Wenn in einem Abschnitt die ersten Panzereinheiten bereits dicht vor den ersehnten Depots der Amerikaner standen, sah es zehn Kilometer im Norden ganz anders aus.

Dort war die Flanke auf ihrer ganzen Tiefe von amerikanischen Einheiten gefährdet, weil sich die deutsche Infanterie an ihrem zähen Widerstand festbiß. Hinter Clervaux war der Vormarsch auf diese Weise zum Stehen gekommen. Die Linien der Deutschen verliefen östlich des Städtchens, in welchem sich die vier Verschütteten befanden, und die Amerikaner standen kaum drei Kilometer westlich der Stadttore.

Von beiden Seiten versuchte man an den Stadtrand vorzudringen. Sobald der Gegner diese Versuche erkannte, verhinderte er sie durch heftiges Artilleriefeuer.

So war es den Amerikanern in den Nachtstunden des 16. Dezember gelungen, einen Angriff der Deutschen zu unterbinden, während die deutsche Artillerie am darauffolgenden Tage jedes Eindringen der Alliierten vereitelte.

Der Kampf wogte hin und her. Verbissen verlangte die Armeeführung die Einnahme, um die Flanken der Mot-Einheiten nicht zu lang werden zu lassen. – Aber die Amerikaner hatten dies erkannt. Sie fuhren massiert Artillerie auf und unterstützten ihre Infanterie mit Shermans und Haubitzen auf Selbstfahrlafetten. Schließlich gelang es ihnen in der Nacht vom 17. zum 18. Dezember, das Städtchen in ihre Hand zu bringen. Dem Angriff war ein harter Materialkampf vorausgegangen, bei dem die amerikanische Artillerie vier Stunden lang die deutschen Linien beschoß. Deshalb zog sich die deutsche Front zurück und formierte sich zu einem neuen Ansturm, der mit Unterstützung von zurückgenommenen Panzereinheiten in der kommenden Nacht erfolgen sollte.

Zunächst verblieben jedoch die Amerikaner in den Mauern. Sie hielten den Ort den ganzen Tag über ohne nennenswerte Schwierigkeiten.

Die Männer im Keller des Hauses Rue Madeleine 17 verfolgten den nächtlichen Gefechtslärm in Ungewißheit darüber, wem es schließlich gelingen würde, die Ortschaft zu nehmen. Gegen Morgen hatte das Geschützfeuer auf beiden Seiten nachgelassen. Einzelne MP-Salven drangen durch das Dunkel, kamen näher und blieben unbeantwortet.

Hin und wieder hörten sie das Detonieren einer Handgranate und beobachteten am Himmel aufsteigende Leuchtkugeln. Sie sahen die gleißenden Magnesiumsterne nur, wenn sich sie sich über die Giebel erhoben hatten, und vermochten nicht, daraus einen Frontverlauf abzulesen.

Erst mit Beginn der Dämmerung bekamen sie Klarheit. Lt. Greiner durchschaute zuerst die Lage. Er hatte sich aus Kisten eine Plattform errichtet. Dadurch bekam er den Spalt in der Betonwand in Augenhöhe. Wenn er sich dicht an die Innenseite preßte, überblickte er ein Stück der Straße. Im ersten Frühlicht hörte er Motorenlärm näherkommen. Ungeduldig wartend, beobachtete er schließlich ein Fahrzeug, das sich langsam über die Trümmer hinwegschob. – Es war ein Jeep mit Seilabweiser und einem Maschinengewehr.

Lt. Greiner wich zurück, als könnte man ihn erkennen.

Die anderen warteten auf seinen Bericht. Er stieg von seiner Plattform herunter und lehnte sich an die feuchte Kellerwand.

„Post ist gekommen", sagte er. „Für dich, Mac."

Der Sergeant kletterte auf die Plattform und versuchte sich durch Schreien bemerkbar zu machen. Aber der Jeep war schon vorbei.

Da stand der Feldwebel auf und packte den Flieger, zog ihn von seinem Beobachtungsstand herunter und drückte ihn auf die Bettstelle.

„Sei vernünftig, Mac", drohte er, „mach keinen Unsinn. Das geht gegen unsere Vereinbarung. Ich habe kein Interesse daran, in Gefangenschaft zu geraten."

Sergeant Woof wollte hochfahren und Jäger angehen. Aber der Funker hielt ihn mit eisernem Griff am Handgelenk.

Woof stieß einen Fluch aus.

„Das ist nicht fair. Wenn eure Truppen in der Stadt wären, hättet ihr dasselbe Recht. Aber jetzt bin ich dran."

Er versuchte sich loszureißen, aber Lt. Greiner kam dem Gefreiten zu Hilfe. Ganz ruhig sagte er dem Jungen seine Meinung. „Ganz so ist es nicht, Mac. Ich habe dir schon einmal gesagt, wir sind drei und du bist allein. Du wirst dich fügen, ob du willst oder nicht."

Doch der Sergeant sah die Befreiung so nahe und gab nicht nach.

„Dummköpfe!" antwortete er zerknirscht. „Wer sagt euch, daß die Deutschen jemals die Stadt bekommen?"

Der Leutnant entgegnete: „Und wer sagt dir, daß ihr die Stadt halten werdet? Es gibt auch auf unserer Seite noch Möglichkeiten. Laßt ihn los."

Sie drängten den Piloten auf die Seite, die dem Fenster abgewandt war. Der Funker-Gefreite löste Lt. Greiner am Beobachtungsposten ab.

Ein Trupp Farbige kam die Straße herauf und durchsuchte die Häuser. Sie hielten ihre kurzen Gewehre unter den Achseln, die Läufe mit dem Unterarm stützend. Die Helmriemen baumelten an beiden Seiten herunter. Zigaretten hingen aus den dunklen Gesichtern.

Sie rauchten und plauderten. Sie schienen das Durchkämmen

nicht ernstzunehmen. Einer von ihnen schlug gegen einen Zylinderhut und trieb ihn wie einen Fußball vor sich her. Sie wechselten die Straßenseite und rasteten im Windschatten einer stehengebliebenen Mauer. Sie lehnten ihre Gewehre gegen einen Laternenpfahl und warfen mit Ziegelbrocken die Scheiben aus dem Lampengehäuse. Die Scherben fielen klirrend auf die Erde. Dann wandten sie sich einem anderen Objekt zu. Es war das Straßenschild der Rue Madeleine.

Sie schrien: „Hallo, Madeleine!" und bombardierten das Blechstück. Bei jedem Treffer schepperte es gegen das Mauerwerk, an dem es hing. Dabei waren sie immer näher an den Fensterspalt herangekommen. Der Funker hätte einen der Füße der Farbigen fassen können, wenn er seine Hand ausgestreckt hätte.

Stumm sahen sie dem übermütigen Spiel der GIs zu. Der Pilot war ebenfalls herangetreten und starrte hinauf.

„Wenn du das Maul aufmachst, Mac", zischte der Gefreite, „dann hat die US Airforce einen Piloten weniger."

Der Sergeant verstand.

Er verteilte seine letzten Luckys. Sie rauchten, um die Nerven zu beruhigen. Mit Genuß sogen sie den duftenden Rauch der Virginia in ihre Lungen. In langen Schwaden bliesen sie ihn wieder heraus. Dabei beobachteten sie interessiert das Spiel der fremden Soldaten.

„Die sind wie Kinder", sagte Mac leise.

Die Sonne war durch einen Riß der Wolkendecke gedrungen und schien in den Keller hinein.

Einer der farbigen Soldaten ging neben dem Fensterspalt in die Hocke und sah seinen Kameraden zu. Zwischen ihren Wurfversuchen krächzte seine heisere Stimme aufmunternd. Als das

Straßenschild endlich fiel, klatschte er in seine Pranken und gab Beifall.

Plötzlich hielt er mitten in der Bewegung inne. Er winkte seine Kameraden heran, sprach ein paar schnelle Worte in unbekanntem Slang. Die anderen kamen näher und sogen die Luft ein, wie er. Sie untersuchten die Hausfront, das Stück, das von ihr noch stand. Dann beugte sich einer an die Fensteröffnung.

„That's a Lucky!" sagte einer. Der Farbige am Fensterspalt rief: „Hello!"

Er zog den Kopf wieder zurück und ließ Licht in den Keller.

„Goddam!" schrie er, nahm eine Handgranate von seinem Cordkoppel und wollte sie abziehen. Er hatte die Männer in dem Gewölbe gesehen.

Sein Finger stak schon im Abzugsring, da rief er noch einmal in den Keller: „Hello!"

〜〜✳〜〜

Lt. Greiner hatte beobachtet, wie der Farbige den Rauch der Zigarette erkannte und seinem Ursprung nachging. Sie waren zurückgewichen, aber nicht schnell genug. Als der Farbige nun die Handgranate abziehen wollte, stürzte der Sergeant an den Fensterspalt.

„Just a moment! Here is Sergeant Woof!"

Aus dem Dunkel des Kellers erklärte er den erstaunt zuhörenden GIs, wie er hierhergekommen war. Er nannte seine Einheit, den Platz, von dem er gestartet war, und schließlich reichte er durch den Spalt seine Erkennungsmarke.

Als die Farbigen kapiert hatten, warfen sie ihm Zigaretten und C-Rationen hinunter und versprachen bald wiederzukommen.

„Wir holen dich raus", versprachen sie mit der zuversichtlichen Art der Amerikaner, Schwierigkeiten ohne Hemmungen anzugehen.

Kaum eine halbe Stunde später rollte ein Panzer heran und drehte in die Hofeinfahrt hinein. Die Amerikaner hatten herausgefunden, daß nur eine Möglichkeit Erfolg versprach, den Piloten zu befreien: der Weg über den natürlichen Kellereingang.

Man hörte sie arbeiten. Ihre Stimmen hallten in den Ruinen.

Sie riefen Befehle, verschoben Betonstücke und schleppten andere an Seilen und Ketten ab.

Gegen Mittag stießen noch Männer einer anderen Einheit dazu und ein schweres Spezialfahrzeug.

„Es ist ein Bergungspanzer mit Hebezeug", schilderte der Oberfeldwebel. Von seiner Plattform aus beobachtete er alles, was an der Straße vor sich ging.

Später kam ein Sergeant vorbei, rief nach Woof und schilderte den Fortgang der Bergungsarbeiten.

„Kann noch einen halben Tag dauern, Buddy", erklärte er. „Die Rückwand ziehen sie eben mit zwei Shermans ab. Dann gehen wir über den Schutt. Ich schätze, daß es hundert Tonnen sind. Verdammt ungeeignetes Versteck, das du dir ausgesucht hast. Fehlt dir was?"

„Bring mir Wasser", bat der Flieger. „Ich bin ständig besoffen von dem Wein." Dabei reichte er von den Vorräten des Bankdirektors aus dem Fensterspalt, was der Funker anschleppte.

„Okay wir machen weiter. Wenn wir einen Kompressor hätten, gingen wir mit Pressluftbohrern durch die Außenwand oder die Decke. Aber es kann einen Tag dauern, ehe er da ist. Bis dahin haben wir dich so raus."

„Hoffentlich...", sagte Woof. „Dann macht's gut."

Sie hörten die Amerikaner bis in die Dämmerung hinein arbeiten. Durch den Schuttberg vor dem Kellereingang war aber nicht festzustellen, ob sie nähergekommen waren. Vor Eintritt vollständiger Dunkelheit erschien der farbige Sergeant wieder.

„Sie haben deinen Flugplatz angerufen", berichtete er. „Sie hatten dich schon abgeschrieben. Nun backen sie schon deine Geburtstagstorte. Bis morgen nachmittag."

„Dann drückt drauf, Boys!"

„Wir tun, was wir können." Der Schweiß rann dem Sergeanten vom Gesicht. „Die Hälfte haben wir weg. Alles mit der Hand. Die Panzer können nicht mehr viel machen."

Woof sah zu seinem Kameraden hinauf. Er war nicht mehr deutlich zu sehen, so dunkel war es jetzt.

„Geht es mit Sprengen nicht schneller?"

Der Farbige verneinte. „Wir haben keine Pioniere da. Sprengen muß man können. Das Risiko wäre zu groß."

„Bei Nacht werdet ihr nicht viel schaffen."

„Nein, nicht viel, aber es ist besser, als die Arbeiten ganz zu unterbrechen."

„Thanks!" sagte der Flieger. Er wandte sich an die drei Deutschen. „Bis morgen sind wir raus."

Der Funker brummte etwas in seinen Stoppelbart. „Jetzt sind es schon achtundvierzig Stunden. Kommt auf einen Tag hin und her auch nicht mehr an."

Alle würden sie froh sein, wenn sie aus dem Loch herauskonnten, wenn es auch nicht so verlief, wie sie gerechnet hatten.

„Aber es ist doch first class von den Boys", meinte Woof, „sie liegen drei Kilometer von eurer Linie entfernt und an den Flanken stehen die Tigerpanzer. Sie treiben allerhand Aufwand wegen einem Amerikaner."

„Klar, Mac", sagte Lt. Greiner, „unseretwegen würden sie es nicht tun. Kann man auch nicht verlangen."

Er hatte seinen Posten nicht verlassen, obwohl die Nacht jetzt über dem Städtchen stand und nichts zu hören war als die Stimmen der arbeitenden Amis.

Der grauhaarige Funker rauchte eine von den Zigarren aus der Kiste, die er gefunden hatte, an.

„Solange der Vorrat reicht", sagte er. Es war die letzte gewesen.

Eine Stunde vor Mitternacht lösten sich die Amerikaner ab. Eine Gruppe rückte in den Hof ein und setzte die Bergungsarbeiten fort.

Noch ehe sie mit der Schicht begonnen hatten, setzte von der deutschen Seite heftiges Feuer ein. Die Einschläge lagen so gut, daß die Amerikaner weichen mußten. Ein Corporal kroch an den Fensterschlitz und verständigte sich mit Woof.

„Wir müssen in Deckung, Sergeant", schrie er zwischen den Einschlägen. „Kann sein, daß wir die Stadt auch räumen. Aber verlaß dich drauf, wir kommen wieder."

Er grüßte noch, dann schluckte ihn das Dunkel.

Woof starrte ihm nach.

Das Feuer verstärkte sich. Die Einschläge blitzten durch die Nacht. Der Feuerschirm wanderte weiter.

„Jetzt greifen sie an", sagte Lt. Greiner, der mit Woof wachgeblieben war. „Jetzt sind wir wieder Niemandsland."

Der Flieger sah ihn an.

„Ihr seid am Zug, Kamerad."

Der Gegenangriff der Deutschen lief. Worum sie sich drei Tage lang unter Verlusten bemüht hatten, fiel ihnen auf Anhieb zu. Im

Sturm nahmen sie das Städtchen. Hinter dem Artilleriefeuer rollten Tigerpanzer mit aufgesessenen Grenadieren.

In den ersten Stunden des neuen Tages waren die Amerikaner geschlagen und zogen sich zurück. Wo sie sich noch in zähem Widerstand zu halten versuchten, wurden sie im Straßenkampf niedergerungen.

Besonders in der Nähe des Westtores, wo die Straße nach Bastogne weiterlief, hielten sie sich bis zum Tagesanbruch. Zuletzt feuerten sie aus den Schießscharten des Torturmes und ergaben sich erst, als der letzte Gurt durch das Maschinengewehr gelaufen war.

Das Grenadierregiment meldete in der Frühe des 19. Dezember an die Division die Einnahme des Städtchens. Die eigenen Verluste beliefen sich auf elf Tote und neunundzwanzig Verwundete. Einer der Panzerwagen war durch Beschuß ausgefallen. Die Zahl der Gefangenen war niedrig. Insgesamt hatten sich nur sechs Amerikaner ergeben. Alles Verwundete, die sich nicht mit den anderen zurückziehen konnten.

Stunden später rollten Nachschub und Troß über die Hauptstraße durch den Ort. Kolonnen marschierten nach Westen. Der Rathausplatz belebte sich wie an Markttagen.

Stäbe rückten hinter der Frontlinie nach und belegten die wenigen noch unbeschädigten Häuser. Nachrichteneinheiten zogen Telefonverbindungen. In einer Seitenstraße ratterten Notstromaggregate. Ein Feldlazarett nistete sich in der Turnhalle der evangelischen Schule ein. Am Mittag schon lagen die ersten Schwerverwundeten auf den Operationstischen.

Die Ärzte fertigten im Nonstop die Transporte ab, die in ununterbrochener Folge Verwundete von der Front hereinbrachten. Sie amputierten, sägten, nähten, verbanden. Manchmal prüften sie nur die Wunden, schüttelten den Kopf und gaben eine letzte Morphiumspritze gegen die Schmerzen. – Das waren die Fälle, wo der Arzt nicht mehr helfen konnte. Der Feldgeistliche ging durch die Bettreihen, sprach hier Hoffnung und dort nur Trost für ein Sterben in Gnade. Eine Straße weiter rauchten die Schlote einer Feldbäckerei und einer Gulaschkanone. Sie kochten und buken für die Bedürfnisse der Lebenden.

In weniger als zwei Tagen hatte das Städtchen mehr gesehen als in einem Menschenleben. Es hatte Amerikaner erlebt, war unter Beschuß Haus für Haus schwer zerstört worden. Es war für Stunden wieder Niemandsland gewesen. Eine tote Stadt ohne Besitzer. Dann waren die Soldaten der anderen Seite einmarschiert. Als das Kämpfen zu Ende war, glichen die Straßen einem Friedhof.

Man räumte die Toten fort. Das hektische Jahrmarkttreiben der Etappe flackerte auf. In der Nähe des Todes schlug das Leben hohe Wellen. Noch einmal wollte jeder spüren, was es heißt zu atmen, zu fühlen, noch vorhanden zu sein.

Am Nachmittag des 19. Dezember, am vierten Tag nach Beginn der Offensive, verbreitete sich ein Gerücht. Es kam von irgendwoher, niemand wußte, wo es seinen Ursprung genommen hatte. Aber es hielt sich hartnäckig und wurde heftig besprochen.

Man wußte nicht, hatten es die Sankafahrer von der Front mitgebracht oder war es aus Richtung Heimat eingeschleppt worden. Man flüsterte sich die Parolen von Mund zu Mund zu. Selbst in den Stäben herrschte nicht der Überblick, um das Gegenteil bestätigen zu können. Erst hieß es, der Nordflügel säße fest und käme nicht weiter voran. Dann sprach man von Nachrichten aus dem Südabschnitt, wo die Panzer wegen Spritmangels von ihren Besatzungen gesprengt worden seien. Es hieß, die Fallschirmjäger, die über den Depots im Rücken der Amerikaner gelandet waren, wären aufgerieben worden. Bis zum letzten Mann. Wegen Munitionsmangels.

Dann wagte einer offen davon zu reden, daß er gehört habe, die Offensive sei zum Stehen gebracht. Die Stoßkeile würden durch Flankenangriffe abgeschnürt und bluteten leer. Das Oberkommando habe jedoch befohlen, daß kein Meter Boden aufgegeben werden dürfe. Verwundete behaupteten, daß die Front weiche. Man müsse sich darauf gefaßt machen, im Gegenschlag weiter zurückgeworfen zu werden, als man zu Anfang gestanden habe.

Keiner meldete, es stünde gut. Keiner berichtete, es gehe voran. Von „planmäßig" sprach nur noch der Wehrmachtsbericht.

13.

Was die drei deutschen Soldaten in dem Kellergewölbe der Rue Madeleine 17 zunächst nicht für möglich gehalten hatten, war eingetroffen. Die Offensive hatte die Amerikaner aus der Stadt gefegt. Sie frohlockten. Das Blatt hatte sich zu ihren Gunsten gewendet.

Durch den Beobachtungsschlitz sahen sie deutsche Kübelwagen, Fahrzeuge mit taktischen Zeichen, die sie kannten. Die Schnürstiefel der Amerikaner waren vielleicht eleganter, aber die Knobelbecher der Landser waren ihnen vertrauter.

Sergeant Woof war still geworden und schickte sich drein. Aber der Funker konnte nicht an sich halten und erinnerte den Flieger an seine Reisepläne.

„Wird nichts mit dem Trip nach Stuttgart, Mac."

Der Amerikaner sagte nichts, bis Lt. Greiner seine Bemerkung zur Lage machte. „Ich hätte nicht gedacht, daß sie so schnell abhauen würden. Schließlich hatten sie Panzer, und sie waren genug Kompanien für einen Gegenstoß."

„Das hängt mit der Entwicklung in den rückwärtigen Linien zusammen“, meinte Woof.

„Genau das“, antwortete Lt. Greiner. „Sie wurden zurückgenommen, weil eure Front zusammengebrochen ist. Wird nichts mit Kaffee und Kuchen, Mac.“

Doch der Amerikaner hatte eine andere Erklärung. „Sie wurden zurückgenommen, weil man keine Notwendigkeit dafür sah, die Stadt unter allen Umständen und mit blutigen Verlusten zu halten. Einen Ort ohne Bedeutung, der in ein paar Tagen, wenn der Gegenschlag läuft, sowieso fällt.“

„So hat man in Rußland auch kalkuliert“, bemerkte Jäger, „aber wir bekamen nie mehr zurück, was wir einmal hergegeben hatten. So manche Rechnung ist in diesem Krieg nicht aufgegangen, und oft waren zwei und zwei nicht vier, sondern bloß drei.“

❧❦❧

Lt. Greiner hatte sich längst bei deutschen Landsern zu erkennen gegeben. Erst waren sie erstaunt stehengeblieben und konnten sich nicht erklären, woher das Rufen kam. Dann hatten sie die Eingeschlossenen entdeckt und fragten neugierig hin und her.

„Ja, es steht bestens, wir liegen schon dicht am Maasbogen“, hieß es.

„Und Bastogne?“

„Nee, Bastogne haben wir umgangen. Da sitzt noch der Ami drin. Aber wie kommt ihr da rein?“

„Helft uns lieber raus“, wurde Lt. Greiner ungeduldig.

„Kleinigkeit. Ein Pionierzug ist im Ort. Die machen das in der Mittagspause.“

„Dann beeilt euch. Es geht schon auf elf Uhr.“

Die Landser trotteten davon.

Eine Stunde lang war nichts zu hören.

„Diese Armleuchter haben uns vergessen", schimpfte Jäger.

Endlich rückte doch ein Zug an. Der Pionierleutnant ließ sich von Lt. Greiner die Lage schildern.

„Die Amis habt ihr schon hinter euch. Schwein, daß sie euch nicht umgelegt haben."

Sie zogen hinter die Ruine in den Hof, gruben und baggerten. Ein Lkw zog mit der Seilwinde schwere Trümmerstücke ab.

„Dann können wir uns ja bald klarmachen", hoffte Jäger.

Seine Hoffnungen waren verfrüht. Am Nachmittag beugte sich ein Offizier an den Sehschlitz. Lt. Greiner verhandelte mit ihm ziemlich lange. Dann kletterte er betreten von seiner Plattform.

„Was ist los?"

„Die sind wahnsinnig", antwortete Lt. Greiner. „Es ist Feldgendarmerie. Sie nehmen ein Protokoll auf. Sie halten uns für Deserteure."

Der Funker faßte sich als erster.

„Das ist doch Schwachsinn. Wir können beweisen, daß wir keine Deserteure sind."

Da ließ sich Lt. Greiner wieder vernehmen. „Du kannst ihnen gar nichts beweisen, wenn sie nicht wollen. Wenn sie ein abschreckendes Beispiel brauchen, dann hängen sie einen Irrenhäusler auf und sagen, er hätte eine geheime Sprengstofformel verraten."

„Wir werden ihnen erklären, wie alles kam", sagte Jäger.

„Wenn man uns Zeit dazu läßt."

Gegen Abend reichte man ihnen zwei Kochgeschirre mit Suppe in den Keller.

„Es dauert noch, Leute."

„Kriegt ihr denn den verdammten Rotz nicht endlich beiseite?"

„Reg dich nicht auf", sagte der Pionier zu Jäger. „Bis wir euch raus haben, so lange hält die Front noch."

„Mensch, was sagst du da?" Jäger traute seinen Ohren nicht.

Der Pionier wurde leise. Seine Stimme bekam einen vertraulichen Ton.

„Es ist so. Sie geben es nicht zu, aber die Offensive steht. Sie geht schon seit gestern nicht mehr voran. Sie weicht zurück. Benzin alle, Munition alle, nur Wassersuppe zu fressen. Die Verwundeten verbinden sie schon mit Lokuspapierstreifen. Aber wir holen euch raus, bevor der Ami da ist.“

Jäger starrte den Pionierfeldwebel an. „Haltet auch ihr uns für Deserteure?“

„Ist ja Unsinn, Mann.“

„Mein Tiger steht am Ortseingang. Schau ihn dir an. Zusammengeschossen und verbrannt. Ich bin als letzter rausgekommen. Der Tiger des Leutnants steht auch dort. Trotzdem halten sie uns für Deserteure.“

Der Pionier schüttelte den Kopf. „Wird schon werden, Kamerad. Bis zum Morgen haben wir euch frei.“

Der Oberfeldwebel tauchte zurück in das Dunkel des Kellers. „Sieht schon aus hier wie ein Gefängnis“, sagte er.

Der Amerikaner schlief.

Es war die erste Nacht ohne Beschuß. Langsam wurden sie des Horchens und Denkens müde. Sie gönnten sich noch eine Flasche Mosel.

„Die Mosel ist nicht weit. Ob wir sie noch einmal sehen?“

Der Funker bekam glasige Augen von dem Jahrgang neununddreißig. Sie schimmerten im Licht der Kerze.

Die Geräusche der arbeitenden Pioniere dröhnten durch das Dunkel. Der grauhaarige Funker tastete sich den Keller entlang und horchte am Schuttberg des Eingangs. Manchmal hörte er dumpfes Poltern. Immer dann, wenn sie einen Brocken mit dem

Drahtseil herauswanden und andere nachstürzten. Seine letzte Zigarre war längst geraucht. Er kaute auf dem Stummel. Die Zigaretten der Amerikaner waren nur noch Asche. Die eigenen Landser aber wollten sie nicht um etwas Rauchbares bitten. Die hatten selbst nichts.

Der Funker-Gefreite kehrte zurück in den Raum, wo seine Kameraden noch wachten. Lt. Greiner schrieb in engen Zeilen auf ein Stück Packpapier. – Der junge Pilot starrte in die kleiner werdende Flamme.

14.

Zwischen Hoffen und Verzweifeln verstrichen die Stunden. Sie dachten an den nächsten Tag und daran, was der Feldgendarm gesagt hatte: Deserteure!

Eigentlich war es egal für sie, ob sie aus dem Loch herauskamen. In dem Loch eingeschlossen drohte der Tod durch Hunger und Durst. Von den Kameraden befreit, würde man sie vielleicht erschießen, so unwahrscheinlich und absurd es klang. Wenn die Amerikaner zurückkamen, dann gerieten sie in Gefangenschaft. Aber sie würden mit einiger Sicherheit am Leben bleiben.

Der Funker faßte Feldwebel Jäger beim Arm. „Bei den Amis haben wir noch die besten Aussichten", sagte er.

Lt. Greiner lächelte nur darüber. „Wozu immer nur Chancen im Leben? Jeder hat eine bestimmte Menge davon. Wenn sie verbraucht sind, dann sind sie verbraucht. Aber einen so feinen Tropfen habe ich noch nie getrunken. Prost!"

Jäger nickte. „Ich bin aus der Branche, war Chef im Ritz. In Nizza nehmen sie dafür umgerechnet vierzig Mark. Im Waldorf das Doppelte."

„Warst du schon im Waldorf?"

„Vor zehn Jahren, als Kellner. Eine Saison lang. Dann einen Herbst und einen Winter lang in New York."

„Schöne Stadt?" fragte Lt. Greiner.

„Schön nicht, aber einmalig. Menschen, Menschen neben dir, über dir, unter dir. Was gibt es schöneres als Menschen?"

„Wo kommst du her?" fragte der grauhaarige Funker. Es war nur der Wunsch, einen anderen reden zu hören. An Worten und Geschichten vergessen zu können, wie die Zeit verging. Jäger schenkte sich seinen Becher voll Mosel, als wäre er ein Glas aus edelstem Kristall. Dann erzählte er: „Ich bin Berliner. Aus der Gegend vom Wedding. Mein Vater hatte eine Wirtschaft. Ein bayrisches Bier- und Speiselokal. Meine Mutter hatte ihn auf die Idee gebracht. Sie stammte aus Feldmoching bei München. Sie kamen zu Geld, weil sie fleißig waren. Sie waren stolz, weil ich in der Schule gut vorankam, und schickten mich aufs Gymnasium. Nach vier Jahren starben sie schnell hintereinander weg. Mein Vater hatte etwas gespart, und ich kam ohne zu hungern durch. Nach Bayern zu den Verwandten wollte ich nicht. Sie waren Bauern. Ich verließ das Gymnasium und wurde Boy bei *Horcher*. In sieben Jahren rackerte ich mich zum Kellner mit ersten Zeugnissen hoch. Ich beherrschte Englisch, Französisch, Italienisch und hatte einen Wagen. Einen kleinen Hanomag. Ein blaues Cabrio. Es steht noch aufgebockt in Nizza."

Jäger unterbrach sich und trank einen Schluck. „Ja, Nizza, das war wohl das Schönste in meinem Leben. Im Winter, da arbeitete ich immer im Süden. Taormina, Rom, Madrid und auch in Nizza. Es war neununddreißig, im Januar, da packte ich meinen Koffer und fuhr mit dem Hanomag über den Brenner. Kein Mensch dachte an Krieg. Als ich ankam, schien die Sonne über dem Mittelmeer. Das Hotel war ein erstklassiges Haus. Eines, von denen man im Stillen träumt. Ich war Oberkellner und Personalchef. Es gab jede Menge Geld zu verdienen. Damals war Nizza ein Reservat für nebelmüde Briten. Die Engländerinnen sind gar nicht so häßlich, wie man denkt. Im Gegenteil. Aber ein Mädchen war noch viel schöner: Isabel, die Tochter meines Chefs. Patron sagt man dort." Er nahm wieder einen Schluck Wein und fuhr fort: „Ich weiß nicht, welchem Umstand ich es verdanke, daß ich ihr gefiel. Aber es war wohl so etwas wie Liebe auf den ersten Blick. Ihr müßt euch vorstellen, es war ein Luxushotel, wo zu jeder Jahreszeit die verwegensten Mannsbilder absteigen. Solche, die nichts besser verstehen als die Jagd auf Weiber. Kerle wie Filmstars, wo unsereins einfach unter den Tisch fällt. Ich muß wohl einen guten Tag gehabt haben, als ich Isabel das erste Mal gegenüberstand. So eine Glückssekunde, wo jeder ein bißchen mehr kann als sonst. So eine Stunde, wo man sein Restchen Charme zusammenreißt, wie die Knochen beim Stillgestanden. Ja, wo dir ein Lächeln gelingt wie nicht alle Tage. – Ich stand also januarblaß im Hotelbüro und dachte, haben die eine verdammt hübsche Sekretärin. Laßt nur keinen Hollywoodproduzenten anrauschen, dann ist sie nämlich weg. – Als ich das gedacht hatte, kam sie auf mich zu, schüttelte mir die Hand und sagte, sie heiße Isabel. Es gibt in der Geschichte eine Isabella aus Spanien. Ich bezweifle, ob sie so hübsch war wie meine Isabel. Aber soweit waren wir noch nicht. Anschließend kam der Alte. Der Patron, Besitzer von drei Hotelkästen, einem in Nizza, einem in San Remo und einem in Genua. Er liebte nur zwei Dinge auf der Welt: seine Hotels und seine Tochter. – Es muß wohl an seinem Gesicht gelegen haben, daß wir uns sofort verstanden. Es gibt Menschen, wißt ihr, die gefallen einem gleich, auch wenn man sie nicht kennt. Aber wie ich ihnen gefallen konnte, ist rätselhaft. Mein Zeichenlehrer sagte einmal: Ihr Gesicht ist die Vorderseite des Kopfes, sonst nichts. Also, ich tat meine Arbeit und machte Isabel mit der Vorderseite meines Kopfes schöne Augen. Ich hatte viel zu tun und kam bei meiner Angebeteten nicht voran.

Nur einmal, im Sommer, da traf ich sie am Strand, und wir schwammen ein Stück hinaus. Müde legten wir uns auf eine Klippe. Sie machte mir keine Zugeständnisse oder so etwas, womit ein Mädchen einen Mann rumkriegt. Sie lag nur in der Sonne und schwieg und lächelte mit geschlossenen Augen. Da packte mich die Verzweiflung. Ich dachte an meine viertausend Mark auf der Bank und daß ich schon nicht verhungern würde, wenn sie mich rausfeuerten. Dann dachte ich an einen Franzosen, der ihr den ganzen Tag nachlief und dreimal Rosen schickte. Panik überfiel mich. Jede Frau unterliegt einmal den Nachstellungen irgendeines Kerls, auch wenn er ihr gar nicht gefällt. Noch vor dem Pfarrer denken sie dann, daß ihnen ein anderer eigentlich besser gefallen hätte, aber der war ja zu dusselig. – Darüber mußte ich nun Klarheit haben. Es waren die entscheidenden Minuten meines weiteren Lebens. Ich küßte sie. Und das sehr lange. Sie rang nach Luft, und ich hielt es für Abwehr. Aber dann küßte sie mich zurück, daß ich beinahe gestorben wäre. Wir redeten fast nichts und kehrten glücklich an den Strand zurück. Dort stand schon wieder der Franzose mit den Rosen. Sie nahm die Blumen und bedankte sich. Aber sie sah nicht mich an und auch nicht den anderen. Sie sah zu ihrem Vater, der atemlos vom Hotel herüberkam. Er hatte alles im Fernglas beobachtet. Ich dachte, jetzt feuert er dich. Der Patron sprang auf mich zu und schwang einen Gegenstand in der Hand. Eine Flasche, die er in der Eile erwischt hatte. Er warf mich im Anlauf beinahe um, so umarmte er mich und dann seine Isabel. In der Flasche war Champagner, ein Bollinger achtunddreißiger. – Am Strand feierten wir Verlobung. Wir haben uns geliebt wie niemals ein Paar die Riviera rauf und runter, glaubt mir. Ich dachte nicht an Krieg, bis es soweit war. Ich bekam meinen Gestellungsbefehl eine Woche nach dem Einmarsch in Polen. Seitdem habe ich Isabel nicht mehr gesehen. Sie schreibt mir jede Woche einen Brief.

Immer schreibt sie: Geliebter Mann! Obwohl wir keine Zeit hatten zu heiraten. Seit September hat mich keine Post mehr erreicht. Ihr könnt euch denken, wie gerne ich hier raus möchte, was mir daran liegt, zu überleben, und was ich den Leuten antun könnte, die diesen Krieg begonnen haben."

Der Panzeroberfeldwebel hatte geendet. Er blickte in die Runde. Seine Augen blieben an denen des grauhaarigen Funkers haften.

Der leerte gerade die Flasche Bernkastler und öffnete eine neue.

Später begann der alte Funker-Gefreite zu sprechen. Seine Geschichte war kurz und schmerzlich. Er erzählte sie in der einfachen Art eines Mannes, der mehr mit der Hand zu arbeiten versteht und nicht so sehr mit dem Kopf. Auch er berichtete von seiner Heimat. Es war dasselbe Deutschland, aber ein anderes Leben als das des Oberfeldwebels. „Ich bin kein schlauer Großstädter", fing er an, „eher ein Junge vom Dorf, der erst bei der Konfirmation erfährt, daß man über den Füßen Schuhe tragen kann. Es gibt kaum einen ärmeren Landstrich als den Bayrischen Wald. So zwischen Arber und Dreisesselberg, wo er in den Böhmerwald übergeht. Das finsterste Italien beginnt in Sizilien und das letzte Deutschland hinter Zwiesel. Da ist keine Industrie und wenig Landwirtschaft. Da hungern selbst noch die paar Pfarrer, die sich in den Wald wagen. Aber davon weiß kaum ein Mensch etwas, weil noch keiner gekommen ist und ein schlaues Buch darüber verfaßt hat. Da haben fünfzig Kinder zusammen kaum hundert Jahre Schulzeit. Bei uns gibt es noch genug Leute, die ihren Namen nicht schreiben können und nicht zu lesen verstehen. Da lernt man nichts, als sich zu begnügen. In den harten Wintern machen die Leute immer wieder ihre Meisterprüfung darin. Wenn eine Familie zehn Bälger hat, dann kriegt sie drei davon durch. Die anderen bleiben auf der Strecke. Im Kindbett, mit Kehlkopfkrupp, Tuberkulose, Typhus. Sie arbeiten, sobald sie laufen können, und die Unterernährung biegt die Knochen krumm. Hat sich dann so ein Pflänzchen durchgerungen und behauptet, dann gibt es zwei Möglichkeiten: Daheimbleiben, verdummen, dahinvegetieren, ein Mädchen aus dem Dorf heiraten und Kinder bekommen, die noch ärmer sind als die Eltern. Noch dumpfer, noch weniger Mensch. – Die andere Möglichkeit ist: Abhauen. Fort von der Heimat in die Welt hinaus, versuchen, ob man Glück hat. Versteht ihr das, Kameraden? Ich habe die zweite Möglichkeit gewählt. Bei den Preußen hat man aus mir einen Menschen gemacht. Beim Militär habe ich gelernt, was elektrisches Licht ist und fließendes Wasser. Daß es Menschen gibt, die einen Anzug besitzen, der ihnen ganz allein gehört. Daß es ein Getränk gibt, das man Wein nennt, Trauben waren für uns ein Luxus, den man nur aus Bildern kannte. Aus Bildern in der Kirche vom Lande Kanaan. Aber daß man hergeht und aus diesen Trauben nur den Saft nimmt, um ihn zu trinken, das war für uns unvorstellbar."

Der Funker trank seinen Becher erneut leer und beendete seine Erzählung: „Ich lernte alles sehr schnell. Wer kann mir verdenken, daß ich das meiste gut fand. Der Führer kam für mich gleich nach Gott. Als der Krieg begann und wir siegten, da kannte meine Bewunderung keine Grenzen." Seine Stimme wurde leise. „Erst als meine Kameraden zu sterben begannen, als einer nach dem anderen fiel, in letzter Not nach seiner Mutter oder nach seiner Frau schrie, da erkannte ich, daß es etwas Schlimmeres gibt als unser Leben da hinten im Wald, nämlich den Tod. Ich dachte auf einmal, daß die Millionen sterbender Kameraden lieber leben würden wie wir damals im Wald, wenn sie dafür ihren Tod bieten konnten. Ich erkannte, daß kein Ding auf der Welt wert ist, daß man sein Leben dafür opfert, es sei denn, man opfert es für das Leben. Aber das geht nicht, weil das paradox ist. Ich sage euch eines: Lieber fünfundzwanzig Jahre im Wald als noch einmal nach Rußland. Man kann mir vorwerfen, daß ich versäumt hätte, etwas gegen den Krieg zu tun. Aber ich habe ja nicht gewußt, was Krieg ist. Ich war ein dummer Junge."

Dem Funker standen Tränen in den Augen, als er sich zurücklehnte und in das Dunkel sann.

„Und was haben Sie zu erzählen, Herr Leutnant?" fragte Jäger in die Stille hinein.

„Nichts. Ich war nur auf dem Gymnasium und glücklich verliebt", antwortete Lt. Greiner. Er sprach nie darüber. Doch immer nur dachte er an Elisabeth. Es war eine außergewöhnliche Beziehung zwischen ihnen. Beide stammten sie aus guten Familien. Die Greiners hatten immer dem Staate gedient als Richter, Professoren, als hohe Beamte. – Die Familie von Elisabeth, altfränkischer Adel im Herzen des Reiches, war wie ein Tropfen Herzblut Deutschlands gewesen. – Gerade das beeinträchtigte ihr Verhalten zueinander.

Curt Cramer, sein Freund, ging solche Probleme animalisch an. Cramer faßte den Mädchen an die Brüste und zwischen die Beine. Er hingegen hatte dabei stets Hemmungen gehabt. Er dachte an den mittelalterlichen Sänger Walther von der Vogelweide: *Unter der Linden, bei der Heide, da unser beider Bette was*. – Dieser Walther von der Vogelweide war auch nur ein herumstreunender Abstauber gewesen. Ein unbeschwerter Troubadour, vielleicht wie heute Curt Cramer, der Jazztrompeter. – Noch nie hatte Julius Greiner eine Frau gehabt. Trotz all der Angebote in Etappenpuffs.

Er war sicher, daß auch Elisabeth noch nie einem Mann zu Willen gewesen war. – Doch hob sie ihre Keuschheit auch die vielen Jahre für ihn auf?

Oft hegte er Zweifel. Dann wieder hatte er eine unumstößliche Gewißheit. Sie gehörte zu ihm wie er zu ihr. Nie hatte sie mehr gewollt oder zugelassen als einen flüchtigen Kuß. Allein den Gedanken an ihren nackten Körper fand er erniedrigend. Für ihn stand sie auf einem Sockel, so hoch wie die Vergine intangibile, die Unberührbare...

„Ich war nur auf dem Gymnasium und glücklich verliebt", wiederholte Lt. Greiner.

15.

Es war in den ersten Stunden nach Mitternacht, als der Frontabschnitt hinter Bastogne ins Wanken geriet. An dieser Stelle hatte die deutsche Führung nicht mit einem Angriff der Amerikaner gerechnet, da sie einen Tag vorher unter Verlusten auf Bastogne zurückgeworfen worden waren. Aber Montgomery hatte von Rommel gelernt, das zu tun, was die anderen mit akademischer Berechnung für unmöglich hielten. Er ging also im Gegenschlag vor. Er hatte an Artillerie und Panzern zusammengezogen, was greifbar war. Um drei Uhr morgens setzte der Beschuß ein.

Die deutschen Offensivkeile hatten untereinander zu wenig Verbindung. Ihre Fundamente waren nicht solide. Die Zeiten des Frankreichfeldzuges und Dünkirchens, wo man einen fliehenden demoralisierten Gegner vor sich hatte, einen Gegner, waffentechnisch sowie strategisch unterlegen, waren vorbei. – Jetzt rückten die Amerikaner vor, und die Deutschen wichen.

Langsam näherte sich die deutsche Frontlinie wieder dem Städtchen. Wie man es in der Nacht vorher genommen hatte, so verlief jetzt alles umgekehrt. – Wie ein Film, der, rasend schnell umgespult, nun rückwärts lief.

Die Stäbe bauten ab. Das Lazarett wurde verlegt, die Küchen, der Troß, die Werkstättenkompanien ebenso.

Trotz näherkommender Front arbeiteten sich die Pioniere an den Kellereingang des Hauses Rue Madeleine Nr. 17 heran. Angefeuert von dem Gedanken an die Eingeschlossenen werkten sie bis zum Umfallen. Aber immer wieder fiel Trümmerschutt nach und hemmte die Arbeiten. Es schien, als verzögere das Gebäude selbst die Befreiung der Menschen in seinem Inneren. Im Licht eines Scheinwerfers lösten sich die Pioniere in immer kürzeren Zwischenräumen ab.

Dann mußten sie doch eine Pause einlegen.

Sergeant Woof schaute auf seinen Pilotenchronometer.

„Drei Uhr. Jetzt kommen sie bei uns in Ohio von den Feldern zurück. Habt ihr schon von Ohio gehört?"

„Der Ohio ist ein Nebenfluß des Mississippi", antwortete Lt. Greiner schulmäßig.

Woof stimmte ihm zu. „Ohio ist für den Amerikaner, was Mainfranken für die Deutschen ist. Der Fluß, die Wälder, Berge, fruchtbare Täler und heitere Menschen. Dort lebt mein Mädchen. Sie heißt Lana. Blond, blaue Augen und viele Sommersprossen im Gesicht. Ein richtiges amerikanisches Girl. Selbstbewußt, etwas egoistisch, schick, verrückt und romantisch. Ihre Familie geht zurück auf die ersten Einwanderer von der Mayflower. Und das ist mein Pech. Wer seine Linie bis zu den ersten Einwanderern zurückverfolgen kann, der gilt bei uns in den Staaten sogar mehr als bei euch Seine Königliche Hoheit der Erbprinz von Hohendings zu soundso. Die Kolonisten sind die Crème de la Crème. Ich bin ein Masterson von der Mayflower heißt soviel wie: Platz für den Präsidenten! – Wenn so ein Kolonistenadel nun eine mannbare Tochter hat, dann stehen sie Schlange, die Ölfritzen aus Texas und die Bankbosse aus dem Osten. Ein Auto kaufen oder ein Flugzeug besitzen, das kann jeder, der Geld hat. Ein solches Mädchen aber, das ist etwas Besonderes. Das zählt sogar bei uns noch. Mein Pech, daß ich mich in Lana verliebt habe. Mein Vater ist nur so eine Art Werkmeister in einer Brennerei vom alten Masterson. Ich habe Lana auf dem College kennengelernt. Wenn einer glaubt, bei uns würden solche Unterschiede nicht zählen, dann irrt er sich. Ich weiß, was es heißt, danebenstehen zu müssen. Was kann ich werden? Advokat, Arzt, Lehrer. Die sind meistens arme Teufel in unserem Land. Die wenigen, die nach oben durchstoßen, machen nach der Statistik ein halbes Prozent aus. Zugegeben, unser Lebensstandard ist hoch. Für zehn Dollar lebt eine Familie mit vier Köpfen eine Woche lang und ißt Hühnchen und handgroße Steaks. Aber das hat jeder. – Doch um Lana zu bekommen, muß mit einem Jungen etwas Besonderes los sein. Wenn ich vor den alten Masterson trete, dann sieht er mich nur an, fragt nicht nach Geld, sondern nur, was mit mir los ist.“

„Na sag schon, was los ist, Mac!“ warf Jäger ein.

Woof fuhr lächelnd fort: „Nichts ist mit mir. Ich meldete mich freiwillig. Wenn man für unseren way of life kämpft, dann ist man in ihren Augen etwas. Ich muß Offizier werden, und das möglichst schnell. Ein berühmter Offizier mit Erfolgen und Auszeichnungen. Einen, den die Zeitungen in unserer Stadt möglichst jede Woche namentlich nennen. – So geht das bei uns. Wenn ich Glück habe, werde ich so ein Held, und dann erwische vielleicht eine Nummer zum Anstehen in der langen Schlange bei Lana. Doch wenn ich Pech habe, erwische ich das Geschoß einer

Focke-Wulf hundertneunzig oder einer Messerschmitt. Dann ist Feierabend mit Lana-Darling."

Der grauhaarige Funker warf ein Stearinstück in die sterbende Flamme und sah den Amerikaner an. „Das ist auch ein Grund, um in den Krieg zu ziehen, Mac. Du bist am übelsten von uns dran. Du suchst Ruhm, um einer Frau zu gefallen. Du führst Krieg und schießt, weil du nur als Held Chancen hast. Verdammt, ich möchte nicht in deiner Haut stecken, Mac."

Sie horchten hinaus in die Nacht, weil der Alte in seiner Verbitterung schwieg.

Kanonendonner kam von der Front herüber. Motorenlärm schwoll in der Ferne an.

„Ich werde noch wahnsinnig in dem Loch!" schrie Sergeant Woof.

„Du hast keinen Grund dazu", bemerkte der Alte kühl. „Du bist freiwillig in den Krieg gezogen, also durch eigenen Entschluß hier in diesem Keller gelandet."

⌒⌒✦⌒⌒

Die Pioniere hatten die Arbeit wieder aufgenommen. Es ging auf fünf Uhr. Doch der Rückzug ließ ihnen nicht mehr viel Zeit.

„Noch eine Stunde", sagte der Zugführer zu einem der Unteroffiziere, „dann haben wir sie raus."

Ihr Atem stand wie Dampf in der Frostluft. Bei jedem Wort stieß eine neue Wolke heraus, bei jedem Atemzug, der aus den Lungen kam, bei jedem Stein, den sie hochwuchteten und wegtrugen.

„Wir sind die letzten hier", sagte einer.

Ein Lastwagen ratterte heran. Der Fahrer stoppte vor der Ruine und rief: „Ich soll euch zurückbringen, wenn ihr fertig seid."

„Wie sieht es vor der Stadt aus?" fragte einer.

„Bestens", spottete der Fahrer. „Sie stehen noch vier Kilometer im Westen. Vor Tag sind sie nicht da."

Ein Flugzeugmotor brummte von Westen heran.

„Scheinwerfer aus!" schrie der Zugführer.

Sie machten im Dunkel weiter. Sie schleiften, baggerten und fluchten.

Bald begann es im Osten zu grauen.

16.

„Warum kommt keiner und sagt, was los ist?" fragte Woof in das Dunkel.

Das letzte Stückchen Stearin war verdampft. Sie sahen sich kaum noch. Einmal klirrte Glas, als eine Flasche umfiel. Nur ihre Stimmen zeigten an, daß sie noch beisammensaßen, erinnerten sie daran, daß es für keinen einen Weg gab, der Gemeinschaft zu entkommen. Daß sie zusammenbleiben mußten bis zur Befreiung oder bis zum Tode.

„Warum kommt keiner und sagt, wie es steht?" fragte Mac wieder.

„Ist doch auch scheißegal", erwiderte Jäger.

Diffuses Licht blitzte von der Front herüber. In seinem Schein sah man das Gesicht des grauhaarigen Funkers. Seine Augen waren geschlossen, aber unter den Lidern zuckte es. Seine Lippen bebten, als bete er.

❧

Die Sherman-Panzer drängten die deutschen Linien zurück. Wo sich Widerstand bildete, genügte ein Funkspruch. Minuten später schon schoß sich die Artillerie auf das Ziel ein. Zwischen den Panzern schob sich Infanterie nach vorn. Frische, ausgeruhte Verbände aus der Bretagne, der Normandie, aus dem Südabschnitt, wo schon Ruhe eingekehrt war. Die Wetterstationen hatten Besserung gemeldet. Die hart ringenden alliierten Bodeneinheiten durften mit intensiver Luftunterstützung rechnen.

In den ersten Stunden des 19. Dezember war die letzte bedeutende Offensive der deutschen Armee abgefangen. Zwar drangen an manchen Abschnitten die Panzer weiter vor, aber es waren nichts als Schläge in leeren Raum hinein.

So auch im Gebiet von La Roche-en-Ardenne. Dort schien der deutsche Angriff noch Leben in sich zu haben. Doch das vermochte nicht das triste Bild eines fehlgeschlagenen Unternehmens zu mildern.

Der Mißerfolg bedrückte die kämpfende Truppe stärker als die Führung. Was man mit der Offensive zunächst anstrebte, war die Erringung eines Gleichgewichts an der Westfront. – Dieses Ziel war etwa erreicht, auch wenn die Truppen nicht an der Maas standen und von dem Endziel Antwerpen kein Mensch mehr sprach. Man glaubte aber dem Gegner gezeigt zu haben, daß nicht ausschließlich er es war, der im Westen die Lage beherrschte. Dazu verdichteten sich, wie bei jedem Unternehmen dieser Art, die wildesten Gerüchte über neue kriegsentscheidende Waffen.

Sie stehen dicht vor dem Einsatz, hieß es bei der Truppe. Wenn sie erst da sind, dann gnade euch Gott, Amerikaner und Russen, wer ihr auch sein mögt.

Keiner der Männer an der Front konnte sich ein Bild von der Waffe machen, die den Krieg so schnell entscheiden sollte. Sie wußten nicht, kam sie vom Himmel, oder raste sie über die Erde. Waren es Strahlen, die alles vernichteten, besondere Bomben oder Raketen.

Die Truppen kämpften und versuchten Zeit zu gewinnen. So wie es befohlen war. Sie sahen in den Himmel und warteten auf das Wunder, das man versprochen hatte. Sie ahnten nicht, daß ihre Hoffnung nur Selbstbetrug war.

Beim ersten Licht standen die Amerikaner noch zwei Kilometer vor dem Ort. Die letzten in seinen Mauern waren der Pionierzug und die vier Soldaten im Kellergewölbe. Die weichenden Truppen, die sich absetzend durch die Straßen nach Osten bewegten, nicht gerechnet.

Sie wurden stark dezimiert. Schließlich sickerten die Nachhuten in den Ort. Zwischen ihnen und den Spitzen der Amerikaner war wieder einmal Niemandsland.

Über diesen Streifen toter, von Menschen verlassener Erde fegten Granaten und Kugelgarben, türmten sich die steilen Flugbahnen der Granatwerfergeschosse, sprangen Leuchtkugeln in den Himmel.

Der Feldwebel der Pioniere lauschte in Richtung Front. Einer seiner Leute packte ihn am Arm.

„Wie lange noch? Bald sind die Amerikaner da."

„Wir schaffen es schon. Wir müssen nur noch den T-Träger abschweißen und herausziehen, dann können sie durch die Öffnung kriechen."

So war es leider nicht.

Der Ex-Oberkellner Jäger erblickte zuerst das faustgroße Stück Morgenhimmel über dem Schuttberg. Dann sah er ein Gesicht. Der Pionier rief etwas herunter.

„Sie schweißen den Träger entzwei. Dann müssen wir unsere Hälfte nach innen ziehen. Durch das Loch können wir dann raus", meinte Lt. Greiner.

Sie hörten das Zischen der Schweißbrennerflamme. Ihr grelles Licht leuchtete bis zu ihnen.

„Wie lange dauert es, bis man einen Träger durchschweißt?" wandte sich der Amerikaner an Lt. Greiner.

Der Leutnant tastete prüfend den Doppel-T-Träger ab.

„Leider ein prächtiger Bursche. – Dreißig Zentimeter bestimmt, beinah vierzig. Ich schätze, eine halbe Stunde werden sie brauchen."

„Eine halbe Stunde noch?"

„Wann geht die Sonne auf?"

„Um acht Uhr."

„Um acht Uhr geht die Sonne auf", wiederholte der Funker-Gefreite. Granateinschläge kamen näher.

„Ich höre Panzer", sagte Jäger, „aber es sind keine Tiger."

Die Schweißbrennerflamme zischte fauchend. Zentimeter um Zentimeter fraß sie sich in den Stahl. Als sie im letzten Drittel des Trägers ihre Spur schnitt, raste ein Kübelwagen in den Hof. Ein Infanterieoffizier sprang heraus und lief auf die Männer zu.

„Schluß! Abhaun!" rief er. „Nächste Auffangstelle ostwärts Clervaux. Befehl vom Regiment. Wenn ihr in drei Minuten nicht aus der Stadt seid, dann sehe ich schwarz. An der Stadtmauer liegen noch eine leichte Pak und ein Maschinengewehr. Sie gehen zurück, sobald der erste Sherman auftaucht. Ich habe Anweisung, alles Material an Menschen und Fahrzeugen zur Auffangstelle zu schicken. Seid nicht tapferer, Leute, als verlangt wird. Ein Idiot, wer öfter stirbt, als er muß."

Er schwang sich in seinen Kübel und fuhr los. Auch die Pioniere sammelten sich. Der Fahrer des Lkw ließ den Motor an. Nur der Feldwebel und der Mann am Schneidbrenner harrten noch aus. Es war nicht mehr viel zu schaffen. Noch zehn Zentimeter oder fünf.

Die Flamme nahm im Schneckentempo die letzte Verbindung. Eisen tropfte ab. Mit dumpfem Schlag fiel der Träger von seinem Stumpf.

„Hierher!" brüllte der Pionierfeldwebel.

Weil niemand auf ihn hörte, setzte er die Trillerpfeife an und gab ein schrilles Signal.

Die Pioniere waren schon auf dem Lkw aufgesessen. Noch einmal sprangen sie herunter. Sie holten das Schweißgerät und wuchteten den Träger zur Seite.

„Jetzt ziehen, Kameraden!"

Langsam bewegte sich der Stumpf. – Man hörte das Maschinengewehr bellen und die Abschüsse der Pak.

17.

Sie hatten den Träger in den Kellergang hineingezogen und sahen durch die Öffnung den Himmel.

„Das schafft keiner", fürchtete der Leutnant. „Die Öffnung ist zu schmal."

Woof war bereit, es zu versuchen.

„Dann los, Mac", drängte der Funker.

Der Sergeant kroch in das Loch hinauf und wühlte sich bis zu den Schultern durch. Wo es Not tat, räumten sie noch Brocken beiseite und gaben seinen Füßen Halt.

„Wenn er mit den Schultern durch ist, kommt er auch raus."

Aber so sehr Woof auch arbeitete, es war unmöglich. Als er schließlich mit Schultern und Oberarmen so eingeklemmt war, daß er sich nicht mehr bewegen konnte, bat er darum, sie sollten ihn zurückholen.

Seine Kombination war zerrissen, als sie ihn wieder neben sich hatten.

„Jetzt soll es der Leutnant versuchen", rief der Pionier draußen.

Aber Lt. Greiner wußte, daß es sinnlos war.

„Ich bin kein Schlangenmensch. Was ist mit der Feldgendarmerie? Keine Lust, daß man uns wie Deserteure behandelt."

„Die sind schon längst abgehauen", meinte Jäger. „Hab's doch gleich gesagt. Diese Scheißkerle."

Der Gefechtslärm kam näher. Vom Stadtrand ballerten schon die dumpfen Abschüsse der Sherman-Panzer.

Die Pioniere hatten noch ein paar Handgranaten.

„Kommt mal alle her, Kameraden", rief der Pionierfeldwebel.

Er sah ihre Gesichter, fahl, unrasiert, grau im Morgenlicht, ihre eingefallenen Züge zuckten.

„Mit den Handgranaten versuchen wir das Loch größer zu sprengen. Die einzige Möglichkeit. Geht in Deckung."

≈≈≈◈≈≈≈

Lt. Greiner brüllte mit sich überschlagender Stimme: „Weg! Deckung! Eine ist abgezogen!"

Sie stürzten in das Dunkel und wußten, daß ihnen nur noch eine oder zwei Sekunden blieben. Sie rannten gegen die Mauern, warfen sich übereinander zu Boden. An die Erde gepreßt warteten sie auf die Detonation.

Sie kam. Der Beton erbebte, als sei er nicht dazu gebaut, eine Explosion in seinem Inneren, die er von außen mühelos ertrug, auszuhalten. Ein Feuerschwall fegte heiß über die Liegenden hinweg. In seinem Sog warf er einen Schuttregen über sie.

So wie es ohne Übergang, ohne Anschwellen losgedonnert war, als würde die Erde untergehen, ebenso schnell war es still.

Einer von ihnen hatte bei der Detonation aufgeschrien. Es war der Amerikaner. Sie rappelten sich hoch und tasteten sich ab. Oberfeldwebel Jäger standen Schweißtropfen auf der Stirn. Er fühlte, wie sie über den Dreck auf seinem Gesicht herunterrannen.

Er sagte zuerst etwas. Seine Stimme schien wie verstaubt.

„Herrgott nochmal! Herrgott nochmal!" Mehr nicht. Er hockte sich hin und brachte kein Wort mehr hervor. Der grauhaarige Funker sorgte sich um den Sergeant. Er tastete sein rechtes Bein ab und fühlte, wie es unter dem Knie feucht und warm hervorquoll.

„Das haben wir gleich, Mac!"

Er schnitt dem Flieger die Hose auf, öffnete ein Verbandspäckchen, preßte den Mull in die Wunde und wickelte den Gazestreifen herum. Da hörten sie den Leutnant rufen.

Er war in einen anderen Seitengang gelaufen.

„Seht euch das an!" schrie Lt. Greiner und deutete gegen den Ausgang. Sie humpelten zu ihm und starrten ins Licht. Sie konnten es nicht glauben. Sie packten sich vor unfaßbarer Freude an den Händen. Was sie sahen, nahm ihnen die Kraft zu sprechen.

Die Gewalt der Detonation hatte die Öffnung so auseinandergerissen, daß sie ein weites Stück des Himmels freigab. In diesem Augenblick wurden sie sich bewußt, daß sie endlich ihr Gefängnis verlassen durften. Selbst dem Amerikaner gelang, trotz seiner Schmerzen, ein Lächeln.

Sie krochen hinaus. Zuerst der grauhaarige Funker, dann Jäger, dann zogen sie den Amerikaner durch. Zuletzt kam der Leutnant.

Jäger stützte den Sergeant und führte ihn an die Straße. „Du bleibst hier, bis deine Leute ran sind, Mac. Tut mir leid, daß ich dich jetzt alleinlassen muß. – Reden wir nicht davon."

Sie reichten Woof die Hand und grüßten ihn stumm.

Die Panzer rollten schon von Westen in das Städtchen. Sie hörten den Lärm der Motoren, wie er sich in den Ruinen brach. Das Pakgeschütz schoß nicht mehr.

Die Deutschen wandten sich von ihrem amerikanischen Gefährten ab und waren mit wenigen Sprüngen hinter Trümmern und Häusern verschwunden.

Sergeant Woof saß da und wartete auf die Sherman-Panzer.

Schließlich erhob er sich und humpelte ihnen entgegen.

❦❦❦

Lt. Greiner und die beiden anderen lagen hinter einer Mauer und beobachteten Mac, wie er nach Westen ging. Um sie herum schlug es ein. Panzergeschosse, Artilleriegranaten, Werfergranaten. Manchmal sirrte eine Gewehrkugel auf ihrem unsichtbaren Weg vorbei.

Lt. Greiner dachte: Da uns das Leben noch einmal geschenkt wurde, müssen wir es nützen und festhalten wie ein unbezahlbares Geschenk.

Seine Blicke grüßten das Städtchen zum letzten Mal. Die Ruinen, die aufgerissenen Straßen, die verkohlten Bäume am Markt.

In der Ferne sahen sie die amerikanischen Panzer heranrollen. Ihre Ketten rasselten über das Pflaster der Hauptstraße. Mac hatte seine Leute wohl schon erreicht.

Dann war es soweit, daß die drei deutschen Soldaten weiter mußten. Sie gingen langsam, trotz des hinter ihnen dröhnenden Krieges.

❦❦❦

Noch im Niemandsland, aber schon nahe der Brücke zur deutschen Frontlinie, vernahmen die drei Panzersoldaten ein bekanntes Kettenrasseln hinter sich.

Ein Sherman jagte sie wie zehn Jäger einen erschöpften Hasen. Mit Vollgas hetzte irgend so ein Verrückter die Versprengten auf ihrem Rückzug.

Der Sherman war schneller, als sie rennen konnten. Erst schoß er mit der Kanone. Als er nahe genug heran war, mit dem Maschinengewehr. Er gab Dauerfeuer.

Die drei Soldaten hechteten von der Straße in den Graben und von da weiter. Doch der Jäger im schweren Panzer war unerbittlich.

Der grauhaarige Funkergefreite bekam einen Schuß in den Oberschenkel. Feldwebel Jäger versuchte ihn hinter Buschwerk zu ziehen, damit er nicht überwalzt wurde.

Lt. Julius Greiner sprang auf die Straße zurück und hob zum Zeichen, daß sie sich ergeben wollten, die Arme.

Es sah aus, als wolle er den Sherman mit seinem Körper aufhalten. Doch der Amerikaner im Sherman hielt stur den Finger am Abzug seines Maschinengewehrs. Das Browning MG streute auf fünfzig Meter stark.

Lt. Greiner stand verzweifelt da. Die Garben verfehlten ihn zunächst, als sei er kugelfest. Nur ein einziges verirrtes Projektil erwischte ihn. Auf seinem unberechenbaren Weg traf es Lt. Greiner mitten in die Stirn. Er fiel um. – Er war sofort tot.

„Aber er hat noch gelächelt", sagte der ehemalige Oberfeldwebel Jäger, als ihn Jahre später ein alter Mann nach den Umständen des Todes seines Sohnes Julius befragte.

NACHWORT

Die Ardennenoffensive blieb sechzig Kilometer vor der Ausgangsposition stecken.

Am 27. Dezember, drei Tage nach Weihnachten, befreiten die Amerikaner die Verteidiger von Bastogne, die eingeschlossen waren.

Der Einsatz an Menschen und Material stand in keinem Verhältnis zum Erfolg, obwohl es zunächst so schien, als hätte die Offensive das Gleichgewicht an der Westfront hergestellt. Jedenfalls wurde der Gegner zur Umgruppierung seiner Kräfte gezwungen und brach eingeleitete Angriffe ab. Eine Atempause war erreicht.

Durch die russische Winteroffensive jedoch mußten alle verfügbaren Einheiten wieder aus dem Westen abgezogen werden und nach Osten marschieren. Das machte den geringen Erfolg in den Ardennen zunichte.

Am 6. Januar griffen die Angloamerikaner im Elsaß an. Die britische Offensive bei Nijmwegen begann am 3. Februar. Schon am 7. März überschritten amerikanische Truppen den Rhein bei Remagen.

Die Gegner rückten mit dem Ende des Winters dem Herzen Deutschlands immer näher. Von Süden, Osten und Westen traten sie zum letzten Sturm an. Schließlich waren alle Reserven verbraucht.

Im Frühjahr 1945 war der größte Krieg aller Zeiten beendet.

❦

Elisabeth lag in ihrem Garten hinter der Hausruine in der Hängematte. Das Netz aus Schnur war an einer belaubten Linde und am verkohlten Stumpf eines anderen Baumes befestigt. Im Teich schwammen Goldfische. Elisabeth las Zeitung. Räuspernd machte sich Cramer bemerkbar.

Sie legte die NN weg und rollte aus der Hängematte. Barfuß, in einem engen hellblauen Badeanzug, umarmte sie ihn. Ihre Haut glänzte und duftete nach Nußöl.

„Hier schaukle ich schon seit meiner Jugend."

Sie sieht immer noch wie ein Kind aus, dachte er, mit ihren sechsundzwanzig.

Ihr Busen war kleiner als damals, aber er hatte scharfe Spitzen. Ihr Po war rund, der Bauch flach, die Oberschenkel lang und muskulös vorgewölbt.

„Eben las ich", sagte sie, „daß Doktor Linda Brausewetter als Direktorin die Mädchenoberschule an der Zeltnerstraße leitet. Sie wurde sogar in den Stadtrat gewählt. Und Kira Eden ist eine berühmte Pianistin. Sie geht mit den Berliner Philharmonikern auf Welttournee. Mit einem jungen Dirigenten namens Karajan. – Haben alle Karriere gemacht, diese Mädchen."

Cramer reichte ihr ein Päckchen in schwarzem Wachstuch.

„Du bist blaß", stellte Elisabeth besorgt fest.

„Und Jus ist tot", antwortete er tonlos. „Er starb im Dezember vierundvierzig in den Ardennen. Sein Vater hat die Briefe und das Tagebuch seines Sohnes ergänzt und aufgeschrieben. Falls du es lesen willst. Danach gib es bitte dem alten Greiner zurück."

„Warum gibst du es nicht zurück?" fragte sie erstaunt.

„Keine Zeit", wich er aus und wollte rasch wieder weg.

„Bleib doch", bat sie mit merkwürdigem Vibrato in der Stimme.

„Bedaure. Mein Zug geht in drei Stunden. Nach Frankfurt."

„Spielst du dort? Frankfurt ist ja nicht unendlich weit."

„Morgen früh fliege ich nach London", sagte er. „Das ist schon weiter. Von dort geht es mit dem Zug nach Portsmouth. Ich habe ein Engagement bei dem Salonorchester der Queen Mary bis New York. Das ist schon ein ganzes Stück ziemlich weiter weg."

Sie wirkte verwirrt. „Nun ja, aber doch nicht für alle Ewigkeit."

„Für eine halbe Ewigkeit schon. Ich habe Kontrakte für die Kapelle im Club-21 und auf den Waldorf-Astoria-Dachterrassen abgeschlossen."

„Mein Gott!" rief sie erschrocken. „Ja aber... und wenn ich dich bitte?"

„Um was denn?"

„Kannst du das nicht ändern? Ich meine, könntest du noch aussteigen und hierbleiben?"

„Unmöglich", erklärte er. „Wozu auch?"

„Und wenn ich dich sehr bitte...", sie setzte neu an, „... zu bleiben... zu deinen Bedingungen..."

Er starrte in die Nachmittagssonne, bis seine Augen schmerzten. Dann zuckte er leichthin mit den Schultern und wollte endgültig gehen.

Sie umarmte ihn heftig und küßte ihn zum ersten Mal lange und heiß auf den Mund. Er spürte das zuckende Suchen ihrer Zunge nach dem Spalt zwischen seinen Lippen. Er fühlte ihren festen Körper an dem seinen und es brachte ihn fast um.

Doch beherrscht nahm er ihre Arme, löste sie von seinem Hals. Vorsichtig, als sei sie zerbrechlich wie Glas, schob er sie weg und sagte: „Schade, leider zu spät, Madame."

„Zu spät ist es nie."

„Ich schreibe dir eine Karte", rief er, sich noch einmal umwendend.

～～～❀～～～

In New York schrieb Cramer jede Woche eine Karte an Elisabeth in Germany. Jedes Mal zerriß er sie und warf die Fetzen in einen Abfallkorb im Central Park oder gleich in den Hudson River.

Vier Monate spielte er im Club-21, ein Jahr auf den Waldorf-Astoria-Terrassen, dann machte er eine Tournee mit Lionel Hampton durch die USA bis hinüber nach Kalifornien. Zurück in New York, trat er mal da und mal dort in den Jazzkellern von Harlem auf. Er spielte mit Louis Armstrong, mit Dizzy Gillespie und bei Count Basie, aber auch in großen Orchestern und in den Revuetheatern am Broadway.

Er schrieb Songs und komponierte. Die Schallplatten mit seinen Nummern verkauften sich gut. Er war zufrieden und dachte immer weniger an Elisabeth. Er hatte Geld, kleidete sich in elegante 250-Dollar-Anzüge.

Mit Joan, seiner Agentin, einer vierzigjährigen resoluten Lady aus Atlanta, verband ihn ein lockeres Intimverhältnis. Je nach Bedarf verbrachten sie die Wochenenden in ihrem Haus in den Allegheny-Bergen. Joan vermittelte ihm einen Kontrakt für einen Musikfilm in Hollywood. Er brachte eine Masse Geld.

Im Herbst, zurück in New York, wirkte Curt Cramer niedergeschlagen.

„Sie waren zufrieden", lobte die Agentin ihn.

„Aber nicht superbegeistert", schränkte er ein. „Es gibt nur zwei Möglichkeiten. Entweder du bist sensationell oder tot."

„Du sollst die Musik für ein Musical schreiben", sagte Joan, „das Angebot klingt phantastisch."

„Leider kann ich das nicht", bedauerte er. „Mir fehlt es an den technischen Kenntnissen der Kompositions- und Harmonielehre. Oper ist etwas anderes als ein Schlagerarrangement. Ich müßte anfangen, ernsthaft Musik zu studieren."

„Dann laß es", erwiderte Joan eingeschnappt, „dann macht es Cole Porter."

Immerhin hätte sie von den in Aussicht gestellten dreißigtausend Dollar zehn Prozent als Vermittlungsgebühr kassiert.

Curt Cramer nahm keine langfristigen Engagements mehr an. Er spielte immer nur kurz. Einmal droben in Kanada, dann wieder im Süden in Florida. Aber er spielte mit zunehmender Lustlosigkeit.

Es lag nicht daran, daß er seine Musik nicht mehr mochte. Der Grund war ein anderer. Er hatte diese Pfannkuchen mit Ahornsirup, diese Pastrami-Sandwiches, Chili con Carne, Spareribs, Chicken, Tacos, Burritos allmählich satt. Eines Tages suchte er seine Agentin in New York auf. Es war im Sommer des Jahres 1956.

„So geht es nicht weiter", sagte er, als habe er sich zu etwas entschieden.

„Du bist einfach zu satt. Du verdienst zu leicht zuviel Geld", entgegnete Joan und las ihm die Leviten.

„Ich war neulich im Kino", antwortete er.

„Was ist daran Besonderes?"

„Der Rock around the Clock", erklärte er. „Eine völlig neue Musik. Da gibt es so ein Genie von irgendwoher aus Tulepo in Mississippi. Sein Name ist Elvis Presley. Er ist der Gott dieser neuen Rhythmusrichtung. Dann gibt es diese Kellerkinder in England. Sie haben unserem alten Swing-Jazz einen Tritt in den Hintern versetzt. Aus mit Blues, mit Dixie, mit Bebop. Nur noch Rock. Rock'n'Roll zählt. Pop-Musik, das ist nicht meine Musik. Ich höre auf. Schluß, aus, finito."

Joan entgegnete bitter: „Spinnst du jetzt, Cramer?" Sie tobte: „Ich hab schon im Bett bemerkt, daß du nicht mehr auf der Höhe bist. Willst du dich auf das Altenteil zurückziehen?"

„Ich möchte schreiben", deutete er an. „Ich kann es."

„Was bitte?" fragte sie höhnisch.

„Kurzgeschichten, Erzählungen, Drehbücher, Romane."

Da lachte sie laut und ordinär. „Du mit deinem lückenhaften Einwandererenglisch? Als professioneller Schriftsteller kriegst du hier nie ein Bein an Deck. Die zehntausend Idiome unserer Sprache hast du einfach nicht drauf. Dein Stil wird immer alteuropäisch bleiben, wie eine miese Übersetzung."

Er saß da, qualmte eine Chesterfield nach der anderen und nickte trübsinnig. „Recht hast du, Joan."

„Okay, dann reiß dich gefälligst zusammen, Junge. Deine Platten verkaufen sich top."

„Noch."

„Harry James sucht einen zweiten Trompeter."

Cramer drückte die Zigarette im Sand des Aschers aus, stand auf, ließ einen Becher Wasser aus dem Automaten, trank ihn leer und warf ihn weg. Er hatte sich entschieden.

„Danke", sagte er. „Ein Mann muß wissen, wenn etwas zu Ende ist. Ich fahre nach Hause. Mit dem nächsten Schiff."

Selbst nach sechs Jahren empfand Curt Cramer seine Rückkehr wie die Reise in ein Land, in dem Kriegszustand herrschte. In Nürnberg waren die Trümmer zwar beseitigt, sie bauten überall wie die Ameisen, doch es war, als habe man nur die Gesichtswunden eines Schwerverbrannten durch Hauttransplantation behoben. Hinter der Fassade sah es schlimm aus. Die geliebte King-Street motivierte ihn nicht mehr. Es lag wohl daran, daß ihm die Trompete unter dem Arm fehlte. Ebenso, wie er sich von seinen alten Freunden entfernt hatte, erging es ihm mit der Musik. Er hatte die Trompete an den Nagel gehängt, aber noch keinen Ersatz dafür gefunden. – Wie sollte es weitergehen? Was würde er tun? Schreiben? Was? – Wo wollte er leben? Vielleicht in München? Nur einmal war er dort gewesen. Die Erinnerung an München war so stark, daß es ihn plötzlich nach Süden zog.

Du warst immer ein Loser, dachte er, ein grandioser Verlierer. Alle haben es zu was gebracht, sitzen in einem stabilen Boot. – Er hingegen hielt sich nur mühsam schwimmend über Wasser. Okay, er hatte ein Vermögen gemacht und lag nicht auf der Straße. Aber mit vierunddreißig Jahren war das zu wenig. Zumindest nach den Vorstellungen eines treusorgenden fränkischen Familienvaters.

Im Grandhotel packte er die Koffer gar nicht erst aus. Er ging hinüber zum Bahnhof und löste eine Fahrkarte nach München.

Dann schlenderte er wieder in die Stadt hinein und von der Maut-halle aus in Richtung Klaragasse.

Die kleine, aber feine Rigoletto-Bar gab es noch und sogar Feh-ling, den Oberkellner. Hier hatte sich nichts verändert. Am schwarzen Bechstein-Flügel saß ein Pianist, der manchmal auch sang, begleitet von einem, der mal den Schlagbaß, mal die Gitarre bediente.

Der nette Oberkellner Fehling erkannte ihn sofort wieder und sagte, als sei er erst gestern gegangen: „Ohne Trompete heute, Herr Cramer?"

„Die Zeiten ändern sich."

„Sie waren lange nicht da. Ihre Freunde auch nicht. Ich meine den Baron und seine schöne Begleiterin."

Cramer setzte sich an die Bar, nahm gewohnheitsgemäß einen Bourbon ohne alles, ohne Eis und ohne Wasser, aber dafür etwas mehr, und rauchte Camels. Ab und zu kam Fehling auf ein paar Worte vorbei. Einmal sagte er: „War das eine bombastische Hoch-zeit."

„Wessen?"

„Na die von diesem madonnenhaft schönen schwarzhaarigen Mädchen und dem arroganten Baron. Vor ein paar Jahren schon. Nichts davon gehört? Es stand in allen Zeitungen und Illustrierten."

Cramer fühlte sich wie vereist. „Sie meinen Elisabeth Imhoff und von Klett?"

„Ja, genau die."

Also doch. Die Schöne hatte das Scheusal geheiratet. Ver-dammt. Warum bloß? Etwa weil sie einsam war?

„Man behauptet", sagte der Kellner wieder beim Vorbeigehen, „aus wirtschaftlichen Gründen. Sie aus vornehmer Familie, aber verarmt, und er, der reiche von Klett. Inzwischen soll er ja einen Weltkonzern zusammengebaut haben. Tüchtiger Mann. Ein un-beliebter Kotzbrocken, aber tüchtig."

Cramer zählte die Bourbons nicht und auch nicht die Zigaretten. Zur Polizeistunde ging er.

Für einen Hochzeitsstrauß, dachte er, ist es zu spät. Reichlich zu spät.

Im Regen ging er hinüber zum Grandhotel. Er klopfte sein Inneres ab wie ein Geigenbauer ein Stück Holz, ob es tönte. Kein Ton kam heraus. Nur Whisky- und Nikotinschleim lag ihm auf der Zunge. Am Morgen nahm er den ersten Schnellzug nach München.

❧❀❧

Curt Cramer verließ den Münchener Hauptbahnhof. Er war sicher, daß damit ein neuer Lebensabschnitt begann, daß alles anders werden und daß es gutgehen würde.

Nach zwei Nächten im Hotel Bayerischer Hof fand er eine gediegene Altbauwohnung in der Schwabinger Herzogstraße. Ein ehemaliges Maleratelier im Dachgeschoß mit großem Nordlichtfenster. Er möblierte sie zeitlos und erwarb ein antikes Himmelbett aus dunkler Eiche, einen Tegernseer Bauernschrank, einen Klostertisch mit hochbeinigen Stühlen, an dem man essen und arbeiten konnte. Dann kamen noch ein blaugrundiger Mir-Teppich, ein Barocksessel und zu allem passende Lampen, vorwiegend in Messing und Kristall, hinzu.

An modernen technischen Geräten besorgte er sich nur einen Bosch-Kühlschrank und eine Schreibmaschine.

Der Verkäufer riet ihm zu einer Triumph. Cramer probierte sie aus. Der Anschlag war hart. Genau das Richtige für sein Zweifingersystem.

Unverzüglich begann er zu schreiben.

Wes das Herz voll ist, des fließt der Mund über. So stand es in Matthäus 12,34 und bei Lucas 6,45. – Bis zwölf Uhr arbeitete er meist. An den Nachmittagen unternahm er lange Spaziergänge, um die Stadt München zu erkunden. Schon nach wenigen Wochen hatte er genug Stories beisammen. Alle unter dem Titel: Trompetergeschichten, Erlebnisse eines Europamüden in Amerika.

Damit ging er bei verschiedenen Verlagen und Zeitungsredaktionen hausieren. Die Lektoren bei den Verlagen vertrösteten ihn. Sie wollten irgendwann einmal in sein Manuskript hineinschauen.

Bei den Zeitungsredaktionen waren sie ehrlicher. „Die Erlebnisse einen deutschen Aussteigers in Amerika", so sagten sie, „das ist totales Lesergift. Die Welle rauscht derzeit eher antiamerikanisch."

Von den Verlagen hörte er lange nichts. Er rief mehrmals dort an. „Ja, wenn Sie Hemingway wären, Faulkner oder Fitzgerald, dann brächten wir das sofort", erklärten sie. Immerhin gaben sie ihm einen Tip: „Was wir suchen, sind Kriminalromane, Science Fiction oder Abenteuergeschichten. Krimis à la Chandler, Zukunftsromane im Stil von Dominik, Abenteuer wie die von Karl May oder sagen wir Charly Mays Erben."

Cramer setzte sich hin und schrieb einen Kriminalroman, von dem er nicht sonderlich überzeugt war. Dazu fehlte ihm einfach die Routine. Er versuchte einen perfekten Mord zu schildern. Die Tatwaffe waren Eiswürfel, die der Täter dem Opfer in den Mund und in die Nase stopfte. Daran erstickte das Opfer. Doch die Eiswürfel schmolzen. Es gab also keine Tatwaffe.

Bei dem Verlag in der Türkenstraße meinten sie: „Der Plot ist nicht gerade umwerfend neu. Das hatten wir schon achtzig Mal. Ein Mörder bohrt seinem Opfer einen Eiszapfen mitten ins Herz. Aber wir drucken das Ding. Ihr Stil ist recht flott, auch Ihre Dialoge. Aber wie wär's mit Krimis nach Polizeiakten, FBI, Interpol, Sûreteé oder so?"

Cramer verfügte weder über ausreichende Fachkenntnisse noch über Material. Eines Nachts fiel ihm Professor Greiner ein.

Er rief ihn an und schilderte ihm sein Problem. Der Oberlandesgerichtspräsident, längst wieder in Amt und Würden, stand kurz vor der Pensionierung. Er sagte Cramer Hilfe zu, denn er fühlte sich schwer in seiner Schuld.

„Ich kenne genug Geschichten aus dem Gerichtssaal, aus meiner Zeit als Staatsanwalt und als Richter."

Er versprach, sich darum zu bemühen.

Schon eine Woche später erhielt Cramer die ersten Unterlagen. Dr. Greiner hatte sie gut sortiert und jeweils auf einer DIN-A-4-Seite zusammengefaßt. – Das waren die Knochen. Noch fehlte das Fleisch. Cramer schrieb es hinein, veränderte nur Namen und Schauplätze. Dazu wählte er Paris, Brüssel, London oder New York. Um Schauplätze in der deutschen Provinz machte er einen weiten Bogen.

Die Romane kamen bei den Lesern an. Bald wurde eine Romanreihe mit steigenden Auflagen daraus. Ein Produzent rief an. Er wolle den Roman *Der schwarze Admiral* verfilmen, ob Cramer vielleicht das Drehbuch schreiben würde. Cramer war begeistert. Nicht nur wegen der dreißigtausend Mark für die Rechte und das Skript.

Der Film wurde in Südfrankreich und Italien gedreht. Cramer war dabei und lernte so das Milieu der Filmleute kennen. – Seit Monaten schon spukte eine neue Story in seinem Kopf herum: Ein abgetakelter deutscher Schauspieler lernt eine florentinische Gräfin, Eigentümerin eines Weltkonzerns, kennen und verliebt sich in sie. Die Contessa hat Banken, Hüttenwerke, Werften, Pharma-Fabriken. Doch sie benutzt ihren neuen Liebhaber nur, um ihren Ehemann auf die Seite zu bringen. Der Schauspieler wird in Italien verurteilt und lebenslänglich eingesperrt. Er kann fliehen, versteckt sich irgendwo in Frankreich. Auf dem Weg, seine Unschuld zu beweisen, gelingt es ihm, die Contessa und ihr Finanzimperium zu vernichten.

Cramer fand eine Konstruktion, um diesen Superstoff zu dramatisieren. Er wollte ihn auf die Bühne bringen. Und dies mit nur zwei Darstellern und einem Telefon. – Fast gelang es. Allerdings brauchte er letzten Endes drei Personen dazu. Die Contessa, den Betrogenen und einen Reporter als Dialogpartner.

Das Schauspielhaus in Zürich nahm das Stück, Cramer gab ihm den Titel *Die Nacht der Zikaden,* zur Uraufführung an.

Die Premiere war kein so rauschender Erfolg, daß die Zuschauer stehend applaudierten. Aber bei der anschließenden Feier im Hotel Baur au Lac ging es zu, als wäre das Stück eine Sensation. Kein literarisches Meisterwerk zwar, aber glänzend gebaute Unterhaltungsware.

Die Gäste entsprachen internationaler Elite. Schauspieler, Autoren, Journalisten, Leute von Industrie, Wirtschaft und Hochfinanz. Letztere nannte man in der Schweiz Gönner, in den USA Sponsoren. In München gab es auch manch feine Party, aber das hier war europäische Spitze. Die Herren trugen Seidensmokings, die Damen Pariser oder Mailänder Haute Couture.

Die Allerschönste war eine dunkelhaarige Frau im Dior-Kleid. Ganz schlicht, nachtblaue Seide, aber was für ein Traum von Raffung und Schnitt, schulterfrei bis zum Brustansatz, an der Seite geschlitzt bis über das Knie. Für den Schmuck, den sie trug, ein Collier aus Smaragden und Brillanten, bekam man am Genfer See eine Villa und eine Jacht noch obendrauf. Sie sprach Französisch mit diesem und Italienisch mit jenem, mal mit einem bärtigen Weltstar oder einem Londoner Finanzier.

Der Mann, der offenbar zu ihr gehörte, wandte Cramer den Rücken zu. Deutlich zu sehen war aber, daß er links eine Armprothese trug.

Der Feuilletonredakteur der Züricher Neuesten Nachrichten wandte sich flüsternd an Cramer. „Sie haben ein gutes Stück geschrieben, Cramer. Aber diese Frau dort..." er deutete mit seinem Champagnerglas unauffällig hin, „ist noch ein Lichtjahr besser. Wer ist sie?"

„Ich bin nicht sicher", wich Cramer aus.

„Das heißt, Sie begegneten ihr schon. – Ich sehe diese Leute allerdings zum ersten Mal auf einer Züricher Gesellschaft."

„Sie ist", setzte Cramer an, „die Baronin von Klett."

„Klett... Klett... muß man wissen, wer oder was dahintersteckt?"

„Eisen und Stahl", ergänzte Cramer. „Weltweite Handelsunternehmen, neuerdings auch eine Bank."

„Ruhrgebiet!" tippte der Journalist.

„Nein, Nürnberg."

„In Oberbayern?"

„Eigentlich liegt es mehr in Mittelfranken", erklärte Cramer amüsiert. „Die mittelalterliche Reichsstadt – die alte Noris."

Der Mann von der Zeitung war außer sich vor Bewunderung.

„Cramer, diese Frau hat Präsenz. Wenn die einen Saal verläßt, dann ist es, als ginge das Licht aus."

„Mag sein", kommentierte Cramer mit einem Kloß im Hals.

Nicht daß Elisabeth noch aparter geworden wäre, sie war immer eine auffallende Erscheinung gewesen. Doch jetzt kamen noch Eleganz und gesellschaftlicher Schliff hinzu. Allein wie sie lächelte, wie sie Konversation pflegte, wie graziös sie ihr Glas hielt, das war Klasse.

Cramer blieb im Hintergrund. Er verhielt sich so, daß es zu keinem Kontakt zwischen ihnen kam. Bloß keine Komplikationen mehr wegen Elisabeth.

Offenbar war sie mit von Klett recht glücklich. Mehrmals hatte sie ihre Hand zärtlich auf den toten Arm ihres Ehemannes gelegt.

Noch einmal riskierte Cramer einen verstohlenen Blick, dann ging er.

Auf der Fahrt nach München litt er wie ein Tier. Der Zustand hielt lange an. Im trüben, verregneten Herbst fing er sich allmählich, auch ohne allzuviel Alkohol.

Er nahm eine neue Story in die Maschine. Es sollte sein erster Sechshundert-Seiten-Großroman werden. Er gab ihm den Arbeitstitel *Das Monte Christo-Syndrom*.

Darin behandelte er wieder einmal sein Lieblingsthema vom Geschlagenen, der Rache an seinen Peinigern übte, weil er nur so zu überleben vermochte.

Vielleicht ließ sich mit den Tantiemen dieses Romans sein Traum vom Haus am See verwirklichen.

❧

Cramers Bühnenstück *Die Nacht der Zikaden* wurde auch in München aufgeführt. In einem Boulevardtheater an der Maximilianstraße. Trotz brillanter Regie mit nur mäßigem Erfolg. In Oberbayern verstand man offenbar seine fränkischen Zynismen nicht.

Die weibliche Hauptrolle der Contessa hatte eine schöne blonde Schauspielerin mit dem seltenen Vornamen Enalyse übernommen. Cramer erkannte sie sofort. Er wußte, wer sie war, nämlich die einstige Julia von ihm, dem King-Street-Romeo.

Ihr Vater beherrschte schon wieder das Nachtclub-Milieu, und Cramers Vater lag in einem Massengrab auf dem Südfriedhof.

Cramer hatte gehört, daß Enalyse noch im Krieg Schauspielunterricht bei Alexander Golling genommen hatte. – Auf der Bühne war sie eine echte Offenbarung. Perfekt, eine Erscheinung zum Niederknien.

Zum Glück hatte Cramer sein Drama unter Pseudonym verfaßt. Und so erfuhr Enalyse nie, wer es geschrieben hatte.

IV. Teil

KING-STREET

1.

Der Speisesaal der von Klettschen Villa war mit dunklem Mahagoni getäfelt. Wo Platz war zwischen den einzelnen Paneelen, hatte ihn Elisabeth in ihrer Lieblingsfarbe Apricot tapezieren lassen. Die Tapeten aus Seidenbrokat waren extra aus Lyon importiert worden.

Sie saßen sich an den schmalen Enden des sechs Meter langen Tisches gegenüber. Wegen der guten Akustik des Raumes kamen sie ohne Gegensprechanlage aus.

Noch vor dem Hors d'oeuvre fragte Elisabeth: „Gab es Ärger in der Firma?"

„Sieht man mir tas an?" Von Klett betonte noch immer die weichen Konsonanten falsch.

„Immer öfter."

Der Diener servierte die kalorienarme Vorspeise. Eine Salatkomposition à la Nizza.

„Nein, kein Ärger in der Firma", sagte von Klett und begann den für ihn eigens kleingeschnittenen Salat einarmig zu gabeln. „Die Probleme mit ten Gewerkschaften nehmen zwar zu, aber tas überlasse ich meinem Arbeitsdirektor. – Nur Marina macht wieder einmal Stunk."

„Das liebe Mütterchen. Inwiefern?"

„Wie immer geht es um Geld. Sie bekam alles und sie hat alles. Ihr Anwalt behauptet aber, ihr stehe noch eine Million Pflegegeld zu."

„Sie hat deinen Vater zwanzig Jahre ertragen", äußerte Elisabeth, „mit all seinen Mucken und Macken. Sie hielt bis zum Tag seines Todes treu zu ihm."

Von Klett musterte seine Ehefrau voll Mißtrauen. „Treu! Bist tu da sicher?"

„Du etwa nicht?"

„Tas weiß man bei Frauen nie", erwiderte er. „Von mir kriegt sie jedenfalls keine müde Mark."

Er sprach nicht weiter, weil die Seezunge serviert wurde. – Kaum war der Diener draußen, fuhr er fort: „Tu warst wieter beim Arzt?"

„Gestern. Es war wie immer eine Tortur."

„Was sagt er?" wollte von Klett wissen.

„Daß alles sehr schwierig werden wird. Und gefährlich."

„Aber es ist höchste Zeit tafür", reagierte Klett ungerührt, „gefährlich oder nicht. Tu bist bald vierzig. Fast schon zu spät. Wenn sie es hier nicht können, tann eben die Gynäkologen in London. – Warum antwortest tu mir nicht, ma chère?"

„Von mir aus in London." Elisabeth tunkte den Seezungenbissen in rosa Soße. „Wann fährst du zur Jagd?"

„Nächste Woche. Aber ich fahre nicht, ich fliege. Ich nehme ten Hubschrauber."

Fliegen war noch immer sein Hobby, trotz der Prothese. Er hatte alle Scheine nachlizenziert. Seinen neuen Bell-Helikopter liebte er wie ein Kind sein Spielzeug.

„Ist das denn möglich?" fragte sie. „Ich meine, ein Flug in den Ostblock."

Die Jagd fand in den Karpaten statt. Sie hatten einen der letzten Braunbären für ihn reserviert.

„Tas", tat von Klett die Schwierigkeiten ab, „ist Sache meiner Geschäftsfreunde bei den Skoda-Werken. Wir liefern ihnen geschmiedete Rohlinge aus Spezialstahl für die Kurbelwellen ihrer

Motoren, sie bezahlen mit Lastwagen. Zweitausend davon haben wir schon, weil sie in der Pundesrepublik nicht abzusetzen sind, nach Afrika verscherpelt. Nach Liberia. Dafür kriegen wir ein paar Tankerladungen Erdöl. So läuft tas heutzutage. In der CSSR wissen sie, was ich ihnen wert bin. Ich kriege die Überfluggenehmigung und werte sogar von MiG-Jägern begleitet."

„Plus den Bären", ergänzte Elisabeth mit leichtem Spott.

Beim Hauptgang, zart gegrillten Kalbsmedaillons mit Kräutern, sagte von Klett noch: „Während ich weg bin, begipst tu dich nach London."

Er entschied es, ohne ihr Einverständnis abzuwarten.

„Ich lasse tas von meinem Büro aus buchen."

Den Mokka nahmen sie im Salon. Später gingen sie hinauf in ihre getrennten Schlafzimmer.

Der azurblaue Mercedes 190-SL, ein Geschenk ihres Ehemannes zum vierzigsten Geburtstag, hielt in der Karolinenstraße vor dem Feinkostladen von Engelbrecht.

Gewöhnlich erledigte solche Einkäufe Elisabeths Sekretärin. Heute ging es um ein kaltes Buffet für vierundzwanzig Gäste und sie wollte die Spezialitäten selbst zusammenstellen. Danach fuhr sie um die Ecke zur Hypo-Bank. Dort hatte sie eine Unterredung mit dem Filialdirektor. Sie wollte einen höheren Betrag von ihrem Privatkonto nach Paris überweisen lassen, wo Marina, verwitwete von Klett, wohnte. Dazu erklärte sie: „Es mag Sie wundern, warum ich nicht unsere eigene Bank damit beauftrage. Aber das ist reine Privatsache. Ich bitte um diskrete Behandlung."

Der Hypodirektor verstand und küßte ihr galant die Fingerspitzen.

Auf dem Weg nach Erlenstegen fuhr Elisabeth über den Markt und kaufte eine Steige frischer Walderdbeeren. Beim Einladen sah sie im Schaufenster der Buchhandlung Korn & Berg das meterhohe Foto eines Mannes mit Lachfalten und hellen Augen. Sein aschblondes Haar war vielleicht eine Spur zu lang, die Krawatte eine Spur zu schmal, das Revers seines Blazers eine Spur zu breit. Er schien sie geradezu anzustarren. – Sah übrigens gut aus, der Bursche. Das Foto war ringsherum mit Büchern, mit seinem neuesten Roman, garniert. Das ganze Schaufenster war voll davon.

Der Autor hieß Curt Cramer. Sein Roman war angeblich ein millionenfach verkaufter Bestseller.

Elisabeth ging hinein, mußte aber warten. Endlich war die Verkäuferin frei. Sie musterte die elegante Erscheinung im unterkühlten italienischen Design, einem marineblauen Kostüm mit Seidenpaspeln.

„Sie wünschen, bitte?"

Im letzten Moment hatte Elisabeth es sich anders überlegt. Es schien ihr besser, Cramers Roman nicht zu kaufen. Kaum einem Schriftsteller gelang es, seine Persönlichkeit hinter seinem Werk zu verstecken. Dieses Eintauchen in Erinnerungen schien ihr zu gefährlich.

„Sie wünschen, gnädige Frau?" hörte sie wie aus der Ferne.

„Haben Sie Salammbô da, von Flaubert?" reagierte Elisabeth geistesgegenwärtig.

Die Verkäuferin suchte und kam nach wenigen Minuten zurück.

„Noch ein Vorkriegsexemplar. Salammbô wird selten verlangt. Kaum einmal im Jahr."

Zu Hause schob Elisabeth es in ein Bibliothekregal neben Flauberts Madame Bovary. Mit Sicherheit würde sie diesen Wahnsinnsroman aus dem alten Karthago im Leben nicht noch einmal lesen.

Nachts im Bett dachte sie, du bist eine dumme Gans. Warum hast du Cramers Buch nicht gekauft? Es wird entweder geschehen oder nicht geschehen. Es kommt so oder so.

⚜

Am Morgen rief sie bei Cramers Verlag in München an. Erst wollte man ihr die Adresse des Autors nicht nennen. Ihr Ehemann sei ein Schulfreund von Curt Cramer, erklärte sie. So bekam sie die Anschrift.

Cramer wohnte in Berg, am Ostufer des Starnberger Sees. Am Wochenende fuhr sie los.

Die alte Villa lag unten am Ufer. Mit dem Wagen kam man schwer hin. Sie parkte, nahm einen schmalen Weg zwischen den Grundstücken und wanderte am kiesigen Strand entlang. Bald sah sie das oberbayrische Landhaus versteckt zwischen Ulmen und Lärchen. Der Sockel bestand aus weiß gekalktem Mauerwerk mit einer Terrasse darauf. Das Obergeschoß war aus Holz mit umlaufendem Balkon unter dem vorspringenden Dach. Die Villa hatte grüne Fensterläden.

Elisabeth saß lange da. Vom Westen her, vom Possenhofener Ufer, näherte sich ein Segelboot. Der Takelage nach eine Olympiajolle. Die Segel fielen. Das Boot schwoite an den Steg.

Ein Mann in weißen Hosen und blauem Isländer sprang an Land und machte das Boot fest. – Kein Zweifel, der Mann war Cramer. Hinter Brombeersträuchern versteckt beobachtete ihn Elisabeth, wie er das Boot aufklarte und dann zu seinem Haus hinaufstapfte. Sie wagte nicht, ihn anzusprechen.

Wind kam auf. Elisabeth schlug den Mantelkragen hoch, stieß die Hände in die Taschen und eilte zu ihrem Auto. Auf dem Weg dahin mußte sie an dem Bootssteg vorbei. Die Jolle führte den Namen *Elisabeth*.

Lange hielt Elisabeth den Zustand nicht durch.

In der Woche darauf rief sie bei Cramer an. – Eine Frau war am Apparat. Sie hatte die Stimme einer älteren Einheimischen.

Vermutlich seine Haushälterin oder seine Putzfrau.

Am Freitag überkam es Elisabeth wieder stark. Sie rief erneut an. Diesmal spät abends.

Cramer hob ab und meldete sich nur mit seinem Nachnamen. Sein Ton wirkte ein wenig heftig, wie ihr schien. Offenbar fühlte er sich gestört.

Wieder legte Elisabeth von Klett auf. Doch sie faßte einen Entschluß.

Am nächsten Wochenende fuhr sie nach Oberbayern. Es war ein sonniger Nachmittag, als sie an seiner Haustür läutete. Kaum war die Glocke am Drahtzug zur Ruhe gekommen, öffnete Cramer lässig in Manchesterhosen und wollenem Holzfällerhemd. Da Elisabeth im Gegenlicht stand, erkannte er sie nicht sofort.

Elisabeth sagte: „Ich komme zufällig vorbei. Schau mal rein, dachte ich. Darf ich um ein Autogramm bitten?"

An diese Stimme erinnerte er sich offenbar. Erschrocken atmete er tief ein und aus.

„Komm herein!"

Drinnen, bei noch offener Tür, umarmte er sie, zog sie fest an sich, ohne jedoch ihren Mund zu berühren. Dann musterte er sie und schien zu überlegen, was an ihr nicht stimmte.

„Du hast dich verändert", stellte er fest, „und doch nicht."

„Nun, man ist älter geworden."

„Das meine ich nicht."

„Und stiller vielleicht. Ruhiger. Man verlangt nicht mehr unbedingt alles vom Leben."

„Dieses traurige Schwarz", bemerkte er, „warum? Hell paßt besser zu deinem Rabenhaar."

Sie wich einer direkten Antwort aus.

„Zürich", erwähnte sie, „die Premierenfeier im Baur au Lac, wie lange ist das her?"

„Jahrzehnte."

„Sagen wir vier oder fünf Jahre."

Er half ihr aus dem Burberry, bat sie in die Bauernstube mit der Holzbalkendecke. Es roch nach kaltem Kamin, nach Äpfeln, Gugelhupf und Kaffee.

„Zürich", erwähnte er etwas verlegen. „Es hat mich aufgewühlt, wie der Sturm die See."

Sie lachte ungläubig. „Du warst umringt von Frauen und sehr in Anspruch genommen."

„Ja, ja, Zürich", sagte er nur.

„Ich sah dich natürlich", gestand sie. „Es gibt Menschen, die ziehen sich immer und ewig wie Magneteisen an, egal wo, wann und zu welchen Wetterbedingungen."

„Ich wollte es nicht", erklärte er. „Von Klett war dabei. Ich hatte von deiner Heirat erfahren und war mit Mühe drüber weg. Und wer reißt sich schon selbst eine kaum vernarbte Wunde auf?"

„Ich wollte dich unbedingt sprechen", sagte sie, „nur ein paar Worte wechseln, dich berühren... Ich suchte dich, aber du warst schon gegangen."

Die Haushälterin kam herein und deckte den Tisch.

„Aber jetzt entkommst du mir nicht mehr, Curti."

„Nicht so leicht", scherzte er.

Sie sprachen über tausenderlei Dinge, aber kein Wort über Werner von Klett. Die Haushälterin war längst gegangen. Es wurde dunkel.

Ein tiefschwarzes Unwetter kam von Westen herüber. Einmal ging kurz das Licht aus. Cramer steckte Kerzen an. Als der Strom wieder kam, legte er eine von seinen Platten auf. Eine großartige Swingnummer, das Solo glashart geblasen.

„Deine Trompete?"

„Tempi passati", sagte er, „vergangen die Zeit."

„Bist du jetzt glücklicher?" wollte sie wissen, entspannt an ihn gelehnt.

„Heute ja."

Er holte Champagner aus dem Keller. Soviel stand fest, ohne daß darüber gesprochen wurde. Sie würde hierbleiben. Die Nacht, den Morgen, den nächsten Tag. Vielleicht sogar länger.

Spät sagte Elisabeth: „Ich habe kein Nachthemd dabei. Nicht mal eine Creme." ·

„Nachthemd, wozu? Für die Zähne nimmst du die Finger oder meine Bürste."

Sie löste sich von ihm, ging die vom Wohnraum nach oben führende Treppe hinauf. Er hörte sie suchend hin- und herwandern und wie sie sich auszog. Dann verschwand sie im Badezimmer.

Nun ging auch er nach oben. Als sie zu ihm kam, war sie nackt. Doch dann kam alles anders, als er es sich in all den Jahren ausgemalt hatte. Es war kein Vulkanausbruch, kein Erdbeben, nicht einmal ein Galafeuerwerk. Es war einfach nur Liebe. Liebe zwischen einem Mann und einer Frau, die sich mochten und begehrten. Ohne Zicken, ohne Theater, gab sie sich ihm auf schlichte Weise hin. Und es war grandioser als alles, was er je mit einer Frau erlebt hatte. – Nur eines wunderte ihn. Der unterdrückte kleine Schmerz, als er in sie drang, und später der pfenniggroße rote Fleck auf dem Laken. Er zögerte lange.

„Warst du etwa noch Jungfrau?" fragte er erstaunt.

„Auf eine offene Frage eine offene Antwort: Ja, noch Jungfrau."

„Und deine Ehe?"

„Sie war von anderer Art."

„War?"

Jetzt erst erfuhr er alles, denn Elisabeth hatte das Thema Werner von Klett scheu umgangen.

„Von Klett ist tot", erzählte sie. „Hubschrauberabsturz bei der Bärenjagd in den Karpaten. Ist schon einige Zeit her. Hast du nicht davon gelesen?"

Er holte eine neue Flasche Veuve Cliquot, steckte sich eine Zigarette an und setzte sich neben sie auf das Bett.

„Tut mir leid."

„Nein, es tut dir nicht leid."

„Es war also keine normale Ehe. Trotzdem hast du, wie mir scheint, Orgasmuserfahrung."

Darüber konnte sie nur lächeln. Ihre Antwort klang akademisch. „Es gibt auch andere Wege, so etwas zu üben."

Auch Elisabeth bat jetzt um eine Zigarette.

„Werner von Klett war ein Homo", stellte er fest. „Stimmt's?"

„Ein überzeugter", erklärte sie. „Ein hundertzehnprozentiger. Er reiste in der Welt herum, überall dorthin, wo es hübsche Strichjungen gab."

„Er hat dich also nur zur Tarnung geheiratet."

„Natürlich wollte er einen Erben, erzeugt durch künstliche Befruchtung. Ich konnte es immer wieder hinauszögern. Mit hunderterlei Vorwänden. Ich wollte es nicht auf diese Art. Doch nicht allein wegen der zweifelhaften Erbmasse der von Kletts. Entweder ein Kind auf normalem Wege oder gar keins. Basta."

„Die Story seiner Degradierung wegen Feigheit vor dem Feind", erwähnte Cramer, „die man sich unter Freunden erzählte, ist nicht schlichtweg erfunden."

Sie nickte. „Einmal gestand er mir die Wahrheit. Trotz Bombenalarms fuhr er nach Nürnberg zu einem kaum vierzehn Jahre alten

Hitlerjungen. Die Sache kam heraus. So verlor er Rang und Orden."

Das Wehen des Sturmes hatte nachgelassen. Cramer öffnete die Fenster und holte noch eine Flasche Champagner. Sie liebten sich und redeten und redeten und liebten sich. Es gab eine Menge nachzuholen.

Er küßte ihre Augen, ihren Mund, ihre Brüste, die kleinen mit den frechen Spitzen, ihren Bauch.

✺

Sie verlebten ein glückliches Jahr. Freitagabends kam Elisabeth nach Berg, Sonntagabends fuhr sie zurück nach Nürnberg. Sie gingen auf Partys, ins Theater, auf Ausstellungen, in Nachtlokale. Sie fuhren mit Cramers zehn Jahre altem 356er Porsche nach München. Sie kamen meist spät zurück, schliefen bis in den hellen Morgen, bis der Duft von Kaffee und frischen Brötchen sie weckte.

Bei der Vernissage eines total abstrakten Malers, der seine Ölfarbe mit dem nackten Hintern auf der Leinwand verteilte, fragte Elisabeth einmal: „Und woran arbeitest du derzeit?"

„Ich schreibe an einem Roman. An einem Agententhriller in modernem Stil. – Und was machst du?"

„Wir bauen ein Werk für Autoteile, Achsen und Stoßdämpfer, in Lissabon."

„Man lebt miteinander", sagte er, „und doch in verschiedenen Welten."

Wenn eine neue Kneipe öffnete, gingen sie einmal hin und landeten dann doch wieder im Alten Simpl in der Türkenstraße. Elisabeth lernte Cramers Freunde kennen, Leute vom Film, vom Funk, aber meist solche, die mit Schreiben zu tun hatten.

Einmal, als sie bei Schneetreiben spät nach Berg hinausfuhren, sagte sie: „Warum lebst du in München? Warum hast du das schöne Nürnberg, unser Pegnitz-Venedig, verlassen?"

Er wollte keinen Vortrag über Flair, über Weltstadt und die berauschende Wirkung von Föhn halten. Er sagte nur: „Meine Eltern sind tot. Sie kamen bei einem Bombenangriff ums Leben. Und mein Mädchen hatte einen anderen geheiratet."

„Du hast dein Mädchen unbeschädigt wieder."

„Aber nur stückweise", schränkte er ein.

Sie liebten sich und hüteten sich davor, es dramatisch werden zu lassen.

„Erzähl mir eine Geschichte", flüsterte sie müde. „Eine schöne, zu Herzen gehende Einschlafgeschichte."

Während er nachdachte, rückte sie nahe zu ihm hin und wartete.

„Eines Tages", begann er, „es war am Weihnachtsabend, klopfte es plötzlich an die Tür einer Bauernkate, bumbum... bumbum! – Ein Mutterherz erkannte sofort seinen Sohn. – Woher kommst du? fragte das kranke Mütterlein. – Ich komme direkt von den Goldfeldern in Kalifornien und bin reich, unermeßlich reich. Ach wie schön, sagte das arme Mütterlein, das wird auch Marien freuen, welche zwanzig Jahre lang auf dich gewartet hat. Jung Friedrich, dein dir unbekannter Sohn, zog hinaus in die Welt, um seinen Vater zu suchen. Hat er mich denn gefunden, Mutter? – O ja, sagte da die Mutter, eines Tages, es war am Weihnachtsabend, klopfte es plötzlich an die Tür, bumbum... bumbum!..."

Den regelmäßigen Atemzügen entnahm Cramer, daß Elisabeth eingeschlafen war.

Beim Frühstück sagte sie, strahlend wie der frische Morgen: „Das mit dem Mutterherz war keine allzu neue Geschichte. Hast du keine bessere?"

„Hör zu", sagte er im Schinken mit Ei stochernd, „wir hatten im Gymnasium auch eine Jazzband. Nur eine Art Combo: Klavier, Baß, Gitarre, Schlagzeug, Trompete. – Was uns fehlte, war das Schlagzeug, sonst gab es alle Instrumente im Musiksaal. Großes F, immer gut bei Kasse, kaufte eines. Neunzig Mark! Ein Wahnsinnsgeld damals. Aber er fummelte mit dem Jazzbesen darauf herum, als wolle er Pfannkuchenteig anrühren. So übernahm Masblitz als Drummer."

„Was ist Masblitz?"

„Er hieß Maser, seine Denkgeschwindigkeit war das Gegenteil von einem Geistesblitz, und sein Vater baute Blitzableiter. Daher der Spitzname. Als Drummer war er ein Genie. – Nun übten wir zweimal pro Woche nach Unterrichtsschluß, daß es durch die Klostermauern dröhnte. Einmal ging das Telefon. Der Rex war dran. Mit weinerlicher Stimme sagte er: Dafür, daß ich Ihnen das Musizieren erlaubt habe, spielen Sie doch wenigstens ein einziges Mal ein deutsches Volkslied. – Okay, wir spielten *Sah ein Knab ein Röslein stehn*. Es ließ sich fabelhaft verswingen."

Da er schwieg, fragte Elisabeth: „Und", sie biß in ein Blätterteighörnchen, „wie geht es weiter?"

„Großes F ist heute berühmtes Medizinmann irgendwo im Gebirge Fichtel. Masblitz hatte die dumme Gewohnheit, sich elektrisch in der Badewanne zu rasieren. Einmal fiel ihm der Apparat ins Wasser. Aus. Tot. Ein Unfall, behauptet seine Witwe. Es war Selbstmord. Er stand vor der Pleite und wollte die Schande nicht ertragen."

„Und der Trompeter?" gab sich Elisabeth interessiert.

„Frag mich was Leichteres."

„Warum hat er die Trompete an den Nagel gehängt?"

„Warum hast du die alten Germanen an den Nagel gehängt?" entgegnete Cramer.

„Es war mir auf die Dauer zuwenig.“

„Du wolltest mehr.“

„Ja, möglichst alles“, gestand sie, „und zwar sofort.“

Wenn das Wetter es zuließ, segelten sie sonntags hinaus auf den See, der so lang war, daß man von Starnberg nach Süden blickend nur die Wasserlinie sah. Wie auf dem hohen Meer. Am frühen Nachmittag mußte Elisabeth immer schon zurück.

„Du bist meine Zwei-Tage-Liebe“, sagte Cramer. „Die Woche hat einhundertachtundsechzig Stunden. Nur achtundvierzig davon gehören uns. Ein bißchen wenig, findest du nicht?“

„Sei froh, daß ich dir nicht länger auf der Pelle sitze“, lachte sie.

„Ich bin gar nicht so froh darüber“, äußerte er.

Da gestand sie ihm einen geheimen Wunsch. „Komm nach Nürnberg. Die Villa ist groß genug, daß man sich notfalls aus dem Weg gehen kann.“

Doch er wollte nicht zurück. Zweimal war er heimgekehrt. Erst aus dem Krieg, und dann aus Amerika. Immer wieder hatte er neu beginnen müssen. Vor einem dritten Anfang hatte er echten Horror.

Beim Wegfahren sagte Elisabeth: „Arbeit ist immer ein Stück Ersatzbefriedigung.“

„Du machst die deine und ich mache meine.“

„Wer ein Erbe hat, soll es auch erhalten.“

„Und vermehren. Wie hoch ist heuer dein Umsatz?“

„Zum ersten Mal zwei Milliarden“, sagte sie stolz.

Aus dieser Ecke, Cramer fühlte es, wird sich eines Tages das Virus der Zerstörung einschleichen.

Die Wochenenden, an denen Elisabeth nicht bei ihm war, häuften sich. Sie schützte berufliche Gründe vor. Einmal wurde sie in Brüssel, dann wieder in London aufgehalten. Mitunter fühlte sie sich auch nicht sonderlich wohl. Cramer glaubte die wahren Gründe zu kennen. Sie wollte ihn erst einstimmen, dann mürbe machen und allmählich dazu bringen, daß er nach Nürnberg, nach Hause, wie sie es nannte, zurückkehrte.

Doch damit forderte sie nur seinen Trotz heraus. Cramer unternahm einige spontane Reisen. Angeblich, um für einen Roman Schauplätze zu recherchieren. Er fuhr bis Spanien, genoss den Prado, Flamenco und Stierkämpfe. Er schrieb Elisabeth eine Karte. – Kaum in Berg, rief er sie an. Es hieß nur, Frau von Klett sei nicht anwesend. – Wo er es auch versuchte, zu Hause oder im Firmenbüro, immer das gleiche. – Unvermittelt meldete sie sich. Offenbar war ihr Groll verraucht.

„Warum nahmst du mich nicht nach Spanien mit?"

„Du hattest eh keine Zeit."

„Stimmt", sagte sie, „aber schon deine Einladung hätte mich glücklich gemacht. Liebst du mich noch?"

„Nicht die Spur", antwortete er. Damit war wieder einmal das Eis gebrochen.

Sie wollte zum Wochenende kommen. Doch statt Elisabeth in natura kam ein Brief von ihr. Cramer öffnete ihn und fand darin einen Illustriertenausschnitt. Er zeigte ein Foto von ihm, vielleicht ein wenig zu nahe bei einer jungen Schauspielerin, und offenbar in Sektlaune. Darüber stand in Elisabeths akademischer Schrift: Mußte das sein?

Sie war eifersüchtig. Er wußte das. Wenn es sie packte, dann war sie rasch auf hundert. Sie anzurufen oder nach Nürnberg zu fahren, hatte jetzt wenig Sinn.

Also schrieb er an den unteren Rand des Fotos: Kenne den Kerl kaum – und malte der Dame einen Schnurrbart auf die Oberlippe, dessen herabhängende Spitzen bis in den Brustausschnitt reichten. So schickte er das Foto zurück.

Daraufhin spielte sie die Beleidigte. Der ganze Monat verging. Ende des Monats, beim Mondwechsel, das wußte er, hatte sie ihre kritischen Tage, dann besuchte sie ihn ohnehin nicht.

Aber auch die Woche darauf hörte er keinen Ton von ihr.

Plötzlich rief sie an. Doch er war nicht zu Hause. Später sagte er zu seiner Haushälterin: „Wenn sich Frau von Klett wieder meldet, ich bin in Salzburg."

„Aber Sie sind nicht in Salzburg", staunte die verwitwete Bäuerin.

„Egal."

Er wollte nur nicht immer präsent sein, wenn es ihr paßte.

Erst wochenlang Funkstille, dann wieder so, als sei nichts gewesen. – Okay, sie hatte schwer zu arbeiten, aber nicht an jedem Wochenende.

Prompt rief sie wieder bei ihm an. Seine Haushälterin nahm ab. Cramer hörte halb mit.

„Was hat sie gesagt?" fragte er danach.

„Sie fährt auch nach Salzburg. Sie wird Sie schon irgendwie finden, meinte sie."

„Dann bin ich eben schon wieder weg", sagte er.

Am Freitag goß es in Strömen. Spät in der Nacht bimmelte die Glocke. Er saß vor dem Fernseher und hatte auch einiges getrunken. Als er öffnete, stand Elisabeth im Regen, ziemlich durchnäßt. Wortlos fiel sie ihm um den Hals. Als nächstes nahm sie oben ein heißes Bad.

„Ist dein Cabrio-Verdeck undicht?" fragte er.

„Ich ging lange spazieren, wußte nicht, ob ich es wagen sollte. Vom Ufer aus sah ich noch Licht bei dir. Halb Salzburg habe ich abgesucht. Die Hotels, die Bars, das Spielkasino, den Peterskeller."

Er brachte es nicht fertig, ihr eiskalt ins Gesicht zu lügen.

„Ich war gar nicht dort. – Mein Termin hat sich zerschlagen."

Er lehnte an der Badezimmertür, als sie aus dem Schaum stieg und sich abduschte. Er half ihr in den Frotteemantel und rubbelte sie trocken. Das erregte sie beide. Sie liebten sich zwischen Wanne und Waschbecken und später im Bett. Alles schien wieder bestens in Ordnung.

Gegen Morgen, als Cramer erwachte, bemerkte er an ihren Atemzügen, daß sie nicht schlief.

„So geht es nicht weiter!" entschied Elisabeth unvermittelt. „Wir benehmen uns wie Kinder. Entweder es ist die wahre Liebe, oder schon Haßliebe."

„Zweihundert Kilometer Abstand, das kann so weit sein wie bis zum Mond, Darling."

„Nein, daran liegt es nicht", beharrte sie.

„Also müssen es wieder einmal die verschiedenen Welten sein, in denen wir leben", höhnte er.

Sie antwortete nicht darauf, sondern suchte seine Nähe und flüsterte: „Ich kaufe einen Verlag, und du läßt andere für dich schreiben."

„Oder du machst aus Klett eine AG, gehst mit den Aktien an die Börse, behältst die Majorität und meinetwegen den Vorsitz im Aufsichtsrat. Ansonsten faule Pause. Alles andere erledigen deine Geschäftsführer."

Er spürte, wie sie sich versteifte. „Ist das dein Ernst, Curt?"

„Mein vollster."

Unvermittelt stieß sie sich von ihm ab. „Du hast ja keine Ahnung, hast du."

„Aber du", sagte er, „hast sie vollinhaltlich."

„Weil ich ein Weib bin, muß ich nicht alles tun, was ein Mann verlangt."

„Aber klar doch, Frau Generaldirektor."

„Nie wieder bin ich in Berg", entschied sie erzürnt. „Entweder du kommst nach Nürnberg, oder..."

Zu vorschnell antwortete er: „Entweder hier bei mir in der Höhle des Bären, oder gar nicht, Gnädigste."

Sie sprang aus dem Bett und wartete das Frühstück nicht ab. Offenbar lag ihr nicht an einer dauerhaften Versöhnung. Es sah aus, als wolle sie es diesmal darauf ankommen lassen. – Sie warf ihre Sachen in die Reisetasche. Wenig später hörte er droben den SL-Motor anspringen. Er stand am Fenster und schaute in den grauen Morgen hinaus.

Er dachte immer dasselbe und sprach es auch aus: „Scheiße!" fluchte er, als gäbe es kein anderes Wort.

~~~❈~~~

Einlenkend rief er bei Elisabeth an. Sie kam ans Telefon, hängte aber wortlos ein.

Sehr früh an einem Morgen rief Elisabeth an. „Ich bin krank. Mir geht es schlecht. Kannst du mich besuchen?"

„Wie krank und wo?" wollte er wissen.

„Am Herzen."

„Ich bin immer für dich da", versicherte er. „Du weißt, wo die Höhle des Bären ist."

Sie kam am Freitag, gesund, sonnenbraun, mit neuem Make-up. Sie wirkte fröhlich und voller Energie, als habe sie sich etwas Wichtiges vorgenommen.

„Es war gelogen", gestand sie. „Ich bin nicht krank. Ich wollte erzwingen, daß du zu mir kommst. Aber das wäre zuviel verlangt gewesen. Ich bin da, denn ich habe dir einen Vorschlag zu unterbreiten. Laß uns nach oben gehen."

Erfahrungsgemäß war über komplizierte Dinge leichter zu reden, wenn man sich vorher geliebt hatte.

Erschöpft und heiß, ihr Guerlain-Parfum verströmend, lag sie in seinen Armen und sagte: „Wir müssen alles ändern, Liebster."

„Wie denn?"

„Eine Heirat kommt für uns wohl nicht in Betracht", fuhr sie fort, „aber es muß eine Form von Bindung geben. Eine Bindung, die jedem gewisse Freiheiten läßt, ihm aber auch Verantwortung aufbürdet."

„Woran dachtest du?" fragte er, obwohl er es ahnte.

„An ein Kind", rückte sie heraus.

Cramer hütete sich, ihr Alter zu erwähnen. Bei Frauen über vierzig wurde eine Schwangerschaft problematisch.

„Es würde körperlich ohne weiteres möglich sein", erwähnte sie, „es gibt ältere Mütter."

„Besteht auch keine Gefahr dabei?"

„Ich bin anatomisch top."

„Du möchtest also ein Kind."

„Ein Kind von dir. Und es muß sein. Auch unseretwegen."

„Und deine Geschäfte?"

„Bis kurz vor der Niederkunft kann ich arbeiten. Und danach besorgt die Erziehung eine Nurse."

Stumm lag er neben ihr. So lange schweigend, daß sie fürchtete, er würde ihren Vorschlag ablehnen. Es fiel ihm schwer, als er endlich sagte: „Ein Kind... nein, kein Kind in dieser perversen Welt. Es wird wieder Kriege geben, soziale Unruhen, die Erde wird von Tag zu Tag mehr vergiftet. Durch Atomversuche, durch Abfälle aus Industrieprodukten, durch Abgase, alles geht allmählich, aber unaufhaltsam kaputt."

„Und die Überbevölkerung nicht zu vergessen", spottete sie, „da kommt es auf jeden Erdenbürger mehr oder weniger natürlich an. Na schön, gehen wir mit gutem Beispiel voran und vergessen wir es."

Sie wälzte sich weg, doch er hielt sie zurück. „Sei nicht wieder beleidigt."

Sie hatte Tränen in den Augen. „Anders kann man deinen herzlosen Brutalitäten nicht entgehen."

Er hielt sie fest und sagte: „Wir brauchen mehr Zeit füreinander."

„Wie lange?"

„Mach dich für einen Monat frei. Frei von allem, und du wirst sehen."

„Sehen was?"

Was er zusammendichtete, übertraf Giacomo Girolamo Casanova. Immerhin versprach sie, es versuchen zu wollen. Aber wie immer brauchte sie Zeit zum Nachdenken.

Schon wenige Tage später hatte sie ihr Nachdenken beendet und alles arrangiert. Aufgekratzt meldete sie sich.

„Einverstanden. Vier Wochen im September." Und schon fällte sie die Entscheidung: „Wir fahren in unsere Villa in Cannes."

Seine Antwort wurde nicht dadurch ausgelöst, daß er sich ungern manipulieren ließ. Er kannte die Klett-Villa an der Côte d'Azur nicht, und er wäre auch gern mitgekommen. Aber er mußte sie enttäuschen. Es gab einen plausibleren Grund dafür.

„Im September schreibe ich ein Drehbuch", deutete er vorsichtig an.

„Dann schreib es an der Riviera."

„Leider muß ich dazu nach Hollywood", bedauerte er mit belegter Stimme.

Sie tobte nicht etwa los, wie er erwartet hatte, sondern reagierte ziemlich gefaßt. „Und das läßt sich nicht ändern, Liebster?"

„Unmöglich."

„Ja, dann!" Offenbar tief enttäuscht legte sie auf. Nichts zu ändern. Es war einfach so, daß MGM die Filmrechte an einem Roman von ihm gekauft hatten. Sie wünschten, daß er, immerhin ein Amerikakenner, das Drehbuch schrieb. – Er hatte zugesagt. Nur so ließ sich verhindern, daß sie seinen Stoff bis zur Unkenntlichkeit veränderten und durch den Wolf drehten.

Er konnte nicht anders. Auch wenn er das Gefühl hatte, daß Elisabeth und er auseinanderdrifteten wie Schiffe, die sich im Sturm von den Ankerketten losgerissen hatten.

2.

An den Quasten seiner bordeauxroten Gucci-Slipper erkannte Elisabeth von Klett das Standesmerkmal. So etwas trugen nur Rechtsanwälte.

Sie war noch keine zwei Stunden in der Villa, da stand er schon in der Wohnhalle, lässig, in dunkler Hose, weißem Hemd und beigem Kaschmirsakko. Die Köchin hatte ihn hereingelassen.

„Ihre Handtasche, Madame", sagte er und legte das bonbonrote Schlangenlederbehältnis mit der dicken Goldkette auf den Kaminsims.

Elisabeth, schon im Bikini, lächelte kopfschüttelnd. „Trauen Sie mir diese Farbe wirklich zu?"

„Non, Madame", antwortete der etwa vierzig Jahre alte Bursche, „aber ich nahm das Taxi, das Sie herbrachte, zurück nach Nizza. Da entdecke ich am Boden vor dem Sitz dieses, ich gebe zu, etwas nuttige Ungetüm von einem Behältnis."

Sie sprach Französisch gut genug, um zu erkennen, daß er aus Paris kam. Vermutlich einer von den Playboys, die gerne Witwen trösteten.

Er sah gut aus, wenn auch ein wenig abgefuckt. Aber Frauen liebten angeblich das Verruchte. Natürlich war das mit der Handtasche ein Trick.

„Normalerweise erledigen solche Dienste die Taxifahrer selbst", sagte sie, „schon des Trinkgeldes wegen."

„Ich nehme auch Trinkgeld", gestand er. „Aber es ist nicht so, wie Sie vermuten, Madame. Ich wohne ein Haus weiter unten bei Freunden. Ich hielt Vorlesungen an der Sommeruniversität über den Code Napoléon und Staatsrecht."

Vermutlich war das die zweite Unwahrheit. Im September hatten die Sommeruniversitäten längst die Tore geschlossen.

„Dann darf ich Sie nicht aufhalten", sagte Elisabeth.

„Meine Vorlesungen sind beendet, Madame. Die SU ist geschlossen. Seit letzter Woche. Ich hänge noch ein paar Tage Ferien dran."

Rasch zog Elisabeth einen Bademantel über den nassen Bikini. Nicht nur wegen seiner frechen Augen. Es war recht kühl in den Mauern der alten Prachtvilla.

„Einen Drink, Monsieur?"

„Nicht so früh. Vielleicht ein andermal."

„Dann kann ich Ihnen nur ein Bad in meinem Pool anbieten."

„Gern. Morgen bringe ich meine Badehose mit. Au revoir, Madame."

Er verabschiedete sich mit einer knappen Verbeugung. Ein ausgekochter Ladykiller, dachte Elisabeth, mit perfektem Timing. Oder ein echter Gentleman. – Eines hatte er jedoch bewirkt, sie hatte vergessen, daß sie eigentlich tief unglücklich war.

Am folgenden Nachmittag kam er wieder. Er hieß Serge de Montemar. Sie schwammen, nahmen einen Drink und plauderten. Ohne festzukleben verabschiedete er sich noch vor der Dinnerzeit. – Draußen im Park, im subtropischen Garten mit dem weiten Blick über die Bucht, sagte er:

„Besitzen Sie dieses Haus schon immer, Madame?"

„Nein", antwortete sie, „die Familie hat es erst seit neunzehnhundertelf."

Mehrere Tage hörte sie nichts von ihm. Dann rief er an und fragte, ob er sie zum Essen einladen dürfe. Es gebe ein paar hübsche neue Lokale in der Altstadt.

Elisabeth sagte zu, bestand aber darauf, ihre Rechnung selbst zu bezahlen. „Die Dozenten an Sommeruniversitäten verdienen nicht allzu gut, Monsieur."

„Mag sein, Madame, aber das ist nur ein Hobby von mir. Ich bin Teilhaber einer Anwaltsfirma in Paris. Sie wirft einiges ab."

„Dann sind Sie ja ein Maître", tat sie erstaunt, „Monsieur Maître."

„Advokat", erklärte er, „also Anwalt und Notar. Diese Mischung gibt es in Frankreich. In Deutschland wohl nicht."

Er machte keinen Versuch, sich ihr zu nähern. Jede Menge geistreicher Komplimente, ja, aber nur das. Sie badeten im Meer. Er fuhr Elisabeths Motorboot und sie hing auf Wasserskiern hintendran. Sie spielten Tennis, gingen nach Monte Carlo ins Casino oder in einen eleganten Club.

Vorsichtig begann er zu flirten. Elisabeth genoß es. Er machte ihr den Hof. Das tat gut. Immer wenn sie mit Maître Montemar zusammen war, gelang es ihr, Curt Cramer für eine Weile zu vergessen. Es gab eben doch noch Männer, die aus der Norm fielen. Ab und zu rief sie in Nürnberg im Werk an. Alles laufe problemlos, versicherte man ihr.

Doch dann kam alles nach Schema F, schlimmer noch, nach Trick siebzehn.

Zwei Wochen kannte sie Maître Montemar jetzt schon. Nach herkömmlicher Playboytaktik mußte eine Festung nach spätestens zweiundsiebzig Stunden sturmreif geschossen sein, oder man gab auf, und der Landsknecht zog weiter. – Nicht so bei Maître Montemar. Er schickte ihr Blumen, war aufmerksam, aber nicht aufdringlich. Sie gingen aus, amüsierten sich. – Doch einmal legte er es darauf an, daß sie mehr trank als gewöhnlich. An diesem Abend hatte sie sich besonders schön gemacht und trug ihr aufregendstes Kleid.

Auf der Nachhausefahrt begann seine Offensive mit einem

Spähtrupp. Im Taxi berührte er ihre Knie und küßte sie. – Sie bat ihn mit hineinzukommen. Warum nicht, dachte sie, er ist witzig, klug, kultiviert und ohne Läuse. – Sie sagte ihm, wo der Champagner sei, zündete das Reisig im Kamin an und legte eine schmusige Platte auf.

Tu es, Mädchen, dachte sie wieder. Cramer, dieser Bastard, hat sich nicht mit einem einzigen Wort gemeldet.

Sie tranken, sie tanzten, sie war beschwipst. Sie gingen hinauf ins Schlafzimmer. Der Maître legte Fliege und Smokingsakko ab, hängte es ordentlich über den Sessel. Dann verschwand er im Badezimmer.

Elisabeth schleuderte ihre Schuhe weg und sah neben dem Sessel seine Brieftasche liegen. Sie hob sie auf, um sie in den Sakko zurückzuschieben. Dabei fiel eine Visitenkarte heraus. Vorne war der Name der Anwaltssozietät gedruckt, hinten stand etwas mit Maschinenschrift. Es waren ihre Adressen in Nürnberg und in Nizza. Und eine Telefonnummer. Sie erschrak zutiefst. Dr. Montemars Kanzlei in Paris war jene, die die Rechtsgeschäfte des Klett-Konzerns in Frankreich erledigte. – Also doch ein Abstauber. Gezielt hatte er sich an die steinreiche Witwe herangemacht. Gute Arbeit, dachte sie – aus der Traum!

Als Montemar aus dem Bad kam, sie umarmte und ihr die Träger des Abendkleides von den nackten Schultern zog, ohrfeigte sie ihn erst, schleuderte ihm den Sakko hin und versetzte ihm einen Fußtritt oben zwischen die Beine und schrie: „Verlassen Sie sofort mein Haus, Sie Ganove!"

Das heulende Elend überfiel sie. Sie betrank sich. Dann rief sie Cramer in Hollywood an, um sich bei ihm auszuweinen und zu beichten. Er hatte eine vierzehnstellige Nummer. Als sie endlich durchkam, meldete sich eine tiefdunkle laszive Frauenstimme. – Elisabeth legte auf.

Es ist Mitternacht, dachte sie, eine Frau ist bei ihm. Merde, Scheiße, verdammte! – Sie fühlte sich elend, wie beschmutzt und weggeworfen.

~~~~~~~~❦~~~~~~~~

Am Morgen, einem milden sonnigen Tag, sah trotz Kater alles anders aus.

Beim Frühstück fiel Elisabeth ein, daß Mitternacht in Cannes für Hollywood Nachmittag war. Bei der Frauenstimme in Cramers gemietetem Bungalow handelte es sich möglicherweise gar nicht um seine Gespielin.

Sie schwamm mehrere Bahnlängen. Dann kleidete sie sich an. Zu ihrer Köchin sagte sie: „Wenn Maître Montemar aufkreuzt, hetzen Sie alle Hunde auf ihn.“

Sie hatten keine Hunde, aber die Algerierin verstand, wie es gemeint war.

Elisabeth fuhr nach Cannes und schlenderte durch die schattig engen Altstadtgassen. Sie war nicht glücklich und nicht unglücklich. Mit einem Mal durchströmte sie eine Welle von Wärme bis hinauf ans Herz.

Im Schaufenster einer Buchhandlung entdeckte sie die französische Ausgabe von Cramers letztem Roman. – Spontan ging sie hinein und kaufte eine Ausgabe von *Erreur Alexandrique*. Nach einem Kaffee fuhr sie hinauf zur Villa. Dort riß sie das Buch aus der Plastikhülle, blätterte es durch und begann zu lesen. Sie hoffte, durch die Lektüre Curt Cramer nahe zu sein.

Zunächst war sie enttäuscht. Auch wenn die französische Übersetzung seinen Stil zweifellos etwas kultiviert hatte, war das Thema nicht nach ihrem Geschmack. Der Roman dünkte sie zu unliterarisch, eben ein Thriller aus dem Agentenmilieu. Sie legte das Buch weg. – Doch das erste Kapitel, der Titel und das

Titelbild projizierten sich immer wieder in ihren Hinterkopf. – Spät abends nahm sie es noch einmal zur Hand und biß sich darin fest. Nach zwanzig Seiten war es Cramer gelungen, sie zu fesseln.

Die Befürchtung, die sie schon vor einem Jahr in Nürnberg gehabt hatte, bestätigte sich: Was immer er auch schrieb, keinem Autor gelang es, seinen Charakter völlig hintanzustellen. Im Roman herrschte die Marine-Szene vor. Cramer kannte sie offenbar noch aus dem Krieg.

Trotz aller Brutalitäten und Gemeinheiten, die in dem Roman vorkamen, blieb der Held ein sauberer durchschaubarer Bursche. – Fasziniert, dennoch kühl zog Elisabeth ihre Schlüsse.

Zweifellos hatte sich Cramer mit seinem Helden identifiziert, Das ging schon daraus hervor, daß er ihn Remarc nannte, also Cramer rückwärts geschrieben. – Alle seine Träume hatte er in ihm verwirklicht. Und sie hatte ihm wohl Unrecht getan.

Noch nie war sie so sicher gewesen, daß sie ihn liebte. Sie hatte ihn schon immer und von Anfang an geliebt. Und sie würde es bis zum Ende tun.

Was hatte ihre Mutter gesagt: Alles ändert sich. Ein Kind kommt weinend zur Welt und die anderen lachen. – Wenn man lächelnd stirbt, dann weinen die Hinterbliebenen. Lebe stets so, daß es nicht anders kommt.

Nein, sie wollte ihn nicht traurig sehen.

Da wußte sie, was sie zu tun hatte.

DER ALEXANDRIA-IRRTUM

Roman von Curt Cramer

1.

Von den achttausend Rentieren der Herde hatten die hochträchti-
gen Kühe einen besonders entwickelten Instinkt für feines Grau-
moos und Flechten. Immer wieder wechselten sie über die Grenze
der Finnmark auf das Territorium der Sowjetunion. So auch heute
wieder, trotz des aufkommenden Schneesturms. Hanko, der Hirte,
verfolgte ihre Spuren, bis der Schnee sie verweht hatte. Doch
dann sah er die dunklen Buckel der Kühe, die ihr Hinterteil dem
eisigen Wind entgegenhielten. Mit den Hufen scharrten sie sich
Grünfutter frei und zogen dabei langsam weiter.

Hanko hatte Mühe, sie mit lautem „Hehoo" und Peitschen-
knallen wieder nach Westen zu treiben. Als sich der Sturm für einige Minuten legte, vernahm er plötzlich das hämmernde Nageln
von Dieselmotoren.

Seinem feinen Hirtengehör folgend, wendete er die Skier und
fuhr näher an die Stelle heran, an der das Geräusch erklang.

In der Ferne arbeiteten schwere Planierraupen. Eine neue
Schneebö verschlechterte die Sicht, zog aber bald nach Südwesten ab.

Hanko lief noch hundert Schritte weiter und duckte sich hinter einen Hügel. Jetzt sah er es deutlich. Bagger und Planierraupen der Pioniere der Roten Armee schütteten einen Graben zu.
Dieser zog sich in schnurgerader Linie durch die Tundra nach
Norden, nach Murmansk. Aus den Erdauswurf und wie schnell

die Pioniere den Graben wieder einebneten schloß der Rentier-
hirte, daß er etwa zwei Meter tief sein müsse. – Aber warum sie
diesen Graben gezogen hatten und nun wieder zuschütteten, und
was sich darin befand, war Hanko ein Rätsel. Er beschloß, seinen
Bruder Karjok zu fragen.

Während er sich um die Herde kümmerte, kreisten seine Gedanken ständig um die Erdarbeiten der Russen. Was für eine
Schweinerei hatten sie jetzt wieder vor?

Langsam zog die Herde über die Grenze auf das Kemijoki-Tal zu.

Um diese Jahreszeit wurde es nie richtig dunkel, aber auch nie
richtig hell. Die Sonne wanderte, ob Tag oder Nacht, langsam um
den Horizont, wie eine Tranlampe, die man um einen Tellerrand
schob.

In der Lappländer-Hütte, einer Art Iglu aus Graswasen, hockten die Brüder um das Feuer und brieten sich Renfleisch. Der
Rauch zog durch ein Loch oben in der Hütte ab. Karjok, der jüngere Bruder, riß ein Stück mit den Zähnen aus der Keule und
fragte: „Hast du alle Kühe wieder?"

„Ja, alle."

„Sie folgen dem Moos."

„Sie gingen diesmal nicht weit. Der Baggerlärm hat sie abge-
schreckt."

„Bist du sicher, daß du richtig gesehen hast?"

„Meine Augen sind wie die eines Bussards, Bruder."

„Und die Telefonleitungen sind auch weg."

„Sie haben alle Masten umgelegt."

„Das müssen wir melden", entschied der Jüngere, der so es-
kimohaft aussah wie sein Bruder, nur mit einer weniger faltigen
Haut.

„Aber vorher horchen wir den Funk ab. Vielleicht bringen sie etwas über die Bauarbeiten."

„Oder sie schweigen wie gestern, wie vorgestern und wie vor drei Tagen."

„Dann ist das alles stinkgeheim."

„Ja, *eine* von ihren stinkgeheimen Sauereien", sagte Karjok.

Ohne ein weiteres Wort verließ er die Hütte durch den Fellvorhang, steckte draußen zwei gegabelte Stangen in den Schnee und spannte die Antennendrähte aus. Dann holte er hinten, neben der Grube, wo sie ihre Notdurft verrichteten, etwas aus einem Erdloch. Das Paket war kaum größer als ein Transistorradio und steckte in einer Plastikhülle.

Nachdem er die Antenne in das Gerät gestöpselt hatte, trug er es in die Hütte. Dort schalteten sie es ein, bekamen aber auf den bekannten Frequenzen keinen Empfang.

Abgesehen vom ständigen Rauschen auf Kurzwelle war der Äther tot.

❧❀❧

In der maulfaulen Art, in der sie miteinander umgingen, sagte Hanko, nachdem sie es bis Mitternacht versucht hatten: „Sie funken nicht mehr."

„Aber die Telefonleitung ist auch fort."

„Ob das etwas mit dem Graben zu tun hat?"

„Sie müssen ihre Befehle von Moskau zu den Eismeer-Stützpunkten schicken. Täglich Hunderte. Wie machen sie das jetzt? Was ist los?"

„Gib es durch", meinte Hanko.

Sein jüngerer Bruder, der sich bei moderner Radiotechnik besser auskannte, schaltete das Gerät mit wenigen Handgriffen zum Sender um. Sie warteten noch die Kontaktzeit mit der Relaisstation ab und verschlüsselten im Voraus schon den kurzen Text.

„Was meldest du?"

Karjok sagte: „Russische Funkstationen schweigen. Telefon- und Telegrafenleitung zerstört. Bagger ziehen Gräben Richtung Nord."

„Zu lang", entschied der ältere Bruder. „Das sind mehr als ein Dutzend Wörter. Die Durchgabe dauert eine halbe Minute. Außerdem kommen wir nur mit Morsefunk hin. Den hören die Russen und peilen uns ein. Sie peilen uns binnen *Sekunden* ein."

Sie verfaßten den Text kürzer. „Russenfunk schweigt. – Drahtverbindung entfernt. – Pioniere ziehen Gräben."

So ging es.

Karjok gab sein Rufzeichen, wartete, gab es noch einmal.

Die Empfangsstation des amerikanischen Geheimdienstes, für den sie als Spezialagenten arbeiteten, war endlich bereit.

In Eile, aber sauber, morste der jüngere der Rentierhirten die Nachricht über mehrere tausend Kilometer nach Südwesten um den Erdball.

Draußen tobte wieder der Schneesturm. Dichtgedrängt standen die Herden in der weißen Ebene.

Zwei Tage später kam der Kampfhubschrauber, ein schwerer MIL-6, das brutalste aller Kampfgeräte. Ausgerüstet war er mit einem vierläufigen Maschinengewehr, mit Bordkanone, Raketenwerfer und Bomben. An Bord befanden sich ein Dutzend bis an die Zähne bewaffneter Männer in Panzerwesten, von der gefürchteten SPEZNAZ-Sondereinheit. In dieser Nacht handelten die Russen nach der bewährten Zehn-zu-eins-Taktik. Je größer der Hammer, desto leichter ging der Keil ins Holz.

Der MIL-6 ratterte im Tiefflug von der Grenze herüber. Der Pilot orientierte sich in der weiten Tundra anhand der dunklen Punkte. Diese waren die Herden, und in ihrer Mitte lag die Lappländerhütte.

Einer der Männer hatte den Stahlhelm abgesetzt und trug Kopfhörer. An einem tragbaren Tornisterempfänger drehte er die Peilantennen. Dann nickte er.

„Sie funken wieder."

„Also sind sie zu Hause."

Der Kommandoführer gab letzte Anweisungen.

„Wir brauchen sie lebend."

„Und bei Gegenwehr?"

„Bei Gegenwehr", sagte der Major, „voll draufhalten. Unser Leben ist wichtiger als ihres. Ein Soldat ist mehr wert als ein Spion."

Die letzten Schneestürme des zu Ende gehenden Winters hatten aufgehört zu toben. Die Angreifer konnten sich also nicht hinter einer Schallkulisse tarnen. Das Heulen der Turbinen und das Flattern der Rotoren war meilenweit zu hören. Als sie versuchten, zwischen der Hütte und den Herden herunterzugehen, sahen sie zwei Gestalten rennen. Die Hirtenbrüder Hanko und Karjok waren ins Freie gestürzt und eröffneten sofort das Feuer.

Der eine schoß aus einer Maschinenpistole, und der andere mit Gewehrgranaten auf den Kampfhubschrauber. – So ein Fluggerät war an zwei Stellen sehr empfindlich. Oben an den Gelenken, wo sich die Rotorblätter drehten, und bei den Turbinen. Dorthin zischte eine der Gewehrgranaten. – Haarscharf vorbei. – Offenbar hatte der Schütze eine gute Ausbildung genossen. Noch ehe die SPEZNAZ-Leute ausstiegen, riß der Pilot sein tonnenschweres Gerät wieder hoch, daß der Schnee aufstäubte. Die Hirten feuerten so verbissen, daß der Kommandoführer eine Entscheidung traf.

„Niedermachen!" schrie er. „Die Spione und ihre Station!"

Im Überflug ließ der zweite Pilot eine Splitterbombe auf die Hütte krachen. Sie ging daneben. – Die Nächste traf. Sie schlug durch das Grasdach und zerfetzte die Hütte von innen heraus.

Sie warfen noch Brandsätze und jagten die Hirten mit dem MG wie Hasen durch den Schnee. Den einen mähte eine Garbe der 12,7-mm um. Nahe bei dem anderen schlug eine Rakete ein. Ihr gelber Blitz stanzte Hanko tief in den Krater. – Und dann pflügten die Russen, ehe sie landeten, alles noch dreimal um. Was übrigblieb, waren Schutt und Asche, zwei Tote und eine hirtenlose Rentierherde. Eine der größten der Finnmark.

2.

In Langley, nahe Washington, dem Hauptquartier des amerikanischen Geheimdienstes CIA, lösten die Ereignisse in Lappland zunächst nur Ratlosigkeit aus.

Sie steigerte sich jedoch rasch zu einer gewissen Sorge, denn die seit Jahren bewährte Tundrastation schwieg plötzlich. Mitten im Funkverkehr war sie von einer Sekunde zur anderen ausgefallen und meldete sich seitdem nicht mehr. Die Anfragen des Verteidigungsministeriums, die Vorgänge in der Finnmark betreffend, wurden stündlich drängender. General Madstock rief zweimal am Tage an.

„Was ist los da oben?"

„Wir sind dabei, es herauszufinden", hieß es.

„Dann beeilt euch! – Was kann die NSA sonst noch abhören?"

„Nichts, Sir. Die Russen haben Funk- und Drahttelefonie eingestellt."

„Irgendwie müssen sie die Befehlslinie zu ihren Verbänden an der sibirischen Küste, zu den Flotten, zu den Raketen- und Radarstationen ja aufrechterhalten", bemerkte Madstock.

„Es ist absolut rätselhaft, General", sagte der zuständige Mann bei der CIA. „Wir prüfen jetzt die Satellitenfotos."

„Und wann höre ich von Ihnen?" fragte General J. P. Madstock, einer der schärfsten Hunde im Pentagon.

„Eine Minute nach Vorliegen wirklich konkreter Nachricht, Sir", versicherte man ihm.

„Will es verdammt hoffen", fluchte der General. „Tun Sie, was Sie können, wenn Ihnen Ihr dicker Arsch noch etwas wert ist."

Madstock war nicht nur schneidend wie eine Rasierklinge, er packte die Dinge oben beim Kragen und schüttelte sie so lange, bis unten das Ergebnis herausfiel. Er war der Motor im Pentagon. Wenn es so weiterging, würde er bald Verteidigungsminister werden. – Aber das war wohl nicht sein endgültiges Ziel.

❧❧❀❧❧

Die ersten Satellitenfotos kamen herein. Die Auswertung dauerte vier Stunden. Dann war die Katastrophe aktenkundig. Der Direktor der Abteilung Europa Nord faßte seinen Eindruck in wenige Worte: „Scheiße! Und wenn ich ein Wort mit ,be' hinzufügen darf, es ist sogar eine ganz beschissene Scheiße. Außerdem stinkt es nach Mord und Totschlag."

Da General Madstock hochrangiger war als der CIA-Abteilungsdirektor Spencer, kam er nicht nach Langley hinaus, sondern bestellte den Geheimdienstmann ins Pentagon.

Dort saßen sie sich nun gegenüber. Der hagere strenge Soldat Madstock, knochig, mit Kurzhaarschnitt und Augen so kalt wie eine Fernglaslinse, und der CIA-Manager, mehr ein Lebemann, ein Genußmensch im Maßanzug.

„Was haben Sie mir zu berichten?" schnarrte der General.

Spencer legte die ersten Fotos vor. „Das ist von unseren Finn-landagenten übriggeblieben, Sir."

Madstock nahm eine Leuchtlupe zu Hilfe.

Dann kommentierte er: „Wie mir scheint, ein Haufen Mist."

„Mist, erzeugt von einigen Tonnen Sprengstoff, Sir."

„Und warum? – Verrat?"

„Die Russen haben eine neue, nicht anzapfbare Befehlslinie aufgebaut, Sir."

„Und was jetzt, bitte?"

„Das frage ich Sie, Sir", schob Spencer die Verantwortung mutig über den Tisch.

Doch der General erteilte keine Ratschläge auf einem Gebiet, das gar nicht seines war. Von der Spionage erwartete er Ergeb-nisse.

„Wie kann man das austarieren, Spencer?"

„Wir arbeiten daran, Sir."

Madstock zwang sich zu einem Grinsen.

„Arbeiten Sie schneller, Spencer. – Oder wie heißt es bei den Russen seit Stalins Zeiten: Schlaf schneller, Genosse."

General Madstock war ein absoluter Widerling, ein Einpeit-scher, den keiner mochte. Spencer, der Lebemann, der schon ein wenig Fett angesetzt hatte, versuchte den General hinzuhalten.

„Unsere Finnmarkstation ist abgeschaltet. Aber wir denken uns etwas Neues aus, Sir."

Madstock hatte stets wenig Zeit, zumindest gab er sich den An-schein. Er sprang auf, rückte seine Krawatte zurecht und zischte: „Bis wann?"

„Wir tun, was wir können, Sir."

„Tun Sie mehr als das, Spencer, wenn Ihnen Ihr Job etwas wert ist. Der Minister und der Präsident werden ungeduldig, denn den Russen ist nie zu trauen. Die führen etwas im Schilde. Ist doch klar. Oder?"

„Es ist mir klar, Sir, und den Hunderten von Männern bei CIA und NSA, die daran arbeiten, auch."

Daraufhin wurde Spencer gnädig entlassen. Der General stellte nur noch eine Bedingung: Er wollte über jeden Schritt, auch über den kleinsten, unterrichtet werden.

„Denn es geht um die Sicherheit der Vereinigten Staaten von Amerika", erklärte er.

Aber das sagte er immer. Das war eine stehende Rede bei ihm.

Die nächsten, die allerneuesten Satellitenfotos hielt Spencer zurück, weil sie nicht genau zu analysieren waren. In der Nacht rief der zuständige Mann der NSA (National Security Agency), der technischen Aufklärungsorganisation, bei Spencer an.

„Wir haben im Bottnischen Meerbusen etwas Merkwürdiges gesichtet", meldete er. „Es muß mit dem Ausfall des sowjetischen Kommandofunks zu seinen Polarstreitkräften zu tun haben."

Spencer hatte nach einem Drink schon tief geschlafen und wollte zur Sache kommen. Er gähnte.

„Und was haben Sie gesichtet, Jim?"

„Sie kennen ja die Auflösung der neuen Satellitenkameras. Sie sind so scharf, daß man das Nummernschild an einem Auto, das vor dem Kreml in Moskau parkt, lesen kann. Aber da oben im Norden ist es reichlich duster."

„Reden wir nicht über fotooptische Lichtverhältnisse", bat Spencer. „Was haben Sie erkannt, Jim?"

„Schiffe."

„Auf See gibt es immer irgendwelche Schiffe, Jim."

„Merkwürdig dickarschige Schiffe, Sir."

„Was bitte verstehen Sie unter dickarschig?"

„Nun, eine Art Glockenform. Oben schmal, unten weit. Oder anders, vorne spitz, hinten breit."

„Fischereifabrikschiffe?"

„Die finden um diese Zeit nichts dort oben. Der Hering kommt viel später dahin."

„Rufen Sie mich an", fragte Spencer, „um mir zu sagen, daß Sie etwas fanden, das Sie nicht erkennen können?"

„So ist es, Sir."

„Besorgen Sie sich Marineexperten", riet Spencer leicht gereizt.

„Das habe ich bereits, Sir."

„Und?"

„Die fanden auch keine Erklärung, Sir. Sie kennen solche Pötte nicht."

„Wie groß sind die Schiffe?"

„So um drei- bis viertausend Tonnen."

„Jim", Spencer seufzte, „es ist reichlich spät. Wir werden darüber schlafen. Vielleicht fällt uns morgen dazu etwas ein."

„Ich wollte Sie nur informieren, Sir."

„Danke, Jim."

„Vielleicht hat es etwas mit dem Ausfall des Kommandofunks Moskau-Murmansk zu tun."

„Mit Sicherheit vielleicht. Oder vielleicht auch gar nicht, Jim."

„Okay, Sie wissen also Bescheid, Sir."

„Ich weiß gar nichts", erwiderte Spencer.

„Bis morgen dann."

„Ein klarer Frühlingstag", sagte Spencer noch, „meldet der Wetterbericht. Vielleicht vermittelt er uns auch klare Denkprozesse."

„Gute Nacht, Sir."

„Verdammt! Meine Nacht wird keine gute sein", fluchte Spencer.

Eine Reihe von Tatsachen zwang die CIA zu einer Handlungsweise, die gegen ihr Prinzip, ungelöste Probleme allein zu lösen, verstieß.

Spencer, der verantwortliche Abteilungsleiter, versammelte seine Mitarbeiter im Konferenzraum III. Er faßte sich kurz:

„Die Russen haben unsere Agenten in der Finnmarktundra erledigt. Es gibt keinen Kommandostrang mehr von Moskau nach Sibirien, weder mit Draht noch über Funk. Im Bottnischen Meerbusen wurden Schiffe unbekannter Bauart entdeckt. Wir befinden uns leider mehr als zehntausend Meilen davon entfernt. Es wird also nötig sein, jene NATO-Geheimdienste, deren Spezialgebiet der Osten und der Nordosten ist, zu aktivieren."

„Was ist da passiert?" fragte ein Agent namens Scanner.

„Das sollen uns bitte die Europaexperten sagen."

„Wer?"

„Einer dieser oberschlauen NATO-Geheimdienste."

„Und wer im Besonderen?"

„Der BND. Für den Fall, daß einer der Anwesenden die Abkürzung nicht kennt, ich meine den Bundesnachrichtendienst Deutschland."

Es gab keine ernstzunehmenden Argumente, den BND nicht um Hilfe zu bitten. Also wurde es so gehandhabt. Spencer rief bei der BND-Zentrale in Pullach südlich von München an.

3.

Die Lufthansa-Boeing aus Frankfurt landete in Stockholm mit nur zwei Minuten Verspätung.

Es war der erste Donnerstag im Mai. Von den Schären wehte ein sanfter Frühlingswind herüber. Die Luft war berauschend wie Mineralwasser.

Zu den Passagieren aus Deutschland gehörte auch ein Mann von mindestens 185 cm Größe, athletischem, aber nicht übermuskulösem Körperbau. Er mochte zwischen fünfunddreißig und vierzig Jahre alt sein, hatte volles brünettes Haar, eine sonnengebräunte Gesichtshaut und graue Augen, die auf irgendeine Weise den Eindruck von Ferne vermittelten. Er trug einen Anzug aus Khaki in hellem Jägergrün.

Bei der Einreisekontrolle entnahm der schwedische Beamte seinem Paß, daß der Mann Dr. Werner Rheinbold hieß und Tierarzt in Plattling/Niederbayern war.

Der Tourist bekam seinen Stempel, nahm sein Handgepäck auf und fragte sich zum Büro eines Charterunternehmens, wo man Sportflugzeuge mieten konnte, durch. Dort traf er einen Bekannten, der bereits auf ihn wartete.

Der Freund von Dr. Rheinbold war einen Kopf kleiner, stämmig, mit einem Wust dunkler lockiger Haare und einem Gesicht, in dem der Schalk stand, obwohl er mitunter kritisch bis finster dreinschaute.

Die zwei Männer blinzelten sich verstohlen zu. Der Kleinere rief: „Hallo Doktor! Pünktlich wie ein Kater nach zehn Tassen Whisky."

Die Stimmung des Kleinen wirkte aufgekratzt.

„He, bist du stoned?"

„Nur angeturnt", erhielt Dr. Rheinbold als Antwort.

„Und der Grund dafür? Hast du die Kiste gechartert, Jimmyboy?"

„Genau das ist der Grund dafür", sagte der mit Jimmyboy Angesprochene. „Aber es ist wie stets, meist eine Mischung aus Sahne und Scheiße."

„Was klappte nicht?"

„Ich wollte eine Zweimotorige, doch sie haben nur eine ältere Piper. Die Comanche."

„Wenn sie okay ist."

„Das fragt sich. Natürlich garantieren sie Bestform. Aber..."

„Aber was?" fragte Dr. Rheinbold seinen nach Stockholm vorangereisten Jagdgenossen.

„Wir fliegen ein Stück übers Meer, hörte ich. – Mit so einem Babyflugzeug."

„Hat sie Zusatztanks?"

„Ja, hundert Liter. Reichweite insgesamt achthundert Kilometer."

„Das käme hin."

„Aber", meinte Jimmyboy, „ich stehe nun mal mehr auf Zweimotorige, besonders dann, wenn es in die Wildnis des Nordens geht."

Dr. Rheinbold verhandelte noch einmal mit dem Flugzeugverleiher. Aber die für ihre Jagdunternehmung im nordschwedischen Lappland besser geeignete Zweimotorige stand erst Ende der Woche zur Verfügung. – Sie hatten die Wahl, die Piper zu nehmen oder zu warten.

Rheinbold rechnete: Heute war Donnerstag. Selbst wenn mit der Zweimotorigen alles klappte, konnte es zu spät werden. Zeitverlust drei Tage. Bis Montag wollte er längst wieder zurück sein.

Also entschied er: „Wir nehmen die Piper Comanche. Ist Funk an Bord?"

„Und Seenotausrüstung für alle Fälle."

„Lassen Sie mein Gepäck hinbringen, auftanken und alles checken."

„Den Check mache ich selbst", wandte Jimmyboy ein. Sie mußten ihre gültigen Fluglizenzen vorzeigen. Dann wurde Vertrag gemacht, bezahlt und sie konnten starten.

Jetzt, allein im Pipercockpit, ließen sie die Tarnung fallen. Sie waren nicht mehr die Luxusjäger, die in der Tundra Füchse und Elche erlegen wollten, sondern der BND-Agent Oberst Remarc und der BND-Chefpilot Oberstabsfeldwebel Bubi Spiegel.

Remarc, der etwas weniger Gelegenheit zum Fliegen hatte als der Vollprofi Spiegel, ließ an und rollte zum Start. Wie stets machte er es nicht nach der Art der Kavaliere, sondern hob im vorgeschriebenen Winkel bei 65 Meilen am Tacho ab.

„Die Kiste gehört mit Power hochgezogen", bemerkte Spiegel.

„Und danach mit Power runtergeschmissen", meinte Remarc. „Darin werden wir wohl nie einer Meinung sein."

„Hoffentlich", sagte Remarc.

Spiegel wickelte den nötigen Funkverkehr ab. Sie flogen mit Kurs Nord ein Stück über Land, dann an der Tausend-Insel-Küste entlang, den Bottnischen Meerbusen hinauf bis Söderhammer.

Sorgfältig überwachten sie alle wichtigen Instrumente, besonders Öldruck, Kopftemperaturen und Treibstoffverbrauch. – Nach drei Stunden waren die Reservebehälter leergeflogen. Remarc schaltete auf den Haupttank um.

Spiegel hatte ein wenig geschlafen. Als nur noch Meer unter ihnen war, fragte er: „Wir kommen von der Küste ab. Warum?"

„Kurs jetzt nullfünfach Grad."

„Das wäre Richtung Finnland."

„Zutreffend."

„Darf man höflich fragen, was wir zwei leidenschaftliche Sonntagsjäger, die keiner Mücke je was zuleide tun, da oben suchen?"

„Da droben", deutete Remarc an, „wurden zwei sehr wichtige Leute umgelegt."

„Wo oben? Und von wem?"

„In der Finnmark und vermutlich von einer russischen Spezialeinheit."

„Unsere Leute?"

„CIA-Agenten."

„Versuchst du sie wieder lebendig zu machen?"

„Das ist so leicht, wie ein Huhn, das gegrillt wurde, zum Gackern zu bringen."

Spiegel, der immer gern wußte, wo es langging, teils aus Neugier, teils um mitdenken zu können, hakte nach. „Die Finnmark, das ist lausig weit polwärts. Fast schon am Nordkap."

Remarc weihte ihn, weil keiner mehr mithören konnte und Spiegel verschwiegen war wie eine ägyptische Mumie, tiefer in die Geheimnisse seiner Unternehmung ein.

„Es geht nicht um die zwei toten Lapplandfunker."

„Was mich kolossal erleichtert."

„Sie meldeten eine merkwürdige Funkstille im Norden. Die Russen zerstörten Telefon- und Telegraphenlinien. Dafür hoben sie einen nach Norden verlaufenden Graben aus."

„Das irritiert dich."

„Nein."

„Was mich abermals erleichtert", gestand Spiegel. „Aber was zum Teufel interessiert dich dann diese selbst für einen Nordlandfahrer einsame Ecke?"

Das Meer war grau und die Nacht kam. Sie flogen weiter hinein in die dunkle Finsternis. Starker Wind aus Nordost, manchmal mit Regen und Graupeln durchsetzt, kam auf.

„Ja, es ist eine ungemütliche Ecke."

„Besonders über See."

„Und in einer Einmotorigen", spottete Remarc. „Aber Folgendes noch: US-Satelliten stellten nicht nur fest, daß die Abhörstation in der Finnmark zerstört ist, sie sichteten auch merkwürdige Schiffe im Bottnischen Meerbusen."

„Was für Schiffe?"

„Vorne völlig normal, hinten merkwürdig breit und stumpf."

„Wie breit? Wie der Hintern einer Sennerin auf ihrem Melk-schemel?"

„Sagen wir, wie ein Bügeleisen auf einem Melkschemel."

Spiegel setzte seine Fliegerbrille auf, obwohl es unnötig war. Offenbar tat er es, um seine Gedanken besser zu verbergen. Doch dann äußerte er besorgt: „Mann, Oberst, suchst du etwa diese Schiffe?"

„So ist es."

„Totaler Wahnsinn. Oder?"

„Wir fliegen auf der direkten Linie Libau-Kemi nach Norden und schauen uns ein bißchen in den Buchten und Häfen um."

Spiegel lehnte sich im Sitz zurück und faltete betend die Hände.

„Darf ich aussteigen?"

„Ja, an der Endstation."

„Das alles beunruhigt mich aber sehr", gestand er.

Wie lange sie ihren Ostkurs hielten, hing vom Wetter und dem Benzinvorrat ab. – Sechs Stunden nach ihrem Start in Stockholm und achthundert Kilometer weiter im Norden, nur noch eine halbe Flugstunde vom Polarkreis entfernt, nahmen sie Kurs Schweden und landeten, praktisch mit dem letzten Tropfen Benzin im nahezu trockenen Tank, in Luela.

⚜

Ausgeschlafen starteten sie ihre mit Flugmotorensprit vollge-pumpte Piper-P-24 wieder und nahmen Kurs Ost. – Später, an der finnischen Küste, flogen sie wieder nordwärts und hielten sich dabei dicht an die Luftraumgrenze, die wie auf See der Dreimeilenzone entsprach.

Einige Male, in der Nähe von in Buchten liegenden Seehäfen, überschritt Remarc auch diese Grenze und drang in finnischen Luftraum ein.

„Die mögen das aber gar nicht", warnte Spiegel.

„Wir sind doch nur Sportflieger, alter Junge."

„Sie mögen das trotzdem nicht. Sie haben Radar. Ich bin sicher, in wenigen Minuten haben wir MiG-Abfangjäger am Hals."

„Und in wenigen Minuten habe ich etwas auf dem Film", entgegnete Remarc.

Spiegel übernahm die Piper. – Remarc benutzte erst das Fernglas, dann die Kamera mit dem Supertele. Er schoß Aufnahmen der im Hafen und auf Reede liegenden Schiffe. Dann machten sie, daß sie wegkamen.

Sie wiederholten das Verfahren noch in der Nähe der Häfen Kemi, Oulu und Kokkola.

„Ich habe sie!" schrie Remarc begeistert. Spiegel mußte seine Freude dämpfen.

„Und sie haben uns."

Er deutete landwärts, wo sich ihnen drei gestaffelte Punkte näherten.

„MiGs!"

Remarc schaute sich um. „Los, ab in die Wolken!"

„Die haben doch Zielradar."

„Mag sein. Aber sie fliegen neunhundert und wir nur hundertfünfzig. Das ist sechsmal langsamer. Lies du mal ein Bahnhofsschild, wenn du mit dem D-Zug vorbeidonnerst."

Spiegel kippte die Piper auf die Fläche und zählte die Sekunden bis zu der Wolke. Die MiGs waren schon verteufelt nah, als die ersten Wattefetzen der Wolke sie aufnahmen. Es war eine sich nach Westen hinziehende dicke Bank. Sie hörten die Abfangjäger pfeifend über sich vorbeiwischen. Aber kein MiG-Pilot flog im Verband gern in Wolken. Die Gefahr, mit den Rottenkameraden zu kollidieren, war zu groß. Ab und zu steckte die Piper die Nase aus einem Loch der Wolke. Die schwedische Küste war schon nahe.

„Mußte das wirklich sein?" fragte Spiegel.

„Fast hätten sie es uns gegeben."

„Nun habe *ich* es ihnen gegeben."

„Was?"

Remarc deutete auf die Kamera. Der Film war zur Hälfte durchbelichtet. „Das nennt man nun einen gemütlichen Jagdausflug."

„Es ist eine verdeckte Operation des BND im Auftrag der NATO", erklärte Remarc.

„Es war ein verdecktes Spiel mit dem Leben, Oberst."

„Hör zu, alter Junge", Remarc nahm einen Whiskyschluck aus der silbernen Reiseflasche, „also, hör mal zu! Bei so gut wie jeder Operation bist du gezwungen, sowohl oberhalb wie unterhalb der Gürtellinie zu handeln. Oberhalb verfährt man nach dem Gesetz, unterhalb erfüllt man seine Aufgabe. Zitat Ende."

„Und wer hat das erfunden? Mister Remarc etwa?"

„Machiavelli", sagte Remarc.

„Ist das eine Art italienische Nudel?"

„Etwas Ähnliches", sagte der Oberst.

Trotz des Erfolges war Remarcs Stimmung alles andere als top. Spiegel riß ihn aus seinen Grübeleien.

„Wie soll ich den Schweden erklären, daß wir schon wieder zurückkommen?"

„Schlechtes Wetter."

„Das Wetter ist bestens."

„Dann schütze eine Nierenkolik vor."

„Ich habe keine Nierensteine."

„Jeder hat welche", sagte Remarc, „dann ist es eben deine Galle. Sag irgendwas. Wir schlafen, tanken auf und dann zurück nach Stockholm."

„Und Ende?"

„Ja, aus, bums und Ende."

„Klingt reichlich zackig."

„Was ich fand, ist auch ziemlich zackig."

„Die paar dickarschigen Pötte?"

„Mit der roten Hammer-und-Sichel-Fahne."

„Klar, es sind schließlich Iwans."

Nun ließ Remarc heraus, was er die ganze Zeit vermutet hatte und was jetzt bewiesen war.

„Es sind russische Kabelleger."

„Du meinst, Schiffe mit riesigen Kabeltrommeln im Bauch oder am Heck, die unter Wasser Strippen durch das Weltmeer ziehen."

„Genau die."

„Und wozu solch mittelalterliche Scherze, wo jedes Kinderradio bis zum Mond funkt?"

„Genau das ist der Grund."

„Klar, Funk kann man abhören. – Man kann ihn aber auch verschlüsseln."

„Knackcomputer entziffern heute binnen weniger Stunden jeden Code."

„Die Russen haben quer über den Kontinent Telefonleitungen."

„Aus Kupferdraht. Nichts ist leichter, als die anzuzapfen."

„Bei Seekabeln geht das wohl nicht?"

„Nicht ohne ungeheuren technischen Aufwand und ohne daß man das sofort merken würde."

Spiegel pfiff. – Pfiff er einmal, hieß das Achtung! Pfiff er gedehnt mit Schnörkeln, bedeutete das, ich hab es geschnallt.

„Alles schlecht", meinte er.

„Für wen?"

„Für den alten Iwan."

„Der hat immer eine Masse zu verbergen. Darin ist er geübt."

„Da denkt man, der Kalte Krieg ist nur Theaterdonner und nun so was... also so was von Mißtrauen!"

„Merke", erklärte Remarc, „die halbzertretene Hornisse ist die gefährlichste."

Nach vier Stunden landeten sie auf dem kleinen Sportflugplatz in Nordschweden.

Noch bevor sie essen gingen, telefonierte Oberst Remarc mit dem BND-Hauptquartier in München-Pullach.

4.

Der amerikanische Geheimdienst CIA stellte eine Sonderkommission zusammen. Der Fall, den sie zu bearbeiten hatte, bekam – einer Vorliebe der Amerikaner für einprägsame Codes zufolge – den Decknamen *Seeschlange*.

Doch der Fall uferte immer weiter aus. Sie fürchteten, der Kalte Krieg könnte sich erwärmen. Machtkämpfe im Politbüro hatten die gute alte Sowjetunion nervös und unberechenbar gemacht. – Die Verantwortlichen bei der CIA sehnten sich stets nach einem Gegner, dessen Eigenschaften, Energie und Absichten man in die Lagecomputer einspeichern konnte.

Allein eine Frage bestimmte die Frühkonferenz heute: „Was haben die Iwans vor?"

„Sie mögen es nicht, wenn man sie im Schlafzimmer belauscht", sagte der Spezialagent Scanner.

„Okay, haben sie im übertragenen Sinne etwa neue Sexpraktiken entwickelt?"

„Ja, die nordsibirische Taiga-Schaukel."

„Ich bitte um Ernsthaftigkeit", forderte Spencer, der zuständige Abteilungsdirektor. „Die Lage ist kritisch genug, Gentlemen."

Stichwortartig steuerten die Experten nun ihre Analysen bei.

„Es ist die neue nördliche Befehlslinie der Russen."

„Moskau-Murmansk also."

„Wir haben sie jahrelang angezapft."

„Das mißfiel den Bossen in Moskau natürlich."

„In den letzten Jahren haben sie nacheinander alle unsere Abhörstationen auffliegen lassen. Wie das möglich war, ist mir ein Rätsel", steuerte Scanner, einer der Sicherheitsfachleute, bei.

„Aber jetzt haben sie endgültig die Schnauze voll und legen ein Seekabel."

„Ein nicht gerade billiges Verfahren."

„Aber abhörsicher."

„Weitgehend."

„Vermutlich mündet das Seekabel oben, am Ende des Bottnischen Meerbusens, in ein unterirdisches Landkabel."

„Die kann man tief einbuddeln."

„Man hat sie gewiß mit Minen gesichert."

„Da droben im Norden liegen mindestens dreißig Prozent der russischen militärischen Kapazität. Atombomberflugplätze, die neuen Radarstationen für den Raketenabwehrgürtel, die U-Boot-Basen, SS-118-Abschußbunker."

Ein Experte zählte alles auf, worüber die Russen im Norden verfügten. Es klang beängstigend. Aber alles mußte täglich durch Befehle in Schwung gehalten werden.

Das Ergebnis der Konferenz war einfach, aber traurig. Direktor Spencer faßte es in einem Satz zusammen.

„Und Seekabel sind abhörsicher", stellte er fest.

Am nächsten Morgen stieß der Pentagon-General Madstock zu der Frührunde. Er brachte einen Admiral und den höchsten technischen Ingenieuroffizier des Pentagon, der die Forschung der Rüstungsindustrie koordinierte, mit. Die drei hörten sich zunächst die Tageslage und das Gejammer der CIA-Männer, daß wenig zu machen sei, an.

Das allgemeine Lamento führte immer nur im Kreis herum, wie bei einem Hund, der eine Zecke aus seinem Schwanz zu beißen versucht, sie aber nicht erwischt.

„Die Russen haben ein Seekabel gezogen und die Landkabel unter die Erde verlegt. Die Russen planen Dinge, die wir nicht erfahren sollen. Sie führen uns mal wieder vor, wie man gegen Hochtechnologie pokert. Aber wie kommen wir den Dingen näher, wenn, zum Teufel, Seekabel nicht abhörbar sind?"

Da hob General Madstock die Hand, bat um Ruhe und erteilte seinem obersten Pentagon-Techniker das Wort. Dieser erklärte im sachlichen Ton von Ingenieuren: „Gentlemen, Seekabel sind durchaus abhörbar. Wir haben die Technologie dafür entwickelt."

Erleichtert fragte der Leiter der Sonderkommission *Seeschlange*: „Und was hindert uns daran, Sir?"

Der Chefingenieur umriß grob die Möglichkeiten. Dann reichte er das Wort an den Flottenadmiral weiter. Der tirpitzbärtige Stabsoffizier äußerte sich zur Lage wie folgt: „Gentlemen, wie soeben erläutert wurde, verfügen wir über eine Methode, unterirdische Kabel abzuhorchen, ohne sie zu beschädigen, und zwar durch eine Art elektronischer Manschette. Dazu ist es jedoch nötig, die Manschette an das Kabel anzulegen. Dies wiederum macht drei wesentliche Dinge erforderlich..." Der Admiral nahm einen Schluck Kaffee. „Drei wesentliche Dinge", fuhr er fort, „nämlich den Verlauf des Kabels, also den Ort seiner Lage unter Wasser auf eine Viertelmeile genau zu kennen. Zweitens, ein Spezialfahrzeug, das die Experten hinbringt. Und drittens, das Gerät selbst."

General Madstock fiel dem Admiral ins Wort: „Was wir haben,

ist das Gerät. Was wir nicht haben, sind der Lageort des Kabels und das für diese Expedition nötige Fahrzeug."

Sofort wurde von den Versammelten die entscheidende Frage gestellt.

„Und unsere Atom-U-Boote?"

„Was ist damit?"

„Taugen die etwa nichts?"

Nun war der Admiral wieder am Zug.

Erst schilderte er die Situation ausführlich, dann faßte er sie noch einmal kurz und bündig zusammen.

„Gentlemen, unsere Atom-U-Boote vermögen so gut wie alles. Sie können bis fünfhundert Meter Tiefe tauchen, unter dem Nordpol operieren und ohne Luft zu holen unsichtbar um die Erde fahren. Aber eines können sie nicht, nämlich in Dorfteichen tätig werden. Dazu sind sie zu groß und zu unbeweglich, oder besser: zu wenig behende."

„Das heißt, sie sind ungeeignet für flaches Wasser", wurde eingewendet.

„Und was bitte ist flaches Wasser?"

„Gewässer mit weniger als hundert Meter mittlerer Tiefe."

„Also die Ostsee."

„Und ihre vielfältigen Meerbusen."

„Wie tief ist es dort?"

„Zwischen vierzig und sechzig Meter."

„Genügt das nicht?"

„Unsere Atom-U-Boote, dreitausend Tonnen schwere Kolosse, sind auf Grund ihrer magnetischen Masse leicht ortbar."

„Aber sie arbeiten in allen Weltmeeren. Im Atlantik, im Indischen Ozean, im Chinesischen Meer, überall praktisch ungehindert."

Der Admiral strich seinen grauen Tirpitzbart. „Weil sie dort die nötigen Fluchttiefen und Operationsräume vorfinden. Gegen die

Weiten der Ozeane ist die Ostsee vergleichsweise ein Karpfen-bassin. Ein Atom-U-Boot dort einzusetzen, käme Selbstmord gleich."

„Verdammt", fluchte der Direktor der Sonderkommission, „damit wäre in Bezug auf Code *Seeschlange* schon alles ausge-drückt."

Nun ging es um Alternativen. Ob man von einer Privatyacht aus etwa Taucher hinunterschicken könne. Das wurde verworfen.

„Halten Sie die Russen für Idioten, Gentlemen?"

„Nicht für totale."

„Ja, man hat sie stets unterschätzt."

„Aber auch überschätzt", warf Spencer ein.

„Die überwachen doch ihr Seekabel wie Spinnen ihre Netze."

„Klar, wenn sie sich schon die Mühe machen, Millionen von Rubeln zu investieren, dann achten sie auch auf die Sicherheit der Investition."

Sie diskutierten bis zur mittäglichen Lunchzeit, ohne daß ein Er-gebnis zustande kam oder auch nur eine Idee geboren worden wäre. Endlich schlug der General vor, jenen NATO-Geheimdienst, der im europäischen Teil der Welt die meisten Erfahrungen hatte, nämlich den BND, noch einmal zu kontaktieren. Ein Spezialagent, der gut mit den Deutschen konnte, wurde damit beauftragt.

„Wer hat drüben die Ermittlungen in der Hand?" fragte der General.

„Remarc", vermutete der Agent namens Scanner, ein grob-schlächtiger Typ.

„Und wer bitte ist Remarc? Klingt nicht gerade nach Apfelku-chen mit Sahne."

„Ein BND-Oberst, Sir. Weltspitze. Bei ihm fragt man, wer ist James Bond?"

„Ich dachte, der heißt Connery. – Kommen Sie an den heran oder beschreiten wir besser den offiziellen Dienstweg?"

„Ich kenne ihn ganz gut", deutete Scanner an. „Ein umgänglicher Typ, aber auch ein knallharter Brocken. Notfalls der härteste von allen."

Madstock entschied: „Wir versuchen es auf zwei Schienen. Von Dienst zu Dienst, also von Direktor zu Direktor."

„Drüben heißt das Präsident."

„Na schön, also von Direktor zu Präsident und von Agent zu Agent. Ist dieser Weg gangbar?"

„Wege", meinte der mit der Sache Beauftragte, „sind solange gangbar, bis sie nicht mehr gangbar sind, Sir. Das kann sich so rasch ändern wie ein unerwarteter Lawinenabgang in den Alpen."

Vier-Sterne-General Madstock vom Pentagon packte seine Akten zusammen.

„Lassen Sie uns die Sache nicht totreden, Gentlemen", bat er, „lassen Sie uns handeln. Es geht wieder einmal um die Sicherheit der Vereinigten Staaten vom Nordamerika."

Das waren starke Worte. Aber der General liebte sie nun einmal.

5.

Die als Jäger mit Falschnamen getarnten BND-Leute Robert Remarc und Bubi Spiegel flogen von Stockholm nicht direkt nach München zurück.

Zunächst stellte Spiegel noch keine Fragen. Aber im Anflug auf das dänische Kopenhagen hielt es ihn nicht mehr länger.

„Wozu der Umweg, Oberst?"

Remarc deutete es zunächst nur an.

„Kennst du Kopenhagen?"

„Ich war schon einige Male da."

„Dann kennst du auch das Tivoli."

„Das ist der große Vergnügungspark, die Mausefalle."

„Das permanente Oktoberfest des Nordens."

„Willst du Achterbahn fahren? Hat dir die Mini-Piper noch nicht gereicht?"

„Nur einen der Clubs muß ich besuchen."

„Clubs gibt es in München auch."

„Einen ganz besonderen."

„Und dort, wie ich dich kenne, eine ganz besondere Dame", vermutete der Chefpilot.

Soviel gab Remarc über seinen neuen Auftrag nicht gerne preis.

„Ein Tip aus Pullach", deutete er an.

„Wunsch, Tip oder Auftrag?"

„Alles zusammen."

Der Flug mit der Scandinavian-Airlines-Maschine dauerte nur wenig länger als eine Stunde.

„Du kannst auch nach Hause fliegen", schlug Remarc vor. Spiegel winkte ab.

„Nein, ich bin eine Sumpfpflanze und liebe Sümpfe, besonders die des Lasters."

Im Flughafengebäude Kastrup-Airport deutete Remarc auf ein Plakat, das an einer der Säulen hing. Es zeigte eine slawische Schönheit. Angekündigt wurde die Sängerin und Tänzerin als Sensation aus Rußland.

„Nowaja", las Spiegel. „Geht es um diese Dame?"

„Genauestens", bestätigte Remarc.

Spiegel buchstabierte den dänischen Text auf dem Plakat und versuchte ihn zu übersetzen.

„Nowaja, der Stern von Kiew. Tänzerin und Sängerin. Eine Frau allein erobert die Welt."

Er blickte Remarc an. „Die übliche Übertreibung, schätze ich."

Remarc konnte ihm nur zustimmen. „Sie hopst und trällert ein bißchen. Wilde Kosakentänze, verträumte Wolgalieder."

„Und das hat Erfolg?"

„Sie ist temperamentvoll, lasziv und sehr schön."

„Noch lange kein Grund, ihretwegen die Reise zu unterbrechen."

Remarc fügte noch hinzu: „Und ihr Bruder ist Oberst beim russischen Geheimdienst KGB, Hauptabteilung römisch vier."

„Das erklärt alles", gab sich Spiegel zufrieden, „bis auf eines. Was veranlaßt die Zentrale, dich auf sie anzusetzen?"

Remarc konnte hier nur vermuten.

„Meine einstige Beziehung zu Nowaja ist aktenkundig. Wir kennen uns seit vielen Jahren. Ich machte mich mal an sie heran, oder war es umgekehrt, ich weiß es nicht mehr so genau. Damals gelang es uns mit ihrer Hilfe, einige schwerwiegende Probleme zu lösen. – Von der dänischen Residentur erfuhr Pullach wohl, daß Nowaja im Westen auftritt. Und weil es im Fall *Seeschlange* nicht weitergeht, versucht man es auf dieser Schiene."

„Über den Stern von Kiew."

„Vielleicht weiß man in Pullach auch einiges mehr."

„Fragen wir die Dame", schlug Spiegel vor.

„Ich frage", sagte Remarc, „du paßt auf und läßt solange den Motor laufen."

❧❧❧

Die Show der Russin Nowaja in dem Club am Tivoli hatte nichts, was Remarc vom Stuhl gerissen hätte. Sie hopste und zwitscherte, daß Beine und Röcke flogen. Sie zeigte ihre Virtuosität auf allen möglichen Instrumenten, vorwiegend auf der Balalaika. Remarc war es zu wenig swingig, aber dem Publikum gefiel es. Nach einer Stunde spendeten sie rasenden Applaus und es gab eine Menge Vorhänge.

Doch dann, in ihrer Garderobe war alles anders. Dort riß es Remarc nicht nur vom Stuhl, sondern von den Füßen.

Er klopfte an. – Sie rief „herein!"

Er öffnete die Tür. – Sie stand heiß und erschöpft da und leerte gerade eine Flasche Pommery.

Sie schaute ihn durch den Schminkspiegel an, drehte ihm den Kopf mit dem tiefroten gelockten Haar zu, erkannte ihn und schrie: „Bobutschka!"

Es war, als steige hinter dem Ural die Sonne empor.

Sie schmetterte das Glas gegen die Wand, stürzte sich auf ihn, umklammerte und küßte ihn mit ihren kühlen champagnerfeuchten Lippen. Dabei stammelte ihre dunkle, rauhe Stimme immer nur:

„Bobutschka, mein Bobutschka, o Bobutschka!"

Sie zog ihn hinter den Wandschirm und fiel, hungrig wie eine Tigerin, die nach langer Jagd endlich ein Beutetier erlegt hatte, über ihn her.

Sie riß sich das Leibchen herunter, daß die braunen ukrainischen Brüste ranssprangen. Dann stülpte sie den bunten schmal gefältelten Bauernrock über den Kopf. Mit der Rechten streifte sie den Slip ab, mit der Linken fummelte sie an Remarc herum.

„O Bobutschka!"

So hatte sie ihn immer genannt. Und es war wie beim ersten Mal, als sie miteinander schliefen. Das war ein Kampf gewesen. Ein Kampf um den Sieg. Der Sieg war die Prämie, wer mehr vom anderen auffressen durfte. – Mann, waren das Zeiten gewesen. Mannomann!

So, als seien nicht Jahre vergangen, sondern nur Stunden, schlang sie die Arme um seinen Hals und ihre Schenkel um seinen Unterleib. Sie verspeiste ihn schon im Stehen, dann im Liegen auf dem schmalen Garderobensofa.

Die Tür ging auf. Jemand kam herein. Eine Frau fragte besorgt: „Nowaja, wo bist du?"

Sie stöhnte irgendetwas.

„Nowaja, tut dir jemand was an?" fragte die Garderobiere.

„Ja, etwas Gutes. Zum Teufel, hau ab! Ich bumse."

Die Tür fiel zu.

Sie kämpften weiter. Ihre Wollust, die von Nowaja und ihrem Bobutschka Remarc, prallten zusammen und explodierten. Sie klatschte sich mit den Händen auf die Schenkel, auf die Hintern und auf den seinen und gab ihm die Sporen wie eine Kosakenfrau ihrem Pferd.

„Los, zeig was du kannst, Hengst!" keuchte sie. „Bobutschka, gib es der kleinen geilen Stute!"

Madonna, dachte Remarc, es können dir am Abend Sachen passieren, womit du am Morgen mit Sicherheit nicht gerechnet hast.

Später, als der Ofen nur noch glühte, kam Remarc endlich zur Sache. „Wie geht es deinem Bruder Kerenski?" Er steckte sich eine MC an.

„Schlecht", sagte Nowaja mit verhangenen Augen und atmete immer noch schwer.

❧≈✦≈❧

Eine Stunde später wußte Remarc, was man in der Pullacher Zentrale offenbar schon vorher erfahren hatte. Mit dem KGB-Oberst mußte etwas Ungewöhnliches passiert sein.

„Wie schlecht", fragte Remarc, als sie im Fond des Mietwagens saßen – Spiegel fuhr den Citroen –, „geht es deinem Bruder?"

„Du wirst sehen."

„Kannst du mich nicht vorbereiten?"

Nowaja deutete auf Spiegels Rücken. „Er macht große Ohren."

„Er hat abstehende große Ohren, aber auch mein Vertrauen. Du kannst offen reden, Darling."

Sie sagte, wie Spiegel fahren mußte, nämlich nach Süden aus der Stadt heraus nach Köge, etwa achtzehn Kilometer bis zu einem Dorf. Dort weiter zum Strand und am Strand entlang bis zur Bucht, um den Leuchtturm herum, zu einer kleinen Siedlung.

„Dort liegt er", Nowaja meinte ihren Bruder, „und krepiert langsam unter fürchterlichen Schmerzen."

„Was ist passiert?"

Sie brauchte nur wenige Sätze, um es zu erzählen. „Beim KGB gibt es, wie in jedem Geheimdienst, mehrere Cliquen. Die Clique, zu der mein Bruder gehört, hat gute Kontakte zur Polizei. Die Moskauer Polizei hat vor kurzem bei unserer Mafia eine erhebliche Menge Heroin sichergestellt. Normalerweise wird es sofort vernichtet, verbrannt, mit Chemikalien zerstört oder einfach in die Moskwa gekippt. – Aber was ein Oberst an Rubeln verdient, ist im Westen weniger als hundert Dollar wert. Überall blüht der Schwarzmarkt. – Da kamen sie auf die Idee, das Heroin im Westen zu verkaufen. Kerenski, mein Bruder, kennt den Westen. Er wurde also damit beauftragt. Er brachte das Heroin von einem Frachter in Dänemark an Land, nahm mit Dealern Kontakt auf und konnte es auch absetzen. – Dabei geriet er wohl in eine Bandenauseinandersetzung, oder die Konkurrenz war es, die ihn zusammenschlug. – Er rettete sich schwerverletzt in einen Unterschlupf. Nun hat er mächtig Angst, irgendwen um Hilfe zu bitten. An die Polizei kann er sich nicht wenden, auch nicht an die Botschaft, denn offiziell weiß man nichts von seiner Reise. Er wagt sich nicht aus dem Haus, weil er fürchtet, sie finden ihn und schießen ihn tot. – Jeder Arzt würde sofort wissen, daß er Russe ist und daß hier ein Verbrechen vorliegt. Das ist sein Problem."

Sie kamen an und gingen ins Haus.

Als sie oben, im Zimmer unter dem Dach, Licht machten, roch Remarc, woran Kerenski litt. Offenbar waren seine Wunden brandig geworden.

Man mußte sofort etwas tun, oder er überstand es nicht. Mit Gasbrand war nicht zu scherzen.

Oberst Kerenski saß mit schmerzverzerrtem Gesicht im Bett, die 7,65er Makarow im Anschlag. Erst als er hinter dem fremden Mann seine Schwester sah, ließ er sich zurückfallen. Er erkannte Remarc. „Mein Gott, du fehlst mir noch."

„Schätze", sagte Remarc, „ich fehle hier wirklich. Oder willst du über den Jordan marschieren, Junge?"

Der KGB-Oberst faßte nach Remarcs Hand. „Bring mich zurück ins gelobte Land", flüsterte er, „egal, was du dafür verlangst."

„Versprochen, Kerenski."

„Du willst doch sicher was, oder?"

„Deshalb bin ich hier, Genosse."

„Ich kenne dich, du Hundesohn."

Im Haus gab es Telefon. Remarc sprach mit dem Chef der Kopenhagener BND-Residentur, einem offiziell im Wirtschaftsregister der Stadt eingetragenen Architekten und Bauunternehmer.

Remarc sagte nur: „Ich brauche den besten Spezialisten für Wundbrand in Dänemark. Und zwar sofort."

Der BND-Mitarbeiter stellte keine langen Fragen. „Wird erledigt. Bring den Patienten zu mir."

Sie banden dem KGB-Oberst einen Knebel zwischen die Zähne, damit er nicht bei jeder Berührung aufschrie, schafften ihn nach unten, aus dem Haus und in den Citroen. Spiegel schaukelte seine seltsame Fuhre über Land in das nächtliche Kopenhagen.

Es fing zu regnen an. Obgleich Remarc schon einmal im Haus des Residenten gewesen war, hatte er Mühe, Spiegel hinzudirigieren. Sie verfuhren sich einige Male. Bei jedem Gullydeckel, bei jeder Bodenwelle, die durchschlug, bäumte sich der Russe vor Schmerzen auf.

Trotzdem erklärte ihm Remarc, um was es ging. „Wir tun etwas für dich, und du tust etwas für uns", sagte Remarc. „So ist das Leben. Es sieht schlecht aus für dich. Aber es gibt Therapien mit Sauerstoff oder so. In den richtigen Händen klingt der Brand ab und du wirst bald wieder okay sein."

„Hoffentlich. – Und die Gegenleistung?"

Kerenski hatte die Hand von Nowaja umklammert. Er bat um eine Zigarette. Remarc spendierte ihm eine seiner privaten Goldmundstück-MC.

Der Oberst rauchte auf Lunge, das entspannte ihn.

„Und die Gegenleistung?" fragte er noch einmal.

Remarc präsentierte sie ihm. „Die Rote Flotte hat von Libau aus ein Seekabel durch den Bottnischen Meerbusen nach Norden gezogen."

„Ja, ich hörte davon. Man hatte die ewigen Lauschaktionen der NATO satt."

„Wir brauchen den genauen Verlauf des Kabels."

Kerenski saugte an der MC. Die Glut leuchtete hell.

„Von Süd nach Nord. Das ist die neue Kommandolinie Moskau-Westsibirien-Polardistrikt."

„Es geht um die Positionen, eingetragen auf einer Seekarte, seemännisch präzise nach Grad, Minute und Sekunden."

Kerenski atmete tief. Selbst das verursachte Qualen. „Ist das alles?"

„Wichtig ist, wo das Kabel in der Dreimeilenzone und wo es in internationalen Gewässern verläuft."

„Ich kann mir denken warum", bemerkte Kerenski erschöpft.

„Denk nicht nur, sondern mach etwas, Kerenski", drängte Remarc.

„In meiner Situation, Mann?"

„Ruf deine Rauschgiftclique in Moskau an. Die sollen das für dich erledigen."

Der KGB-Offizier blickte zu seiner Schwester hin. „Hat Nowaja geredet? Warum hast du geredet, Nowaja?" fragte Kerenski vorwurfsvoll.

„Verdammt, halt die Schnauze!" fluchte sie. „Willst du am Leben bleiben oder vor die Hunde gehen, du Idiot?"

Diese Sprache verstand Kerenski. Er nickte ergeben.

„Und?" fragte Remarc.

„Ich versuche es."

„Nein, tu es und bring es."

„Das kann dauern."

„Wir haben keine Zeit. So wenig wie deine gärende Beinwunde."

„Notfalls müßt ihr euch mit Zahlenangaben begnügen."

„Okay, erst die Zahlen, dann die Seekarte."

„Das läuft wohl erst, wenn ich wieder in Moskau bin."

„Dann werde verdammt schnell gesund, Genosse!" forderte Remarc.

Endlich kamen sie zu der Villa des Bauunternehmers im Klampenborg-Viertel. Sie fuhren in die offene große Garage. Das Tor schwang zu. Licht ging an. In der Garage wartete schon ein Mann im weißen Arztmantel. Er gab Anweisungen, wie man den Verletzten transportieren sollte und wohin.

Im Haus machte er sich sofort an die Behandlung. Er schnitt die durcheiterten Verbände von der Oberschenkelwunde Kerenskis und baute seine Infusions- und Sauerstoffgeräte auf. Danach schickte er alle aus dem Zimmer.

Sie warteten, bis der Arzt herauskam und um Kaffee bat.

„Mein Name ist Niebjörg", stellte er sich vor.

Remarc hatte von ihm gehört. Niebjörg war eine Kapazität als Dermatologe und Internist.

„Wie sieht es aus, Professor?"

„Kritisch. Es ist wie bei einer Lungenentzündung. Die kulminiert am siebten Tag. Ich tue, was ich kann. Übersteht er die Krise, ich meine, wird seine körperliche Abwehr mit der Vergiftung infolge der Zerstörung seines Gewebes fertig, dann geht die Heilung rasch vonstatten. Wir stützen seinen Organismus mit entsprechenden Medikamenten. Den Rest besorgt die Sauerstofftherapie. Notfalls nehme ich noch einen Blutaustausch vor. In spätestens achtundvierzig Stunden ist er über den Berg – oder tot."

Remarc nahm den Professor beiseite. „Doktor", sagte er, „tun Sie, was Sie können. Die Kosten übernehmen wir. Aber noch eines: Bringen Sie den Patienten soweit, daß er telefonieren kann."

„Höre ich richtig?"

„Durchaus."

„Ist das so wichtig?"

„Ich übertreibe ungern", sagte Remarc, „aber kurzfristig hat es wohl mit der Sicherheit Westeuropas und der NATO zu tun."

Der Professor schlug Remarc auf die Schulter, nickte nur, wandte sich um und verschwand im Krankenzimmer.

Wenig später kam der Hausherr herunter, in der Hand das Telefon.

6.

In München-Riem konnte die Lufthansamaschine von Kopenhagen nicht landen. Die Nebelverhältnisse ließen dies für die bei der

Lufthansa geltenden Sichtminima nicht zu, hieß es. Da saßen sie nun in Frankfurt. Es war spät und sie waren verdammt kaputt. Die lange Nacht in Kopenhagen steckte ihnen noch in den Knochen.

Spiegel erkundigte sich am Bundesbahnschalter nach Zügen. Als er in die Cafeteria kam, war Remarc über seinem Bourbon fast eingenickt.

„Der nächste Intercity geht vor Mitternacht. Um fünf wären wir zu Hause."

„Und wie sieht es mit einem Leihwagen aus?"

„Wer fährt? Du, Oberst oder ich?"

„Du."

„Nein danke, dann lieber mit einer Lokomotive vornedran."

Sie rechneten kurz. Mit dem ersten Cityhopser Frankfurt-München waren sie nur wenig später in München als mit der Bahn. Ein Auto fiel wegen Übermüdung aus. Also gingen sie hinüber zum Flughafenhotel von Sheraton und mieteten sich zwei Betten.

„Wir haben nur noch die Suiten frei", hieß es.

„Geht auf Staatskosten", sagte Remarc gähnend.

Spiegel fuhr schon nach oben.

Remarc warf noch einen Blick in die Bar. Von da holte ihn ein Boy zurück an die Rezeption. Der Portier der Nachtschicht musterte ihn so eindringlich, als sei er ein Weltwunder, und sagte: „Das ist mir noch nie passiert. Ich bin seit dreißig Jahren im Hotelgewerbe tätig."

„Alles geschieht irgendwann zum ersten Mal", meinte Remarc. „Kann ich Ihnen helfen?"

„Sie wurden am Flughafen dringend ausgerufen, Doktor Rheinbold."

„Nichts davon gehört."

„Sie müssen wohl zwischen zwei Ausrufen angekommen sein. Wie man uns sagte, wurden Sie auch schon in Kopenhagen ausgerufen."

„Vielleicht auf Dänisch", bemerkte Remarc gähnend.

„Nun machte es derjenige, der Sie sprechen will, so dringend, daß er alle Hotels in der Gegend um Rhein/Main abklapperte. Das Hilton, uns, dann in der Stadt die anderen großen Häuser: Plaza, Frankfurter Hof und so fort. Endlich wurde er fündig."

„Wer?" fragte Remarc.

„Er nannte uns seinen Namen nicht, Doktor Rheinbold."

„Dann sagen Sie ihm, Doktor Rheinbold sei soeben geplatzt."

Der Hotelangestellte wand sich. Er war an exzentrische Kundenwünsche gewöhnt, aber dieser schien ihm unzustellbar. „Ich sagte leider schon, daß..."

„In Ordnung. Soll antanzen, der Knabe."

Remarc wußte nicht, wer ihn so dringend um Mitternacht sprechen wollte und obendrein seinen Hundedoktor-Decknamen kannte.

Aber so hartnäckig waren nur Leute, denen es auf den Nägeln brannte.

Bevor er hinauffuhr, bestellte er eine Flasche Bourbon ohne Eis, aber mit zwei Gläsern.

Nach Türklopfen und Herein stand ein Mann in der Suite, den Remarc nicht gut, aber doch einigermaßen kannte. Bei den Geheimdiensten der Welt war es wie bei der alten kaiserlichen Kriegsmarine. Sie waren ein überschaubarer Verein. Vom Korvettenkapitän aufwärts war man sich irgendwo schon einmal begegnet.

Binnen Sekunden erstellte Remarc ein Charakteristikum des späten Besuchers.

Er war ein langer, stocksteifer, kantiger Bursche, der sich dauernd bemühte, wichtig dreinzublicken. So, als käme er geradewegs aus dem Weißen Haus vom Präsidenten. – Er trug den in den USA üblichen mausgrauen Einreiher mit zu kurzen Hosen und den hellen Trenchcoat über dem Arm.

„Nein Name ist Scanner", schnarrte er.

„Mein Gedächtnis ist gut", antwortete Remarc, „Ihr Vorname lautet Baldwin. Hallo Baldwin!"

Ungewöhnliche Vornamen waren stets einprägsamer als Jim oder Joe. Es sei denn, es handelte sich um Jo Walker.

Der Besucher, angetan von der Tatsache, daß der deutsche Topagent ihn auf diese Weise ansprach, wurde sichtlich lockerer.

„Halten Sie mich bitte nicht für penetrant", bat er.

„Hartnäckigkeit hat immer einen Grund."

Ein doppelter Bourbon und eine Camel entspannten Scanner noch ein Stück weiter. Er streckte die Füße unter den Mosaiktisch vor der Sitzgruppe.

„Der Präsident schickt mich", erklärte er.

„Welcher? Der vom Playboy-Club?"

„Erraten. Genau der."

Remarc spitzte die Lauscher. Nun kam die Eröffnung in diesem Schachspiel. Es war die weithin bekannte und ausgeleierte amerikanische.

„Es geht um Seeschlange."

„Sie erlauben, Scanner, daß ich mir das schon dachte, als Sie unter der Tür standen", erwiderte Remarc.

„Das erleichtert meinen Job, Colonel."

„Wenn Sie sich da nur nicht irren."

„Ich kenne Sie, Colonel Remarc, Sie sind konziliant im Ton, doch leider hart in der Sache."

Remarc schaute auf seine Stahlrolex. Das begriff jeder. Es bedeutete: Komm zum Thema, Junge!

„Wir erhielten von Pullach die Information", rückte Scanner heraus.

„Über die Kabelleger?“

„Nun, logischerweise legen Kabelleger meist Kabel.“

„Die Russen wissen schon warum“, vermutete Remarc, „sie haben gute Gründe.“

„Kabel sind abhörsicher. Garantiert brüten die im Norden etwas Neues aus.“

„Mag sein.“

„Das interessiert uns. Oder genauer, wir müssen es wissen, Colonel.“

Remarc informierte den Bundesgenossen über seine Bemühungen, den Verlauf des Seekabels zu erfahren.

„Genau darum baten wir Ihre Administration in Pullach.“

„Aber das kann dauern, Scanner.“

„Wie lange?“ fragte der Amerikaner.

„Tage, Wochen.“

„Hauptsache das“, äußerte Scanner.

„Und dann, ich meine, wenn wir den genauen Weg des Kabels kennen, woran ist dann gedacht?“

Nun konnte Scanner nicht anders, als Remarc in die Pläne der CIA einzuweihen. „Dann zapfen wir es an.“

Remarc verstärkte seinen Muskelschaden beiderseits der Mundwinkel vom üblichen Grinsen zu einem herablassenden Lächeln.

„Und wie bitte soll das vor sich gehen? Funk kann man abhorchen, Drahtleitungen lassen sich anzapfen, aber schwer isolierte schenkeldicke Kabel auf dem Meeresgrund sind harte Brocken.“

Der Amerikaner ließ noch einiges heraus.

„Wir haben eine neue Technik entwickelt.“

„Na fabelhaft. Und das Problem liegt wo?“

Der Amerikaner goß Whisky nach. „Spielen wir die Sache nicht herunter, Commander Remarc. Wir wissen beide, um was es geht.“

Remarc stellte sich dumm. „Ich weiß nur, daß Sie jetzt den zweiten dreifachen Whisky kippen, Scanner. Mehr nicht.“

Scanner drang noch tiefer in die Problematik ein. „Wir verfügen über die Technik, um Unterseekabel unbemerkt anzuzapfen. Worüber wir nicht verfügen, ist ein Verfahren, unsere Fachleute an das Kabel heranzuführen."

„Durch Abtauchen", riet Remarc.

„Und wie bringt man die Taucher unbesehen vor Ort?"

„Mit Ihren wunderbar märchenhaften Atom-U-Booten."

„Die sind zu groß, zu leicht ortbar und ungeeignet für flache Gewässer, wie sie in der Ostsee vorherrschen."

In Remarc stieg eine fürchterliche Ahnung hoch, auf was der Amerikaner abzielte. Er wollte es nicht wahrhaben und versuchte es abzubiegen.

„Und Ihre konventionellen U-Boote?"

„Die sind uralt bis schrottreif."

„Sie wären aber geeignet dazu."

„Ohne jegliche Ostsee-Flachwassererfahrung?"

„Dann trainieren Sie eben die Besatzungen."

„Das dauert zu lange. Außerdem dienen die konventionellen Diesel-Batterie-U-Boote nur noch zu Schulzwecken."

Das war es also. – Remarc wartete jetzt auf ein unkeusches Ansinnen des Amerikaners. Ihre Anträge entwickelten sich erfahrungsgemäß schnell zu Forderungen. Scanner machte es jedoch mit Anschleichen.

„Die Ostsee ist im Mittel nur fünfzig Meter tief."

„Da schwimmt man notfalls mit dem Schnorchel runter", unterbrach ihn Remarc.

„Aber erst muß man unbemerkt hinkommen."

Remarc war verdammt müde. Er erklärte freundlich, aber klar: „Kommen Sie zur Sache, Scanner. Um was geht es? Man schickt Sie nicht wegen Chickenshit über den Teich."

Offenbar hatte es der Amerikaner inzwischen ebenfalls satt, nur um den Brei herumzureden. Er fragte: „Gibt es einen Dreh, zwei unserer Kabel-Abhörexperten vor Ort in den Bottnischen Meerbusen zu bringen?"

„Dazu fällt mir keine Lösung ein", log Remarc.

≈≈≈◆≈≈≈

Der Amerikaner stimmte nun eine Hymne auf die erfolgreiche unvergleichliche deutsche U-Boot-Waffe an.

Remarc, der die Nachtigall trapsen hörte, ließ Scanner sich erst einmal ausmehren. Scanner quatschte reichlich Stuß. Er sprach von Kapitänleutnant Günter Prien und seinem wagemutigen Angriff auf die britische Home-Fleet in Scapa Flow.

Er sprach von Geleitzugschlachten, von Admiral Dönitz, dem Befehlshaber der U-Boote, von den damals sensationellen neuen Typen XXI und XXIII. Schließlich kam er auf die U-Boote der Bundesmarine zu sprechen.

„Ihre kleinen Typ-zweihundertsechs-Boote sind doch alle voll ostseetauglich", behauptete er.

„Mag sein", reagierte Remarc ausweichend.

Scanner lachte so eckig, wie er aussah. „Wer von uns beiden ist eigentlich im Reservedienstgrad Kapitän zur See, Sie oder ich? Sie können mir nicht vormachen, daß Sie nicht genauestens über die taktische Einsatzfähigkeit Ihrer verschiedenen U-Boot-Muster im Bilde sind, Commander."

Remarc dämpfte sein ironisches Gegrinse. „Und warum sollte ich das nicht?"

„Weil wir beide ziemlich genau unterrichtet sein dürften", behauptete Scanner und fuhr fort: „Auch über unsere jeweiligen Verbindungen und Beziehungen."

„Ihre Verbindungen scheren mich verdammt wenig", erwiderte Remarc.

„Sie sind ein großartiger Täuscher", stellte Scanner fest. „Aber wenn es Sie befriedigt, ich akzeptiere das. Okay, beschränken wir uns also darauf, daß ich hier bin, um alle nur möglichen Kontakte und Verbindungen zu nützen."

„Wofür?" stellte sich Remarc weiterhin dämlich.

Er wollte es in aller Klarheit aus dem Emissär der CIA herauslocken.

Scanner erklärte es nun ohne neuen Anlauf: „Wir brauchen die Hilfe der Bundesmarine."

Da ihm Remarc nicht entgegenkam, führte Scanner weiter aus: „Nur eines Ihrer Ostsee-Spezialboote kann unser Team mit ausreichender Sicherheit und Präzision an das Seekabel im Bottnischen Meerbusen heranbringen."

Remarc wich abermals aus. „Warum läuft dieser Wunsch nicht auf dem üblichen Weg von Ihrem Direktor zu meinem Präsidenten und weiter den bekannten Dienstweg?"

Der Amerikaner hatte offenbar mit dieser Frage gerechnet. „Der BND allein kann nichts entscheiden. Ihr Präsident erreicht über den Minister in Bonn eher noch weniger. Doch wenn so etwas unter der Hand unter Freunden läuft, sind von vornherein viele Hindernisse nicht nur überwunden, sondern gar nicht mehr vorhanden."

Remarc fühlte sich nicht nur überschätzt, sondern auch überfordert. Aber er konnte Scanner einige Namen von Leuten nennen, die an den Schalthebeln saßen. Er würde ihm Adressen geben, von denen er wußte, daß sie nicht nur natofreundlich, sondern auch proamerikanisch eingestellt waren. Er nannte ihm also einflußreiche Leute beim Militärischen Abschirmdienst, beim Verteidigungsministerium und nicht zuletzt beim Oberkommando der Bundesmarine.

Scanner beendete seinen Besuch zwar nicht voll zufrieden, aber auch nicht gänzlich unzufrieden. Er leerte höflich seinen

Drink und nahm den Trenchcoat. An der Tür der Suite fragte er: „Kann ich notfalls mit Ihrer Hilfe rechnen, Commander?"

„Verfügen Sie über mich, Scanner", sagte Remarc.

Das war nur eine Redensart. Später wurde Remarc leider eines Besseren belehrt.

Kaum war der CIA-Emissär gegangen, kam Spiegel durch die Zwischentür der Nebensuite.

„He, spinnen die?" fragte er entsetzt.

„Du hast gelauscht, Kumpel."

„Er redete laut genug. Aber wie sagte schon Asterix: Sie spinnen, diese Römer."

Remarc starrte ins Glas, ehe er trank. „Was vor zweitausend Jahren die Römer waren, sind heute die Amis. Mach was dagegen, Kumpel."

„Wieso ich?" fragte Bubi Spiegel und fing herzhaft zu lachen an.

„Ich würde auch gerne mitlachen", sagte Remarc.

„Mir fällt gerade der Farbige ein", erzählte Spiegel, „der Dunkelhäutige bei Asterix, der kein R sprechen kann. Wie schrie er doch vom Mastkorb des Schiffes: Ahoi! das Mee ist volle Öme!"

„Und die Welt ist volle Ame-ikane", ergänzte Remarc.

7.

Eine Woche später mußte Remarc dringend nach Paris.

Bei der Rezeption im Hotel George V lag eine Karte für das Moulin-Rouge-Revuetheater.

Nowaja, der Stern von Kiew, hatte ihr Gastspiel in Kopenhagen beendet und trat nun am Pigalle auf. Sie hatte innerhalb der großen Galarevue einen eigenen Showblock. Allerdings war ihr Programm hier frecher als im kühlen Norden.

Sie sang frivolere Lieder und zeigte auch mehr von ihrem matt-braun glänzenden Kosakenmädchenfleisch. Professionell steigerte sie ihre Darbietung. Mit jeder Nummer wurden die Texte deutlicher. Was sie anhatte, wurde weniger und ihr Tanz verruchter.

Zum Schluß, als sie ein Lied über den Mond am Don schluchzte, hatte sie nur noch Russenstiefel aus rotem Saffianleder an. Licht aus. Applaus!

Mit einem schwarzsilbernen Umhang trat sie vor den Vorhang, verbeugte sich und warf Handküsse ins Publikum. Remarc ging hinter der Bühne zu ihrer Garderobe. Er klopfte an.

„Herein!"

Er stand da, diesmal in seiner Standardkleidung, ein wenig abendlich aufgemotzt, also dunkle Hose, gedeckter dunkler Glenchecksakko, Hemd weiß, Krawatte Strick, elegante Slipper.

„Bobutschka!" rief sie.

Sie umarmte ihn, preßte sich an ihn, küßte ihn, dirigierte ihn hinter den Wandschirm, der in Frankreich Paravent genannt wurde, und fing zu jammern an. „Wir müssen aufpassen heute. Ich habe meine empfängnisgünstigen Tage!"

„Ich auch", sagte Remarc, „laß uns lieber darauf verzichten. – Warum sollte ich so dringend herkommen, Darling?"

„Du bist meinem Ruf gefolgt. Das macht mich glücklich."

„Ich habe mich beeilt."

„Ein Zeichen deiner Liebe."

„Meiner Zuneigung", reduzierte er ihre Erwartungen.

Sie füllte zwei Gläser aus der Champagnerflasche im Kühler und breitete sich, fast noch nackt, im Sessel aus. Indem sie die Stiefel auszog und irgendwohin warf, legte sie den Finger an den Mund und flüsterte: „Wart's ab, Bobutschka."

Es dauerte nicht lange. Eine Garderobiere schaute herein und fragte, ob Madame Hilfe brauche. Nowaja schickte sie wieder fort.

„Sie ist ein Spitzel", behauptete sie und ließ das Wasser aus dem Hahn ins Bidet rauschen.

„Du siehst Gespenster, Darling."

„Sie ist Geheimdienstspitzel vom SDECE", beharrte die Russin. „Alle Künstler aus dem Ostblock werden hier überwacht. Ich wollte meine eigene Garderobiere mitnehmen. Doch sie bekam kein Visum. Die Bude ist total verwanzt. Ich meine nicht die kleinen unangenehmen Tierchen, sondern Mikrofone."

Remarc zuckte mit der Schulter. Möglich war es schon. Auch in der Bundesrepublik hätte der Verfassungsschutz ein Auge auf russische Künstler geworfen. Wenn schon die Angestellten der Botschaften Agenten waren, warum dann nicht auch Artisten. Bereits im Mittelalter hatten reisende Gaukler als Spione gearbeitet.

Nowaja stellte den Hahn am Bidet ab und ließ dafür die Dusche rauschen. Völlig nackt hob sie warnend die Schultern.

„Also nicht hier", sagte sie, „Bobutschka."

❧❦❧

Sie fuhren in Remarcs BMW-Coupé durch das nächtliche Paris. Es ging auf ein Uhr. Der Verkehr ließ nach.

„In dein Hotel?" fragte er.

„Oder in deines." Sie drehte sich um. „Wir werden verfolgt." Doch es war ein Taxi und es bog ab.

Remarc achtete darauf, ob sie beschattet wurden. Aber er konnte nichts Dementsprechendes feststellen. Die Hotelfrage ließen sie zunächst ausgeklammert, weil sie nur im Wagen wirklich ungehindert sprechen konnten.

„Wir sind offenbar eine strapazierfähige Rasse", begann sie, „der dänische Professor brachte meinen Bruder Kerenski binnen kurzem wieder auf die Beine. Er konnte nach Moskau fliegen und versieht dort seinen Dienst. Wir haben telefoniert. Er dankt dir für die Hilfe, und das hier ist die Liste."

Dem Spalt hinter dem Spiegel ihrer Puderdose entnahm sie einen zusammengefalteten Zettel aus Seidenpapier. Remarc konnte beim Fahren nur einen kurzen Blick darauf werfen. Der DIN-A-4-Bogen enthielt mit Kugelschreiberschrift mehrere Doppelkolonnen von Zahlen. Die Reihen der Doppelkolonnen, die oben anfingen und jeweils am unteren Papierrand endeten, bestanden stets aus sechs Ziffern. Die linke Reihe gab die östliche Länge, die rechte Reihe der Doppelkolonnen die nördliche Breite an.

„Das sind", behauptete Nowaja, „die geographischen Punkte, über welche das Kabel verläuft. Es sind insgesamt siebzig Positionen. Angeblich beträgt die Distanz von Position zu Position etwa fünfzehn nautische Meilen."

„Logisch", sagte Remarc, „tausend Meilen geteilt durch siebzig."

„Als Basis dient die Seekarte Nummer 0-Strich-neun der Roten Flotte, Ausgabe vom Jahr neunzehnhundertfünfundfünfzig im Maßstab eins zu hunderttausend."

„Die Karte ist schwierig zu besorgen", befürchtete Remarc.

„Die Karte, oder eine Kopie davon, konnte mein Bruder in der Eile nicht verfügbar machen. Sie wird aber nachgeliefert."

„Gute Arbeit", lobte Remarc voller Anerkennung.

„Allein um diese verdammten Zahlen durchzugeben, mußten wir dreimal telefonieren. Stets spät in der Nacht. Irrtum bei der einen oder anderen Zahl ist nicht ausgeschlossen."

„Damit kommen wir schon klar", meinte Remarc.

Zumindest kannte er nun den Verlauf des Seekabels.

„Was hast du damit vor?" wollte Nowaja wissen.

„Ich? – Ich gar nichts."

„Und andere?"

„Die habe ich nicht gefragt", wich er aus.

Sie flüsterte leise: „Und was hast du mit mir vor, Bobutschka?"

„Den Rest der Nacht mit dir zu verbringen."

„Nicht nur den Rest, auch den ganzen Tag."

„Mal gucken", sagte er und bemerkte, daß er am Etoile schon zweimal rundherum gefahren war.

Er scherte in Richtung Bois de Boulogne aus. Hier war es deutlich ruhiger. Sie konnten gemütlich dahinrollen und über dies und jenes reden. Dabei schien es so, als wolle Nowaja irgendetwas loswerden.

„Was hast du noch auf dem Herzen?" fragte Remarc.

„Eine Frau hat immer etwas dort."

„Und im Besonderen heute?"

„Es ist eine Andeutung von Kerenski. Nur eine vage Annahme, eine Vermutung. Er will es mir und der Situation überlassen, ob ich es dir mitteile."

„Bloß keine Hemmungen, Nowajaputz."

„Es könnte dich seelisch belasten."

„Dann muß es schon dick kommen."

„Es kommt dick", versicherte sie.

Er verstand ihr Motiv.

„Du fürchtest, es könnte unsere Stimmung kaputtmachen. Schön, dann heb es auf bis zum Frühstück."

Andererseits kannte er sie. Sie hatte etwas angedeutet, also mußte es auch heraus. „Kerenski läßt dich warnen."

„Unnötig, dein Bobutschka paßt schon auf."

„Falls irgendjemand von der NATO etwas vorhat, dann möglichst nur in internationalen Gewässern."

„Das versteht sich von selbst."

„Und", setzte sie an.

„Und?" drängte er, weil sie sich erst eine Zigarette ansteckte.

„Trotzdem allerhöchste Vorsicht."

Er lachte. „Wenn etwas unternommen wird, dann werden es Profis sein, die es tun."

„Das ist noch nicht alles", äußerte sie hastig rauchend.

„Was noch?"

Sie nahm noch einen tiefen Zug aus der Zigarette. „In der Finnmark ist eine der CIA-Funkstationen aufgeflogen. Stimmt's?"

Er wurde plötzlich sehr aufmerksam. „Wer sagt das?"

„Kerenski. Und das alles war kein Zufall. Mag sein, daß die Funkabwehr der Russen Signale auffing, doch geortet hatte man die Lappenhütte nicht."

„Aber gefunden hat man sie."

„Ja, durch Verrat", behauptete Nowaja.

Remarc verriß das Lenkrad, so beeindruckte ihn diese Eröffnung.

„Du meinst, der KGB kannte die Station und die Namen der zwei finnischen Spione?"

„So ist es."

„Verdammt, das würde bedeuten, daß es irgendwo bei der CIA eine undichte Stelle gibt."

„Es wurde noch mehr verraten. Und das schon seit Jahren."

Remarc kannte nicht sämtliche CIA-Pannen im Rußlandnetz. Nur einige davon. Sollten sie alle auf das Konto eines einzigen Maulwurfs in Washington gehen? – Dann wurde möglicherweise auch verraten, was die CIA im Falle *Seeschlange* plante.

„Irgendwo, ganz oben bei der CIA, muß ein Spion sitzen", fügte Nowaja hinzu. „Das läßt dir mein Bruder ausrichten. Also Augen auf und totales Stillschweigen."

„Soweit sich das machen läßt."

Remarc wußte nicht, wie weit die Vorbereitungen der CIA in Bezug auf *Seeschlange* schon liefen. Jetzt gab es nur eines: Er mußte sie sofort warnen.

Es ging auf ein Uhr dreißig. In Langley drüben war es jetzt

früher Abend. Er konnte Scanner noch erreichen und wollte es von seinem Hotel aus tun. Das ging am schnellsten.

„Macht das nun unsere Nacht kaputt?" fragte Nowaja und drängte sich an ihn.

„Dazu wäre schon ein Erdbeben nötig", tröstete er sie.

„Aber es verkürzt unsere Nacht", flüsterte sie.

„Nur um ein paar Minuten."

Sie war erregt und erhitzt. Ihr Parfum wirkte wie eine Narkose. „Einer wie du", meinte sie, „telefoniert auch mit einer nackten Frau im Arm."

„Ganz besonders gern", betonte Remarc.

Sie fuhren zum Hotel.

Schon in der Tiefgarage kostete es sie Beherrschung, nicht übereinander herzufallen.

8.

Am Abend eines der letzten Maitage verließ ein Schiff der Bundesmarine den Hafen von Kiel. Es war kein gewöhnliches Schiff. Was mittelgrau aus dem Wasser ragte, war ein ovaler Turm aus Stahl. Der Rumpf des Bootes ließ sich im starken Wellengang der Kieler Förde nur ahnen.

Es handelte sich um ein U-Boot der Klasse 206. Es hatte um die vierhundert Tonnen, konventionellen Diesel/Batterieantrieb von 1200 PS und einundzwanzig Mann Besatzung. Eine Woche lang war es für diese Unternehmung ausgerüstet und vorbereitet worden. Dies aber erst, nachdem Bonn auf Druck der NATO seine Zustimmung für die Operation erteilt hatte.

Dann hatte man noch zwei Parameter abwarten müssen: Das Eintreffen der Amerikaner (eines technischen Expertenteams) und als Wichtigstes: schlechtes Wetter.

Das hatten die Meteorologen für diesen Freitag angekündigt. Erstaunlicherweise traf die Vorhersage auch ein. Schon am Morgen hatte es aufgebrist. Gegen Mittag hatte es dann zu regnen begonnen. Der Himmel war grau und die Wolken hingen tief. Ein Wetter, bei dem die Fische an Land spazierengingen. Der stromlinienförmige U-Bootturm war normalerweise mit drei Mann besetzt. Mit dem Kommandanten, der das Boot befehlsmäßig fuhr, mit einem der Offiziere und einem Ausguck. – Heute hatten sie auf den zweiten Offizier verzichtet. Seine Stelle nahm ein Zivilist ein.

Die Bezeichnung Zivilist bezeichnete seine Rolle an Bord ungenau. Er trug keine Uniform. Zwar steckten seine Beine in U-Boot-Lederhosen, seine Füße in U-Boot-Stiefeln mit Korksohlen, doch über den weißen Rollpullover hatte er einen blauen Kulani gezogen, jenen langen Überzieher aus blauem Schifferstoff mit goldenen Ankerknöpfen. Er reichte ein gutes Stück über den Hintern. Auf Marinedeutsch hieß das, er war kein sogenannter Arschbetrüger.

Auf dem Kopf trug der Zivilist, im Gegensatz zum weißen Mützenbezug des Kapitäns, eine schlichte Prinz-Heinrich-Mütze. Der junge blondbärtige U-Boot-Kommandant, ein Oberleutnant namens Wittiko, sagte zu dem Zivilisten: „Das Wetter paßt, Herr Kapitän."

Der BND-Agent Robert Remarc bat noch einmal, ihn nicht mit seinem Reservedienstgrad anzusprechen, sondern einfach mit Remarc.

Der Kommandant lächelte bübisch. „Das Wetter paßt, Herr Remarc."

„Optimal", ergänzte Remarc.

„Auch die langfristige Vorhersage klingt wie bestellt. Im ganzen Ostseeraum ist es bedeckt und trübe. Wind mit Regenböen aus NO, kappelige See, bis Mittag Nebellagen."

„Wie im Märchen."

„Trotzdem werden wir uns einige Tricks überlegen müssen", meinte der junge Kommandant, „wie der Igel in der Fabel von der Wette mit dem Hasen."

„Ich bin schon da, sagte des Igels Frau, als Meister Lampe japsend das Ziel erreichte."

„Welcher Hase kann schon eine Igelin von einem Igel unterscheiden."

„Hoffentlich nicht die Russen", meinte Remarc.

„Oder einen Hering von einer Heringin, sofern das grammatikalisch richtig ist."

„Pfeif auf die Grammatik", meinte Remarc, „Hauptsache, wir drehen ihnen eine Nase."

Das bei hoher See stets geschlossene Turmluk, das ins Innere des Bootes führte, ging auf. Einer der Amerikaner streckte seinen Kopf heraus.

„Ein Mann auf Brücke!" rief er.

„Genehmigt", sagte Wittiko, obwohl es jetzt eng wurde. Der Amerikaner schälte sich aus der stählernen Rundung, haute den wasserdichten Deckel zu, gesellte sich zu Remarc und dem Oberleutnant und schaute sich um. Er sah gerade noch die gegen Ende der Kieler Förde immer weiter auseinanderdriftenden Ufer und fragte: „Was liegt an?"

„Kurs zwo fünf. Marschfahrt vierzehn Knoten. Alle Systeme grün. Zufrieden, Sir?" sagte der Oberleutnant leicht ironisch.

Der Amerikaner erkundigte sich, ob Rauchen erlaubt sei.

„Feuer frei!" gab der Kommandant.

Das Wetter blieb, wie es war.

In ungetauchter Marschfahrt liefen sie durch die Kieler Bucht, durch die Enge zwischen der Insel Fehmarn und Großenbrode, quer durch die Mecklenburger Bucht, an der Küste der DDR entlang hinauf nach Rügen, um Kap Arkona herum, bis zur Pommerschen Bucht. – Dort, wo polnisches Territorium begann, gingen sie auf Kurs 047 Richtung Bornholm.

Noch auf Distanz zu dieser dänischen Insel befahl der Kommandant zum ersten Mal: „Klar zum Tauchen!"

Tagsüber liefen sie mit Tauchfahrt weiter. In der Nacht, schon nahe dem schwedischen Gotland, tauchten sie auf, um die Batterien aufzuladen und um bis zum Morgen in schnellem Dieselmarsch ihr Operationsziel zu erreichen.

Sie schafften es nicht ganz. Ein russischer Zerstörer, der von Tallinn herüberpreschte, zwang sie unter Wasser und auf Grund.

Dort lagen sie, um Geräuschlosigkeit bemüht, bis der Zerstörer abgelaufen war. Oberleutnant Wittiko gab auf Remarcs Vorschlag hin noch zwanzig Minuten zu, ehe sie die Schleichfahrt fortsetzten.

Fünfzig Stunden nach ihrem Ablegen in Kiel-Wiek näherten sie sich dem eigentlichen Operationsgebiet.

„Jetzt wird es kritisch", warnte Remarc, „also aufpassen, Leute!"

„Setzen wir voraus", meinte der Kommandant, „daß unser Vorteil darin besteht, daß der Russe keine Ahnung hat."

„Besser", riet Remarc, „wir setzen voraus, daß der Russe uns sehr wohl erwartet, und wir verhalten uns dem entsprechend."

Während die CIA-Experten schon ihre Froschmannanzüge und das meterlange Seekabelabhorchgerät, das einer Art Manschette glich, zum x-ten Mal überprüften, ging das Boot wieder einmal hoch, um seine Batterien aufzusaften. Wenig später hatten sie den genauen Ablaufpunkt erreicht. Als es hell wurde, tauchten sie, um auf 17' 46' 15' Ost und 58' 54' 17' Nord mit ihren Sensoren das russische Seekabel auf dem Meeresgrund ausfindig zu machen. Sie entdeckten es nach mehrmaligem Überlauf auf vierundvierzig Meter Wassertiefe.

So dicht wie möglich neben dem Kabel setzte der Kommandant sein U-Boot auf den sedimentweichen Grund der Ostsee.

～～～❀～～～

Der leitende Ingenieur erzeugte im Boot soviel Überdruck, daß die Amerikaner in ihren Tauchanzügen durch das Torpedoluk aussteigen konnten. Sie bugsierten ihre Elektronikmanschette hinter sich her. – Nun konnten die einundzwanzig Männer in dem deutschen U-Boot nur noch warten.

„Und beten", sagte einer von ihnen. Das war nicht übertrieben. Einige Male hörten sie in der Ferne das Ratattel-Ratattel von Schiffsschrauben.

„Frachter", vermutete der Kommandant. „Diesel."

Aber dann näherte sich ein hochtouriges Singen.

„Turbinen", bemerkte Remarc mit dem Kopfhörer auf den Ohren.

„Keine Dampfturbinen, sondern Verbrennungsturbinen."

„Die haben nur Kriegsschiffe."

„Leider."

„Und Magnetsonden haben die auch."

Als es so aussah, als habe man ihr Vorhandensein und auch ihren Standort festgestellt, als der U-Boot-Jäger im Kreis fuhr, und sie schon das Asdic-Ping-Ping hörten, nach all diesen Schreckminuten drehte der russische Küstenwächter wieder ab.

Der Kommandant atmete tief durch. „Offenbar funktioniert unsere Antipeilbeschichtung."

„Bedanken wir uns bei der Industrie."

„Ich bin ganz sicher, daß dies die erste Ernstfallerprobung war."

Eine bange Stunde nach Ablauf der berechneten Zeit klopften die amerikanischen Techniker wieder an den U-Boot-Rumpf und wurden hereingelassen.

Sie hatten das Kabel gefunden. Es lag knapp eine halbe Meile entfernt. Sie hatten ihre Elektromanschette um das Kabel herumgewickelt wie den Gipsverband um ein gebrochenes Schienbein. Nun schälten sie sich aus ihren Tauchanzügen und waren erst einmal völlig groggy.

Endlich hob einer die Faust mit abgespreiztem Daumen.

„Alles okay, Gentlemen."

„Und wie soll es funktionieren?" fragte Remarc.

„In der Manschette befinden sich Abhörmikros. Was sie aufnehmen, wird auf Tonband gespeichert. Alle zwei Tage läuft am Draht eine Boje mit Sender hoch bis zur Meeresoberfläche. Sie gibt im Schnelldurchlauf alles per Funk an die nächste Relaisstation."

„Bestens", äußerte der U-Boot-Kommandant, „wenn es hinhaut."

„Und wie lange halten die Batterien?" fragte Remarc als studierter Elektroingenieur realistisch.

„Es sind superdicht geladene regenerierende Elemente, wie wir sie in Raumsonden einsetzen. Aber hin und wieder müssen sie erneuert werden."

„Wieder und hin", fragte Remarc, „was bedeutet das?"

„So alle drei bis vier Monate."

Remarc und Wittiko blickten sich an. Jeder zog gewisse Schlüsse und dachte sich seinen Teil. – Was Remarc dachte, war eindeutig: Beim nächsten Mal würde er mit Sicherheit nicht mehr dabei sein. Das war dann nur noch Routine.

Sie warteten die Nacht ab. Sie warteten so lange, wie der Sauerstoff zum Atmen reichte, tauchten dann auf und verließen mit Maximalfahrt das kritische Seegebiet.

Das deutsche Ostsee-U-Boot vom Typ 206 unter dem Kommando von Oberleutnant Wittiko erreichte sechsundfünfzig Stunden später, sieben Tage nach seinem Auslaufen, wieder den Stützpunkt in Kiel-Wiek. Die Operation war nahezu pannenlos verlaufen, und wie man hoffte, zu aller Zufriedenheit. Die Lauschelektronik am russischen Seekabel arbeitete problemlos. Der Sender der Boje meldete in vorausberechneten Abständen jedes Gespräch, das von Moskau durch das Seekabel nach Norden lief. – In Bonn hoffte man, daß man seiner Pflicht als NATO-Verbündeter Genüge geleistet habe.

Leider blieben von Seiten der CIA nähere Einzelheiten aus. Doch daran war man gewöhnt. Die Amerikaner betrieben eine mitunter unverständliche Geheimniskrämerei. Beim BND in Pullach kannte man dieses Phänomen längst.

„Wir erbringen Leistungen", sagte der Vizepräsident zu Oberst Remarc, „und sie liefern dafür nichts."

Doch wie katastrophal alles enden würde, das ahnte zu diesem Zeitpunkt noch niemand.

Wenige Tage nach seiner Rückkehr von der U-Boot-Operation *Seeschlange* flog der BND-Agent Nr. 18 nach Spanien. Er hatte von Nowaja einen Anruf erhalten – mitten in der Nacht.

„Du mußt entschuldigen", hatte sie gesagt, „in Spanien beginnen die Shows erst um dreiundzwanzig Uhr. Man ist meistens nicht vor ein Uhr fertig."

„Wieso Spanien?"

„Ich bin in Madrid."

Er kannte ihren Tourneeplan und wunderte sich. „War nicht Zürich vorgesehen?"

Offenbar ungern rückte sie mit der Wahrheit heraus. „Zürich war ein Flop."

„Du und ein Mißerfolg? Das ist unmöglich."

„Offenbar haben die Schweizer jetzt, angesichts der Kubakrise, wenig mit unserer Folklore im Sinn. Sie haben Angst um ihr Geld. Der Club war immer nur halb besucht. Nach einer Woche verlängerten die Veranstalter nicht mehr. Jetzt trete ich in Madrid am Guadalquivir auf. Es läuft recht ordentlich."

„Was kann ich für dich tun?"

„Du nichts für mich. Wir für dich, Bobutschka", sagte sie, „die Sache ist so heiß, daß der Draht von mir zu dir verglühen würde."

„Ich komme."

„Wann?"

„Spätestens übermorgen."

Sie gab ihm zwei Telefonnummern. Eine im Club, die andere im Hotel. „Wir treffen uns irgendwo. Sei vorsichtig, bitte."

„Leidest du wieder an Verfolgungswahn, Nowajaputz?"

Sie ging nicht darauf ein. „Ich habe Sehnsucht nach dir", gestand sie, „ich werde schon heiß, wenn mir der Wind zwischen die Beine weht", und hängte auf.

Von München nach Madrid und zurück an einem Tag war eine reine Organisationsfrage. Die Reise wurde professionell vorbereitet. Achtundzwanzig Stunden später flog Remarc frühmorgens mit der ersten Iberia-Maschine los.

<hr />

Nur bei Tageslicht war der Russin anzusehen, daß sie schon ein paar Tage über zwanzig alt war. Dies um so mehr, als sie normalerweise völlig auf Make-up verzichtete. Sie schminkte nur die Augen ein wenig runder und gab den Lippen eine dunkle Kontur. Ihr krauses Haar band sie mit einem Stirnband nach hinten. Sie tarnte sich mit einer Sonnenbrille. Ihre exzellente Figur war in einen Trenchcoat gegürtet. So fiel sie Remarc in einer Bodega nahe der Plaza de la Cibeles um den Hals und widmete sich dann wieder ihrem Tinto und den mandelgespickten Oliven.

„Ich liebe Flugzeuge", sagte sie, „sie bringen mir den Liebsten von jedem Punkt der Erde rasch an mein Herz."

„Den derzeitigen", schränkte Remarc ein.

„Es gibt nicht allzu viele Männer meiner Träume, Amigo."

„Nicht mal in Spanien?" zweifelte er.

„Die Caballeros wollen auch nur Titten sehn und was du zwischen den Beinen unterm Höschen hast. Das Problem ist immer, daß man sich umstellen muß. Jeder erwartet von einer ausländischen Künstlerin, daß sie Fremdartiges mitbringt. Doch es muß nach Landesart serviert werden. Kosakentanz, aber möglichst als Flamenco. Wolgalieder, aber mit spanischem Zigeunerklang, und spiel die Balalaika bitte so wie die Gitarre. – Was soll's! – Wie geht es dir, Bobutschka?"

„Mitad y mitad", sagte er, was im Spanischen halb und halb bedeutete. „Was hörst du von Kerenski?"

Damit waren sie beim Thema.

„Es geht ihm gut. Nur wenn er an gewisse Dinge denkt, wird ihm schlecht."

„Etwa seine Zukunft beim KGB betreffend?"

Da lachte sie nur. „Geheimdienste wird es immer geben. Gerade in Zeiten des sogenannten Friedens. Immer wurden diese zur Aufrüstung für den nächsten Krieg genutzt. Wer das nicht sehen will, der kennt die Geschichte der letzten zweitausend Jahre nicht. Wir alle leben in einer Zwischeneiszeit und unter Eiszeit verstehe ich Krieg. Nicht deshalb ist Kerenski in Sorge. Er möchte heraus aus dem GPU-Mief in der Dzerzhinsky-Straße."

„Was hindert ihn daran?"

Nowaja rieb den Daumen der rechten Hand auf dem Zeigefinger.

„Er weiß viel. Wenn er abhaut, ist für ihn gesorgt", erklärte Remarc.

„Er traut euren Versprechungen nicht. Er möchte Bares sehen."

„Dann muß er etwas liefern, das Bares wert ist."

Offenbar von ihrem Bruder über die einzuschlagende Gesprächstaktik aufgeklärt, fragte sie: „Halfen die Ortsangaben in der Ostsee?"

„Ein wenig", spielte Remarc den U-Boot-Erfolg herunter.

„Auch die Warnung hast du weitergegeben?"

„Täglich treffen Warnungen über Spione ein."

Sie beugte sich vor und flüsterte: „Kerenski läßt dir ausrichten, dieser Spion sei kein Phantom."

„Hat er Beweise?"

„Der Mann meldet fast täglich alle wichtigen Vorgänge innerhalb der CIA, der NATO und der Geheimdienste der NATO-Staaten nach Moskau."

Remarc kannte solche Horrormeldungen von Romanen und Filmen her. Aber so einfach war das Spionspielen nicht. Es sei denn, dieser Mann saß ganz oben.

„Beweise!" forderte er.

Sie lächelte so charmant, wie sie nur konnte.

„Gern."

„Dann lege sie vor."

„Für eine Million Dollar."

„Ist das alles?" reagierte er ironisch.

„Plus Schutz im Westen, eine neue Identität, ein Haus et cetera."

„Und was bietet Kerenski dafür?"

Sie steckte sich eine von seinen Goldmundstück-Zigaretten an. Aber der Geschmack der feinen ägyptoamerikanischen Mischung schien sie nicht zu begeistern. Sie drückte sie rasch wieder aus.

„Den Beweis, Kerenski liefert ihn."

„Den Maulwurf in Person?"

„Zunächst nur sein Foto. Aufgenommen bei einer UNO-Tagung in New York."

„Ein Foto ist kein Beweis."

„Es zeigt den Superspion, gemeinsam mit einem KGB-General, seinem Kontaktoffizier."

„Und woher hat das dein Bruder?"

„Er ist Mitglied einer sehr einflußreichen und ausgezeichnet informierten Clique."

„Dem MHC, dem Moskauer Heroin Club", fiel Remarc dazu ein.

„Das Foto hilft euch, den Verräter zu überführen."

„Das Foto allein wohl nicht."

„Vielleicht haben sie noch etwas Handfesteres. – Aber erst einmal die Million Dollar."

„Zahlbar?"

Sie deutete auf ihre Umhängetasche, die am Riemen um die Stuhllehne hing.

„Da hinein."

Remarc gab zu bedenken, daß der Spion, falls es ihn gab, gewiß kein Spion im Hause des BND oder der Engländer sei. Die Million müsse also von den Amerikanern kommen. Mit denen mußte man erst einmal verhandeln. Das hatte sie offenbar erwartet.

„Bis wann?"

„Ich fliege um vier Uhr zurück und telefoniere heute noch mit Washington."

„Wie lange kann das dauern?" drängte sie.

„Ein paar Tage."

„Ich bin noch bis nächste Woche in Madrid."

„Und dann?"

„Du hörst von mir."

Er warf einige Pesetas auf den Marmortisch und sie gingen.

Draußen, im frischen Wind, der von der schneebedeckten Sierra kam, hakte sie sich bei ihm unter.

„Du hast noch zwei Stunden Zeit."

„Knapp."

„Und wo lieben wir uns?"

„Im Hausgang", scherzte er.

„Wie wäre es im Taxi?"

„Dann muß der Wagen einige Male um den Jardies del Retiro fahren."

„Das ist eine Preisfrage. Das sollte ich dir wert sein. Nur der Fahrer ist das Problema."

„Wir verbinden ihm die Augen."

Remarc trat an die Gehsteigkante. Als ein leeres Taxi, das groß genug war, vorbeikam, winkte er. Der Wagen hielt.

Sie stiegen ein.

❧❧❧

Baldwin Scanner lehnte, obwohl er nichts zu entscheiden hatte, rundweg ab. „Was dieser Iwan da behauptet", wischte er das Angebot vom Tisch, „ist üble Verleumdung. Eine ganz infame Tour, um an unsere Kohle heranzukommen. Diese Tricks kennen wir. Das erlebten wir zu oft. Sie sprechen uns an, laufen zu uns über, erzählen uns was, lügen das Blaue vom Himmel, und es ist nicht einmal der Nachprüfung wert. Das meiste erstunken und erfunden. Unsere Männer an der Spitze, diejenigen, die wirklich alles wissen, sind zehnmal geprüft, durchleuchtet und gefiltert. Immer wieder müssen sie an den Lügendetektor. Ich halte nichts davon. Sorry."

„Geben Sie es trotzdem weiter", riet Remarc.

„Ich möchte mich nicht lächerlich machen, Commander."

„Dann ist das Ihr Risiko", sagte Remarc. „Falls es zu weiteren bösen Zwischenfällen kommt – wir haben Sie jedenfalls gewarnt.

Ich habe Ihnen das Angebot aus Madrid unterbreitet. Darüber wird unsererseits eine Aktennotiz angefertigt."

Scanner schien nun doch zu überlegen.

„Eine Million Dollar für vielleicht nichts und wieder nichts. Totaler Wahnsinn."

„Für ein Foto", erinnerte Remarc.

„Fotoapparate sind geduldig wie altassyrische Sklaven."

„Das ist von jetzt ab Ihr Problem, Scanner. Ich bin sicher, wenn es uns beträfe, würde mein Präsident darüber mit Ihrem Direktor reden. Für den Fall späterer Vorwürfe. Okay, das war es dann von meiner Seite aus."

„Von meiner Seite auch."

Scanner dankte noch einmal für die aktive Mithilfe bei der Operation *Seeschlange*.

„Wie läuft es?" wollte Remarc wissen.

„Zufriedenstellend, bis auf einige kleinere Pannen", deutete Scanner an.

Mehr wollte er wohl nicht äußern. Das Gespräch lief über Satellit und war nicht abhörgesichert.

„Einzelheiten, wenn ich wieder in Europa bin."

„Denken Sie trotzdem über das Angebot aus Madrid nach", bemerkte Remarc noch einmal und hängte auf.

Er hatte bei der Sache ein stechendes Gefühl. Das Gefühl eines hochsensiblen Körpers in der Sekunde, bevor er in ein offenes Messer lief.

9.

Es war in den letzten Maitagen, als der stellvertretende NATO-Generalsekretär dem amerikanischen Viersternegeneral Madstock im Brüsseler Hauptquartier begegnete.

„Sie sind mir noch eine Information schuldig, General", sagte der Deutsche, „dachte immer, eine Hand wäscht die andere."

„Ich habe es nicht vergessen, wann kann ich Sie sprechen?"

Sie verabredeten einen Termin am Nachmittag im Büro des hohen NATO-Beamten.

Um fünfzehn Uhr, noch unter der Tür, rief der eckige General im Kurzhaarschnitt: „Ich versuchte Sie schon mehrmals zu erreichen, Secretary."

„Ich war letzte Woche in Bonn."

„Um Bonn geht es auch", deutete der General an und nahm Platz.

„Brandy, Whisky?" fragte der Deutsche.

„Das hochprozentige Mineralwasser bitte."

Bei einem als trinkfest geltenden Mann wie Madstock konnte man das als schlechtes Vorzeichen auslegen.

„Was gibt es zu löschen, General?"

Madstock kam umgehend auf die Operation *Seeschlange* zu sprechen. „Daß uns Ihre Marine half, ist nicht zuletzt auf Ihr Drängen zurückzuführen. Dafür möchte ich Ihnen im Namen Amerikas und des Präsidenten noch einmal meinen Dank aussprechen."

Jetzt kommt es, dachte der stellvertretende NATO-Generalsekretär. – Seine Einschätzung war richtig. Madstock gab einen Lagebericht. „Unser Seekabelabtaster arbeitet zufriedenstellend. Wir konnten Hunderte von Telefonaten auf Kommandoebene aufnehmen und empfangen. Wir sind ständig über russische Flottenmanöver im nördlichen Eismeer im Bilde, über Einsätze von Kreuzern, Zerstörern, U-Booten, Versorgungs- und Begleiteinheiten. Wir kennen die ganze Logistik der Russen, wissen, daß Proviant- und Treibstoffmangel herrscht, daß es an Ersatzteilen für Maschinen, Waffen, für Raketen und Torpedos fehlt. Wir wissen, daß sie neue riesige Radaranlagen auf den Inseln planen, aber sich der Bau verzögert. Wir kennen die Personalumschichtungen, bedingt durch gewisse Ereignisse in Moskau, und sind auch über die schlechte Stimmung in der Truppe, speziell in Sibirien, unterrichtet."

„Wundervoll!" kommentierte der Deutsche und nahm einen Schluck Brandy.

„Aber", schränkte der Amerikaner ein und schaute hinaus in den trüben belgischen Nachmittagshimmel, der so grau war, als hätte ihn der Rauch von tausend Fabrikschloten schwarz gepudert. „Aber es gibt leider auch bedauerliche Erkenntnisse."

Da General Madstock zögerte, drängte der Vize-Generalsekretär. „Aber?" Er wartete ungeduldig. „Was, General, ist bedauerlich?"

Madstock äußerte einen Schillerschen Sinnspruch: „Doch mit des Geschickes Mächten ist kein ew'ger Bund zu flechten."

„Woran hapert es?"

Nun endlich sprach der General es aus. „Die Batterien."

„Was für Batterien? Meinen Sie die Batterien in Ihrem Wundergerät am Seekabel?"

„Die beste Technik hat Schwachstellen. Die Akkus sind neue Spezialkonstruktionen, sogenannte Energiezellen, die sich die Energie für ihre Nachladung aus dem Seewasser holen. Es darf allerdings nicht zu salzhaltig sein. – Das Ostseewasser *ist* jedoch stark salzhaltig. Damit hat man wohl nicht gerechnet. Jedenfalls läßt die Kapazität der Batterien stündlich nach. In einer Woche ist sie am definitiven Minimum angelangt und die Station kann nicht mehr senden."

Der Deutsche ahnte, worauf es hinauslief. Er schwieg und ließ den Amerikaner weiterreden.

„Inzwischen wurden die neuen Energiezellen den Ostseeverhältnissen angepaßt. Die alten müssen ausgetauscht werden."

Noch äußerte sich der Deutsche nicht dazu.

Madstock nahm jetzt die Kurve zum Endspurt. „Ob es wohl möglich ist, daß Sie noch einmal daraufhin einwirken, daß wir das bewährte U-Boot für eine letzte Unternehmung von der Bundesmarine zur Verfügung gestellt bekommen?"

Der stellvertretende NATO-Generalsekretär seufzte tief. Er wollte den General, den er schon kannte, als er noch Abteilungsdirektor im Verteidigungsministerium war, nicht enttäuschen. Versprechen konnte er aber auch nichts.

„Ich will es versuchen", sagte er, „doch ohne Garantie, bitte."

Am Abend sprach er über die Sicherheitsleitung mit dem Minister auf der Bonner Hardthöhe. Der lehnte das Ansinnen der Amerikaner rundweg ab. Man war froh, daß die erste Fahrt in den Bottnischen Meerbusen so glimpflich verlaufen war. Man wollte sich der Gefahr nicht noch einmal aussetzen. Bonn wehrte sich also mit Händen und Füßen.

Aber dann gaben die Amerikaner wieder mächtig Druck. Der Präsident sprach persönlich mit dem Bundeskanzler und erklärte ihm die Notwendigkeit des Einsatzes.

Der Kanzler wiederum sprach mit seinen Kabinettsmitgliedern. Dort ließ man die Warnung des Bundesnachrichtendienstes, daß in der NATO ein Topspion sitze, nicht unerwähnt. Doch wie immer ging es um Beweise. Und die lagen nicht vor. Dann entschied der Verteidigungsminister alles.

Er sagte: „Wenn dieser Topspion wirklich existiert, dann wäre unser U-Boot schon beim ersten Mal in eine Falle gelaufen und aufgebracht worden. Es kehrte aber, wie ich hörte, unbeschädigt nach Kiel zurück. Nun erfordert es die Waffenbrüderschaft mit den Amerikanern, daß wir ihnen in dieser Sache erneut beistehen. Ich sehe keine übermäßige Gefahr darin."

So wurde beschlossen, die Marine entsprechend anzuweisen.

Beim Kommando der U-Boote war man besorgt. Als U-22 aus-
lief, herrschten bedeutend ungünstigere Wetterbedingungen als
bei der ersten Fahrt. Es war schön, kaum Wind, blauer Himmel
mit bester Sicht.

Auch waren die Vorbereitungen mit Hektik vorangetrieben
worden. Die Operation hatte innerhalb von achtundvierzig Stunden geplant, organisiert, vorbereitet und zum Rollen gebracht
werden müssen.

Nur wenige Stunden vorher, erst X minus zwei Stunden vor
dem Auslauftermin des Bootes, waren die Amerikaner mit einer
Sondermaschine der CIA-Fluggesellschaft Santa-Lucia-Airway
in Kiel angekommen. In Eile wurden sie an Bord gebracht. Dann
war das U-Boot von Kiel-Wiek aus in See gegangen.

Es lief unter dem Kommando von Oberleutnant Wittiko mit
dessen bewährter Mannschaft auf dem schon einmal genomme-
nen Kurs in Richtung auf den Bottnischen Meerbusen. Die jeweiligen Standortmeldungen des Bootes wurden beim Kommando der U-Boote auf den Karten nachgetragen. Nach vierzig
Stunden glaubte man dort, daß die Reise so problemlos verlaufen
würde wie die erste. Die Meldungen klangen völlig beruhigend.

In der östlichen Ostsee herrschte Wetterlage mit bedecktem
Himmel, Seegang drei bis vier und bestenfalls einer halben Meile
Sicht. An Bord war technisch alles in Ordnung und die Mann-
schaft motiviert. Die Amerikaner brannten darauf, ihre Arbeit so
rasch wie möglich zu erledigen. Als das Boot vom Typ 206 die
Position nahe dem Seekabel erreicht hatte, kam vereinbarungs-
gemäß nur ein kurzer codierter Funkspruch. Er lautete: OSb. –
Das hieß: *Operation Seeschlange beginnt.*

Beim Kommando der U-Boote drückte man nicht auf die
Stoppuhren. Man wußte aber, daß alles binnen sechs Stunden
erledigt sein mußte und das Boot dann befehlsgemäß sofort den
Rückmarsch antrat. – Dies sollte von U-22 kurz bestätigt werden.

Um achtzehn Uhr war die Meldung OSb durchgekommen. Die Zeit verstrich. Spätestens um Mitternacht erwartete man mit dem Code: OSE, das Ende Operation *Seeschlange*.

Aber OSE traf nicht ein.

So blieb es bis zum Morgen und weiter bis zum Mittag. Auf Notrufwelle versuchte das U-Boot-Kommando sein Fahrzeug zu erreichen. Es war nicht möglich. Der Äther blieb auf der vereinbarten Frequenz still wie ein Sonntagmorgen nach einer Nacht mit zwei Meter Schneefall.

„Gefällt mir gar nicht", sagte der Admiral.

„Sie können Funkausfall haben."

„Bei drei Reservesystemen? – Unwahrscheinlich."

„Oder russische U-Boot-Jäger zwingen sie auf Grund zu bleiben, oder in Tauchfahrt."

Der Admiral ließ sich nur kurzfristig beruhigen. Nach weiteren vier Stunden der Funkstille mit U-22 wurde seine Sorge riesengroß.

Die Abhörstationen der NATO rings um die Sowjetunion, angefangen in Norwegen über Westeuropa, Südeuropa, die Türkei, Nahost bis Indochina und Ostasien lauschten, ob irgendwelche Nachrichten durchkamen. Doch nichts dergleichen geschah. Wenn es etwas gab, dann unterdrückten die Russen jede Meldung. Abermals achtundvierzig Stunden später, als U-22 längst wieder am Pier von Kiel-Wiek liegen sollte, traf die fürchterliche Gewißheit die Verantwortlichen wie ein Hammerschlag. Das U-Boot war havariert, wahrscheinlich aber von den Russen aufgebracht worden oder sogar in eine Falle gerannt. – Das bedeutete, einundzwanzig deutsche Marinesoldaten und drei Amerikaner waren tot. Aber noch hatte man einen schwachen Funken Hoffnung.

Eine zweimotorige Breguet-1150-Atlantik, das alte Standard-Langstreckenpatrouillenflugzeug der Bundesmarine, startete von einem küstennahen Flugplatz. Von dort hatte die Maschine bestenfalls tausend Kilometer bis zu dem Planquadrat im Bottnischen Meerbusen, wo U-22 operiert hatte.

Die Breguet erreichte es mühelos in drei Stunden. Da sie nahezu einen halben Tag ohne nachzutanken in der Luft bleiben konnte, hatte sie genug Zeit, um eventuelle Spuren des vermißten Bootes zu finden. Auf 17' 46' 15' Ost und 58' 54' 17' Nord begann die Breguet ihre Suchkreise zu ziehen.

Die sieben Experten im Arbeitsraum im Mittelrumpf des Patrouillenflugzeuges saßen vor Geräten, die alles aufzeichneten, was sich sowohl auf dem Wasser als auch bis fünfzig Meter Tiefe befand oder abspielte. Dazu mußte die Breguet allerdings von 8.000 Meter Höhe auf zweihundert Meter herunter. Sie drehte mit halber Geschwindigkeit ihre Runden. Die vielen Suchkreise bildeten zusammengesetzt wiederum einen großen Kreis von sechs Meilen Durchmesser.

Da die Breguet auch über Fernradar verfügte, konnte sie auf große Entfernung sich nähernde gegnerische Flugzeuge erkennen. Allerdings war sie nicht in der Lage, sich gegen Angreifer zu wehren. Sie führte normalerweise nur Torpedos und NATO-Standard-Bomben gegen U-Boote mit sich. – Bei diesem Einsatz hatte sie nicht einmal solche Waffen dabei.

Nach mehreren Suchkreisen entdeckten die Techniker wiederholt auseinanderdriftende schwimmende Objekte. Das war, bevor das Fernradar am Festland startende Abfangjäger registrierte. Die Breguet-Atlantik hatte ihre Aufgabe erfüllt. Sie hatte vermessen, erkannt und fotografiert. Nun suchte sie mit allem, was die zwei Propellerturbinen hergaben, das Weite. Sie ging zügig auf Marschflughöhe 8.000 und entkam in einer von Gotland heranziehenden Schlechtwetterzone.

Sieben Stunden nach dem Start landete die Breguet-Atlantik wieder auf ihrem Küstenstützpunkt. Die Magnetbänder, Filme und Fotos kamen sofort zur Auswertung.

Noch in der Nacht lagen beim Marinekommando die Ergebnisse vor. Sie löschten auch den letzten Funken Hoffnung. Auf mehr als einer Seemeile im Quadrat hatte man eine Reihe von Beweisen gefunden.

„Holzteile der U-Boot-Kojen und Innenverschalung", analysierte der Auswerter. „Tauchretter, Schwimmwesten, Leichtkonserven und Plastikmaterial."

„Auch treibende Leichen?"

„Keine."

„Ist in der Tiefe Magnetismus festzustellen?"

Diese Spezialauswertung dauerte länger. Dann aber kam man zu der Überzeugung, daß auf dem Meeresgrund Trümmer von Stahl liegen mußten, große Stücke, vermutlich ganze Bootsteile.

„Was für Stahl ist es?"

„Antimagnetischer."

„Der neue antimagnetische?"

„Ja, der ostseewasserfeste Stahl."

Damit hatten die U-Boote der neuen Serie ihre Probleme gehabt. Die ersten Baustähle, sie waren aus Österreich gekommen, hatten sich als nicht salzwasserfest, also unbrauchbar erwiesen. Daraufhin hatte in einer Millionen teuren Aktion die Außenhaut der Boote auf neue korrosionsfeste Legierungen umgerüstet werden müssen.

„Zweifellos der Krupp NNK-68", hieß es.

Somit war jeder Zweifel ausgeschlossen. U-22 existierte nicht mehr. – Es war von den Russen aufgebracht und wohl, weil es flüchtete, gerammt oder torpediert worden.

Merkwürdig war nur, daß man keine Leichen gefunden hatte. Leichen in Schwimmwesten trieben meist noch lange, ehe sie absoffen.

Die Russen verschwiegen weiterhin hartnäckig den Zwischenfall. Vielleicht gerade deshalb, weil er sich in internationalen Gewässern, wenn auch dicht an ihrem Interessengebiet, ereignet hatte.

Nach dieser Katastrophe wurde beim US-Geheimdienst die Lage noch einmal überdacht. – Nur nützte das der Bundesregierung in dieser Situation wenig. Bald würden die Medien davon Wind bekommen.

Man stellte wieder einmal fest, daß man vom Hauptverbündeten, den USA, in infamer Weise benutzt worden war und jetzt ziemlich belämmert dastand.

10.

Mit einer Million Dollar im Koffer flog der BND-Agent Robert Remarc nach Casablanca.

Sie trafen sich in einem Artistenhotel nahe der Kasbah. Nowaja wartete in der Lobby auf ihn und drückte die Zigarette aus, als er hereinkam.

„Liebend gern", sagte sie, „hätte ich mich mit dir in Rick's Bar aus dem Casablanca-Film getroffen und ein Farbiger hätte *As time goes by* gespielt. Leider gibt es die Bar nicht, und es gab sie auch nie."

Remarc hob den Aktenkoffer hoch. „Eine Million Dollar ist auch eine schöne Portion Romantik."

„Darf man reinsehen?"

Er schaute sich um. „Hier?"

Sie lachte. „Hier bumsen sie, wenn sie besoffen sind, abends sogar unter den Tischen. Mach ihn auf, Bobutschka."

Remarc ließ den Deckel schnappen.

Die Russin warf einen Blick hinein. „O Bobutschka! Geld macht geil. Ich wußte gar nicht, wie sehr."

„Nachzählen bitte oben im Hotelzimmer."

Er behielt den Koffer neben sich auf dem Wandsofa und bestellte Whisky.

„Haben wir nicht", bedauerte der Kellner mit dem roten Fes.

„Dann Tee mit Cognac."

„Darf es auch Tee ohne Cognac sein, Monsieur?"

Remarc nickte. „Auch Cognac ohne Tee."

Der Kellner bedauerte.

„Das ist ein streng moslemisches Land", bemerkte die Russin zwinkernd.

„Wirklich?" tat Remarc erstaunt. „Wovon werden die dann betrunken?"

„Zum Teufel, wie kriege ich das Geld in Sicherheit?" fiel Nowaja mit einem Mal ein. Die Sorge darum änderte nichts an ihrer Wolgaschönheit.

„Dein Problem, Darlingnowa."

„Was rätst du mir?"

„Schlaf auf dem Koffer."

„Und wenn ich nachts im Club auftrete?"

„Behalt ihn an einer Kette, die in die Kulissen läuft."

„Und wenn ich es zur Bank bringe?"

„Tu es in ein Schließfach. Von einem Konto kriegst du es hier nur schwer wieder herunter. Auch wird man Fragen stellen. Etwa: Wie kommen Sie als Russin zu einer Million Devisen? Waschen Sie Rauschgiftgelder? – In Marokko landest du schnell im Kittchen."

„Was rätst du mir also?"

Remarc überlegte nicht lange. „Nimm die Frühmaschine nach Gibraltar, zahle es bei einer britischen Bank ein, als Dollarkonto. Abends bist du wieder hier. Eine solidere Möglichkeit hast du nicht."

Sie verstand und entnahm ihrer Umhängetasche, dem roten

rindsledernen Ding, in das der Hausrat einer Flüchtlingsfamilie hineinpaßte, einen Umschlag. Er trug russische Briefmarken und den Streifen – Luftpost –.

Remarc wunderte sich nicht. Geheimmaterial schaffte man noch immer am leichtesten per Post aus einem Land. Boten und Kuriere wurden meist enttarnt, aber Hunderttausende von Briefen ließen sich nicht kontrollieren.

Der Brief war vor vier Tagen in Moskau aufgegeben worden. Er wollte ihn öffnen.

„Erst den Koffer", verlangte Nowaja.

„Sorry, erst einen Blick in den Umschlag."

Alles, was er enthielt, war ein leeres Blatt Papier, zusammengefaltet, und darin ein Schwarzweißfoto. Es zeigte, wie von Kerenski angedeutet, einen russischen Geheimdienstgeneral, den Remarc kannte, und einen anderen Mann, den Remarc ebenso gut kannte wie den KGB-Offizier. Also nicht persönlich, nur dem Gesicht nach. – Trotzdem haute es ihn vom Stuhl.

Aber nicht ganz.

Zu seiner Beruhigung stellte er fest, daß der Mann, der mit dem Russen sprach, mit Sicherheit kein hoher deutscher Offizier, Beamter oder Politiker war.

„Bist du jetzt platt?" fragte die Russin.

„Es fühlt sich immer an wie ein Stoß mit einem Stilett mitten ins Herz, wenn ein großer Spion enttarnt wird", sagte er. Er hätte einen doppelten Dreifachen gebraucht, doch nur der Tee kam.

Remarc nahm einen Schluck und warf dem Kellner einen dankbaren Blick nach. Der Tee war eiskalt, denn es handelte sich um Whisky pur.

„Erinnere mich daran", sagte er, „daß ich ihm ein Extratrinkgeld gebe."

Remarc steckte das Foto ein und schob den Koffer zu Nowaja hinüber.

„Du bist doch ein echter Gentleman?" fragte sie.

„Ich hoffe."

„Dann trag ihn mir aufs Zimmer."

Eine Million Dollar in großen Scheinen war leicht. Aber er trug den Koffer gerne hinauf.

Das Zimmer war wegen der Hitze abgedunkelt. Durch die Jalousien drangen die Geräusche der Straße und irgendwelche Musik herauf. Nowaja summte dazu, während sie sich entkleidete. „Spielen wir die marokkanische Flöte?" fragte sie.

„Gibt es nichts Originelleres?"

„Wie wär es damit? Du bist Humphrey Bogart und ich Ingrid Bergman."

„Nein, ich bin der Bergmann", schlug er vor, „und du bist das Ingrid."

„Fein", sagte sie. „Nur war sie blond."

Aber vorher zählte sie noch die Million Dollar durch.

„Die Hälfte gehört mir", sagte sie. „Jetzt bin ich eine prima Partie. Ich trete noch in Rom, Athen, in Ankara und in Kairo auf, dann ist Schluß mit der Hopserei. Darf ich dich einladen?"

„Wohin?"

„Auf meine Insel... oder..."

„Oder?"

Nackt warf sie sich aufs Bett und klopfte mit der Hand auf die andere, die leere Hälfte der Matratze.

„Oder hierher, Mister Bergmann."

Es wurde eine lustige, fast ausgelassene Partie. Sie dauerte bis kurz vor Abflug seiner Maschine nach Paris.

In Paris bekam Remarc Anschluß zur belgischen Hauptstadt. Er hatte Scanner angerufen. Der Amerikaner holte ihn in Brüssel ab.

Noch am Flugplatz, im Licht der Lampe über dem Armaturenbrett des Chevrolet, starrte Scanner das Foto an.

Seine erste Reaktion war heftiges Kopfschütteln. Dann brach es aus ihm heraus. „Unmöglich! Absoluter Wahnsinn ist das."

„Mein Gewährsmann liefert keinen Schrott", erklärte Remarc.

„Aber ich weigere mich, so eine Ungeheuerlichkeit zur Kenntnis zu nehmen."

„Ihre Sache, Scanner."

„Und dafür haben wir nun eine Million Dollar rausgeschmissen. Das Foto ist kein Beweis. Es besagt null, zero, nichts. Kann auch reine Verleumdung sein."

„Holt euch den Beweis", riet Remarc.

„Aber wie, zum Teufel? Soll ich auf ihn zugehen und ihn einfach fragen?"

„Nein, man muß das tricksen."

„Und wie bitte, Sie Schlaumeier?"

„Man muß ihn zur Enttarnung zwingen."

„Haben Sie eine Idee, Colonel? Ich fühle mich total befangen. No, Sir, das nehme ich Ihrem Mann in Moskau nicht ab, und Washington nimmt es auch mir nicht ab."

Remarc hatte mit einer derartigen Reaktion gerechnet und unterwegs Zeit gehabt, einen Plan zu entwickeln. „Berufen Sie eine Versammlung ein, Scanner."

„Wessen?"

„Aller bei der NATO in Brüssel tätigen und derzeit im Hauptquartier befindlichen amerikanischen Geheimdienstleute, Militärs und Beamten", fügte Remarc noch hinzu.

„Mit welcher Begründung?"

„Mit folgender: Aus München, vom BND-Hauptquartier, käme ein Agent, der über die U-22-Katastrophe im Einzelnen berichte und dazu sensationelle Enthüllungen liefere."

„Der Agent sind Sie, Commander."

„In der Tat."

„Und Ihre sensationellen Enthüllungen, wie sehen die aus?"

„Daß U-22 in eine Falle lief, weil die Operation von einem Topspion verraten wurde."

„Und woher wissen Sie das?"

„Angeblich von einem unserer Topspione in Moskau."

„Und was bitte ist dabei die Falle für den Verdächtigen?"

„Sie liegt darin, daß er sich sofort mit dem nächsten KGB-Offizier in Verbindung setzen wird, um ihm von unserem Spion in Moskau zu berichten und vor ihm zu warnen."

„Und wenn er ihn gewarnt hat, ist alles verloren, weil es diesen Spion in Moskau gar nicht gibt."

„Dazu", sagte Remarc, „darf es natürlich nicht kommen."

„Und wie hindern Sie ihn daran?"

Remarc nahm ab und zu einen Schluck Bourbon aus der Reserve. „Das ist nur ein untergeordnetes technisches Problem", meinte er.

❧❧❧❦❧❧❧

Die Blitzkonferenz wurde schon für den nächsten Vormittag einberufen. Alle Spitzenleute der USA, soweit sie beim NATO-Oberkommando erreichbar waren, versammelten sich in einem der abhörsicheren Räume.

Nachdem Scanner sie begrüßt und die Sitzung eröffnet hatte, bat er Oberst Remarc herein und um sein Kurzreferat. Remarc faßte sich so knapp, wie es ging. Er führte den Verlauf der Operation *Seeschlange* aus und warum es beim zweiten Mal zu einer Katastrophe gekommen sei. – Vermutlich durch Verrat. Von jemandem in Moskau habe der BND erfahren, daß es bei der CIA einen Mann gebe, der seit Jahren schon alle verdeckten Aktionen und anderes nach Moskau melde und damit konterkariere.

Das Resultat war allgemeiner Unglaube. Vereinzelt wurden sogar Proteste laut. Remarcs Eröffnung wurde rundweg bestritten. Man kannte ähnliche Situationen, wo die Russen durch falsche Verdächtigungen ehrenwerte Männer in den USA ausgeschaltet hatten.

„Das ist eine Diffamierung sondergleichen!" rief einer.

„Üble Nachrede heißt das im Klartext. Ein braver Mann wird wieder mal mit Scheiße beworfen!" wurde geäußert.

„Brunnenvergifterei!"

„Wer ist der Mann?" fragte General Madstock als Mitglied der Runde seelenruhig.

Remarc bedauerte. „Das erfahre ich in den nächsten vierundzwanzig Stunden."

„Hoffentlich", meinte einer der Stabsoffiziere, „haben Sie dann Beweise mit Haken und Ösen."

Remarc nahm seinen Schnellhefter an sich. Als er gehen wollte, folgte ihm General Madstock. Er faßte Remarc am Ärmel und zog ihn zurück.

„Gut, daß Sie keinen Namen genannt haben", sagte er, „auch nicht den Ihres Informanten. Der Spion unter uns, wer auch immer er sein mag, könnte sofort Moskau unterrichten, und alles wäre abgeblockt."

„Es ist..."

„Ich will den Namen gar nicht wissen", stoppte ihn der General, „niemand hier möchte da reingezogen werden."

Aber da hatte Remarc ihn schon ausgesprochen.

„Es ist Oberstleutnant Kerenski von der Abteilung vier im KGB. Unter uns kann ich es ja offen sagen, General."

Madstock wandte sich an die Umstehenden. „Von alledem kein Wort zu irgendjemandem, Gentlemen, bevor wir den Verräter haben und die Untersuchung vorantreiben können. Der Mann darf nicht gewarnt werden."

„Von mir erfährt es keiner", versicherte Remarc. „Und von Ihnen wohl auch nicht, Gentlemen. Goodbye!"

Fortan wurde der Verdächtige von der Abteilung für Sicherheit nicht mehr aus den Augen gelassen. Sie beobachteten ihn auf Schritt und Tritt.

Der Verdächtige nahm im Casino noch den Lunch ein, dann ging er in eines der Büros, erklärte dort, er fühle sich nicht wohl und sei im Hotel erreichbar.

Dann ließ er sich von der Fahrbereitschaft seinen Dienstwagen bringen. Es handelte sich um einen elektronisch vorbereiteten Chrysler. – Der Verdächtige verzichtete auf einen Chauffeur.

Mit dem Chrysler fuhr er stadteinwärts und durch den dichten Stadtverkehr bis zum Gare Central. Dort rollte er in eines der Bahnhofparkhäuser. – Ein Lieferwagen, besetzt mit Abhörtechnikern, Remarc und Scanner, fuhr immer hinter ihm her. Doch der war ein Fuchs. Er verließ das Parkhaus wieder, rollte zum Grote-Markt und durch die engen Straßen weiter zu einem Fastfood-Restaurant. Dort am Parkplatz wendete er in Richtung Boulevard de Berlaimont. Dieser führte durch einen langen Tunnel unter der Avenue Victoria Regina Laan hindurch. – Kurz vorher riß er den dunkelblauen NATO-Dienstwagen unvermittelt in die Abfahrt zur Rue Royale.

Der Fahrer des Lieferwagens fluchte und schaffte es nur mit Mühe, Kontakt zu halten.

Wenige Kilometer weiter glaubte der Verfolgte für seine persönliche Sicherheit genug getan zu haben. Er hielt den Wagen am Parc de Bruxelles an und rauchte eine Zigarette. Dann benutzte er das Autotelefon.

Die Experten im Lieferwagen hörten jedes Wort mit.

„Er tastet die Nummer der russischen Botschaft ein", sagte der Techniker hinten am Gerät, die Kopfhörer auf den Ohren.

„Und nun?"

„Ich schalte auf *belegt*, Sir."

Wenige Minuten später versuchte es der Verdächtige wieder.

Diesmal bekam er Freizeichen. Sich bei der Zentrale der russischen Botschaft wähnend, verlangte er einen bestimmten Mann.

„Perijakin, bitte!"

„Kommt!"

Es wurde verbunden.

„Perijakin ist der KGB-Resident der Botschaft", flüsterte Scanner.

Schon hatte der Techniker das Gespräch, das vom Chrysler aus geführt wurde, auf Lautsprecher geschaltet. Dies hörte auch ein zweiter Mann, der hinten saß und jedes Wort des NATO-Spions mitbekam. Scanner gab ihm das Zeichen.

Der Dolmetscher schaltete sich nun in das Gespräch ein. Der kurze Dialog mit dem Abgehörten lautete: „Major Perijakin! – Ja bitte?"

„Hier Indianer."

„Ich höre, Indianer."

„In der Moskauer Zentrale, Hauptabteilung vier, sitzt ein Oberstleutnant Kerenski. Er ist ein Spion des BND und hat mich verraten. In Brüssel kursiert angeblich mein Foto. Man will noch Beweise liefern. Rate dringend zur Liquidation."

„Wird erledigt", sagte der falsche Perijakin.

Beide legten auf.

„Los jetzt!" befahl Scanner. „Auf ihn!"

Sie stiegen aus und rannten zu dem Chrysler hinüber. Remarc folgte ihnen als unbeteiligter Kampfbeobachter. Sie bauten sich um den Wagen herum auf. Scanner öffnete die Tür auf der Fahrerseite, ehe der Mann am Lenkrad sie sah, die Tür verriegeln und losfahren konnte. Blitzschnell hatten sie ihn überwältigt.

Er war wie versteinert. Sie drückten ihm eine Dienstwaffe in die Seite. Von hinten bekam er den Lauf einer Pistole in den Nacken gestoßen.

Scanner sagte nur: „Geben Sie auf, General Madstock!"

Der General faßte sich rasch und schnarrte im Befehlston: „Sind Sie verrückt geworden, Mann?"

„Wir haben Ihr Gespräch mit der russischen Botschaft manipuliert und auf Band. Den KGB-Residenten Perijakin spielte unser Dolmetscher. Ihr Autotelefon ist präpariert. Nun wissen wir, daß Sie nicht nur unsere finnische Funkstation an Moskau verrieten, sondern auch die Operation *Seeschlange*."

Madstock schien zu begreifen, daß er nichts dagegen tun konnte, und daß er am Ende war. Er kreuzte die Handgelenke.

„Keine Handschellen", entschied Scanner.

„Dann", bat General Madstock mit trockener Kehle, „geben Sie mir Ihre Pistole, Scanner. Daß ich mir eine Kugel durch den Schädel jage, wird ja wohl erlaubt sein."

„Nein", entschied Scanner, „das würde Ihnen so passen. Wir brauchen Sie lebend, Sie Hundesohn."

❧

General Madstock wurde per Sonderflugzeug von Belgien nach den USA gebracht. Schon am nächsten Morgen drehten sie ihn in der CIA-Zentrale in Langley durch die Mangel.

Sie zählten auf, was er in den Jahren bis zurück zur Eisenhower-Regierung alles verraten haben mußte. Sie nannten ihm sogar sein Motiv. Es war nicht Geldgier. Er wollte nur Präsident der USA werden und dann seine hervorragenden Verbindungen zu den Russen politisch einsetzen. Möglicherweise mit verheerenden Folgen für die USA.

„Sie haben die Wahl", erklärten sie Madstock, der seit dem Vortag kein General mehr war, „entweder unehrenhafte Entlassung aus der Armee, einen Prozeß und lebenslänglich Zuchthaus. Sie sind jetzt Ende fünfzig, Madstock, das würde bedeuten, selbst wenn man Sie nach dreißig Jahren begnadigt, daß Sie nie mehr in Freiheit gelangen. – Okay, das ist das eine..."

„Und das andere?" fragte Madstock ohne allzu große Hoffnung.

„Rückhaltlose Kooperation."

„Sie meinen eine Wiedergutmachung des von mir angerichteten Schadens."

„Das wäre die letzte Alternative!"

Madstock bat um vierundzwanzig Stunden Bedenkzeit. – Da es aber Probleme gab, die ihnen auf den Nägeln brannten, gewährten sie ihm nur einen halben Tag.

„Bis Mitternacht, Madstock, oder die Akte geht an den Generalbundesanwalt", drohten sie.

Da versteifte der Exgeneral sich, nickte, nickte noch einmal und schnarrte: „Ich habe wohl keine andere Chance."

„Nein."

„Sie kriegen mich ja doch klein."

„In jedem Falle, Madstock."

Von da ab wurde der Exgeneral nicht einen Atemzug lang außer Kontrolle gelassen. – Er mußte seinen Funkverkehr mit dem KGB weiter aufrecht halten.

Weil der General nicht mehr in der Öffentlichkeit auftrat, wurde gemeldet, er sei erkrankt, müsse das Haus hüten und sich vermutlich einer Operation an der Prostata unterziehen. Inzwischen erstellten die CIA-Experten einen Katalog von perfekten Falschmeldungen für Moskau, gespickt mit einer Reihe von Fragen. Sie wurden versteckt in die Meldungen eingebaut. In erster

Linie ging es um den Fall *Seeschlange*. Drei Kurzinformationen für Moskau enthielten, eingewickelt wie eine Mumie, solche Fragen. – Madstock funkte: – NATO-Aufklärungsflugzeuge haben auf See treibende Trümmer gesichtet –.

– Werden aufgefischt und beseitigt – kam es beim nächsten Kontakt zurück.

– Sind die US-Experten brauchbar oder werden dazu Personalangaben benötigt? – fragte Madstock an.

– Deutsche U-Leute und US-Techniker alle gerettet. Sind aber nicht gesprächsbereit – .

Beim Kontakt in der Nacht gab Madstock durch: – Personalpapiere deutscher Gefangener schwer beschaffbar. Erbitte rechtzeitige Anforderung – .

Die Antwort dazu lautete: – Gefangene werden in diesen Tagen aus Lazarett entlassen. Dann beginnen Verhöre. Bereitet an Personalunterlagen alles vor, was erreichbar ist. Name, Alter, Rang, Ausbildung, Familienstand, Geburtsort, Beziehungen zu Frauen et cetera – .

– Unterlagen wohin? – stellte Madstock die gefährlichste aller Fragen.

Doch der zuständige Funkoffizier beim KGB in Moskau, der den Verkehr abwickelte, hatte offenbar grenzenloses Vertrauen zu dem amerikanischen Spitzenspion. Er forderte: – Material, sobald verfügbar, nach hier. Leiten es nach Alexandria weiter –

Nun wurde Madstock von den CIA-Leuten gedrängt, es zu riskieren.

– Alexandria? – hakte Madstock nach.

Aus Moskau kam zunächst keine Antwort. Dann: – Das Lager –.

Damit war auch dieser Kontakt beendet.

„Sie kriegen frisiertes Material", entschied der für den Doppelagentenfunk Verantwortliche, „aber was bitte bedeutet Alexandria?"

„Davon", meinte ein Experte, „gibt es auf der Welt Dutzende. Allein schon in Rußland mehr als eine Handvoll."

∾∾∾❈∾∾∾

Weder aus Höflichkeit, noch weil von der CIA zu erwarten war, daß sie einen Sack Hafer abgaben, wenn sie die Ernte noch nicht in der Scheune hatten, sondern aus neuen Schwierigkeiten heraus rief Scanner bei Remarc in München an.

„Stichwort Alexandria", sagte er. Alles andere mußte ihm Remarc aus den Zähnen reißen.

„Leben unsere Leute?"

„Man brachte sie, soweit sie verwundet waren, aus dem Lazarett in ein Lager."

„In Alexandria", versicherte sich Remarc.

„Wir haben alles, was es über Alexandria gibt, durchanalysiert."

„Kann ich mir denken"

„Sagen wir so", schränkte Scanner ein. „Wir analysierten, was wir finden konnten."

Damit begann er aufzuzählen: „Alexandria kann sein: eine Stadt in Rumänien, die zweitgrößte Stadt Ägyptens, eine berühmte Bibliothek aus der Antike, eine Bibelhandschrift, eine Dichterin, ferner diverse Abhandlungen und Sagen. Außerdem Fürsten, Könige, Königinnen, Feldherren, Philosophen..."

Remarc unterbrach ihn.

„Man sollte sich allein auf die Geographie beschränken."

„Da gibt es den Alexander-Archipel, das Alexander-I-Land, das ist ein Küstenstreifen in der Nähe des Südpols, Alexanderbad bei Wunsiedel im Fichtelgebirge und und und..."

Remarc unterbrach ihn erneut. „Beschränkt euch auf russische Geographie. Meistens werden Gefangenenlager nach

Orten benannt, nach Gebirgszügen oder nach Flüssen in der Nähe."

Hier war Scanner offenbar an seiner Grenze angelangt.

„Die Punkte in der riesigen UdSSR, die mit Alex beginnen, sind samt und sonders nicht relevant."

„Na schön. Und wo soll ich Alexandria bitte herzaubern?" fragte Remarc.

„Der BND mit seinem Ostnetz gilt schon immer als Rußland-expertenverein erster Klasse", bemerkte Scanner. „Die Russen verwenden Decknamen für Lager aller Art. Läuft da vielleicht eines unter Alexandria?"

Remarc hatte nachgedacht und auch etwas gefunden. Ohne sein vorzügliches Gedächtnis in Bezug auf Gegenden, in denen er schon eingesetzt worden war, hätte er sich dieses winzigen Winkels wohl kaum erinnert. – Es war eine Operation hoch droben im nordischen Eismeer gewesen. Aber im Grunde paßte alles zusammen.

Das U-Boot war im Bottnischen Meerbusen aufgebracht worden. Man hatte die Besatzung gerettet und ließ sie erst einmal völlig von der Bildfläche verschwinden, man brachte sie also nicht in eines der üblichen Lager, wo es immer undichte Stellen gab, sondern in das geeignetste in dieser Gegend. Es mußte ein geheimes, durch seine Lage gut bewachbares Lager sein. Eines, das sicher war, weil es auf einer Insel lag. Und zwar nicht an einem warmen, sondern an einem verdammt kalten Meer.

„Es gibt da noch ein Alexandria", deutete Remarc an.

„Wo, zum Teufel?"

„Schon mal von der Arktischen See gehört?"

„Ein Haupttummelplatz der Russen, gespickt mit Flottenbasen, Stützpunkten, Raketensilos, Radaranlagen, Flugplätzen, Depots."

„Dort gibt es eine kleine Insel. Ihr Name ist Alexandria."

„In Nowaja Semlya?"

„Noch tausend Kilometer nördlich davon."

„Das ist fast schon am Pol, Commander."

„Viel fehlt nicht mehr."

„Ach du verdammte Scheiße!" fluchte Scanner.

„Und gut siebenhundert Kilometer östlich von Spitzbergen. So genau vermag ich es auswendig nicht zu sagen."

Scanner, der gern Fakten hatte, fragte, ob ihm Remarc die Lage nach geographischer Länge und Breite durchgeben könne.

„Habt ihr keine Karten in Langley?"

„Sie kennen doch die Verhältnisse, Commander. Man sagt den Fachleuten etwas, aber sie wissen es immer besser und erfinden hundert Ausreden. Nur wenn man sagt: Hier, ihr Idioten, genau da ist es! Dann hat man sie am Wickel."

Remarc holte eine Karte und schätzte die Position der Insel grob 83 Nord und 48 Ost. Dann hängte er eine Frage an.

„Was habt ihr vor, Scanner?"

Der CIA-Agent zögerte auffällig. Es dauerte, ehe er antwortete: „Man muß schließlich wissen, wohin sie unsere Leute verschleppt haben. Wir Amerikaner sind nun mal so. Wir möchten alles verbildlichen, wie in einem Film."

„Wir haben auch ein paar Männer dort oben", wandte Remarc ein.

„Es sind unsere drei fähigsten Elektroniker. Sie wissen alles, was bei uns in der Entwicklung ist. Falls die Russen sie in die Mangel nehmen, dann wirft das unsere Rüstungsindustrie um zehn Jahre zurück."

„Die Russen haben sie wirklich", schuf Remarc Tatsachen, „nicht nur falls."

„Zum Teufel ja! Leider."

Das war ein deutlicher Ausdruck des Mißfallens. Scanner zeigte keinerlei Coolness, sondern jammerte weiter.

„Mein Gott! wie mag es unseren Leuten in dieser Eishölle ergehen? Und was kann man für sie tun? Ich fürchte, Care-Pakete kommen dort nicht an. – Oder zu spät."

Zu Scanners Erinnerung äußerte Remarc: „Wir sind ebenfalls betroffen. Mitgegangen, mitgehangen. Wir beteiligten uns nur, weil wir Verbündete sind und ihr unsere Hilfe nötig hattet. Nun sind wir der Meinung, die USA sollten alles versuchen, um die Leute herauszuholen. Und zwar auf diplomatischem Weg oder mit wirtschaftlichem Druck. Das seid ihr uns schuldig, Scanner."

„Wir lassen uns etwas einfallen", versprach der CIA-Mann.

„Bei Gott nichts Falsches."

„Verdammt, nein", versicherte Scanner. „Aber einen so dicken Arsch wie den des russischen Bären kannst du nicht erschüttern. Höchstens mit einem ganz großen Prügel."

„Ich habe euch schon einmal gewarnt. Doch man hat es in den Wind geschlagen", erinnerte Remarc.

„Alles unsere Schuld", gab Scanner zu. „Wenn man nicht das richtige Werkzeug – in unserem Fall sprich U-Boot – hat, soll man nicht herumpfuschen. Allein unsere Schuld. Aber wir werden es wiedergutmachen. Habt Vertrauen."

„Vertrauen", sagte Remarc, „soviel Vertrauen wie zu Sonne, Mond und Sternen."

Sie beendeten das Gespräch.

Remarc vertraute Scanner und der ganzen CIA nicht. Okay, er vertraute ihnen wie Sonne, Mond und Sternen, aber bei bedecktem Himmel.

11.

Ein Flugzeugträger der amerikanischen Nordatlantik-Einheiten lief mit Höchstfahrt Richtung Spitzbergen.

Der hochmoderne atomgetriebene 60.000-Tonnen-Träger, ein Koloß wie ein Stadtviertel, schob seinen stählernen Bug durch Treibeis, daß die meterdicken Schollen gegen den Steven krachten und das Schiff dröhnte wie eine Kirchenglocke.

Fünfunddreißig Knoten waren für ein Schiff dieser Größe nahezu ein Irrsinnstempo. Aber das Oberkommando hatte höchste Eile gefordert, koste es, was es wolle.

„Sie dürfen uns erst im Radar erfassen", sagte der Flottenadmiral zum Kommandanten des Trägers, „wenn wir wieder weg sind."

Trotz Computer-Rechner und Navigationselektronik wurde jede Meile auf den Karten mit Zirkel, Lineal und Bleistift mitgekoppelt. Während der Nacht zog sich die Kurslinie des Trägers zwischen der norwegischen Insel Hopen und dem Südcap von Spitzbergen hindurch und wanderte allmählich auf Zielkurs 22 rechtweisend Nord.

„Magnet vierundzwanzig, Kreisel zweiundzwanzig", gab der Wachoffizier, ein Korvettenkapitän, an den Rudergänger.

Wenig später schon wurde der Rudergänger gegen den sogenannten Gefechtsrudergänger, den besten Mann für diese Arbeit, ausgewechselt.

„Schiff klar zum Gefecht! Hubschrauberbesatzung und Marines klarmachen! Noch sieben Stunden bis X-Time."

In dieser Zeit lief der Träger nahezu vierhundert Kilometer weit. Und nichts würde ihn hindern, sein Ziel anzusteuern.

Bei zwei Stunden bis X-Time fand im Briefingroom des Trägers eine letzte Einsatzbesprechung statt. Anwesend waren die Piloten des Kampfhubschraubers, der Kampfkommandant der Taskforceeinheit, die Leute aus der Funk- und Radarleitzentrale sowie die Schiffsführung.

„Wir gehen bis an die Grenze des Möglichen", erläuterte der Operations-Officer, „bis dicht an die Dreimeilenzone der Territorialgewässer. Danach sind Sie auf sich allein gestellt."

Die neuesten Aufklärerfotos wurden noch einmal begutachtet.

„Das Camp liegt auf der Nordspitze in einer Mulde."

„Und die Bewachung?"

„Normale Infanterieeinheiten der elften sibirischen Brigade."

„Radar, Luftabwehrstellungen?"

„Das war nicht zu ermitteln. Weder auf Alexandria noch auf den anderen Inseln."

„Wir mogeln uns im Tiefflug heran", entschied der Chefpilot des Sikorsky, „und ziehen erst vor dem Kliff hoch."

„Feuerschutz können wir euch nicht bieten", bedauerte der Fla-Waffen-Offizier.

„Das wissen wir, Sir."

„Wenn Sie den erwarteten Erfolg haben, Funkruf an uns. Der zweite Hubschrauber wartet mit laufenden Rotoren."

„Es sind nur maximal vierundzwanzig Männer, Sir."

„Kriegen Sie die alle rein?"

„Ladungsmäßig ist das kein Problem, Sir."

Der Meteorologe kam zu Wort. „Es ist relativ dunkel. Sicht kaum eine Meile. Wind vier Knoten aus NO. Mit Regen-, Graupel- und sogar mit Schneeböen ist zu rechnen."

Es gab Fragen. Sie wurden beantwortet, so gut es ging. Dann sprach der Admiral, als Verantwortlicher für die Geheimoperation, noch ein paar Worte. Sie sollten die Männer motivieren. Aber sie betrachteten den Einsatz als Kinderkram. Sie wußten, was sie zu tun hatten, um was es ging, und sie waren Profis. Der Träger raste mit Volldampf weiter auf die Insel Alexandria zu. – Noch X minus dreißig Minuten.

Die Operation zur Befreiung der amerikanischen Elektroniker und der deutschen U-Boot-Leute aus dem Camp Alexandria war eine Top-secret-Maßnahme der CIA in Zusammenarbeit mit den US-Streitkräften. Sie ging zurück auf eine Forderung des Pentagonchefs und des Präsidenten der Vereinigten Staaten. Niemand hatte erst bei den Verbündeten rückgefragt, niemand kümmerte sich um diplomatische oder politische Konsequenzen. Wenn die Russen behaupteten, sie hätten keine Gefangenen, dann war auch die Befreiung von Gefangenen, die es nicht gab, kein Übergriff. – So legte man es aus, und so stellte man es auch dar. – Hauptsache, man hatte Erfolg.

Hinterher konnte man noch immer die Amerikaner und die einundzwanzig U-Boot-Leute vorführen und behaupten, sie seien in internationalen Gewässern von den Russen kassiert worden. – Hauptsache, man hatte Erfolg.

Der Träger nahm Peilung von der am Horizont im Dunst gerade noch als Strich erkennbaren Insel Alexandria. Mit Abstand von drei Meilen plus einer Kabellänge als Sicherheit stoppte der Träger seine Fahrt und blieb im Treibeis liegen.

Etwas mehr von Ost, also direkt vom Pol her, blies ein eisiger Wind. Die Luft war mit nadelspitzen Kristallen durchsetzt. Binnen weniger Stunden würden die Aufbauten des 60.000-Tonnen-Trägers Rauhreif ansetzen.

„Gibt eine gute Tarnung", sagte der Kommandant zu dem Admiral.

Mit Pelzmänteln saßen sie in ihren hohen Drehsesseln auf der Kommandobrücke des Trägers.

„Bald ist alles Weiß in Weiß. Eine Eisschicht wirkt gegen das russische Urzeit-Radar wie ein Schutzanstrich. Das Radar, das sie hier einsetzen, wurde im Raketenabwehrgürtel um Moskau schon vor zehn Jahren ausgemustert. Die Bedienungsmannschaft besteht aus wehrpflichtigen sibirischen Muschniks. Die sind meist sturzbesoffen."

„Vielleicht", schränkte der Admiral ein, dem nicht fremd war, daß russische Dorfrechenmaschinen mit zweifarbigen Holzkugeln zwar langsamer, aber auch sicherer arbeiteten als ein Computer. Vor allem brauchten sie keinen Strom.

„Wollen es hoffen", betonte er noch einmal.

Was er noch sagte, wurde ihm von den auf dem Flugdeck aufheulenden Hubschrauberturbinen von den Lippen gefetzt. Der schwere amphibische Kampfzonentransporter vom Typ HR 3S-1 hob ab, daß Hosen und Jacken des Startpersonals in seinem Rotorwind flatterten. Mit voller Kraft zog er schräg in den Himmel und verschwand bald inselwärts im Dunst. Durch sein gummigepolstertes Fernglas verfolgte ihn der Admiral, bis nur noch ein Punkt zu sehen war. Dann wandte er sich an den Kommandanten.

„Dauer der Operation?"

„Hundert Minuten maximal, Sir."

„Ich bin in meiner Kajüte", sagte der Admiral, „halten Sie mich auf dem laufenden."

Es war nicht etwa Desinteresse. Es lag daran, daß der Admiral, ein alter Seemann, an zu hohem Blutdruck litt und extreme Aufregungen besser liegend ertrug. – Daß er sich von der Trägerbrücke in seine Admiralskammer begab, wirkte äußerst lässig und cool und so überzeugend, als würde ein an Leberkrebs Erkrankter noch bei einem Marathonlauf mitrennen.

Der Kampfhubschrauber näherte sich im Tiefflug mit einer Geschwindigkeit von hundertachtzig Stundenkilometern der Insel Alexandria. Für die Distanz vom Träger bis zur Steilküste, die aussah wie ein abgebrochener Eisberg, brauchte er nach Stoppuhr zwei Minuten.

Unmittelbar vor dem Kliff riß der Pilot das elf Tonnen schwere Fluggerät hoch. Als ziehe sie ein Lift empor, glitt an ihnen die schrundig zerklüftete Eiskante vorbei. Dann weitete sich der Blick über die Landspitze. Dort irgendwo, nur wenige Meilen entfernt in der Eismulde, sollte das Camp liegen.

„Shit!" fluchte der zweite Pilot. „Eine Graupelbö. Null Sicht."

Sie tauchten in das dicke Weiß ein. Der gefrorene Regen war geklumpt und trommelte gegen die Cockpitscheiben. Sie stellten die Wischer an. Die Gummis verklumpten ebenfalls.

„Einsatzgruppe an Träger!" gab der I. Pilot durch. „Erbitten Radarführung!"

Die schüsselartigen Antennen auf dem Turm des Trägers hatten das Camp längst erfaßt und eingepeilt. Nun lieferten sie dem Hubschrauber einen Leitstrahl. Der Strahl gab die Richtung an, aber nicht die Entfernung.

Die Piloten, jetzt so gut wie blind in der weißen Graupelsuppe, verließen sich voll auf den Leitstrahl. Der Kampfkommandant der Taskforce, ein Major, hockte zwischen ihnen und hatte seine Stoppuhr gedrückt. Laut zählte er die Sekunden durch: „Hundert, hundertzehn... zwei Minuten."

„Danke, Major."

„Wie lange noch?"

„Hundertvierzig maximal", schätzte der zweite Pilot, der als Navigator arbeitete. Sie flogen auf dem Leitstrahl des Trägers weiter.

Als sie in der Nähe des Camps sein mußten, sagte der Kampfkommandant der Taskforce-Gruppe: „Gehen Sie höher, Captain!"

„Wegen der Wachtürme?"

„Bei den Luftaufnahmen konnten wir ihre Höhe nicht genau erkennen. Wir vermuten aber, sie liegt nicht unter zwanzig Meter."

Der Pilot zog auf Sicherheitshöhe. Vom Träger erfolgte die nächste Peilung.

„Das Camp vierhundert auf Nordost."

Vorsichtig, Meter für Meter, bugsierte der Pilot den Helikopter mit heulenden Turbinen und flatterndem Achtblattrotor durch die weiße Hölle. Endlich kam vom Träger das Signal:

„Okay, mehr können wir nicht tun. Runter mit euch!"

„Mit Gott!"

Der Pilot ging tiefer. Links sahen sie den Schatten. – Einer der Wachtürme. – Also befanden sie sich bereits im Inneren des Camps. Schon setzte der Bodeneffekt ein. Stiebender Schnee nahm jede Sicht.

Sie setzten hart auf. Die Männer des Kampfkommandanten rissen die Schiebetüren auf und sprangen hinaus. Ihre Waffen wurden klickend durchgeladen.

Wenig später lichtete sich das milchige Nebelweiß. Erst sahen sie nur die Konturen der Baracken, der Wachtürme, den Zaun, und dann den Himmel.

„Volle Deckung!" befahl der Kampfkommandant ins Mikrofon des Sprechgerätes. „Feuer frei auf bewegliche Ziele!"

Totenstille. Nichts rührte sich. Baracken und Wachtürme waren von Reif und Schnee dick verkrustet. Ebenso die Maschen des Drahtzaunes.

Sie robbten, immer noch mit einer Falle rechnend, näher. Einer sprang auf, ein anderer gab ihm Feuerdeckung. Alles verlief exerziermäßig. – Sich heranarbeitend, hatten sie bald die westliche Baracke erreicht. Fenster und Türen waren vom Schnee zugeweht. – Sie stemmten die Türe auf, stürzten hinein. An die Wände gedrückt, im Schutz von Ecken, immer schußbereit, schlichen sie weiter.

Die Baracke glich innen einem undichten Kühlschrank, dessen

Abtauvorrichtung nicht mehr arbeitete. Ein Teppich aus knirschenden Eiskörnern bedeckte den Boden, Decken, die Tische, die Hocker, die Holzpritschen.

Sie meldeten es dem Kampfkommandanten per Walkie-Talkie.

„Baracke eins leer!"

„Zwei und drei auch leer."

„Lagerküche leer!"

„Wachbaracke leer!"

„Sucht nach Spuren!" befahl der Major.

Sie waren noch keine zwanzig Minuten im Alexandriacamp, da wußten sie eines mit Sicherheit: Es war geräumt worden. Wenn es hier je Gefangene gegeben hatte, dann hatte man sie weggebracht.

Die Bestätigung, daß hier vor kurzem noch Menschen gewesen waren, brachte einer der Taskforce-Leute. In der Hand hatte er eine Zigarettenkippe und einen daumennagelkleinen grauen Klumpen.

„Rest von einer Filter Camel", meldete er, „und Kaugummi, Sir."

„Also waren sie da."

Nach Funkverständigung mit dem Träger wurde von dort der Abbruch der Operation befohlen. Die Soldaten sammelten sich und kletterten in den Helikopter. Der Sikorsky startete in einer Wolke aus Schneestaub.

Sie konnten sich ausrechnen, daß sie in weniger als zehn Minuten wieder an Deck des Trägers landen würden. Dort gab es eine heiße Dusche, ein feines Steak und vielleicht sogar eine Dose Bier. Ihr Commander hatte in den Kisten mit der Ausrüstung auch einige Flaschen Scotch an Bord geschmuggelt, denn auf Schiffen der US-Navy war Alkohol verboten. Daran dachten die Männer, als sie über die Nordspitze der Insel, über die Kliffkante und das graue Meer zum Träger zurückflogen.

Ein Alarmruf schreckte sie auf.

„Achtung! Raketenabschuß!"

„Verdammt! Wo?"

Gewöhnliche Raketen konnten es schlecht sein. Die lösten sich nicht ohne umständliche Zielprozedur.

„Rakete aus Ost!" warnte die Radarzentrale des Trägers. Und dann: „Auf euch einschwenkend. Achtung! Vorsicht!"

Automatisch begann der Pilot mit dem Kampfhubschrauber einen Tanz aufzuführen. Das schwere Gerät reagierte träge, aber auch nicht träger als die bekannt schwerfällige Steuerung russischer Raketen.

„Abstand vierzehnhundert!" kam es vom Träger.

„Teufel! Wo kommt die her?" fragte der Kampfkommandant der Taskforce-Gruppe.

„Eine automatische Stellung."

„Oder es gibt doch eine Restbesatzung auf der Insel."

„Als hätten sie auf uns gewartet."

„Warum nicht?"

„Wie ist das möglich?"

„Durch Verrat?"

„Nicht unbedingt. Wir müssen annehmen, daß der Träger längst von ihren U-Booten und Aufklärern gesichtet wurde. Aber sie handelten verflucht rasch."

Vom Träger, der nur noch zwei Meilen entfernt war, kam es jetzt laut und überdeutlich:

„Rakete nähert sich schnell."

Der Pilot sah sie nicht kommen. Trotzdem riß er den Sikorsky erst hoch, kippte ihn dann zur Seite und drückte ihn schier bis aufs Wasser hinunter.

„Rakete Abstand fünfhundert!"

Sekunden später zischte sie vorbei. Sie hatten sie ausgetrickst. Die Rakete pendelte noch auf ihrem weißen Abgasstrahl und flog dann auf den Träger zu, wo sie konzentriertes Abwehrfeuer aus allen vorhandenen Bordwaffen empfing und auch zerstörte. – Sie explodierte nur wenige hundert Meter vor dem Schiff.

Die Männer im Sikorsky hofften schon, sie seien gerettet, da kam vom Träger eine neue Warnung.

„Achtung! Zweite Rakete!"

Niemand konnte mehr etwas dagegen tun. Auch Gott hielt diesmal nicht den Daumen dazwischen. Die zweite Rakete visierte ihr Ziel an und schien wie von einer Schnur in die Öffnung der drei G-E-Turbinen gezogen zu werden. Sie schlug ein, bohrte sich von hinten in das Backbordtriebwerk. Erst war es nur eine kleine Erschütterung, dann die Explosion. Dabei vermischte sich Sprengstoff mit Kerosin. Der Helikopter kippte taumelnd ab.

Die Männer sahen den Rotor wirbelnd wie ein Riesenrad wegfliegen. Während er auf See aufprallte, zerfetzte ein grellgelber Feuerball endgültig den Hubschrauber.

Auf dem Wasser brannte Öl. Hin und wieder detonierten Handgranaten und MG-Munition.

Vom Träger, wo man den Abschuß mit Entsetzen verfolgt hatte, wurden der Rettungshubschrauber und Motorboote losgeschickt. Sie fanden nichts. Nicht einmal Leichenteile.

Der Träger funkte die Nachricht von der Katastrophe zum Oberkommando Nord. Von dort ging die Meldung via Pentagon und CIA zum Weißen Haus. – Hier schlug sie wie ein Blitz in den Heuhaufen ein. – Danach war die Stimmung ungefähr so gereizt wie damals, als ein CIA-Kommando, das Fidel Castro kidnappen sollte, in der Schweinebucht vor Kuba zugrunde ging.

12.

Acht Wochen Tournee durch Finnland, Schweden und Norwegen, durch England und wieder zurück nach Kopenhagen, dann Paris, Zürich, Madrid, Casablanca, Rom und Athen, insgesamt fast fünfzig Auftritte ohne echte Pause, beanspruchten sogar einen Zirkusgaul. Nowaja wirkte trotz ihrer unverwüstlichen Schönheit erschöpft und ausgepumpt.

Sie empfing Remarc in ihrem Hotel unter der Akropolis. Die Umarmung dauerte nur kurz.

Nowaja war heute stark geschminkt, wohl um die Augenschatten zu verbergen. Sie rauchte nervös und trank. Der Ascher war randvoll und in der Wodkaflasche nur noch so viel, wie in ein Glas paßte. Im Schneidersitz hockte sie auf dem Bett und versuchte zu lächeln.

„Nur noch Ankara, und nach Ankara Kairo. Dann ist Schluß, aus, Ende, finito."

„Und nach dem Schluß?" fragte Remarc besorgt.

„Mein Bruder sucht schon ein Haus."

„Wo?"

„Irgendwo weit draußen auf den Ägäischen Inseln. Wir träumten immer von einem weißen Haus mit Arkaden in einer einsamen Bucht unter Palmen und Zypressen."

Es sah nicht danach aus, als sei sie der Verwirklichung ihrer Träume schon nahe. Nachdem sie hastig rauchend die Kippe in den Keramikascher gedrückt hatte, sagte sie: „Manchmal denke ich, ich bin die Prinzessin, die durch die Wüste flieht, und du bist mein Scheich, der hinter mir herreitet."

Remarc, der auf Risiko nach Athen geflogen war, denn jetzt ging es mehr als je um das Schicksal von einundzwanzig deutschen Marinesoldaten, erklärte: „Ich hab es überall versucht. In Casablanca und Rom warst du nicht erreichbar."

„Du hast mich gefunden, Bobutschka, wie der Rüde die Duftspur der läufigen Hündin."

Sie konnte es nicht lassen. Jedes zweite Wort bei ihr hatte mit Erotik zu tun. Remarc hatte jedoch andere Sorgen.

„Die Amerikaner versuchten eine Befreiungsaktion."

„Ich hörte davon. Es war oben am Nordpol. Ein ziemlicher Irrsinn, wie mir scheint."

„Möglicherweise", räumte Remarc ein, „hat man in Moskau bemerkt, daß General Madstock umgedreht worden war. Sie haben das Lager blitzschnell geräumt und Boden-Luft-Raketen in Stellung gebracht. Aber wie auch immer..."

„... Jetzt willst du es versuchen."

„Meine Neugier", versicherte Remarc, „will es. Das erfordert einen genauen Fahrplan. Ich bin dabei, ihn zu erstellen. Noch fehlen mir wichtige Fakten. – Wie bekomme ich Kontakt zu Kerenski?"

„Über mich", flüsterte sie.

„Durch dich?"

„Nein, über mich, Bobutschka."

Sie lehnte sich zurück, breitete die Arme aus, setzte sich aber ruckartig wieder auf.

„Nein, besser nicht", entschied sie. „Kerenski ist mit einem Makler drüben in Hydra. Er müsste längst zurück sein. Leg dich neben mich, Bobutschka. Legen wir uns friedlich und keusch zusammen hin. Es gibt nur wenige Dinge auf der Welt..."

Remarc zitierte Hemingway:"... Zweitens den Whisky und drittens den Stierkampf."

Gegen Mittag rief Kerenski von der Lobby aus an. Dann kam er herauf und war nicht entzückt, Remarc zu sehen.

„Du bist uns gefolgt", erfaßte er die Lage, „wie eine Ratte dem Unrat."

„Ich muß jede Quelle nützen, Amigowitsch."

Kerenski, wieder völlig gesund, sah recht flott aus. Er trug helle Hose, Stiefeletten, karierten Sakko und um den Hals einen bunten Schal im offenen weißen Hemd. Er setzte sich.

„Gibt es was zu bechern, Genossen?"

Remarc hatte eine Flasche Bourbon kommen lassen. Kerenski bediente sich unaufgefordert davon.

„Was können wir noch für euch tun?"

„Das Alexandria-Camp war leer", erwähnte Remarc. „Ich hörte von der Riesenpanne bei der amerikanischen Eismeerflotte. Nun sitzen sie auf ihren fetten Cowboyärschen im Pentagon herum und reden sich die Köpfe heiß. Wie konnte es dazu kommen, Kerenski?"

Der KGB-Oberst wußte es auch nicht.

„Man hat sie offenbar verlegt."

„Die Gefangenen?"

„Nur die Deutschen und die Amerikaner waren im Alexandria-Camp."

„Und wo sind sie jetzt?"

„Irgendwo in Zentralrußland."

„Scheiße!" Remarc fluchte. „Wie kann man da jemals hinkommen?"

„Zweifellos nie."

„Wir müssen unsere Leute aber rausholen. Das ist unsere Pflicht."

„Es gibt andere Wege, mein Freund."

„Welche?" wollte Remarc wissen. „Offiziell existieren diese Gefangenen gar nicht, ebenso wie es den Einsatz von U-22 offiziell nicht gab. Um alles wird eine Mauer des Schweigens gezogen."

Kerenski informierte Remarc, wohin die Gefangenen nach seiner Vermutung gebracht worden waren.

„In ein entlegenes Gulag südlich von Krasnojarsk im Wostotschnay-Distrikt, auf das Gebirge zu."

„Das ist fast in Asien, Amigowitsch."

„Ja, ziemlich in der Mitte. Es ist eines unserer am besten geschützten Lager überhaupt. Da geht nichts von all dem, was du dir in kühnsten Agententräumen vorstellst. Nichts geht da."

Remarc wiederholte sich ungern, also schwieg er nachdenklich. Sie tranken und rauchten. – Nach einer Weile fragte Remarc: „Okay, von selbst geht nichts. Was geht überhaupt, Kerenski?"

„Nur Abwarten geht."

„Wie lange?"

„Bei uns dauert so etwas immer Jahre. Oft sogar Jahrzehnte."

„Wer ist derzeit in Moskau dafür ansprechbar?"

„Bei der Regierung... niemand."

Remarc glaubte einen winzigen Vorbehalt herauszuhören.

„Und auf anderen Wegen?"

„Zum Beispiel?"

„Auf unseren bewährten Wegen", präzisierte Remarc.

Wieder vergingen Minuten des Nachdenkens.

„Ich will es versuchen", sagte der KGB-Oberst schließlich.

„Und was bitte versuchst du?"

„Nicht in meiner Clique, aber in der uns befreundeten Hauptabteilung sieben gibt es einen Mann..."

Remarc hakte sofort nach.

„Wer ist er, was ist er, was kann er?"

„Zunächst einmal", sagte Kerenski, „ist er nierenkrank. Er muss jede Woche zur Dialyse, zur Blutwäsche also. Eine ziemlich häßliche Prozedur. Mit operativem Organaustausch geht bei uns noch nicht viel. Unsere Transplantationstechnik ist notleidend. Keine Geräte, keine Medikamente, einfach nichts steht zur Verfügung. Der Nierenkranke ist General und hat mich schon einmal wegen meiner Westkontakte, die ich angeblich unterhalte, befragt."

„Was bringt er uns?" fragte Remarc unbeeindruckt.

„Er kann etwas in Bezug auf KGB-Gefangene, Verhöre, Behandlung von Gefangenen tun, und vielleicht auch bei der Auswahl der Lager."

Remarc faßte zusammen: „Er könnte also etwas bewirken, zumindest könnte er das Leben unserer Leute erleichtern. Noch besser wäre eine neuerliche Verlegung der Gefangenen."

Kerenski grinste schief. „Was bitte verstehst du unter einer neuerlichen Verlegung?"

„In ein günstigeres Camp."

„Was ist günstiger?"

„Ein leichter erreichbares Lager."

„Du bist ein Irrer, du kriegst nicht in den Kopf, daß es keine Chance gibt, eure Leute jemals, mit welchem Trick auch immer, herauszuholen. Versucht es besser gar nicht erst."

„Sprich mit deinem General", beharrte Remarc.

„Und was sage ich ihm?"

„Daß er, wenn er uns hilft, seine Niere bekommt. Vielleicht auch zwei. Und daß wir auf jeden Fall für die Kosten aufkommen."

Kerenski wollte es versuchen und brach hastig auf. Remarc wußte nicht, wohin er ging. Vermutlich aber eilte er in die Botschaft, um dort irgend etwas zu unternehmen. Vielleicht zu telexen oder zu telefonieren.

Was unter Stalin unmöglich gewesen wäre, das ging heute. Vieles hatte sich geändert. Fast alles.

Nach einer aufregenden Siesta, ganz im Sinne der Russin, und einem Spaziergang durch die Plaka bis zum Syntagma-Platz kehrten Remarc und Nowaja ins Hotel zurück. Während sie sich für ihren Auftritt im Gideon-Club fertigmachte, stürmte ihr Bruder herein.

„Morgen fahre ich mit dem Makler zu den Kykladeninseln hinüber. Er hat auf Santorin und Milos wunderschöne Objekte. Was hältst du von den Kykladen, Remarc?"

„Gibt schlechtere Paradiese."

„Gibt es bessere?"

„Wohl kaum. Kommt aber immer darauf an, was man sucht. Florida ist anders als die Riviera. Die Balearen anders als die Kanaren. Aber Santorin ist echte Spitze."

„Ja, es sieht gut aus. Es würde uns etwa ein Viertel der Million Dollar kosten."

„Mit dem Rest kannst du dauerhaft Fett ansetzen."

„Nowaja kauft das Haus. Ich bin nur Gast da."

„Aber eines Tages möchtest auch du dort leben."

„Gewiß. – Bei uns ändern sich die Verhältnisse ständig. Die Zeiten, wo Killeragenten einen ausgestiegenen KGB-Oberst bis ans Ende der Welt jagten, sind vorbei. Man kann jederzeit mit einem einigermaßen glaubhaften Attest seinen Abschied nehmen. Tempora mutantur. Aber der Wind kann sich rasch wieder drehen."

„Gratuliere", sagte Remarc. „Und wie geht es bei uns weiter, Amigowitsch Kerenski?"

„Ich habe telefoniert. Der General tut, was er kann."

„Was wird er können?"

„Eine sofortige Verlegung der vierundzwanzig Gefangenen ist ohne haarsträubende Begründung nicht möglich. Sie in ein grenznahes Lager, an welcher Grenze auch immer, zu schaffen, ist fast ausgeschlossen."

Es war die typische Wellenreiterei. Es gab Berge und Täler, Höhen und Tiefen. Einmal funktionierte dies nicht, dann spurte jenes nicht und am Ende klappte es doch irgendwie. – Vielleicht.

„Er soll uns seine medizinischen Werte durchgeben."

Kerenski entnahm seiner Brieftasche einen Zettel.

„Das hat er schon."

Wenn es um ihre eigenen Angelegenheiten ging, dann arbeiteten die Russen fast so perfekt wie einst die Preußen. – Der Zettel enthielt alles, was wichtig war, um für einen Empfänger die richtige Niere zu finden. Das fing mit der Blutgruppe an, ging bis zur Gewebeverträglichkeit und einem Dutzend biologisch chemischer Werte. Remarc bekam den Zettel.

„Wird erledigt." Dann fügte er noch hinzu: „Und welche Klinik zieht der Genosse General vor? München, Heidelberg, Düsseldorf, Hamburg?"

„Die beste."

Nowaja trat aus dem Badezimmer, so schön wie stets. Der Glanz in ihren Augen, die nervöse Erregung der Künstlerin vor dem Auftritt bewirkten eine starke erotische Ausstrahlung. Sie küßte Remarc beinahe flüchtig.

Kerenski rief ein Taxi und Remarc nahm einen letzten Schluck von dem drittklassigen griechischen Whisky.

Der Russe sagte noch: „Der Marschplan, wie das hinzukriegen ist, muß von dir entwickelt werden, Remarcski. Aber der General wird jede Anregung dazu aufgreifen."

„Wie halten wir Kontakt?"

„Eine Woche bin ich noch in Athen", sagte Nowaja.

Vom Gideon-Club aus fuhr Remarc mit dem Taxi allein weiter zum Flughafen. In zwanzig Minuten ging die LH-Maschine nach München.

Er kaufte noch Zeitungen, obwohl er wußte, daß er sie nicht lesen würde. Zu sehr brannte ihm das akute Problem auf den

Nägeln. – Während des Rückfluges nach München prüfte er Dutzende von Möglichkeiten, verwarf sie aber auch reihenweise. Sie waren fast alle unbrauchbar. Bis auf eine.

13.

Die Regierung in Bonn hielt sich ausnahmsweise einmal an den vom BND ausgetüftelten Operationsplan. Er sah Maßnahmen vor, die man schrittweise einleiten und die sich in ihrer Wirkung ergänzen sollten.

Der Außenminister erörterte es mit dem Chef der Geheimdienste im Kanzleramt.

„Punkt eins. Man muß von den Russen zunächst das Eingeständnis erreichen, daß sie überhaupt die Gefangenen haben."

„Das werden sie abstreiten bis zum Gehtnichtmehr."

„Wir legen ihnen Dokumente vor über Trümmer eines U-Bootes in internationalen Gewässern und über die Verbringung der Gefangenen in ein Camp auf Alexandria. Die Spuren, die die Amerikaner dort fanden und über Funk erwähnten, ehe man sie abschoß, sind eindeutig."

Der Kanzleramtsminister stimmte dem zu. „Schön, wenn aber die Russen stur mit Nein reagieren?"

„Wird man darauf hinweisen müssen, daß in der Ostsee zumindest ein irregulärer Übergriff stattfand."

„Auch darauf werden sie nicht reagieren."

„Dann vielleicht auf Punkt vier, den Vorschlag von Gefangenenaustausch. – Wir haben einige sowjetische Agenten einsitzen. Oder auf Punkt fünf: Kopfgeld."

„Ja. Sie sind auf nichts schärfer als auf Devisen."

„Also Kopfgeldzahlung plus wirtschaftliches Entgegenkommen", ergänzte der Außenminister.

„Und wenn sie trotzdem passen?"

„Dann", meinte der Minister, „stimmen die Meinungen meiner Diplomaten mit den Vorschlägen des BND überein. Dann lassen wir durchsickern, daß unsere Leute brutal gefoltert würden nach alter GPU-Methode."

„Auch das werden sie möglicherweise auf sich sitzen lassen, also schweigend ignorieren. Wie sieht dann unser nächster Zug aus?"

„Wir fordern Zutritt einer Kommission vom Schweizer Roten Kreuz oder von Amnesty International."

Kaffee wurde gereicht. Danach ging die Diskussion weiter.

„Eine Kommission werden die Russen entrüstet ablehnen."

„Oder auch akzeptieren."

„Damit gäben sie die Existenz der Gefangenen ja zu."

Der Außenminister bewegte den Zeigefinger seiner Hand von links nach rechts.

„Oder andersherum. Sie werden die Gefangenen erneut wegbringen und dann die Kontrollkommission zulassen. – Natürlich findet man unsere Leute nicht, aber der Zweck ist erreicht. Die Gefangenen werden abermals verlegt. Vielleicht sogar an einen Ort, der für ein Befreiungskommando zugänglich ist."

„Das wäre Punkt acht auf der Liste für strategische Maßnahmen."

„Falls die Vorarbeiten des BND greifen", lautete ein Einwand.

„Man macht uns aus Pullach Hoffnungen."

Der Außenminister fragte: „Wer hat diesen Plan ausgearbeitet?"

„Ein erfahrener Spezialagent."

„Muß ich den kennen?"

„Gewiß kennen Sie ihn unter seinem Namen Oberst Remarc."

„Ja, von ihm hörte ich."

Jetzt ging es darum, wie man die einzelnen Schritte des Zehnpunkteplans in die politische Praxis umsetzte. Sie überlegten, ihn dem Kabinett vorzulegen und dessen Zustimmung einzuholen. Aber das Kabinett würde wohl passen. Wenn nämlich ans Licht kam, daß die Russen einundzwanzig deutsche Marinesoldaten gefangenhielten, daß man dies bis jetzt verschwiegen hatte und offiziell nichts unternahm, um sie herauszuholen, dann ergab das erhebliche Minuspunkte für die nächste Wahl.

Der Plan wurde dem Kabinett trotzdem vorgelegt. In geheimer Sitzung und Abstimmung wurde er, weil es keinen besseren gab, akzeptiert. Nur eine Bedingung wurde gestellt: Falls man die Befreiung der deutschen Marinesoldaten aus russischem Territorium versuchte und das Kommandounternehmen ging schief, dann würde es dafür keine offizielle Deckung geben. Dann würde das als eigenmächtiger Akt des BND gelten. Dann würde man nichts davon wissen und wüsche seine Hände in Unschuld.

„Zu Kaiser Wilhelms Zeiten", stöhnte der Kanzler, „wäre das alles ganz anders gehandhabt worden. Aber das sind nun einmal die Handicaps der Demokratie, die Zwänge unserer Politik der Gegenwart."

Ein Mitglied des Geheimdienstausschusses im Kabinett ging soweit, darum zu bitten, seinen Namen aus der Anwesenheitsliste dieser Gesprächsrunde zu streichen.

Alles kam wie erwartet. Auf jeden Schritt reagierten die Russen so, wie man es in der BND-Analyse vorhergesagt hatte.

Sie bestritten rundweg, von einem U-Boot-Zwischenfall im Bottnischen Meerbusen zu wissen, und sie hätten auch keine Gefangenen gemacht.

Ein direkter Vorstoß, daß man bereit sei, die Sache zu vertuschen und pro Kopf hunderttausend D-Mark zu bezahlen, verbunden mit weiterem wirtschaftlichem Entgegenkommen, ging ins Leere. – Die Russen hatten voreilig behauptet, sie wüßten nichts von der Sache, und mußten nun dabei bleiben. Nun zündete Bonn die vierte Stufe.

Der deutsche Außenminister teilte seinem russischen Kollegen mit, daß man Satellitenaufnahmen besitze, die deutsche und amerikanische Gefangene auf einem Rundgang in einem Gulag im Gebirge südlich von Krasnojarsk zeigten.

Erst tat der Russe empört. Doch dann blieb ihm nichts anderes übrig, als auf die deutsche Forderung einzugehen. Man erklärte sich bereit, einer Kommission, bestehend aus Delegierten des Schweizer Roten Kreuzes, den Besuch des Lagers zu gestatten.

Die Kommission flog hin und wurde durch das Camp geführt. Sie durften Interviews machen. Alle Türen standen für sie offen. – Warum auch nicht. Es gab nichts mehr zu verbergen. Die Russen hatten die vierundzwanzig Gefangenen in einer Nacht- und Nebelaktion abermals in ein anderes Lager verlegt. Und nur allein darauf war es angekommen.

Der nierenkranke KGB-General, dem die Sicherheit der Gefangenen oblag, hatte sie an einen Ort bringen lassen, der nicht in Zentralsibirien lag, sondern an der Nordwestgrenze des riesigen Territoriums der UdSSR.

Dies erfuhr Remarc aus Athen von Oberstleutnant Kerenski. In Bonn zeigte man sich den Russen gegenüber beleidigt. Innerlich aber frohlockten die wenigen Eingeweihten.

Früh am Morgen, als der neueste Status bekanntgeworden war, telefonierte der Kanzleramtsminister mit dem BND-Vizepräsidenten.

„Es klappt", sagte er, „zumindest scheint es so."

„Die Russen sind in unsere Trickkiste wirklich hineingefallen."

„Vollinhaltlich, schätze ich."

„Nun können wir das Projekt ja ankurbeln."

„Aber wo sind unsere Leute?"

„Irgendwo bei Kusomen/Tetriono."

„Wo liegt das?"

„Keine Ahnung."

„Und woher haben Sie das, Doktor?"

„Das arrangierte ein nierenkranker KGB-General."

„Kommt man da ran, ich meine an Kusomen/Tetriono?" erkundigte sich der Minister.

„Wenn Sie grünes Licht geben", erklärte der BND-Vize, „dann schon... irgendwie."

Doch der Minister kannte ihn besser. „Erzählen Sie mir keine Märchen, Doktor. Sie stecken doch schon mitten in den Vorbereitungen."

„Nicht bis zum Hals."

„Dann zwischen Brust und Nabel."

„Bis Oberkante Unterlippe", gestand der zweite Mann im Bundesnachrichtendienst.

„Erfährt man Einzelheiten?"

„Sie schon, Herr Minister."

„Und wann?"

„So ein Kommandounternehmen erfordert Vorarbeiten wie der Zug Napoleons nach Moskau."

„Der nicht eben erfolgreich verlief", gab der Minister zu bedenken.

„Er kam dummerweise in den Winter."

„Und wir, was schätzen Sie, wann kommen wir hin?"

„Dritte Juniwoche", hoffte der BND-Vize.

„In wessen Händen liegt das?"

„In bewährten", erklärte der Vizepräsident, „wenn Ihnen der Name Remarc etwas sagt."

„Er sagt mir alles", erklärte der Minister.

„Viel Glück."

„Also grünes Licht."

14.

„Diesmal läuft es nach System Remarc", forderte der BND-Agent Nr. 18, „oder gar nicht."

Oberst Robert Remarc tat alles, um nicht aus der Kurve geschleudert zu werfen. Also blieb er auf dem Boden seiner Möglichkeiten. Er handelte nach taktischem Gebot und Nützlichkeit. Es ging darum, was war erreichbar und wo lag die Grenze zum Unerreichbaren.

Da alle Geheimdienste keinem anderen trauten, nur der israelische Mossad traute überhaupt keinem, nahm Remarc die Eingeweihten unter Eid.

„Wenn ein Wort davon nach draußen dringt", sagte er zu Scanner, „dann soll euch der Blitz treffen."

„Beim Kacken."

„Nein, beim Bumsen."

Da sie harte Typen waren, verstanden sie auch nur drastische Sprache.

Remarc faßte sich am abhörsicheren Telefon kurz. „Ich habe alles bis ins Einzelne geplant. Jetzt beginnt die Organisation. Ihre Aufgabe, Scanner, besteht in der Beschaffung von Satellitenfotos."

„Welches Gebiet?"

„Kandalaschka-Küste um 36 Grad Ost."

„Das liegt verdammmich weit im Norden."

„Es ist ein Teil der Halbinsel, welche die Meerenge bildet, hinter der sich das Weiße Meer auftut."

„Gibt es einen speziellen Bezugsort?"

„Kusomen", nannte Remarc die nächste Hafenstadt. Aber sie war mehr als hundert Kilometer entfernt von dem Punkt, auf den es ankam.

„Bis wann habe ich das, Scanner?"

„Binnen zwei Tagen. Ich bringe es mit. Noch etwas?"

„Nun das Wichtigste", erklärte Remarc und verfiel in ein kameradschaftliches Du, „du kennst die Embargobestimmungen über die Lieferung von hochwertiger Atomtechnologie nach Rußland."

„Die Sperre betrifft auch waffentaugliche Elektronik und Computer."

„Sogar Radios einer bestimmten Qualität", ergänzte Remarc, „weil man ihr Inneres ausschlachten und in Raketenzielsuchköpfe einbauen kann."

„Das Embargo wird scharf gehandhabt."

„Darum geht es", fuhr Remarc fort. „Im norwegischen Hammerfest wurde eine solche Ladung beschlagnahmt. Es sind mehrere Container, fast eine ganze Schiffsladung. Der Dampfer liegt an der Kette. Du mußt versuchen, ihn loszueisen."

„Das wird nicht leicht sein."

„Wollt ihr eure Leute zurückhaben oder nicht? Es gibt keinen anderen Weg auf die Schnelle, und er wird rasch ein verdammt langsamer, wenn wir nicht binnen einer Woche zuschlagen. Also pack deinen Präsidenten beim Schlips. Die Ladung und der Dampfer müssen freikommen."

„Woher stammt das Material?"

„Aus Japan und Südkorea. Sie versuchten das Embargo zu umgehen und haben alles in Asien auf einen DDR-Frachter verladen. Das Schiff wurde unterwegs von euch abgefangen. Nun rostet es schon monatelang an der Kette."

Scanner fragte: „Warum wählten sie nicht den Landtransport über Wladiwostock?"

Remarc erklärte ihm auch das. Es war schwierig zu ermitteln gewesen, aber mit Hilfe seiner Drähte zur Stasi hatte er auch das aufgeklärt.

„Die Russen haben große Teile ihrer Atom-, Flugzeug- und Radarindustrie in Archangelsk. Das ist eine Hafenstadt in Sibirien. Zufällig liegt sie am Weißen Meer. Dort sollten die Komponenten eingebaut werden. Per Schiff ist der Transport leichter als über zehntausend Kilometer transsibirische Eisenbahn und miserable Landstraßen per Lkw-Achse hinauf in die Polarzone. Bekanntlich lieben Elektronik und Feinmechanik harte Erschütterungen nicht allzusehr."

Sie besprachen noch dies und jenes. Danach schien jeder einigermaßen zufrieden zu sein.

„Du kannst dich auf mich verlassen, Colonel", sagte Scanner.

Auf der Fahrt nach Garmisch-Partenkirchen erreichte Remarc über Autotelefon endlich eine Nummer bei Berlin. Dieser Anschluß (ein etwas altertümlicher Apparat, ein Produkt der DDR-Industrie, Modell 54), summte in einem Bauernhaus an einem kleinen See in der Mark Brandenburg. – Der Inhaber des Anschlusses meldete sich nur mit: „Ja bitte?"

„Faule Pause beendet?" fragte Remarc.

Der erkannte ihn sofort. „Jeder Anruf von dir reißt mich aus meiner Wodkatrübsal."

„Wir zahlen ihn dir, und Kaviar. Also, tu etwas."

„Kein Problem, Bob."

Gemeinsam mit Remarc hatte Hornung, im Hauptberuf Stasi-Major, mindestens soviel für die Menschheit wie für sich selbst getan. Nebenbei arbeitete er für den BND. Aus Gesinnungsgründen, wie er behauptete.

Remarc fragte: „Wieviel Mann Besatzung hat ein mittlerer Frachtdampfer, sagen wir von dreitausend Tonnen?"

„Keine Ahnung."

„Maximal zehn, mininum sechs", schätzte Remarc. „Man kann so einen Pott auch mit einem Steuermann auf der Brücke und einem Heizer in der Maschine fahren. Aber das würde wohl auffallen. – Warum ich also anrufe: Gibt es unter unseren Sympathisanten einige, die sich bei Schiffen auskennen? Ich brauche einen Ingenieur, zwei Heizer, drei Seeleute und einen Kapitän, der schon die sibirische Eismeerküste befahren hat."

„Ist das alles?" fragte Hornung entsetzt.

„Noch nicht alles", sagte Remarc, „sie sollen aussehen wie Russen, sollen Russisch sprechen wie Russen und riechen wie Russen."

Hornung überlegte nicht lange. Er redete nie drum herum. Er gehörte zu der alten Garde, die weder Ausreden noch Schwierigkeiten kannte.

„Wird erledigt. Ist nur eine Preisfrage."

„Ich denke mir, daß so ein Team unter deinen Komplizen zu finden sein müsste."

„Wie lange haben wir Zeit?"

„Drei Tage."

„Knapp, aber okay."

Hornung fragte weder nach dem Honorar noch um was es ging.

„Die Sache ist nicht ganz ungefährlich", erwähnte Remarc. „Heuer für jeden dreißigtausend D-Mark. Bei Erfolg noch einmal dasselbe obendrauf."

„Und bei Mißlingen?"

„Einen Grabstein oder einen Lorbeerkranz auf das Seemannsgrab."

„Du hörst von mir, Bob."

„Wann?"

„Sobald ich den Club von Salzwassermatrosen beisammen habe. – Sonst noch was?"

„Sie brauchen die nötigen Papiere. Russische Pässe, Seefahrtbücher, Arbeitserlaubnis, Vouchers und so fort. Du weißt da besser Bescheid."

„Das wird ebenfalls zu beschaffen sein."

„Und dazu weitere russische Papiere für vier Mann", verlangte Remarc. „Fotos basteln wir unterwegs hinein."

„Ist für mich auch ein Job drin?"

„Du bist unser Daumendrücker vom Dienst", erklärte Remarc.

„Gelobt sei, was uns gegen westliche Dekadenz weich macht", sagte der Stasi-Major Hornung.

Vor der Bahnunterführung verließ Remarc die Olympiastraße und fädelte sich durch den Verkehr hinauf zum Garmischer Krankenhaus.

***

„Doktor Simoneit kommt gleich", verkündete die gletscherbraune Sekretärin am Empfang.

Es dauerte nicht lange, dann stach er energiegeladen durch die Glastür, lang, dünn, mit Igelfrisur und der üblichen Doktorsbrille. Seine Art zu gehen bewies, daß er trainierte und neben Muskeln kein Gramm Fett zuviel am Körper herumschleppte. Er hatte noch immer die studentische Kumpelart drauf. Er packte Remarc an der Hand, als wolle er sie ausreißen, und schüttelte sie ihm fast aus dem Schultergelenk – wie damals an der Uni.

„Gehen wir auf meine Bude", schlug Simoneit vor. Wenig später saßen sie im Zimmer des Anästhesisten. Er hatte Kaffee vorbereiten lassen und verlängerte ihn mit Cognac. Er trank gern und trotz aller Sportlichkeit, die ihn schon bis in den Himalaja geführt hatte, rauchte er wie ein Schornstein bei Krupp. Nur einmal schaute er verstohlen auf seine Uhr.

„Ich habe Zeit", deutete er an, „ich konnte es einrichten."

„Wann ist deine nächste Operation?"

„In dreißig Minuten. Eine Magenresektion. Wir haben also mächtig Zeit."

„Wie steht es mit deinem Urlaub, Sim?"

„Habe schon vorgefühlt. Das ist zu machen. Wann geht's los, Bob?"

„Besser heute als morgen."

„Wie lange?"

Remarc hob beide Hände und streckte die Finger ab.

„Zehn Tage also."

„Plus oder minus."

„Und wie kommst du gerade auf mich? – Was mich natürlich ehrt."

Remarc erklärte ihm im einzelnen, was er am Telefon schon angedeutet hatte.

„Es geht um dein Spezialgebiet, Sim."

„Und das ist, wie allgemein bekannt, die Narkose per Holzhammer."

„Und ein bißchen mehr. Du hast dicke Bücher darüber verfaßt, aus denen Medizinstudenten über Anästhesie alles lernen, was es zu wissen gibt, Sim."

Dr. Simoneit wurde von Freunden nicht mit seinem Vornamen Holger gerufen, sondern abgekürzt Sim.

„Ich habe dein letztes Werk verschlungen, Sim, das über die Behandlung von Massenpsychosen mittels Narkose-Therapie."

„Es klappt bestens bei Ratten und Mäusen", spielte es der Arzt herunter.

Remarc kannte ihn besser. Als sie sich nach ihrer Promovierung für Jahre aus den Augen verloren und wieder getroffen hatten, war ihm Simoneit stets mit Rat und Tat beigestanden. Später war Sim sogar bei einem Einsatz in Mittelost dabei gewesen. Was er damals in einer Gasflasche mitführte, hatte sich sogar in der Wüste hervorragend bewährt und Beduinen samt Kamelen reihenweise schlafengelegt.

„Es sind keine Ratten, Sim."

„Menschliche Ratten?"

„So würde ich eine bestimmte Kategorie von Gangstern oder Terroristen bezeichnen", erwiderte Remarc, „aber es sind nur ganz normale Wachsoldaten."

„Zwei, drei, elf?"

„Vielleicht sogar fünfzig", schätzte Remarc.

„Und für wie lange sollen sie sich in das Land der Träume begeben? Oder, wenn ich mich gebildet ausdrücken darf, in Morpheus' Arme?"

„Mindestens sechs bis acht Stunden."

„Also vom Mittagessen bis zum Abendbrot."

„Oder vom Abendbrot bis zum Frühstück."

„Sitzen sie alle in einem Raum?" erkundigte sich der Narkosearzt.

Hier konnte Remarc zunächst nur vermuten. „Die meisten von ihnen befinden sich wohl in einer Wachbaracke. Ein Viertel wahrscheinlich auf Wachrunde."

„Das würde Einzelnarkose von mindestens einem Dutzend Männern, wenn nicht mehr, bedeuten."

„Schlimmstenfalls."

„Aber im Freien."

„Im Freien", bestätigte Remarc.

„Mit Hunden?"

„Vermutlich auch mit Hunden. Es gibt auch ein paar Posten auf den Wachtürmen."

Dr. Simoneit sagte nicht, das sei unmöglich. Dafür war er ein viel zu fanatischer Experte.

„Wie wird die Temperatur sein?"

„Ist das wichtig für deine Drogen oder Sprays?"

Der Arzt schüttelte den Kopf. „Es ist wichtig für die Betroffenen. Angenommen, es ist zu kalt, dann besteht Todesgefahr. Sie werden wohl oder übel in der freien Natur übernachten müssen, bei Temperaturen von zwanzig Grad plus ist das kein Problem. Unter zehn Grad plus führt es nur zu Unterkühlung, bei unter Null zu Erfrierungen. Als Folge meines Chloralhydratpräparates reduziert sich der Kreislauf, was rasch zum Exitus führen kann."

Remarc verstand. „Überleg dir etwas, Sim."

Simoneit fragte noch immer nicht, um was es ging oder wo es zu diesem Einsatz kam. Da hatte er Vertrauen zu Remarc. Er wußte, Remarc würde einen nicht beim BND Beschäftigten niemals zu einer Straftat verleiten.

Simoneit stellte eine Überlegung an: „Narkose in geschlossenen Räumen ist kein Problem, das mache ich mit einem Spezialcocktail. Für die Narkose im Freien gibt es nur begrenzte Möglichkeiten. Den Mann-zu-Mann-Angriff oder die Narkosepatrone."

„Abschuß mit Preßluft", vergewisserte sich Remarc. „Alles andere wäre zu laut."

Da Remarc fürchtete, zu dieser Jahreszeit könne an dem vorgesehenen Ort die Temperatur bis auf null Grad absinken, entwickelte der Narkosearzt eine Idee.

„Ganz einfach, wir müssen sie mit Kälteschutzplanen abdecken – sofern wir nicht zu Mördern werden wollen."

„Du meinst mit Alufolien."

„Die sind am besten geeignet und wiegen nur ein paar Gramm. Sie sind leicht zu bekommen, zu verpacken, mitzunehmen und anzuwenden. Die kann ich beschaffen."

Remarc informierte ihn so gut das zu dieser Stunde möglich war.

„Letzte Details am Tag vor der Abreise. Du hörst vierundzwanzig Stunden vorher von mir."

Dr. Simoneit war einverstanden. „Ich habe einen Vertreter besorgt. Wenn es nicht klappt, nehme ich halt meine Frühjahrsgrippe. Dann soll der Professor eben selbst den Gummihammer schwingen."

Simoneit fragte auch nicht nach Honorar oder Unfallversicherung. Er war ohne Anhang. Zwar gab es da immer ein paar Blondinen, aber es waren wechselnde Ereignisse.

„Das bringt dir den roten Adlerorden", scherzte Remarc, „mindestens."

„Den habe ich schon."

„Erster Klasse."

„Den habe ich auch schon."

„Dann den mit den vergoldeten Eiern."

Sie leerten die Cognactassen. Simoneit brachte Remarc hinaus. Als er neben seinem Porsche Carrera Remarcs mitgenommenen BMW sah, das Trommelfeuer-Coupé, kratzte er sich am Kopf, sagte aber nur: „Der eine liebt eben Antiquitäten."

„Keine Sorge. Operation *Seeschlange* erfolgt unter Einsatz modernster Technik."

„Also mit dem Allerneuesten, was es an Steinschleudern gibt."

Remarc kniff ein Auge zu, stieg ein, ließ an und fuhr los.

﹌❊﹌

Am Abend stieß der BND-Chefpilot, Oberstabsfeldwebel Bubi Spiegel, in einer Schwabinger Bar zu Remarc.

Remarc orderte durch Fingersignal noch zwei Bourbon. „Ohne Eis und Wasser, dafür etwas mehr."

Sie unterhielten sich in der üblichen Kurzform, die kein Lauscher verstanden hätte.

„Geht das klar mit der Cessna?" fragte Remarc.

„Erst wollten sie mir die zweimotorige 310 nicht geben."

„Warum?"

„Der Präsident muß zu einer Konferenz nach Lissabon."

„Er soll den Bus nehmen."

„Das hat man ihm von Bonn aus auch geraten. Ich habe den Flieger für zwei Wochen. – Aber warum schnappen wir uns nicht eine Bundeswehr-Nordatlas?"

„Mit dem eisernen Kreuz auf Rumpf und Flügeln? Spinnst du, Mann?" entgegnete Remarc.

„Also eine verdeckte Aktion."

„Zugedeckt bis zu den Augenbrauen. Kann mich nicht erinnern", entgegnete Remarc, „jemals unverdeckt gearbeitet zu haben."

„Und wohin geht es?"

„Kirkenes."

„Gibt es dort einen Flugplatz?"

„Eine NATO-Basis."

„Dachte, wir fliegen als Zivilzwerge mit Tarnkappe."

„Das ist Sache der Amerikaner."

„Wie viele Leute kommen mit?"

„Mindestens acht plus Gepäck. Und wir zwei als Piloten."

„Das wird eng."

Spiegel schien zu rechnen. Um es besser hinzukriegen, orderte er noch einen weiteren Doppelten.

„Die Cessna hat eine Reichweite von zweitausend Kilometern inklusive Reserve. Wir schaffen das nicht ohne Zwischentanken."

„Wir füllen in Oslo noch einmal die Tanks."

Die Drinks kamen. Die blonde Barfrau mit den runden Augen und den noch runderen Titten machte Remarc an. Sie ließ ihre rote Zungenspitze andeutungsweise über die Oberlippe gleiten.

– Das versuchte sie aber schon seit einem Jahr. Bis jetzt hatte sie ihn noch nicht ins Bett bekommen. Aber sie waren ja noch jung.

Spiegel knabberte Salzgebäck und nahm einen von Remarcs Goldmundstück-Glimmstengeln.

Remarc sprang zum nächsten Punkt.

„Hast du dich mit den fahrbaren Untersätzen befaßt?"

„Du wolltest mir noch die Typen nennen."

„Ich kenne sie auch nicht", bedauerte Remarc.

„Mit Sicherheit sind es geländegängige Dreiachser. In der Tundra ist es oft sumpfig. Abgesehen von den saukalten schneereichen Wintern."

„Das Archiv hat mir alle Unterlagen besorgt. Aber bei den Lkw-Typen der Roten Armee bis zu zehn Tonnen sind Dutzende von Typen in Verwendung. Neue, alte und uralte. Bei amphibischen Ausführungen gibt es die für den Ural, die für die Steppe und für arktische Verhältnisse im Sibirieneinsatz."

„Geh davon aus", meinte Remarc, „daß es sich um letztere handelt. Gewiß ist es für einen ehemaligen Cheffahrer wie dich kein Problem, mit so einer Karre umzugehen."

Spiegel grinste. „Überhaupt nicht, vorausgesetzt, sie hat einen Motor und Räder. Also, was soll's."

In einem Ton, als ging es dabei um Leben und Tod, wiederholte Remarc seine Order: „Befasse dich mit den Autos. Speziell mit Dieselvorwärmung, Schwungkraftanlasser et cetera, damit wir nicht dastehen wie Pik-sieben und die Dinger springen nicht an. Du mußt sie zum Laufen bringen."

„Immer. Notfalls mit einem Tritt gegen das Schienbein."

„Erledigt", sagte Remarc endlich.

Man konnte auf Spiegel bauen. Mitunter war er ein Großmaul, aber auch verläßlich wie Ebbe und Flut.

„Die nächste Runde", sagte der Chefpilot, „geht auf meine Rechnung."

„Übernimm dich nicht", riet Remarc.

„Das bin ich dir schuldig, Oberst."

„Inwiefern?"

Spiegel deutete an weswegen: „Tagaus, tagein das ganze Jahr durch die Gegend flattern, immer mit denselben Wasserköpfen hinten drin, das nervt. Der Mensch braucht Abwechslung. Mal rot, mal braun. Du weißt, wie geil ich auf eine Sondernummer bin. Und du hast mich nicht vergessen, Oberst."

„Ich brauche dich", betonte Remarc, „so ist es. Schlicht und einfach so."

„Und ich freue mich, daß du mich brauchst", gab Spiegel noch eins drauf.

Er wäre gern Topspion geworden, so wie Remarc Jazzpianist und Barsänger.

„Schleppst du die Blonde ab?" fragte Spiegel später, als sie schon die Eichmarke erreicht hatten. „Dann nehme ich die Tanzmaus dort."

„Sie schaut dir tief in die Augen, Bubi."

„Also, läuft was?"

Doch Remarc hatte anderes im Kopf. Keine Sorgen, nur Probleme, aber die in Massen.

„Ich nehme noch einen Doppelten", sagte er, „anstatt."

15.

Montag, 18. Juni, 9.00 Uhr nordeuropäischer Sommerzeit

Ein in dunkles Managerblau gekleideter, etwa fünfundvierzig Jahre alter Mann betrat in der norwegischen Küstenstadt Hammerfest das Amt des Hafenkapitäns.

Bevor er seinen Aktenkoffer öffnete, wies er sich als Charles

Reginald Stone, Anwalt aus Washington/Virginia, aus. Dann erst legte er Papiere vor, die ihn als Emissär des US-Wirtschaftsministeriums auswiesen.

Der Hafenkapitän bat ihn daraufhin in sein Büro. Nachdem vollmachtmäßig alles geklärt war, entnahm der Kurier der US-Regierung seinem Aktenkoffer eine Reihe von Dokumenten. Dazu erklärte er kurz: „Von seiten unserer Seestreitkräfte wurde im September des Jahres 1961 der Frachter *Rosa Luxemburg* angehalten, durchsucht und unter Anwendung der Embargogesetze in diesem Hafen sequestriert."

Der bärtige Hafenkapitän schaute in seiner Liste nach.

„So ist es, Sir, in der Tat."

„Frachter und Ladung sind ab sofort frei, Herr Kapitän."

Der Regierungsbeauftragte der USA legte die gestempelten und unterschriebenen Orders vor. Der Norweger las sie, fand sie in Ordnung und wandte ein: „Und wer bitte bezahlt die Liegegebühren, Sir?"

„Die Vereinigten Staaten von Nordamerika", erklärte der Kurier.

„Ist das amtlich?" fragte der Hafenkapitän mißtrauisch. „Nicht daß wir wieder hinter unseren Gebühren herrennen müssen. Da sind höhere Kosten aufgelaufen, als der alte Zossen noch wert ist."

„Wieviel, bitte, Kapitän?" fragte der Amerikaner kühl. Der Hafenkapitän ging in sein Vorzimmer und ließ es heraussuchen. Die Rechenmaschine ratterte. Oben kam der Streifen mit den Zahlen heraus.

„Für rund gerechnet sechshundert, nein sechshundertfünfzig Tage à zweihundert Dollar macht das einhundertdreißigtausend Dollar, Sir."

Der Amerikaner nickte einverständlich, als wäre das ein Fuzzibetrag.

„Kann ich dann über das Schiff verfügen?"

„Sobald Sie bezahlt haben, Sir."

Der Anwalt stellte keinen Scheck aus, sondern beglich die Forderung der Hafenbehörde in bar. Er bekam eine Quittung, die Freigabe und sogar einen Assistenten mit, der ihn zum Hafenbecken brachte, um das Schiff zu entsiegeln.

„Wie Sie den Dampfer klarkriegen", meinte der Assistent, „ist Ihre Sache, Sir. Aber stellen Sie sich das nicht einfach vor. Ein altes Auto, das zwei Jahre in der Garage steht, springt auch nicht sofort an."

Doch dafür war gesorgt. Ein bereits bestellter Hochseeschlepper nahm die Rosa Luxemburg auf den Haken und schleppte sie, nachdem einige Leute an Bord gegangen waren, aus dem Hafen von Hammerfest. Der Ordnung halber meldete der amerikanische Sonderbeauftragte als Zielort Kirkenes an.

Der Hafenkapitän wunderte sich zwar, aber da alles juristisch seine Ordnung hatte, war es ihm letzten Endes egal.

Sollten sie mit dem Frachter machen, was sie wollten. Und wenn sie ihn im Eismeer versenkten, war es auch nicht sein Bier.

Donnerstag, 21. Juni, 6.00 Uhr mitteleuropäischer Sommerzeit

Zunächst besetzt mit den Piloten Spiegel und Remarc und dem Arzt Dr. Simoneit, startete die Cessna 310 von München nach Oslo.

Auf einer abseitsgelegenen Position, draußen beim alten Frachthangar, standen ein Kleinbus und ein Aral-Tankwagen. Kaum war die Cessna ausgerollt, schlossen sie die Benzinschläuche an die Flächentanks. Aus dem Kleinbus, hinter dessen Fenstern man abenteuerliche Gestalten sitzen sah, sprang Stasi-Major Jo Hornung in Räuberzivil. Er sprach mit Remarc.

„Sieben Mann, nicht das Beste, doch sicher auch nicht das Schlechteste, was ich auftreiben konnte. Alles erfahrene Seeleute. Sie sind halbwegs informiert. Sie haben russische Papiere, russische Klamotten, russische Seesäcke. Sie sprechen alle Russisch. Der Käpt'n kennt die Gegend um das Weiße Meer. Ich stelle sie dir jetzt vor."

Die Männer kamen heraus. Sie trugen schäbige Kulanis, Bordschuhe, Strick- oder Schiffermützen. Sie hatten sich drei Tage nicht mehr rasiert. Remarc begrüßte jeden einzelnen mit Handschlag, stumm, nur mit kurzem Prüfblick.

„Bitte einsteigen, Herrschaften!" rief Spiegel.

Sie wuchteten die Seesäcke durch die Rumpfklappe ins Gepäckfach der Cessna 310. Der Tankwagen hatte inzwischen Sprit umgepumpt.

„Gute Arbeit", sagte Remarc zu Hornung.

„Ich hoffe! Dann Hals- und Beinbruch, wie man bei Seeleuten wünscht."

„Mast- und Schotbruch", verbesserte ihn Remarc.

Wenige Minuten später bekam die 310 Startfreigabe. Sie zog nach dem Steigflug sofort nach Norden davon.

Während des Fluges bemühten sie sich, NATO-Territorium nicht zu verlassen. Fünf Stunden später landete Spiegel die weiße Zweimotorige auf dem NATO-Stützpunkt in Kirkenes.

Dort hatte Scanner schon die nächsten Schritte vorbereitet.

Kirkenes, Donnerstag, 21. Juni, 11.00 Uhr nordeueuropäischer Sommerzeit

In einem dunkelblauen Bus der US Airforce fuhren sie zur Navy-Basis. Der Commander, ein Lt. Colonel, sagte zu Remarc: „Der

Frachter liegt am U-Boot-Kai. Wir haben ihn getarnt. In Kirkenes wimmelt es nur so von russischen Spionen. Das ist Tradition. Unsere Spione wimmeln in Murmansk, die der Russen hier bei uns. Kein Schiff läuft ein oder aus oder geht zur Reparatur, ohne daß das zum Gegner gefunkt wird. Wir sind machtlos dagegen."

„Zunächst ist unsere Reise noch offiziell", sagte Remarc. „Wir arbeiten an Bord mit zwei Dutzend Ingenieuren und Mechanikern. Sie werden staunen, was wir aus dem Schiff gemacht haben."

„Wie steht es mit der Umtaufe?"

„Statt Rosa Luxemburg malten wir Oleg Kussofski auf. Das hat die gleiche Länge und Buchstabenzahl. Darüber hinaus haben wir nicht ein Kilo Farbe verwendet. Der Dampfer sieht aus wie von Schiffsfriedhof. Wie ein echter Russe also. Die Beflaggung wurde umgetauscht, wir hatten noch eine erbeutete rote Fahne im Depot. Heute morgen brachten unsere Leute den Diesel zum Laufen. Nur den Generator nicht, und eine der elektrischen Bilgenpumpen."

Remarc übersetzte das mit dem Lt. Colonel geführte Gespräch dem Schiffsingenieur aus der Hornung-Crew. Der meinte, das sei alles kein ernsthaftes Problem.

„Bin selbst auf diesem Schiffstyp gefahren", erklärte er. „Er wurde auf der Taifun-Werft in Swinemünde gebaut. Wir verkaufen diesen Frachter dutzendweise an die UdSSR. Die Bilgenpumpen haben leider ihre Macken. Wenn sie zu lange in einem Gemisch aus Wasser und Öl ruhen, werden sie undicht. Das kriegen wir in ein paar Stunden hin."

Der Wagen rollte durch mehrere Kontrollen, an Lagerhallen und Depots, Anlegeplätzen von Zerstörern, Fregatten und Versorgern vorbei, zu dem Pier weit draußen. Dort lag ein echtes Totenschiff. Durch den Rost kam hin und wieder noch etwas Schwarz durch. An Bord wurde noch geschweißt, genietet und gehämmert. Der Lt. Colonel wünschte Remarc eine glückliche Unternehmung, egal um was es ging.

Das Seeschlange-Team, insgesamt elf Mann, verließ den Bus und nahm die Gangway an Bord des Frachters, der seine Ladung unter Deck, aber auch einige Container als Decksfracht fuhr.

„Die Ladung ist zu überprüfen", befahl Remarc, „für den Fall, daß wir Besuch bekommen. Auch die Papiere und das Datum müssen stimmen."

Einer der ehemaligen Stasi-Schiffsoffiziere wollte sich darum kümmern. Der Älteste, ein Graukopf, der als Kapitän vorgesehen war, fragte: „Wann wünschen Sie seeklar, Oberst?"

„Auslaufen mit Dunkelheit. Schaffen Sie das?"

„Also nach den Abendessen", antwortete der Mann leicht sächselnd und kletterte auf die Brücke.

Freitag, 22. Juni, 1.00 Uhr nordeuropäischer Sommerzeit

Während die *Oleg Kussofski*, nachdem sie den Sund von Kirkenes verlassen hatte, mit neun Knoten Fahrt Ostkurs dampfte, fand in der engen Kapitänskajüte die Einsatzbesprechung statt. Scanner legte Luftaufnahmen der Kandalaschka-Küste vor, sowie Vergrößerungen des Distrikts zwischen der Stadt Kusomen und dem Strelna-Fluß. Dazu lieferte er die Analysen der Luftbildauswertungsstelle.

„Der Ort Tetrino nahe der Flußmündung ist eine Bergwerksstadt mit Erzverladeeinrichtungen. Die Häftlinge im Lager werden, soweit sie für Schwerstarbeit tauglich sind, im Bergbau eingesetzt. Eine gute Straße verläuft von den Gruben zur Küste. Die können wir abschnittweise benutzen. Die Schwierigkeit besteht nur darin, bis zur Straße durchzukommen. Diese kleine Bucht östlich davon wurde als versteckter Ankerplatz für unseren Frachter ausgewählt. Von der Bucht bis zur Straße haben wir sumpfiges, von vielen Seen durchsetztes Tundragelände. Ungefähr zweiundzwanzig Kilometer sind es bis zur Straße, dann noch einmal dreißig bis zum Gefangenencamp."

„Wir haben vier geländegängige BMW-Cross-Motorräder per Luftfracht nach Kirkenes bringen lassen. Sie sind an Bord", erwähnte Remarc.

„Und gut getarnt", ergänzte der DDR-Kapitän. „Die findet so schnell keiner."

„Kann auch jeder so ein Gerät reiten?" fragte Spiegel und blickte dabei Dr. Simoneit und Scanner an.

Beide zeigten klar.

„Kleine Fische", meinte der Narkosearzt. „Ich besitze ein Moped."

„Mit fünfzig Pfund Ausrüstung pro Mann wird es kein Spaziergang."

„Ohne Probleme geht nichts im Leben", ergänzte Scanner. „Wie kommen wir von und wieder an Bord?"

„Die Pinasse ist in Ordnung", versicherte der Käpt'n und ging hinaus, um Kurs, Fahrt und Sicht zu überprüfen.

„Wir stehen schon dicht am russischen Hoheitsgebiet", erklärte er zurückkehrend, „querab von Murmansk. Zunächst laufen wir an der Dreimeilenzone entlang auf Kap Onoi zu. Von da ab gibt es kein internationales Gewässer mehr. Dann ist alles nur noch russisch."

„Wir sind ein russisches Schiff", bemerkte Remarc.

„Wie lange, schätzen Sie, brauchen wir?"

Der Käpt'n rollte seine Seekarte auf. „Zweihundertachtzig Meilen bis zum so genannten Weißmeer-Kanal. Eigentlich ist das eine vierzig Meilen breite Durchfahrt wie die Seestraße zwischen England und Frankreich, die man als den Ärmelkanal bezeichnet. Wenn der Diesel so weitermacht wie jetzt, können wir in dreißig Stunden ins Weiße Meer einlaufen."

Sie rechneten hoch.

„Also Mitternacht plus dreißig Stunden."

„Das wäre übermorgen bei Sonnenaufgang."

„Was man hier oben so Sonnenaufgang nennen kann."

Der Kapitän gab seiner Befürchtung Ausdruck, daß sie für einen Kontrollbesuch russischer Küstenschutzeinheiten nicht sonderlich gut vorbereitet seien. Wer also kein Russisch sprach, sollte sich nach Möglichkeit verpissen.

Sie stellten Zeitpläne auf. Immerhin wurden laut Funkspruch der umgetaufte Frachter und seine Ladung schon in Archangelsk erwartet. Die Zeit, die er brauchte, um durch das Weiße Meer nach Archangelsk zu laufen, diese wenigen Stunden mußten genügen, um die Operation *Seeschlange* durchzuführen und wieder zu entkommen.

Allen war klar, daß es äußerst knapp zugehen würde.

„Ja, es wird haarig. Die kleinste Verzögerung, und..."

Spiegel hielt sich aus der Diskussion weitgehend heraus. Er studierte die Luftaufnahmen des nahe der Berge liegenden Gefangenencamps und dort speziell den Parkplatz für die Lastwagen. Schließlich war er für den Rücktransport des Befreiungskommandos plus vierundzwanzig Mann verantwortlich. Die Wettervorhersage klang ungünstig. Ein Hoch mit klarer Sicht und eisiger Kälte bildete sich.

„Scheiße", fluchte Scanner. „Wenn man schlechtes Wetter braucht, ist es nicht da."

Dr. Simoneit bereitete stumm, aber mit großer Sorgfalt, seine vielfältigen Narkosemittel vor.

Freitag, 22. Juni, 22.00 Uhr

Siebenundzwanzig Stunden in See. Nach zweihundertsechzig Meilen Fahrt meldete der Chief den Ausfall eines Zylinders. Der allgemein als robust geltende SDW-Motor arbeitete nur noch auf drei Töpfen. Das verringerte ihre Geschwindigkeit. Außerdem tat es der Maschine nicht gut. Die Techniker kamen zu dem Schluß, daß durch die lange Liegezeit eine der Einspritzdüsen verdreckt sein müsse. – Aber während der Motor lief, konnte man ihn nicht reparieren. Falls überhaupt. – Nach kurzer Beratung kam man zu dem Ergebnis, daß man die Verspätung von einer Stunde hinnehmen wolle. Im Notfall mußte zumindest der Diesel voll leistungsfähig sein.

Sie stoppten also die Maschine. Die Mechaniker machten sich an den Ausbau des Düsenstocks. Das war ein anderes Ding als bei einem Automotor, nicht handtellerklein, sondern einen halben Meter lang.

Sie zerlegten ihn, zogen die Düsennadel mit feinem Schmirgelpapier ab, aber nur leicht, und polierten sie. Danach bauten sie das wichtige Teil wieder in den Zylinderkopf ein. Noch vor Mitternacht meldete der Chief die Maschine klar. Sie sprang an und lief rund. Kaum hatten sie Fahrt aufgenommen, mußten sie den Motor wieder abstellen. Aus dem Dunkel der Nacht waren sie angeblinkt worden. Jemand signalisierte herüber: – Stoppen Sie! – Name des Schiffes – Art der Fracht – Welcher Zielhafen –

Obwohl sie sich außerhalb der Territorialgewässer befanden, hielt ein russischer Küstenzerstörer auf sie zu.

Sie meldeten: – Frachter Oleg Kussofski – Heimathafen Sewastopol – mit Fracht für Archangelsk –

– Welche Fracht? –

Nun beging der Kapitän aus übergroßer Vorsicht einen Fehler. Er morste zurück: – Geheim –

Das löste bei dem Küstenbewacher eine Reaktion aus, die nicht angenehm war. Er schickte ein Kommando an Bord.

– Halten Sie Papiere bereit –, morste er, – öffnen Sie die Ladeluken – rollen Sie die Jakobsleiter an Backbord aus –

Es dauerte gut zwanzig Minuten. Endlich tuckerte eine Pinasse aus dem Dunkel näher. Vier Matrosen und ein Offizier kletterten an Bord des Frachters. Die bewaffneten Matrosen verteilten sich an Deck. Dann fingen die Sucherei und das Frage- und Antwortspiel an.

„Warum nennen Sie nicht die Art der Ladung?" verhörte der Leutnant den Kapitän.

„Ich darf es nicht funken. Es ist geheimes Rüstungsgut, Genosse Leutnant. Wir lagen deshalb schon in Hammerfest an der Kette."

Der junge Marineoffizier studierte die Dokumente. „Computer?"

„Elektronik und Uranzentrifugen."

„Warum haben Sie vor einer Stunde gestoppt gelegen?"

„Motorschaden, Genosse Leutnant."

Die Durchsuchung des Schiffes erfolgte ziemlich nachlässig. Die russischen Mariner gingen die härteste Wache, Hundewache genannt, und waren müde. Sie bekamen Kaffee mit Wodka und Zigaretten. Dann hauten sie ab und wünschten gute Reise. Als der Frachter wieder Fahrt aufnahm, kletterten Scanner, Spiegel und Dr. Simoneit aus ihrem Versteck in der vorderen Kabellast und erörterten die Lage.

„Warum", fragte Scanner den Käptn, „gaben Sie als Heimathafen Sewastopol an?"

„Weil da unten bei der Staatsreederei auf der Krim tatsächlich eine *Oleg Kussofski* registriert ist", erklärte Remarc dem Amerikaner.

„Das war Zwischenfall Nummer zwei. Aller schlechten Dinge sind drei", fürchtete Scanner. „Was kommt als nächstes?"

Samstag, 23. Juni, morgens

Offenbar hatte der Küstenschutz-Zerstörer die Kontrolle an seine Flottenbasis gemeldet. Die nächsten zweihundert Meilen verliefen ohne Zwischenfall. Der Frachter umrundete Kap Ponoi und lief in den Weißmeer-Kanal ein. Hier herrschte heftiger Verkehr von Fahrzeugen sowohl der russischen Kriegsflotte wie von Dampfern, Tankern, Kümos und Fischerbooten. – Sie dampften drei Stunden nach Süden und änderten gegen Nachmittag unmerklich den Kurs. Erst nach Südwesten, dann nach West.

„Wenn uns jetzt einer aufbringt und fragt, wohin wir wollen", fürchtete der Kapitän, „dann sind wir allerdings dran. Denn auf diesem Kurs kommen wir nie nach Archangelsk." Er massierte seine übernächtigten Gesichtsfalten. „Das liegt genau in der anderen Richtung."

„Es sei denn, wir hätten Kompaßschaden", bemerkte Remarc. Auf die Strelna-Mündung zu besserte sich das Wetter, indem es sich verschlechterte. Sie blieben dicht unter der Küste, soweit es das Fahrwasser und die Sicht zuließen. Bald regnete es. Später mischte sich noch Schnee in den Regen. – Ein wundervoll mieses Sauwetter.

Frühling bedeutete hier oben oft Nebel. Das störte sie wenig. Sie warteten sogar darauf. Außerdem war diese Küste die einsamste von ganz Westsibirien.

Ihr Loran-Gerät errechnete die Position auf eine halbe Meile genau. Dazu koppelten sie und loteten laufend die Tiefe. Als der Kapitän sicher war, daß sie die Bucht querab hatten, weil die Küstenkonturen auffallend zurücktraten, gingen sie auf Kurs 34 Grad und steuerten Land an.

Die Angaben im Segelhandbuch stimmten einigermaßen. Es war, als liefen sie in eine bewaldete Flußmündung. Zwischen Strelna und Tetrino, in einer Bucht mit sanft ansteigenden Ufern, warfen sie Anker, schwenkten die schwerbeladene Pinasse aus und ließen sie zu Wasser.

Bevor das Befreiungskommando einstieg, wandte sich Remarc an den Kapitän: „Wenn wir bis zum Morgen nicht zurück sind, dann sprechen Sie ein kurzes Gebet und nehmen Kurs Heimat."

„Malen Sie nicht den Teufel an die Wand, Oberst", bat der Seemann.

Nach wenigen hundert Metern scheuerte der Kiel der Pinasse auf kiesigen Sandgrund. Sie wuchteten die schweren Motorräder an Land. Dabei brach sich einer der Decksleute das Handgelenk. Aber Spiegel, Scanner, Dr. Simoneit und Remarc waren fit für den ersten und härtesten Teil der Operation.

Die Fahrt mit den schweren Cross-Maschinen durch den morastigen wildverwachsenen Küstenstrich war eine Schinderei sondergleichen. Sie sackten bis zum Kardan ein, gruben sich fest. Laufend rutschten ihnen die Maschinen weg. Schiebend wühlten sie sich heraus. Dann geriet Scanner in ein schwarzes Sumpfloch. Das Motorrad ging verloren. Scanner saß hinten bei Remarc auf.

Als sie nach Stunden die Lkw-Piste erreichten, sahen sie aus wie durch den Dreck gezogen. Doch nun ging es flotter voran. Die Straße war zwar nur Rollsplitt mit Sandauflage, aber gegen den Sumpf die reinste Autobahn. Vorsichtshalber blieben sie zwischen den schweren Muldenkippern, die leer nach Norden und beladen in langen Kolonnen zur Küste zurückfuhren.

„Wie kommen wir da jemals wieder zur Küste?" schrie der Amerikaner in Remarcs Ohr.

„Sie haben geländegängige Dreiachser im Lager", sagte Remarc, „wir nehmen zwei. Einer davon wird es schon schaffen.“ Aber noch waren sie nicht einmal in der Nähe des Camps.

Samstag, 23. Juni, vierzig Minuten vor Mitternacht

Das Camp lag endlich vor ihnen. Es war angelegt wie ein altrömisches Kastell am Limes. Rechteckig, eingezäunt, mit je einem Wachturm an zwei Ecken.

Das Lager mochte bei einer Seitenlänge von dreihundert Metern etwa zehn Hektar groß sein. Im Zentrum lagen niedrige Baracken. Sechs Stück. Zwei Reihen zu je drei. Beim Tor waren die Unterkunft für die Wachen, daneben die Küche, die Energiestation, eine Art Löschwasserteich und der Stellplatz für die Lkw.

Das Ganze war beleuchtet. Aber nicht sehr. Die Lampen schaukelten im Wind.

Remarc hatte sich alles mit dem Nachtglas angesehen. Nun legte er die Taktik fest.

„Die Wachtürme sind besetzt. Mit je einem Mann. Die Zahl der Soldaten haben wir überschätzt. Es gehen nur zwei Posten. Einer davon mit Hund. Bestenfalls sind hier zwanzig Muschiks stationiert plus Koch, plus Lagerkommandant, plus Mechaniker.“

Nun bedurfte es nicht mehr vieler Worte. Spiegel erkletterte einen der Masten und schnitt die Telefonkabel durch. Dr. Simoneit schlich zum ersten Wachturm und schoß dem Soldaten seinen Narkosepfeil in den Rücken. Seine Spitze war lang genug, um selbst durch wattierte Mäntel die Haut zu erreichen. Sekunden verstrichen. Schon sackte der Posten zusammen.

Als der nächste Pfeil den Mann am nördlichen Wachturm traf, schlug der Hund an. Aber da war Remarc schon über den Zaun geklettert und preßte dem Rundengänger mit Chloroform getränkten Mull über Mund und Nase. Der Hund wurde mit Spray benebelt. Sein Bellen verminderte sich zu einem Jaulen, bis er sich hinlegte und schlafend die Läufe wegstreckte.

Scanner hatte Aluplanen über die Posten gebreitet. Dr. Simoneit schlich weiter zur Wachbaracke und suchte eine Öffnung. Der Kamin war ungeeignet. Dort gab es immer Gegenluft. Simoneit fand die runde Öffnung des Ventilators. Aber der blies den Mief ins Freie. – Spiegel kam hinzu. Auf Simoneits Schultern stehend, ertastete er das Stromkabel des Ventilators, zwickte es durch und polte die Drähte um. Nun lief der Motor in der anderen Drehrichtung. Er saugte also Luft nach innen. Jetzt hatte Simoneit es nicht mehr schwer, sein Narkosegas loszuwerden.

Scanner entfaltete die Skizzen. Mit Hilfe einer Lampe orientierte er sich und deutete auf die letzte Baracke hinten links.

„Da sind sie drin."

„Sicher?"

„Wir haben Fotos, als sie dort Fußball spielten. Es können nur unsere Leute sein."

Sie näherten sich mit gebotener Deckung der letzten Baracke. Die Tür war nicht versperrt. Remarc vernahm die Geräusche schlafender Männer. Es stank nach Kohlausdünstungen und Urin. Er knipste die Lampe an. Dann flüsterte er, wie ein Bootsmaat bei der Marine: „Reise, reise aufstehn!"

Einer sagte: „Leck mich!" und drehte sich um.

Remarc flüsterte ihm ins Ohr: „Seemann, wenn du die Waschfrau oder den Bäcker von Laboe noch einmal sehen möchtest, dann komm hoch! Und keine Fragen. Halt bloß die Schnauze, Junge!"

Was daraufhin entstand, war ein lautloses Getümmel. Die U-Boot-Männer fielen den Befreiern in die Arme.

Sonntag, 24. Juni, 0.45 Uhr

Die Gefangenen eilten, wild vermummt, zum Lkw-Stellplatz. Spiegel hatte einen der Dreiachser zum Laufen gebracht. Es waren die alten Typen aus dem ZUZ-Werk. Nun hing er im Motorraum des zweiten Lkw und pumpte Kraftstoff vor. Der Anlasser wimmerte. Vergebens. Nächster Versuch. Endlich stotterte auch dieser Motor. Spiegel zeigte klar.

„Alles okay. Damit kommen wir bis Addis Abeba."

Die Gefangenen schichteten sich unter die Tarnplanen, auf denen noch Schnee lag. Spiegel fuhr los. Remarc übernahm den zweiten Lkw und rollte hinterher.

Mit Affenfahrt drosch Spiegel den Zehntonner durch das Tor und zog Fetzen von Drahtgeflecht hinter sich her. Alle Lichter gingen aus. Kurzschluß.

Sie preschten die Straße entlang bis zur Lkw-Piste, ungefähr sieben Kilometer. Hinter ihnen in der Talmulde blieb es dunkel. Kein Alarm, keine Sirene war zu hören. Sie hängten sich an eine Kolonne von Militärfahrzeugen, die auf der Straße nach Tetrino zur Erzverladestelle rollten. Auf der Karte entdeckte Scanner eine Abzweigung. Sie führte zu einer Flußbrücke über die Strelna.

„Wollen wir die nehmen?"

Remarc zögerte. „Erspart sie uns einige Kilometer durch die Sümpfe?"

Sie kannten den Verlauf der Straße nicht genau, aber sie wagten es. – Doch die Straße endete irgendwo im Flußdelta. Nun droschen sie die Dreiachser durch Gräben und Morast. Sie sanken ein, oft hoffnungslos. Die U-Bootleute schoben. So wühlten sie sich durch bis auf höhergelegenes trockenes Terrain. Endlich kam die Küste in Sicht. – Nur war es die falsche Stelle. Zuweit östlich.

Sie rollten am Strand entlang und gerieten auf eine steinige Halbinsel. Von dort sahen sie dann den Frachter schwarz im dunkelblauen Sund liegen.

Sie funkten die Kussofski an. Als sie in die Bucht abkletterten, lag die Pinasse schon am Strand. In zwei Partien brachten sie alles an Bord. Die Gefangenen und ihre Befreier. Die Männer bekamen eine Dusche, frische Klamotten und anständig was zu essen. Die verlausten Uniformen warfen sie über Bord.

Leutnant Wittiko, der Kommandant von U-22, konnte es kaum fassen, daß sie gerettet waren. Nachdenklich, immer wieder den Kopf schüttelnd, saß er in der Messe herum.

„Fehlt Ihnen etwas?" fragte Remarc.

„Und die schönen Motorräder, Käpt'n Remarc?" brach es überraschend aus ihm heraus.

„Die haben wir in der Latrinengrube des Camps versenkt."

„Schade."

„Jammerschade."

Remarc dachte dabei an etwas ganz anderes. Sechs Stunden nachdem der Anker gefallen war, verließ der Frachter Kussofski, vorsichtig rückwärtsfahrend, die Bucht. Draußen im offenen Wasser drehte er auf Nordostkurs und lief, was die Diesel hergaben, auf den Weißmeer-Kanal zu. Und dann kam leider der Mond heraus. – Es wäre auch zu schön gewesen, ohne ihn.

Sonntag, 24. Juni, 2.00 Uhr

Einen der Wachposten hatte Dr. Simoneits Narkosepfeil nur unzureichend erwischt, oder er war ein Bär von Mann. Er erwachte, schaute sich um, begriff, was geschehen war und schlug Alarm.

Er kurbelte an der Handsirene. Aber mit wenig Erfolg. Nur ein paar russische Sträflinge stürzten aus den Baracken. Der Posten versuchte zu telefonieren. Doch die Leitung war tot. – Mühsam bekam er den Funker und den Lagerkommandanten, einen älteren Hauptmann, wach. Der setzte sich mit dem Oberkommando in Kusomen in Verbindung.

Dort glaubte man ihnen nicht, fragte zurück, ob sie betrunken seien. Schließlich wollten sie aber doch einen Suchhubschrauber losschicken. Noch bevor dieser eintraf, stellten sie fest, daß die einundzwanzig deutschen Gefangenen und die drei Amerikaner geflohen waren. Außerdem fehlten zwei Lastwagen.

Sie meldeten es.

„Verdammt, das war organisiert!" fluchte einer der Offiziere vom Stab. „Ich gebe Großalarm. Wir müssen alles sperren. Die Straßen, den Luft- und den Seeraum."

Dies wurde eingeleitet. Bis die Maßnahmen griffen, vergingen weitere vier Stunden. Da sie nicht wußten, wie die Befreiungsaktion gelaufen war, verzettelten sie ihre Kräfte.

Zunächst vermutete man eine amphibische Operation und sperrte den Weißmeer-Kanal. Dies aber erst am Nachmittag. Da war der Frachter *Oleg Kussofski* schon durch die Meerenge gelaufen und umrundete gerade das Kap Ponoi in Richtung auf die offene See.

Doch dann hatten die Jäger Glück und die Gejagten zum dritten Mal Pech: Der Frachter fuhr jenem Küstenzerstörer, der ihn schon einmal vor Swjatoi/Nos angehalten hatte, in die Arme.

Der Zerstörerkommandant wußte jetzt, woran er war, und gab kein Pardon. „Dieser Schrottdampfer hat mir von Anfang an nicht gefallen", sagte er.

„Funken Sie Stoppbefehl. Notfalls knallen wir ihm einen Schuß vor den Bug."

Sein erster Wachoffizier äußerte Bedenken. „Sie laufen soeben in internationale Gewässer ein, Genosse Kommandant."

„Das ist mir scheißegal", tobte der Korvettenkapitän. „Oder haben die uns um Erlaubnis gefragt, als sie die Gefangenen befreiten? Das ist Krieg! Krieg ist das!"

Da ihre Signale nicht beachtet wurden und der Frachter stur weiterlief, begannen sie mit der Bug-20-Zentimeter zu feuern. Die erste Granate schlug vor dem Frachter ein. Die zweite lag zu kurz, die nächste zu weit. Erst die fünfte traf. Sie schlug achtern ein und erzeugte eine beeindruckende schwarze Explosionswolke. Trümmer wurden hochgewirbelt. Es brannte offenbar auch.

Der Frachter setzte seine Fahrt weiter fort, wenn auch etwas langsamer.

Sonntag, 24. Juni, wenige Stunden vor Sonnenuntergang

Der Zerstörer richtete seine Schiff-Schiff-Raketenabschußgestelle auf den Frachter Kussofski ein. Die Luft war voll von russischen Funksprüchen. Schwere Einheiten der Eismeerflotte eilten zu Hilfe und auch die Rote Luftwaffe. Inzwischen lief der Frachter ständig nach Nordwesten ab. Meile um Meile. Sie beschossen ihn weiter und setzten nun, weil die Kussofski nicht beidrehte, zum Rammstoß an. Zunächst umkreiste der Zerstörer den Frachter mit Höchstgeschwindigkeit. Er suchte eine Stelle, um ihn auf den gepanzerten Bug zu nehmen. – Das würde wohl sein Ende bedeuten. Einem gegen Eisgang verstärkten Zerstörerbug hielten die mürben Stahlwände des Frachters nicht mehr stand.

Remarc mußte eine Entscheidung treffen. „Wir warten bis zum letzten Augenblick. Dann geht alles über Bord. Auf mein Kommando. Ich sprenge dann das Schiff. Jeder versucht, was er kann, daß er nicht in die Hände von Iwan fällt."

„Das Wasser hat kaum drei Grad", warnte der Kapitän.

„Und wo stehen die NATO-Verbände?"

„Noch weit, Oberst."

„Wie weit?"

„Zu weit", befürchtete Scanner.

Im Dunst der Kimm erkannten sie schon die schweren russischen Einheiten. Ein U-Boot streckte sein Sehrohr heraus. Über sie hinweg donnerten Abfangjäger. Der Wachzerstörer, der sie vor dem Todesstoß ein letztes Mal umrundete, beharkte sie mit Fla-Waffen. Seine Zweizentimeter-Geschosse pfiffen über Deck und zwangen alles in Deckung. Querschläger sirrten, das Feuer prasselte achtern. Einer schrie getroffen auf.

Remarc hatte sich hinter die Ankerwinsch geworfen. Sie war aus Stahl und einigermaßen kugelfest. Er sah Scanner und wie der ihm zuwinkte. Der Amerikaner kroch zu ihm hin.

„Den Doktor hat es erwischt. Ein Kratzer am Hintern."

„Das übersteht er."

Stück für Stück ging der Frachter in Fetzen. Der Diesel lief noch, doch offenbar klemmte das Ruder.

„Mist, verfluchter! Womit haben wir das verdient?"

„Jetzt fängt die letzte Prügelei an."

Plötzlich deutete Scanner mit einer Armbewegung nach Steuerbord voraus.

Remarc hatte sein Fernglas noch am Riemen um den Hals. Er setzte es an. Weit draußen am Horizont, grau in grau, tauchten sie auf, wie um ein verlorenes Schaf vor den Wölfen zu schützen.

Schäumende Bugwellen bestätigten die Brassfahrt der NATO-Eismeerverbände. Allmählich hörte die Schießerei des Russen auf und dann, plötzlich, war alles anders.

Der Küstenwachzerstörer drehte ab. Die Distanz zur Roten Flotte, zu ihren Kreuzern, zu den Hubschraubern schien sich zu vergrößern.

Die Männer an Bord der *Oleg Kussofski* fielen sich in die Arme.

„Gerettet!" jubelte einer.

„Möglicherweise", äußerte Remarc, vorsichtig wie immer.

Doch diesmal war es kein Alexandria-Irrtum.

„Ja, es scheint fast so", sagte Leutnant Wittiko.

⌇⌇⌇❀⌇⌇⌇

Montag, 25. Juni, 11.00 Uhr nordeuropäischer Sommerzeit

Das Feuer war gelöscht. Der Frachter *Oleg Kussofski* dampfte auf Westkurs Richtung Spitzbergen. Trotz des aufkommenden Nebels erkannte man deutlich die hellen Rümpfe der Nordatlantikflotte, die ihn schützend umschloß.

Remarc stand an der Reling, rauchte eine Goldmundstück-MC und sah aus dem Augenwinkel, wie jemand neben ihn trat. Es war Baldwin Scanner. Im Grunde war Scanner stets unzufrieden, doch diesmal wirkte er echt penetrant.

„Schlechte Nachrichten", sagte er.

„Mich regt nichts mehr auf", antwortete Remarc und schlug den Kragen des pelzgefütterten Parkas hoch.

„Vielleicht doch. General Madstock hat sich in seiner Zelle erhängt. Das bekam ich soeben durch."

„Da hat einer nicht aufgepaßt", vermutete Remarc.

„Er ist uns ins Jenseits abgehauen, das verräterische Schwein, einfach so ab und ins Jenseits."

Remarc stippte die Zigarettenasche leer in den Wind.

„Wenn meine Informationen über die christliche Religion richtig sind", bemerkte er ironisch, „dann gibt es zwei Möglichkeiten: Er fuhr entweder gen Himmel oder zur Hölle."

„Hundesöhne wie Madstock kommen ausschließlich in die Hölle."

„Wir auch", befürchtete Remarc.

„Okay, aber selbst das hat sein Gutes. Wenn ich diesen Madstock jemals im Jenseits erwischen sollte, dann geht es ihm schlecht."

Remarc holte einen letzten Zug aus der MC und warf sie ins Eismeer. Er fror. Ehe er unter Deck ging, äußerte er noch einen Herzenswunsch: „Wenn du Madstock hast", bat er Scanner, „dann gib mir Bescheid. Dann komme ich nach, und dann ergeht es ihm doppelt schlecht."

Remarc stieg über den Süllrand in die warme Pantry, um zu sehen, wo es was zu trinken gab.

Elisabeth von Klett rief aus Cannes immer wieder Cramer an. Aber sie bekam keine Antwort. Schließlich versuchte sie es über seine Filmfirma, die MGM.

Dort sagte man ihr, Curt Cramer habe Hollywood bereits verlassen. Man könne ihn womöglich in London erreichen. Wenn, dann wohne er im Gästehaus in Chelsea, das der Coproduzent von MGM für ausländische Mitarbeiter bereithalte. Elisabeth bekam sogar die Hausnummer.

Schon am nächsten Tag flog sie mit der Frühmaschine von Nizza nach London. Gegen elf Uhr vormittags stand sie vor dem rotweiß geklinkerten schicken Kutscherhaus.

Es dauerte einige Zeit, dann öffnete eine fast nackte Polynesierin. Von drinnen dröhnte eine Männerstimme: „What's the matter, baby?"

„A strange lady, darling."

„Turn her out!" kam es zurück.

Elisabeth, sicher, daß es Cramers Stimme sei, war wie betäubt. Die schöne Polynesierin schlug ihr die Tür vor der Nase zu.

Von London aus schrieb Elisabeth an Cramer eine Ansichtskarte nach München mit folgendem kurzen Text:

London, 28. 9., Chelsea
Ich wollte dich sprechen. – Turn her out – Wirf sie raus, die Lady. Danke. E. K.

Dann flog sie über Frankfurt nach Nürnberg zurück.

3.

In New York hatte Cramer letzte Hand an das Drehbuch für *The Alexandria Error* gelegt und war froh, bald nach Hause zu kommen. Diese einfältigen Amerikaner mit ihren Glamour-Glitzer-Partys, ihren ewigen Fuzziproblemen, die sich doch nur um Frauen, Autos, Haus, Psychiater und Golf drehten, der Smalltalk, flach wie eine Dollarnote – das alles kotzte ihn mächtig an.

Okay, er hatte die Arbeit beendet. Seinem Gefühl nach würde es ein guter Film werden. Die Frage war nur, ob er ihn jemals im Kino ansehen würde. Immerhin fühlte er sich durch die internationale Anerkennung Elisabeth ebenbürtig. Im Flugzeug, hoch über dem Atlantik, konzipierte er schon seinen nächsten großen Roman. Diesmal sollte es um das wichtigste Ding auf Erden gehen. Wichtiger als Liebe, Gold und Vaterland. Es ging allein um Wasser. Um das Lebenselixier Wasser, um die kommenden Machtkämpfe um Trinkwasser, das bald nicht mehr in ausreichenden Mengen zur Verfügung stehen würde.

In seiner Bärenhöhle am Starnberger See überwand er, erst einmal ausschlafend, die Zeitverschiebung. Später machte er sich über die Post her. Es war ein ganzer Korb voll.

Darunter auch die Ansichtskarte von Elisabeth aus London.

Mehrmals las er sie, doch er verstand den Text immer weniger.

Abends war sie gewöhnlich am besten erreichbar. Aber stets hieß es, die gnädige Frau sei nicht da. Sie ließ sich verleugnen. Ebenso tagsüber im Büro. Offenbar gab es ein striktes Verbot, einen gewissen Herrn Cramer aus München durchzustellen.

Er begann mit der Grundkonstruktion seines Romans und fuhr mit dem alten 356er dreimal in der Woche nach München zwecks Relaxing.

Dort war es wie immer. Zunächst schnitten einen die Cliquen, wenn man lange weg war. Jeden, der erfolgreich von irgendwoher aus der Welt zurückkehrte, ließen sie spüren, daß sie ihn angeblich nicht vermißt hatten und ihn auch gar nicht brauchten. Es dauerte immer einige Zeit, bis man wieder gnädig akzeptiert wurde.

Doch Cramers Problem war nicht das, sondern sein Verhältnis zu Elisabeth. Es mußte endgültig in Ordnung gebracht werden. Ein für allemal. Weil er nicht an sie herankam, schickte er ihr ein Telegramm.

– WAR DIESES JAHR NIE IN LONDON – BIN DONNERSTAG 22 UHR IN RIGOLETTO-BAR – GRUSS C C

Obwohl sie nicht reagierte, fuhr er trotzdem hin.

Von Starnberg bis Nürnberg, für schlappe 220 Kilometer, brauchte man drei Stunden – sofern man gut durchkam. In Nürnberg nahm Cramer noch kein Hotelzimmer. Er parkte den alten 356-Porsche am Kornmarkt und schlenderte durch seine King-Street.

Vielleicht bummelte er heute zum letzten Mal vom Nassauer Haus, vom Tugendbrunnen, wo die Schönen Wasser aus den Titten versprühten, zum Bahnhof. Auf der Suche nach der alten

Zeit bemühte er sich, es zu genießen. Aber nichts kam. Kein Echo von irgendetwas.

Wo waren sie geblieben, die Mädchen mit den aufgemalten Strumpfnähten auf den nackten Beinen, die verstohlenen Blicke, die Flirts, die Träume. – Waren verdammt schlechte Zeiten gewesen. Doch was war heute schon besser? – Man hatte keine Zeit mehr füreinander. Nur noch rücksichtslose Ellbogenkämpfe um Job und Geld wurden ausgetragen. Wer bist du? fragte niemand, nur: wer bin ich! – Selbst die Bratwürste auf dem Holzkohlenfeuer dufteten nicht mehr so würzig.

Am Hallplatz erfaßte ihn kühler Wind. Er schlug den Burberrykragen hoch und bog in die Theatergasse ab. In den Gassen fand er ein Bistro, wie sie heute die Kneipen, wo man an der Theke stand, ein Bier oder sonst etwas Herzhaftes zu sich nahm, nannten. Die Bude war verqualmt und gerammelt voll. Hinten in der Ecke fand er einen engen Platz. Er bestellte einen Bourbon, wie immer ohne alles, dafür etwas mehr. Neben ihm hing ein Pockennarbiger mit fränkischem Spitzmausgesicht.

„Du bist auch kein Hiesiger", sagte er.

„Eigentlich schon", antwortete Cramer kurz. Ihm war nicht nach einem Kneipengespräch.

„Hab dich noch nie gesehen. Wo wohnst du?"

„In München."

„Na, wer sagt's denn. Das sieht man dir an. Alle kommen sie wieder zurück an den Hängebusen der alten Noris-Mutter."

„Nicht alle."

Der Kleine grinste bübisch. „Die Besonderen schon. Unser Malermeister Albrecht Dürer war in Holland und Venedig. Er kam zurück. Hans Sachs kam zurück und Peter Henlein auch."

„Hans Sachs verließ seine Schusterstube nur, um Bier zu holen", bemerkte Cramer zynisch. „Und Henlein ging gar nicht erst fort. Er ließ sich in den Burgturm sperren, wegen seinem ewig zeternden Weib. Aus Angst, er könnte die Eieruhr sonst nicht erfinden."

„Behaim, der Globusmacher, kam auch zurück."

„Falsch, dieser Lügner und Phantast starb in Lissabon."

Nervös trat der Kleine von einem Bein auf das andere.

„Wer noch?"

„Veit Stoß wurde verbannt wegen nichts. Er lebte achtzehn Jahre in Krakau."

„Du weißt alles besser, Mann. Aber eines kannst du nicht wegreden. Der Beste und der Größte von allen wurde hier geboren und starb auch hier. Vischers Peter."

„Der war zwischendurch auch mal weg", erwähnte Cramer. „Er bekam nicht die Frau, die er haben wollte. Er war der echte erste Aussteiger."

„Ja, allen haben die Pfeffersäcke mächtig zugesetzt. Und was war der Dank der Künstler dafür? Sie hinterließen der ungeliebten Stadt die größten Kunstwerke aller Zeiten. Den englischen Gruß und das Sebaldusgrab. Also glaube mir, alle, die was taugen, kommen wieder."

„Ich tauge eben wenig", sagte Cramer, „bin leider kein solcher."

Er warf einen Zehner hin und ging wortlos.

Von der Seite und unaufgefordert schätzte er es nicht, angequatscht zu werden.

Der Wind führte jetzt Regen mit. Cramer eilte an der Mauthalle vorbei um zwei Ecken in die Klaragasse. Das ganze Viertel war heruntergekommen, wirkte anrüchig und kriminell, überall standen dicke Zuhälterchevrolets, Lärm und Gegröle drang aus Spielclubs, finstere Gestalten lungerten herum. Doch dann traf ihn der Hammer erst richtig. Die Rigoletto-Bar gab es nicht mehr. Dort war jetzt ein griechisches Restaurant, Taverna oder so.

Wie benommen stand er da, wartete im Regen. Er rauchte eine Camel nach der anderen, bis ein Regentropfen die Glut löschte. Allmählich drang die Nässe durch. Er fröstelte. – Schon zwanzig nach zehn. Cramer schob die Fäuste in den Burberry und marschierte einmal um den Häuserblock. Klaragasse, Kornmarkt, Hallplatz, Sterngasse und wieder zurück. Nichts. Keine Spur von der von Klett-Dame.

Er drehte eine neue Runde. Diesmal gegen den Uhrzeigersinn. Ein schwarzer Mercedes 500-Pullman rollte langsam bis zur Ampel und als Grün kam, vorbei nach rechts.

Kaum war Cramer wieder in die Klaragasse eingebogen, sah er den protzigen Mercedes vor dem Griechen parken. Er schaute hinein. Drinnen saß Elisabeth, kerzengerade wie die Holzskulptur der unbefleckten Maria, angestrengt nach vorne blickend. – Immerhin, sie war gekommen.

Mit der flachen Hand schlug er auf das Autodach. Sie entriegelte rechts die Tür.

„Steig ein!" forderte sie ihn auf. Ohne Spur von Wärme oder Herzlichkeit.

Er nahm auf dem conolliledernen Sitz Platz. Das Auto duftete wie neu. Ihr Parfum wie immer.

„Schön, daß du da bist", sagte er.

„Es war nötig, denke ich", erwiderte sie mit klettstahlharter Schärfe.

Cramer deutete nach drüben. „Was sagst du dazu? Unsere Bar ist jetzt eine Taverne."

„Alles ändert sich", erwiderte sie. „Und nun?"

Sie macht auf hochdramatisch, dachte er. Aber warum? Was hast du verbrochen, Cramer? Warst du unfair zu ihr? Alles, was sie je auseinanderbrachte, hatte sich zwangsläufig ergeben.

„Und jetzt?" fragte Elisabeth noch einmal. „Bitte!"

Auf der anderen Straßenseite, wo einst die Rigoletto-Bar gewesen war, schwang die Tür auf. Statt der Klänge eines Bartrios tönte Sirtakizirpen herüber, untermalt von Knoblauchwolken.

„Fahren wir...", setzte er an.

„Wohin?" fragte sie etwas zu schnell.

Nicht, was du erwartest, dachte er, so leid es mir tut.

„Fahren wir noch einmal durch die alten Gassen", schlug er vor, „solange es die alten Gassen noch gibt."

Elisabeth bewegte das Sechs-Meter-Auto zum Ring, an Graben und Mauer entlang nach Nordosten, bis hinaus zum Eisstadion. Endlich brach Cramer das Schweigen. Um lockere Konversation bemüht, sagte er: „Hier habe ich deine wunderschönen langen Beine bewundert."

„Und ich legte es darauf an", gestand sie.

In Ziegelstein wendete sie, rollte am Stadtpark entlang.

„Einmal brachte ich dich nach Hause und dachte an nichts anderes als daran, dich zu küssen."

„Und ich wartete darauf."

„Doch da gab es noch Jus Greiner."

„Wer war Jus? – Im Grunde existierte seine Rolle nur in deiner Fantasie", tat sie den Einwand ab.

Über das Maxfeld kamen sie zu der Straße, die hinter der Burg herum zum Tiergärtner Tor führte. Weiter unten bog sie ab hinaus nach Johannis.

Was will sie hier, überlegte Cramer, bis sie vor dem Friedhof anhielt. Sie stiegen aus. Das Tor war immer offen. Sie gingen hinein.

Inmitten der flachen Grabsteine aus rotem Burgsandstein der

großen Nürnberger Heroen deutete Elisabeth nach links. „Das ist unser Familiengrab. Hier werde auch ich eines Tages liegen."

„Neben von Klett."

„Nein, der liegt hier nicht."

Stadteinwärts bei den Hesperidengärten hielt sie erneut an. Es war dunkel, als sie durch das Haus und den Innenhof nach hinten zum Barockgarten mit seinen Jahreszeitenstatuen schlenderten. Es war ein wenig unheimlich. Sie hakte sich fest bei ihm ein.

„Das hat auch einmal den Imhoffs gehört", erzählte sie.

Später, drunten am Marktplatz, fuhr sie zweimal um den Schönen Brunnen. So wie damals Julius Greiner im Opel seines Vaters.

„Eine Julius-Gedächtnis-Runde", nannte sie es.

„Du erinnerst dich?" fragte er.

„Wie du damals für Greiner einstandest, das hat mir sehr imponiert."

Auf der Fleischbrücke an der Pegnitz und später oben im Baumhof des Realgymnasiums, zwischen den Mauern der Egidienkirche und dem Kloster, fühlte er plötzlich den festen Griff ihrer Hand in seinem Arm.

„Wir müssen neu anfangen, Curt", sagte sie mit vibrierender Stimme, dem Weinen nahe.

„Ich war nicht in London, Elisabeth."

„Du warst doch in London", beharrte sie.

Er seufzte: „Na schön, dann war ich eben in London."

Sie redeten aneinander vorbei und doch wiederum nicht.

„Vergiß endlich deine Eifersucht und hab Vertrauen", bat er.

„Das kann ich nicht. Es ist meine Natur."

„Vertrauen zu mir hattest du nie."

Sie nickte, so daß ihn ihr Haar streifte. „Ich liebte dich, damals von der Köhlerhütte im Wald bei Streitberg an, bis heute. Aber du bist auch ein Windhund. Leider. Und ich weiß das."

„Versuch es trotzdem. Amor vincit omnia, sagte Professor Dahinten. So geht es nicht weiter mit uns."

„Es wird zu nichts führen, Curt."

„Deine Eifersucht macht immer alles kaputt. Daß wir nach deinen Worten in verschiedenen Zonen leben, darauf ist nicht alles zurückzuführen."

„Aber auf deine Unerbittlichkeit."

„Sie ist nur Selbsterhaltungstrieb", erklärte er. „Wir sind, wie Hemingway einst in Paris schon feststellte, eine verlorene Generation. Nur haben wir viel mehr verloren als die damals."

Sie rollten den steilen Berg hinunter, dann nach rechts zur Sebalduskirche, die, wieder einigermaßen restauriert, wie ein schwarzer Scherenschnitt in den Himmel ragte. Hier war wohl Endstation. Und Cramer wußte es. Entweder umsteigen oder aussteigen.

„Ist es unser Alter oder Resignation?" fragte Elisabeth. „Wir fanden eben zu spät zueinander. Der Ast ist nicht mehr biegsam, sondern verholzt. Ein bißchen Druck, und er bricht."

„Ein Hitler und ein Krieg, das war eines zuviel, und wir haben sogar das Vertrauen in die Liebe verloren."

„Wir müssen einen neuen Anfang suchen", sagte sie noch einmal.

Er saß neben ihr und hatte die Suche nach einem neuen Weg aufgegeben.

Ein Schluß, dachte er, ist auch ein neuer Anfang.

„Gehen wir in die Kirche", schlug er vor. „Ich möchte von einem alten Freund Abschied nehmen. Du ahnst, von wem."

„Dem Erzgießer", sagte sie. „Das war vor vierhundertfünfzig Jahren."

„Alles im Leben wiederholt sich, besonders das, was verzweifelte Menschen tun."

Elisabeth entgegnete realistisch: „Den Vischer hat nur seine große Liebe betrogen. Also ging er fort."

„Mich ebenfalls", sagte er, „und ich ging auch."

„Wer hat dich betrogen?" So, als fühle sie sich plötzlich betroffen, fügte sie rasch hinzu: „Aber Peter Vischer kam zurück."

„Ich werde nie zurückkommen", antwortete Cramer bitter, aber auch froh, daß alles entschieden war.

∽∾∻❀∻∾∽

Damals, vor fünfundzwanzig Jahren, hatte er seine Trompete dabeigehabt und Elisabeth einen Schlüssel. Heute brauchten sie beides nicht.

Das Nordportal der Kirche war noch offen, wie um Obdachlosen Schutz zu bieten. Durch die hohen Fenster drang blasses Mondlicht, ein wenig bunt gefärbt von den Glasmalereien.

Sie tasteten sich bis zum Sebaldusgrab, zu diesem tempelförmigen Gehäuse um den silbernen Sarkophag des Heiligen, an dem Vischer zwölf Jahre lang gearbeitet hatte. Ein Dutzend Pfeiler trugen den Baldachin, der schon mit frühen Renaissancemotiven biblischer und fantastischer Figuren geschmückt war. Im Unterbau mit den Reliefs aus dem Leben des Sankt Sebald hatte der Künstler sich selbst verewigt. Dies in einer Tracht, die er damals wohl in seiner Gießhütte getragen hatte.

Elisabeth lehnte sich mit dem Rücken an das Grabmal, breitete die Arme aus und hielt sich an den Ranken und filigranen Ornamenten fest. Es schien, als warte sie auf etwas. Cramer küßte sie lange und intensiv.

Dabei dehnte und bog sie ihren Körper gegen den seinen. Der Schmerz des wohl unausweichlichen Abschieds versetzte sie in Erregung.

„Laß uns zu mir fahren", flüsterte sie halbherzig und biß sich an seiner Lippe fest.

Wortlos umfaßte er ihre Oberschenkel, streifte den Rock hoch und spürte die Wärme ihrer nackten Haut zwischen Slip und Strumpfrand. Sie wehrte sich nicht. Im Gegenteil, sie half ihm mit Bewegungen ihres Unterleibs dabei.

Sie liebten sich und hielten sich danach lange fest umschlungen. Als sie endlich gingen, sprühte draußen kein Silvesterfeuerwerk. Der Blues keiner Trompete verhallte in den Gassen, niemand forderte Ruhe oder drohte die Polizei zu rufen. Nur der Regen war heftiger geworden.

In der Wärme des Mercedes sagte Elisabeth: „So hast du mich noch nie geliebt."

„Meinst du den Ort?"

„So neu, so gut und so sehr", sagte sie. „Und ich frage dich, warum?" Sie sprach nicht aus, ob es vielleicht das letzte Mal gewesen sei.

Cramer steckte sich eine Camel an. Sie nahm sie ihm aus den Fingern und genoß den ersten tiefen Zug.

Mit einem Mal war ihre verfluchte Sachlichkeit wieder da.

„Wir halten Kontakt, ja?"

„Man sieht sich gewiß einmal wieder."

Sie lachte kehlig. „Klar, per Zufall, in Zürich oder in London, wenn wir sechzig sind."

Dann drehte sie den Zündschlüssel. Der schwere Sechszylindermotor drehte fast lautlos, nur ein wenig summend. Doch mit einem Mal fluchte sie: „Verdammt! Was haben wir verbrochen? Verdammt! Was haben wir bloß getan!"

„Nichts", sagte er. „Daran liegt es."

Er küßte sie und spürte die Nässe von Tränen auf ihren Wangen. Sie hatte es immer verstanden, lautlos zu weinen, ohne einen Muskel ihres schönen Gesichtes dabei zu bewegen. Cramer stieg aus.

Er sagte nicht Lebwohl, sondern eilte durch den Regen hinunter in die Gassen. Noch einmal sah er die Rücklichter ihrer Limousine und hörte das Schmatzen der abrollenden Räder auf dem nassen Kopfsteinpflaster. Schon ein Uhr. – Ein neuer Tag. Trotz der späten Stunde fuhr er nach München zurück.

〜〜❋〜〜

Cramer traf Marina in Paris. Er speiste im Tour d'Argent zu Mittag und wartete darauf, daß der Koch die Reste seiner Ente in der silbernen Presse ausdrückte. Der Soße wegen. Einen Tisch weiter saß eine hübsche blonde Frau, etwa Ende der Vierzig, mit so viel Goldglitzer am Chanelkostüm, daß sie gewiß aus der Modebranche kam. – Der Mann an ihrer Seite stammte wohl auch aus der Textilienecke.

Die beiden waren schon beim Dessert. Sie nahmen noch einen Mocca und gingen dann.

Auf dem Weg zur Treppe erkannte die Blondine Cramer. Wie vom Blitz gestreift blieb sie stehen und stieß einen spitzen Schrei aus, halb voll Schmerz, halb in freudiger Überraschung.

„Cramer! Mein Gott, Cramer!"

Sie setzte sich neben ihn, umarmte und küßte ihn vor allen Leuten. – Zu ihrem Begleiter sagte sie: „Wir sehen uns später, Jaques."

„Wo kommst du her, Cramer?" Sie nannte ihn, so wie früher, immer nur Cramer. „Was machst du in Paris? Wie geht es dir? Siehst ja toll aus!"

Sie wollte alles auf einmal wissen. Ihr herzförmiges Gesicht, ihr herzförmiger Mund, ihre Herzlichkeit, alles war wie damals von der Klettvilla bis zum Steinbruch.

„Und du, Marina?"

„Ich betreibe eine Boutique an den Champs Elysées. Schon seit Jahren."

„Ein hiesiger Verlag, Fleuve-Noir, bringt meinen letzten

Roman heraus. Ich gebe morgen eine sogenannte *Dichterlesung*."

„In Französisch?"

„In Kisuaheli", scherzte er.

Sie rückte eng zu ihm hin, so nah, daß er ihre Wärme spürte und ihr Parfum, und sie war nicht mehr wegzukriegen. So, als hätte sie Raum und Zeit vergessen.

Rasch beglich er seine Rechnung. Sie nahm ihn bei der Hand und sie fuhren in ihr Penthouse am Seineufer. Es war modern eingerichtet, vielleicht mit etwas zuviel Chrom, Glas, weißem Leder und Flockazienteppichen.

„Wie geht es Elisabeth?" fragte sie ein wenig rauh im Hals.

Mit frischgelackten Lippen kam sie aus dem Badezimmer.

„Sie leitet den bedeutendsten fränkischen Industriekonzern", sagte er.

„Und wo lebst du?"

„Bei München."

„Was tust du?"

„Nichts, außer manchmal in bestimmter Reihenfolge die Tasten meiner Schreibmaschine drücken."

Sie suchte offenbar nach etwas, das sie bei ihm vermißte. „Wo hast du deine Trompete, dieses wunderbare Ding, das mich immer vibrieren ließ?"

„In die Pegnitz versenkt."

„Warum?" Marina machte Drinks. Dabei ging sie nervös, mit ihren kurzen Schritten, hin und her. Sie besorgte Eis und Gläser und mixte irgendetwas zusammen.

„Du hast Elisabeth geliebt", fing sie wieder an. „Ihr habt euch immer gemocht. – Und sie ist Witwe."

„Gemocht", stellte Cramer fest, „ist die Vergangenheitsform von mögen."

Marina schien es nur halb gehört zu haben. Sie legte eine Platte auf. Etwas mit Astrud Gilberto. „Noch einen Drink, oder Champagner, oder vielleicht einen Kaffee? Du kannst haben, was du willst."

„Was noch?"

„Alles", sagte sie so offen und ehrlich, ohne Zicken und Hintergedanken, wie immer, wie schon vor dreißig Jahren. Fast beiläufig fragte sie ihn: „Hast du viele Frauen gehabt, Cramer?"

„Hunderte. Und du?"

Sie lachte tief in der Kehle. „Nur Männer." Sie hob die rechte Hand wie zum Schwur.

„Drei. Cramer mitgezählt."

❦

Sie blieben zusammen. Nicht nur für diese Nacht, sondern die ganze Woche. Bevor er nach München zurück mußte, beschlossen sie zu heiraten. – Noch in diesem Frühjahr. Die standesamtliche Trauung fand in Paris statt. Für den Ort der kirchlichen Trauung schlug Marina ein Spiel vor. Es war einer ihrer verrückten Einfälle. Sie breitete die Europakarte aus.

„Halt mir die Augen zu, Cramer", bat sie ihn.

Blind deutete sie mit dem Finger auf die Karte. Ihr Fingernagel landete mitten in der Adria.

„Es gilt trotzdem", entschied sie. „Es liegt innerhalb der Dreimeilenzone. Die Küste gehört zur Emilia Romagna. Dort wird wohl eine Kirche zu finden sein."

Sie übergab die Geschäfte einer Freundin, der sie vertraute. Dann fuhren sie los.

An einem wolkenlosen Märztag fand die kirchliche Trauung in San Giuseppe di Ciola Corniale, einer kleinen Kirche in den Weinbergen oberhalb von Rimini statt. Anwesend waren nur fünf Personen: Der Prete, der Priester also, zwei Contadini als

Trauzeugen und das Brautpaar. Die Glocke wurde von einem Jungen per Hand am Strick geläutet.

Als sie die Kirche verließen, warf Marina ihren Brautstrauß aus weißen Margeriten hoch in die Luft.

„Was für eine wunderbare neue Welt!" jubelte sie glücklich. „Und was für ein fabelhafter Himmel." Sie umarmte ihn und ließ ihn nicht los. „Wo du auch bist, Cramer", sagte sie, „ist mir der liebste Platz auf Erden, „ich bin verliebt und glücklich und alles gleichzeitig. Schön wär's, es bliebe so."

„Wir werden tun", sagte er, „was wir tun werden."

NACHWORT

C. H. Guenter starb am Sonntag, dem 5. Juni 2005, nach langer, schwerer Krankheit.
Noch am Mittwoch vor seinem Tod schrieb er an einem neuen Roman, den er seiner Tochter diktierte.

Als er mir vor einem Jahr seinen großen Lebensroman „Die Noris-Banditen" zur Veröffentlichung anvertraute, wußte er bereits von seiner Krankheit.

Curt Cramer, der Held des Buches, entspricht in wesentlichen Aspekten seines Wesens und seines Lebens dem Autor C. H. Guenter. Vieles natürlich hat seine Phantasie überhöht, verändert, ironisch gebrochen.

Als ich dieses Manuskript zum ersten Mal las, war ich begeistert, mit *wie* viel Liebe der Text geschrieben war.

C. H. Guenter und ich waren am Beginn des heurigen Jahres in intensivem Kontakt bei der Suche nach einem geeigneten Titelbild. Unzählige Entwürfe waren erforderlich, bis der Kopf schließlich seiner Idealvorstellung einer fränkischen Frau sehr nahekam.

C. H. Guenter hat Zeile für Zeile der Korrektur für dieses Buch selbst durchgelesen und schließlich einen einzigen Satz eingefügt, in dem er den Begriff „Noris" auch für Nichtfranken erklärt.

Im April besuchte ich ihn anläßlich der Kommissar-X-Nacht, die zu seinen Ehren veranstaltet wurde, im Amerikahaus in München. Er konnte nicht mehr selbst daran teilnehmen, aber er schrieb eine launige Grußadresse an die Besucher.

Zweimal telefonierten wir noch miteinander. Ich konnte ihm berichten, daß die Arbeit an der Drucklegung seiner „Noris-Banditen" zügig voranschreitet, dann erreichte mich die Nachricht von seinem Tod.

Bei seinem Begräbnis am Dorffriedhof von Widdersberg am Ammersee spielte ein Trompeter Jazzmelodien. An seinem Grab wurde ein Gedicht verlesen, das C. H. Guenter in sehr frühen Jahren, in seiner Nürnberger Zeit, geschrieben hatte.

Seine Töchter meinten, trotz der Trauer lächelnd: „Der Papa hätte sicher gesagt: ,Wo habt ihr den alten Kram denn gefunden'."

J. J. Preyer

Der Autor

C. H. Guenther

C. H. Guenter wurde 1924 im Fränkischen geboren. Seine Familie mütterlicherseits stammt aus Frankreich. Das Gymnasium besuchte er in Nürnberg. Er absolvierte das Kriegsabitur und kam 1942 zur Marine, ab 1943 diente er unter anderem der U-Boot-Waffe als Seeoffizier.

Nach dem Krieg begann er für den Erich-Pabel-Verlag in Rastatt zu schreiben.

Er erfand 1959 den New Yorker Privatdetektiv KOMMISSAR X und schrieb zwischen 1959 und 1964 achtundfünfzig Heftromane und einundfünfzig Taschenbücher dieser Serie.

Dann kam Bob Urban alias MISTER DYNAMIT. Zwischen 1964 und 1992 verfaßte C. H. Guenter 329 Romane für diese Agentenreihe.

Ich liege an Deck

und denk an den Zweck

meiner Reise.

In die rosigen Wolken

zieht der Mast eine Furche -

ganz leise -

Delphine spielen

Ringelreihn.

Da fällt mir ein,

warum ich fuhr,

ich wollte nur

ganz nah bei dir sein...

C. H. Guenter (1924 bis 2005)

Weitere Romane von C. H. Guenter im Oerindur Verlag
www.oerindur.at

C. H. Guenter
MISTER DYNAMIT
DIE JAGD DES TOTEN JÄGERS
ISBN 3-902291-10-9

C. H. Guenter
MISTER DYNAMIT
JUNGE KOMM NIE WIEDER
ISBN 3-9500580-7-9

C. H. Guenter
MISTER DYNAMIT
DER TEXAS-KONTRAKT
ISBN 3-902291-11-7

C. H. Guenter
MISTER DYNAMIT
MITTEN IN DIE STIRN
ISBN 3-902291-16-8

C. H. Guenter
KOMMISSAR X
DREI GELBE KATZEN
ISBN 3-9500580-4-4

C. H. Guenter
KOMMISSAR X
DER MANN AUS DEM NICHTS
ISBN 3-9500580-5-2

C. H. Guenter
DIE HURE VON TIROL
ISBN 3-9500580-9-5

In Vorbereitung

MAGIC EDITION

BAND 8

Diese Novellen – in der Tradition des *Rattenfängers von Hameln* – lehnen sich weniger an die klassische Sage an, sondern grenzen sich phantasievoll davon ab. "Fänger" aller Art sind nicht nur auf Ratten aus. Dieser von Pat Hachfeld reich illustrierte Band wirft ein völlig neues Licht auf das interessante Thema.

Marc-Alastor E.-E. bringt die Frage auf: Was treiben Vampire aus Siebenbürgen am Mäuseturm von Bingen? Alisha Biondas MEPHISTO gibt Goethes Faust eine ero-

tische Note und greift die scheinbar unvereinbaren Werte "Weltprinzip und lüsternes Geschöpf" des Klassikers auf. Armin Rößlers SF-Variante DER VERLORENE spielt gar auf einem fernen Planeten. Dirk Taeger fabuliert aus der Sicht der Ratten – ungewöhnlich in Form und Sprache, dem Werk Sir Thomas Malorys "König Artus" nachempfunden. Und Christian von Aster bietet eine ganz besonders moderne und technische Variante...

Band 8, 400 Seiten, ISBN 3-89840-268-1
Limitierte Auflage! - 999 Exemplare

Erhältlich im gut sortierten Buchhandel oder direkt bei:
BLITZ-Verlag GmbH - PF 1168 - 51556 Windeck - Fax: 02771/360677

www.BLITZ-Verlag.de

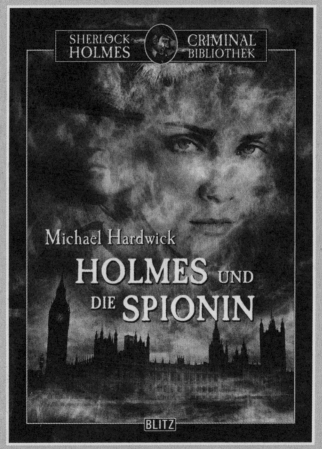

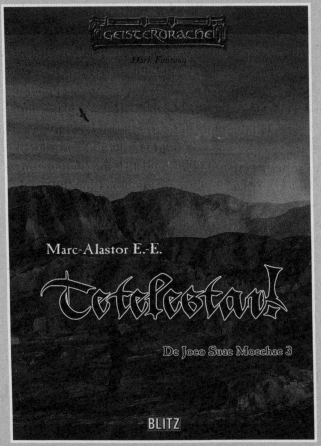